本书的出版获得河北省董仲舒研究会、中华孔子学会董仲舒研究委员会、河北省儒学会的大力支持，同时本书是国家社科基金年度项目“董仲舒学术研究史”（项目批准号：19BZX051），国家社科基金重大项目“董仲舒传世文献考辨与历代注疏研究”（项目批准号：19ZDA027）子项目“董子春秋决狱、赋章书对祝及其文本历代注疏研究”的前期成果之一。

董学新论

（2020）

李奎良 魏彦红 主编

西南师范大学出版社
国家一级出版社 全国百佳图书出版单位

图书在版编目（CIP）数据

董学新论. 2020 / 李奎良，魏彦红主编. -- 重庆 ：西南师范大学出版社，2020.2
ISBN 978-7-5697-0183-8

Ⅰ. ①董… Ⅱ. ①李… ②魏… Ⅲ. ①董仲舒（前179-前104）—哲学思想—思想评论 Ⅳ. ①B234.55

中国版本图书馆CIP数据核字(2020)第019360号

董学新论（2020）
DONGXUE XINLUN （2020）

主　　编：李奎良　魏彦红

责任编辑：李晓瑞　李浩强
责任校对：王玉竹
装帧设计：王玉菊
排　　版：吴秀琴
出版发行：西南师范大学出版社
地址：重庆市北碚区天生路1号
网址：www.xscbs.com
经　　销：全国新华书店
印　　刷：重庆共创印务有限公司
幅面尺寸：170mm×240mm
印　　张：27.25
字　　数：470千字
版　　次：2020年9月第1版
印　　次：2020年9月第1次印刷
书　　号：ISBN 978-7-5697-0183-8
定　　价：68.00元

编　委　会

2019 中国 • 衡水董仲舒与儒家思想国际学术研讨会开幕式

中共衡水市委书记王景武在2019中国·衡水董仲舒与儒家思想国际学术研讨会开幕式上致辞

衡水市政协主席李洪林主持2019中国·衡水董仲舒与儒家思想国际学术研讨会开幕式

衡水市委书记王景武（中右）等领导会见董学专家

衡水学院党委书记王守忠在2019中国·衡水董仲舒与儒家思想国际学术研讨会开幕式上致辞

衡水学院承办由光明日报等学术机构共同主办的“构建人类命运共同体·中国经验”国际论坛“董仲舒专场”

魏彦红教授与孔子第79代嫡孙、末代衍圣公、大成至圣先师奉祀官孔垂长先生合影

2018·河北省董仲舒研究会年会暨董子学院年会在衡水学院召开

董子学院学者参加纪念孔子诞辰 2570 周年国际学术研讨会暨国际儒学联合会第六届会员大会

2019 年 12 月，董子学院在韩国首尔与高丽大学共同举办首届董仲舒哲学与《周易》学术研讨会

魏彦红教授与孔德墉先生合影

魏彦红教授在第 24 届世界哲学大会上演讲

白立强博士在第 24 届世界哲学大会上演讲

魏彦红教授与白立强博士在中华孔子学会国学教育研究会 2018 年会上与国学大师钱逊先生（左二）、楼宇烈先生（左三）合影

江西留坑董学研究会一行到访董子学院

衡水学院“董仲舒思想国际研究院”入选教育部举办的改革开放 40 年中国高等教育成就精品展

参加第五届河北儒学论坛的董子学院教师合影

美籍华人学者王小良教授莅临董子讲坛

魏彦红教授参加“人为什么要喝酒”学术研讨会并和余治平教授（右）合影

魏彦红教授和曹迎春教授（右）参加在尼泊尔举行的第二届亚洲环境哲学会议

董子学院教师参加苇杭书院 2018 年终会讲并与楼宇烈先生（左五）合影

在由史仁怀先生捐赠的董子像揭幕仪式上，董子学院教师深情诵读董子名言

董子学院教师参加第四届“国学与大学德育论坛”

2019 年 6 月 30 日，中央电视台采访魏彦红教授，了解董学研究情况

参加第七届全国儒学社团联席会暨第六届河北儒学论坛的董子学院教师合影

第二届董子杯全国书法大赛开幕式

董学研究基地在衡水市枣强县大原书院揭牌

河北省教育厅领导观看衡水学院董学研究成果展

魏彦红教授参加第八届全国国学院院长高层论坛暨传统文化教育学术研讨会

白立强博士在“首届中华传统文化与华夏文明探源”国际论坛上与李宗桂教授（右）合影

董子学院代春敏老师参加在上海交大举行的第五届君子文化论坛

魏彦红教授参加中华孔子学会 2018 学术年会

魏彦红教授参加由中国社科院哲学研究所举办的“第二届经史传统与中国哲学”学术研讨会

董子学院外聘韩国教授金周昌博士在阳明学会议上做主题演讲

参加德州董学论坛的董子学院教师合影

魏彦红教授参加中华孔子学会 2019 学术年会

魏彦红教授与舒大刚先生合影

魏彦红教授与董子学院外聘韩国学者金周昌教授（左）参加纪念张岱年先生110周年诞辰学术研讨会

中央电视台2018年拍摄的专题片《董子文化的传承与弘扬》

中央电视台2019年拍摄的专题片《探秘董子文化热起来》

序

“董学”的研究对象是董仲舒的思想体系和他的社会实践。这个概念的推出由来已久。近代大儒康有为写了《春秋董氏学》一书，提出了“董氏学”的概念，经学家皮锡瑞提出了“董子之学”。1935年，李兆明写了《董学研究》一文，发表在《协大学术》上，正式有了“董学”概念。此后，得到了学界的普遍认可与应用。

2015年，地处董仲舒故里衡水市的衡水学院成立了“董子学院”，以研究董学为己任，广泛联络海内外董学研究学者，采用多种形式开展董学研究，搭建研究平台，出版研究文集。董子学院成立前后，两个重要的学术团体“河北省董仲舒研究会”“中华孔子学会董仲舒研究委员会”也先后成立，董子学院是这两个学会的秘书处所在地，董子学院的教师同时也是这两个学术团体的骨干成员。董子学院同人逐步展开董学资料整理和董学研究工作。迄今为止，形成了一批初步成果。

我们在研究中形成了两个特点。其一，前后贯通，即把董仲舒思想与先秦学术、秦代“以吏为师”、汉初黄老盛行等统筹研究，同时，联系董仲舒以后的今古文经学、南北朝的南学北学、唐朝的经学统一、两宋的理学、明代心学、清代朴学等进行系统研究，以期发现内在逻辑联系和发展脉络。在此基础上，还放宽视野，把董仲舒思想与世界文化进行关联或比较研究，比如董仲舒的察举思想与文艺复兴时期某些思潮的比对，察举思想与文官制度的联系等。其二，左右兼顾，即以西汉前期的社会文化为背景，把董仲舒思想与当时各种文化现象做关联研究，不仅要用研究哲学的方法,还要用研究文化学、历史学的方法开展多维研究,以期少有偏颇。以综合的视角看待董仲舒,我们发现汉代大儒董仲舒不仅是儒学发展第二阶段的代表人物,继承发展了孔子的学说,而且还是社会改革家和社会制度的设计师,其理论与实践对儒学文化圈影响深远,有些思想还与欧洲文化相通。

流经衡水城的滏阳河水波澜不惊、朴实无华而又深流劲水、勇往直前,这种品格形象地描述了我们对董子学院未来发展的深深期许,希望滏阳河畔的董子学院能够孕育出董仲舒研究的"滏阳学派",成果丰硕,人才济济。是为序。

李奎良

目录

董学学术史研究

儒学中兴从衡水走来　李奎良/003
试论董仲舒的学术批判与建构　李奎良/008
《枣强大原书院》弁言　李奎良/019
从《论衡》看王充的董仲舒观　魏彦红/022
“2018中国·衡水董仲舒与儒家思想国际学术研讨会”综述　曹迎春　卫立冬/038
“2019中国·衡水董仲舒与儒家思想国际学术研讨会”综述　曹迎春　韩星/056

董子思想现代价值研究

大儒之乡说仲舒　李奎良/077
董仲舒思想的当代借鉴　李奎良/083
董仲舒王道思想中的生态智慧与启发
——以《春秋繁露》为中心　魏彦红/087
董仲舒“调均”思想的特质及其现代意义　魏彦红/096
董仲舒论“孝之天经地义”观及其现代价值　魏彦红/105
董仲舒思维方式及其现代价值　白立强/110
董仲舒“慎德”思想及其当代价值　曹迎春/123
董仲舒论“智慧”及其现代启示
——兼谈先秦儒家智慧观　耿春红/131
董仲舒《春秋繁露》中的教学思想及其启示　郑艳芳/139
董仲舒的师德思想及其现代价值　王章峰/145

董仲舒思想研究

天人同构视域下《春秋繁露》孝道思想浅析　白立强　马国站/155
董仲舒天子思想及其与皇帝制度的关系　崔锁江/170
董仲舒五行关系论中的多重模式及其对生克模式的超越　崔锁江/179
董仲舒五行思想的创新　崔锁江/191
董仲舒自然哲学的构成及其评价　崔锁江/201
董仲舒的重贤思想　刘贵生/218
董仲舒的民本思想　刘贵生/225
“天”在《春秋繁露》中的重要性　安桂玲/232
董仲舒政治思想微探　李玲/241
董仲舒教化思想初探　代春敏/246

董仲舒历史考证研究

董仲舒与淮南之狱考究　王文书/257
秦汉广川国考　王文书/265

君子文化研究

董仲舒论君子
——以《春秋繁露》为中心　魏可音　魏彦红/275
玉与君子
——兼谈董仲舒的“玉德”思想　曹迎春/294
论董仲舒思想中的君子概念　代春敏/300
《道德经》中的君子之德　耿春红/311

仁义思想研究

从民本思想看董仲舒的仁义观　代春敏/319
从正名思想看董仲舒的仁义观　代春敏/329
浅论儒家以“仁”为本的生态观　靳晓娜/339

传统文化教学研究

传统文化视域中人的自由全面发展解读
——兼谈传统文化融入“马克思主义基本原理概论”教学 白立强/347
《弟子规》进大学班会的教学模式探索 安桂玲/357
高校“孝亲”培养的实践性探索
——以衡水学院为例 安桂玲/361
传统文化进班会的实践性探索
——以2014级学前专接本为例 安桂玲/366

其 他

荀子思想的两点启示 魏彦红/373
“学”“习”之“说”的道体意蕴及其当代启示 白立强 马国站/379
《传习录》对人自由全面发展的当代启示 白立强/392

董学学术史研究

儒学中兴从衡水走来

李奎良

在当今世界，儒学是影响人类思想进程的三大思想体系之一，与基督教、伊斯兰教共同构成了人类的精神基石。然而儒学的发展史却是曲折多舛的，经历过五次严重的危机，分别是秦朝的焚书坑儒、北朝的鲜卑政权统治、隋唐时期的经书注疏混乱、唐宋时期的佛教冲击、近代的西学东渐。每次危机都使儒学受到很大伤害，但每次儒学都从低落中复兴，其中前三次使儒学走出危机的中兴旗手都是衡水籍人士。

第一次危机出现在孔子去世后直到汉武帝时期的历史时段。孔子总结整理了他那个时代中国文化的古典成果（为了叙述方便，从上古到孔子以前的文化成果我们在这里称之为古典文化），所谓祖述尧舜、宪章文武，从诗到乐，从尚书到三礼，从春秋到易，孔子都进行了系统整理。他针对春秋时期礼崩乐坏的社会局面，对古典文化进行整理、发挥、拓展，形成了六种经典文化成果，后人称之为“六经”，这就是儒家学说，简称“儒学”。他周游列国，试图用儒学理论说服诸侯国的国君，实行“仁义”之道，但结果是处处行不通，不得已，回到鲁国，专注于教授弟子。他的教学活动成绩斐然，所谓弟子三千，七十二贤人，形成了数量可观的儒学群体，使得儒学成为当时的显学。但是孔子去世后，儒学逐步走向危机。第一个表现是“儒分为八”。孔子的众多弟子根据自己的理解对儒学进行了各不相同的阐发，形成了异说纷纭的众多派别。荀子的弟子韩非子将其总结为八派，他说，孔子死后，儒分为八，即：子张之儒、子思之儒、颜氏之儒、孟氏之儒、漆雕氏之儒、仲良氏之儒、孙氏之儒、乐正氏之儒。韩非子评论这些派别“取舍相反不同，而皆自谓真孔”。《汉书·艺文志》中概括儒家学说特征为“儒家者流，盖出于司徒之官，助人君顺阴阳明教化者也。游文于六经之中，留意于仁义之际，祖述尧舜，宪章文武，宗师仲尼，以重其言，于道最为高”。儒家各派都尊崇这些儒家的共同特征,但是对儒家理论概念的解说却各持己见,如孔子学说的最高理念是“仁”,而其弟子所传各派却有重大分歧。从最近这些年出土的一些竹简可以看到,他们有的把“孝”作为儒学最高理念,有的把“圣”作为儒学的统摄概念,这就使得儒家内部发生了严重分裂,有的派别甚至走向了另立门户的道路。经过战国和秦朝,直到汉代前期,儒家的八派只剩下两派,即孟子学说和荀子学说。孟子学说出于孔子嫡孙子思,他们坚持了孔子的基本学说和核心理念,但是也生发出外仁内圣之学;荀子学说源于孔子弟子子张和子夏,这个学派创立外王之学,崇尚权势和法术,到战国时期发展为法家。荀子学说是儒家八派之一,但是他的思想也开了法家先河,他有四大弟子:韩非子半是儒家半是法家,他的著作《韩非子》成为秦朝的指导思想。另一个弟子李斯是典型的法家代表,做了秦朝的丞相。张苍也是他的弟子,内法外儒,汉初做了丞相。浮丘伯是齐国大儒,但是他偏向道家,携鹤隐居,汉初颇有名声。荀子所师承的子夏,是孔子亲传弟子的七十二贤人之一。孔子殁后,子夏受邀讲学于魏国的西河,创立子夏学派,魏文侯、李悝、吴起等都是他的弟子。李悝做了魏文侯的相国,在魏国以法治取代礼治,率先变法,著有《法经》一书,成为法家始祖。商鞅虽不是子夏的弟子,但是他学习李悝的《法经》,且应用于秦国的变法,成为法家代表人物。由此可见,孔子殁后,儒家内部出现了严重危机,概念体系发生了混乱,核心理念也有所动摇,甚至有的走向完全背离仁义之道的方向,发展为法家。第二个表现是秦朝焚书坑儒。据《史记·秦始皇本纪》记载,博士齐人淳于越上书反对郡县制,李斯予以驳斥,建议秦始皇焚书,“臣请史官非秦记皆烧之。非博士官所职,天下敢有藏诗、书、百家语者,悉诣守、尉杂烧之。有敢偶语诗、书者弃市。以古非今者族。吏见知不举者与同罪。令下三十日不烧,黥为城旦。所不去者,医药卜筮种树之书。若欲有学法令,以吏为师”。秦始皇采纳了李斯的建议,在全国进行“焚书”。这是中国历史上的重大事件,其影响贯穿古今。在“焚书”的第二年又发生了“坑儒”事件,据《史记·秦始皇本纪》记载,秦始皇听到为他求仙药的方士侯生和卢生逃跑以避祸,乃大怒曰:“吾前收天下书不中用者尽去之。悉招文学方术士甚众,欲以兴太平,方士欲练以求奇药。今闻韩众去不报,徐市等费以巨万计,终不得药,徒奸利相告日闻。卢生等吾尊赐之甚厚,今乃诽谤我,以重吾不德也。诸生在咸阳者,吾使人廉问,或为妖言以乱黔首。”于是使御史案问诸生,诸生传相告引,四百六十余人,皆坑之咸阳,使天下知之,以惩后。秦始皇长子扶苏谏曰:“天下初定,远方黔首未集,诸生皆诵法孔子,今上皆重法绳之,臣恐天下不安。唯上察之。”秦始皇大怒,派遣扶苏到遥远的上郡去监军。司马迁在《史记·儒林列传》中评论说,秦朝,焚诗书,坑术士,六艺从此缺焉。“焚书坑儒”事件毁坏了儒家典籍,杀害了大批儒生,特别是焚书以后颁布的“挟书令”,使得全社会噤若寒蝉,不敢谈论诗、书,更不敢私藏儒家经典书籍,儒家处于异常落魄的状态。第三个表现是汉初七十年间,儒学不受朝廷重视,几乎被打入冷宫。汉朝开国皇帝刘邦看不起儒生,曾用儒生的帽子便溺。直到惠帝时,才废除了“挟书令”,对儒家思想传播的禁锢有所松动。但是由于典籍无存,只能由一些老儒生根据记忆,口头传经,教授弟子,弟子们用当时的隶书把老儒生记忆背诵的经文和解释记录下来,经文谓之“今文经”,解释谓之“传”。可以说,此时的儒学处于一息尚存的状态,当时由于这些老儒生个人记忆不同,传授有异,形成了儒学理论的新的混乱。特别是当时的朝廷信奉“黄老之学”,儒学并未得到重视,文帝时的国策是“无为而治”,主流思想是“黄老之学”。文帝的皇后窦漪房更是笃信不疑。景帝时,窦太后权倾朝野,尊崇黄帝、老子之言,并要求景帝也必须读黄老之书,儒生辕固生说《老子》一书的言论很平常,窦太后大怒,竟逼迫辕固生赤手空拳到兽圈刺杀野猪,幸亏景帝出手相救才得以幸免。文帝、景帝时期,朝廷里虽有儒生,但只是文化顾问而已,从未得到重用。武帝时想启用儒生,但是被窦太后阻拦,直到武帝建元六年(前135年),窦太后崩,情况才有了转机。此时的汉武帝面临两大社会难题:其一是思想混乱,所谓“师异道,人异论,百家殊方,指意不同”;其二,各地诸侯王分裂势力日益膨胀。西汉时期,在京城之外,先后分封了51个诸侯国,分布在全国各地。初衷是让这些诸侯国拱卫京师,但事与愿违,这些诸侯国“地方千里,连城数十”,可自主任免官吏,可蓄养军队,反叛野心日益膨胀,“七国之乱”是一次集中叛乱,其他个别作乱行为时常发生。窦太后在世时,武帝不能有所作为,窦太后驾崩后,武帝才开始施展其抱负。元光元年(前134年),令郡国举孝廉、策贤良,问计于贤良文学之士,前后数百人,衡水籍人士董仲舒当时为博士,他的举贤良对策深受汉武帝赏识,汉武帝曾连续三次问计于董仲舒,董仲舒则从不同方面三次做出回答,这就是历史上著名的“天人三策”。在这些对策中,董仲舒为汉武帝提出了解决当时两大社会难题的方案,同时也使儒学由民间学问一跃而为国家主流思想。司马迁记载,董仲舒为西汉广川县人,此县在今衡水市境内。董仲舒的祖上为春秋时期著名史学家董狐,被孔子赞叹为“董狐,古之良史也,书法不隐”。董氏家族为晋国贵族,后代人才辈出,董仲舒是董狐的第十四世孙,年少时发奋读书,“三年不窥园”,治公羊春秋,成为今文经公羊春秋学的知名学者。据《汉书·董仲舒传》记载,董仲舒以公羊春秋学的“大一统”理论为思想武器,向汉武帝提出了一系列建议,为了叙述方便,这里只取其二。其一,“春秋大一统者,天地之常经,古今之通谊也”,主张强化中央政权,削弱诸侯王的权限,在全国兴办各级学校,培养人才,然后由朝廷选取优秀者为各地官吏,逐步实现全国管理统一;其二,针对“师异道,人异论,百家殊方,指意不同”的思想乱象,他建议“臣愚以为诸不在六艺之科,孔子之术者,皆绝其道,勿使并进”。他认为这样就可以解决“上亡以持一统,法制数变,下不知所守”的局面,从而实现“邪辟之说灭息,然后统纪可一而法度可明,民知所从矣”。汉武帝采纳了董仲舒的建议,在朝廷设儒学五经博士,为其招收弟子,兴办太学和地方学校,培养儒家知识分子,并从中选取各级官吏,逐步实现文官治国的格局。从此以后,儒学上升为国家主流思想,开启了儒学的新天地。应该指出的是,所谓“罢黜百家,独尊儒术”是后人总结的,并非董仲舒原意。董仲舒的建议是树立儒学的主流地位,对道家等其他学派学问“勿使并进”,朝廷不用,民间可存,从历史实际看也是如此。

第二次危机出现在南北朝时期。两晋以后,北方大乱,“五胡乱华”,北方地区被从草原南下的少数民族政权相继割据称雄。公元439年,同样来自北方草原的鲜卑族拓跋部统一了北方,形成了南北朝对峙的格局。鲜卑族是游牧民族,其文化基本处于原始状态,信奉萨满教,盛行卜筮,官吏没有俸禄,靠肆意抢夺、贪污、盘剥为其收入,朝野思想混乱,道教、佛教时兴时灭,儒学处于无人问津的状态。所幸以后出现了“汉化改革”,儒学文化才没有在中国北方地区中断。拯救这次危机的关键人物是衡水籍人士冯太后。冯太后,汉族,信都人,即今衡水市冀州区人,北魏文成帝的皇后,献文帝的嫡母,孝文帝的嫡祖母。献文帝和孝文帝均由她抚养成人。文成帝25岁驾崩后,她曾两度临朝听政,即使在其孙子孝文帝亲政后,她依然是北魏朝廷的实际主政者。冯太后出身于北燕国皇族,儒学文化造诣颇深,在她主政期间,逐步去除鲜卑旧俗,实行汉化改革。政治上实行“班俸禄”,按品级发给官吏俸禄,禁止抢夺、贪污等行为;经济上实行“均田制”,限制豪强;文化上尊崇儒学,启用汉族儒生在朝廷为官,兴办学校,培养儒学人才。尤其是用儒学理论悉心教育培养孝文帝,使其刻苦读书,手不释卷,对儒家经典谙熟于心,同时涉猎史传百家,成为颇有才学、儒学造诣深厚的皇帝。所以孝文帝在冯太后在世时积极配合汉化改革,在冯太后驾崩后,决意从边陲之地的平城(今大同)迁都中原地区的洛阳,继续汉化改革,兴文庙,尊孔子,用儒学治国。可以说,是冯太后拯救了中国北部地区儒学中断的危局,使得儒学得以中兴。

第三次危机出现在隋唐时期。两汉时期,自董仲舒以后的儒学史称“汉学”,当时就有“今文经学”与“古文经学”(秦朝焚书时藏在房屋夹墙中,到汉代被发现的用篆书写成的经书被称为“古文经”)之争。东汉时期,郑玄等人整理经书的注疏,形成了不同的流派。其中郑玄注影响最大,是为“郑学”。三国两晋时期,王肃创立“王学”,与“郑学”为敌,论争激烈。南北朝时期,儒学分裂为“南学”与“北学”。到隋唐时期,儒学内部群经异说,诸师异论,纷纷攘攘,甚至互为水火,五经(原来六经中的《乐经》在秦朝焚书后丢失,以后也没能恢复)的注疏混乱,儒学成为越讲越糊涂的学问。儒学又一次遇到了危机。而隋朝建立科举制度后,需要标准版的“五经”作为科举考试的依据和学校教学的教材。这项工作未及完成隋朝就灭亡了,历史任务落在了唐朝。在唐朝完成这次儒学中兴的旗手人物是孔颖达。孔颖达,冀州衡水人,即今衡水市桃城区人,年轻时即为地方知名学者,曾在家乡一带讲学。精通五经,对当时的“南学”“北学”均造诣颇深,唐太宗时为十八学士之一(十八学士中,衡水人有二,孔颖达、盖文达),官至国子祭酒,奉唐太宗旨意,与颜师古等知名学者共同整理五经,编写标准版的《五经正义》。孔颖达为主持人,义例的制定、是非的考论皆由其定夺。他们整理了汉代以来的各家注疏,选优汰劣,详加考证,编成了标准版儒学经典《五经正义》。这套典籍使得儒学内部师说各异、注疏不一的混乱局面得以终止,开启了儒学经典统一的时代,也使得科举考试和儒学教育有了标准教材,对中国文化乃至世界文化的发展具有重大影响。

古代衡水虽不是名城大邑,但是处在齐、鲁、赵、燕这四个文化发达区域之间,历来文风兴盛,儒学大家辈出,在儒学发展史上占有举足轻重的地位。

试论董仲舒的学术批判与建构

李奎良

董仲舒是汉代儒学的旗手,他登上历史舞台的时段是在西汉初期的景帝及武帝初年,所面临的社会状况与学术思潮是相当复杂的。就社会问题而言,既有汉承秦制的痼疾,也有汉初新成社会问题的积累;既有“黄老之学”为代表的非儒家学问,也有儒家学说内部的驳杂与改进。作为学者,身处此情此景,有两种选择,其一是顺应时局,歌功颂德,取得私利;其二是进行严肃的学术批判,厘清是非,做出理性的学术建构。以今人的目光审视汉初的儒者,陆贾、贾谊、董仲舒等都是值得尊敬的,他们富于学术批判精神,具有比较准确的学术批判能力,同时提出了有益于社会进步的学术建构。当然,当时的学者群中也有被斥为“从谀”的公孙弘之类人,姑且不论。陆贾、贾谊的学术批判是单一型的,董仲舒的学术批判则是系统的。以往的研究大多重视董仲舒的学术建构而较少涉及他的学术批判。而学术批判正是他的学术生涯的逻辑起点。

我们首先来看《汉书·董仲舒传》中所载的著名的《天人三策》。汉武帝登基初年,窦太后尚在世,武帝不能独掌朝政,直到六年后,窦太后逝世。据《汉书·武帝纪》记载,建元六年(前135年)五月,“太皇太后崩”,同月,诏贤良对策,“于是董仲舒、公孙弘等出焉”。《汉书·董仲舒传》则明确,“武帝即位,举贤良文学之士前后百数,而仲舒以贤良对策焉”。武帝对董仲舒说:“今子大夫褎然为举首,朕甚嘉之。子大夫其精心致思,朕垂听而问焉。”董仲舒被武帝誉为“举首”,所以以往有不少人简单地认为,对策是为汉武帝歌功颂德的,其实不然。细读三策,发现通篇充满着对以往学术观点的批判和对时局的针砭。

(1)对传统的“天命”观的批判。古人对大自然力量的畏惧产生了天命观,但以后对天命观解释的走向却歧义不同。商尚鬼,善占卜;周尚神,重祭祀。周代的天命观认为周天下是上天所予,周王是“天子”,自会受天护佑。《尚书·召告》有言:“皇天上帝,改厥元子兹大国殷之命。惟王受命,无疆惟休,亦无疆惟恤。”及至汉代,这种观点依然流行。汉武帝在策问中说,“伊欲风流而令行,刑轻而奸改,百姓和乐,政事宣昭,何修何饬而膏露降,百谷登,德润四海,泽臻草木,三光全,寒暑平,受天之祜,享鬼神之灵,德泽洋溢,施乎方外,延及群生”。汉武帝的美好希冀是建立在“受天之祜”之上的。董仲舒总结历史上治乱兴废的经验教训,批评了这种天命观。他认为,“故治乱废兴在于己,非天降命不可得反,其所操持悖谬失其统也”,事在人为,关键在于帝王如何表现,从而取得上天的护佑。他告诉汉武帝:“自非大亡(无)道之世者,天尽欲扶持而全安之,事在强勉而已矣。强勉学问,则闻见博而知(智)益明;强勉行道,则德日起而大有功:此皆可使还(旋)至而有效者也。《诗》曰‘夙夜匪解(懈)’,《书》云:‘茂哉茂哉!’皆强勉之谓也。”所谓“强勉”主要是指“行德”而不是“行暴”。他举例说,“故尧舜行德则民仁寿,桀纣行暴则民鄙夭”。如何行德,首先是帝王要“正心”,然后广施教化,所谓“故为人君者,正心以正朝廷,正朝廷以正百官,正百官以正万民,正万民以正四方。四方正,远近莫敢不壹于正,而亡(无)有邪气奸其间者。是以阴阳调而风雨时,群生和而万民殖,五谷孰(熟)而草木茂,天地之间被润泽而大丰美,四海之内闻盛德而皆来臣,诸福之物,可致之祥,莫不毕至,而王道终矣”。关键在于帝王要正心,这是行德的前提。“今陛下并有天下,海内莫不率服,广览兼听,极群下之知(智),尽天下之美,至德昭然,施于方外。夜郎、康居,殊方万里,说(悦)德归谊(义),此太平之致也。然而功不加于百姓者,殆王心未加焉。”“王心未加”是一切问题的根源。董仲舒的这种批判来源于他的一个基本观点,他在《春秋繁露·尧舜不擅移,汤武不专杀》中说:“天之生民,非为王也,而天立王以为民也。故其德足以安乐民者,天予之;其恶足以贼害民者,天夺之。”董仲舒的天地人图式也是建立在这个观点基础之上的。

(2)对法家暴政的严厉批判。法家主张严刑峻法、以吏为师、一统于上。董仲舒作为汉代儒学旗手,虽然吸纳了法家的某些合理成分,但是总体上对其是严厉批判的,他的学术路线与子夏的西河之学迥然有异。应该说,孔子的思想中有一些法家的因素,如入世、吏治之道等,卜子夏本是晋国人,小孔子44岁,在求学期间就以钻研吏治为特长,提出了著名的“仕而优则学,学而优则仕”。孔子死后,他在魏文侯的支持下,在西河设帐授徒,所讲内容自然是儒学,但他的弟子却成了著名的法家人物,以吴起为最典型。个中缘由恐怕是子夏在教学中处理儒法关系的技术路线有问题。董仲舒也是纳法入儒,但他是批判法家的主体,吸纳法家中有益当世的末节。法家理论的实践集中于秦国和秦朝,所以董仲舒的批判也以秦朝为主要对象。“至周之末世,大为亡(无)道,以失天下。秦继其后,独不能改,又益甚之,重禁文学,不得挟书,弃捐礼谊(义)而恶闻之,其心欲尽灭先王之道,而颛(专)为自恣苟简之治,故立为天子十四岁而国破亡矣。自古以来,未尝有以乱济乱,大败天下之民如秦者也。其遗毒余烈,至今未灭,使习俗薄恶,人民嚚顽,抵冒殊扞,孰(熟)烂如此之甚者也。”孔子曰:“朽木不可雕也,粪土之墙不可圬也。”“今汉继秦之后,如朽木粪墙矣,虽欲善治之,亡(无)可奈何。法出而奸生,令下而诈起,如以汤止沸,抱薪救火,愈甚,亡(无)益也。窃譬之琴瑟不调,甚者必解而更张之,乃可鼓也;为政而不行,甚者必变而更化之,乃可理也。当更张而不更张,虽有良工不能善调也;当更化而不更化,虽有大贤不能善治也。故汉得天下以来,常欲善治,而至今不可善治者,失之于当更化而不更化也。古人有言曰:临渊羡鱼,不如退而结网。今临政而愿治七十余岁矣,不如退而更化;更化则可善治,善治则灾害日去,福禄日来。”董仲舒这段痛快淋漓的批判文稿体现了他正直不阿的文人气质,最能彰显董仲舒的批判精神。尤为可贵的是他不仅批判秦朝的暴政,而且还对汉初七十年循而未改痛心疾首,认为这是“当更化而不更化”所致。所以现代有的学者把董仲舒思想概括为“更化理论”,余在30多年前的文章中也以“更化”作为董仲舒的思想骨梗。董仲舒大声呼吁,临政而愿治,不如退而更化。平心而论,董仲舒能在对策中如此直率地批评秦政和时政,把汉初社会比作腐朽之木、粪土之墙,是因为他坚信自己理念的正确,作为文人儒士,孟子说的“浩然之气”大抵如此吧。

(3)对汉初吏治的批判。董仲舒的批判集中于三点,其一是官吏选拔的资源,其二是教化职责的履行,其三是官员在财产方面的自律。“陛下亲耕籍田以为农先,夙寤晨兴,忧劳万民,思惟往古,而务以求贤,此亦尧舜之用心也,然而未云获者,士素不厉(励)也。夫不素养士而欲求贤,譬犹不琢玉而求文采也。”董仲舒认为吏治的关键在于所用之人皆为贤士,而现实却是“夫长吏多出于郎中、中郎,吏二千石子弟,选郎吏又以富訾(资),未必贤也。且古所谓功者,以任官称职为差,非(所)谓积日累久也。故小材虽累日,不离于小官;贤材虽未久,不害为辅佐。是以有司竭力尽知(智),务治其业而以赴功。今则不然。累日以取贵,积久以致官,是以廉耻贸乱，贤不肖浑殽（混淆），未得其真”。董仲舒的批判可谓一针见血，在官员子弟中选拔官吏，在富有家庭子弟中选拔官吏，确有贤士，但也必有相当部分是庸才甚至是“小人”，“未必贤也”。尤其是“积久以致官”更为可怕，碌碌无为却能升迁，层层如此，庸才遍地。董仲舒的批判是为了构建，他认为：“养士之大者，莫大乎太学；太学者，贤士之所关也，教化之本原也。”兴办学校，培养人才，从中选拔官吏，逐步实现文官治国，贤人为官。这是董仲舒的理想。所以，他向汉武帝提出了一系列建议。“臣愿陛下兴太学，置明师，以养天下之士，数考问以尽其材，则英俊宜可得矣。”“臣愚以为使诸列侯、郡守、二千石各择其吏民之贤者，岁贡各二人以给宿卫，且以观大臣之能；所贡贤者有赏，所贡不肖者有罚。夫如是，诸侯、吏二千石皆尽心于求贤，天下之士可得而官使也。遍得天下之贤人，则三王之盛易为，而尧舜之名可及也。毋以日月为功，实试贤能为上，量材而授官，录德而定位，则廉耻殊路，贤不肖异处矣。”董仲舒认为官吏的首要职责是教化人民，化风易俗，达到社会大治。但是他看到的却是“今之郡守、县令，民之师帅（率），所使承流而宣化也；故师帅（率）不贤，则主德不宣，恩泽不流。今吏既亡（无）教训于下，或不承用主上之法，暴虐百姓，与奸为市，贫穷孤弱，冤（怨）苦失职，甚不称陛下之意。是以阴阳错缪，氛气充塞，群生寡遂，黎民未济，皆长吏不明，使至于此也”。董仲舒批判官吏与民争利的现象，认为这是社会混乱、国家不治的重要原因，他强烈主张不与民争利，官员要在“置产业”方面严格自律，而且他本人不置产业，受到时人尊重。他在对策中深入浅出地讲了一番道理：“夫天亦有所分予，予之齿者去其角，傅（附）其翼者两其足，是所受大者不得取小也。古之所予禄者，不食于力，不动于末，是亦受大者不得取小，与天同意者也。夫已受大，又取小，天不能足，而况人乎！此民之所以嚣嚣苦不足也。身宠而载高位，家温而食厚禄，因乘富贵之资力，以与民争利天下，民安能如之哉！是故众其奴婢，多其牛羊，广其田宅，博其产业，畜（蓄）其积委，务此而亡（无）已，以迫蹴民，民日削月朘，浸以大穷。富贵奢侈羡溢，贫者穷急愁苦；穷急愁苦而上不救，则民不乐生；民不乐生，尚不避死，安能避罪！此刑罚之所以蕃而奸邪不可胜者也。故受禄之家，食禄而已，不与民争业，然后利可均布，而民可家足。此上天之理，而亦太古之道，天子之所宜法以为制，大夫之所当循以为行也。故公仪子相鲁，之其家见织帛，怒而出其妻，食于舍而茹葵，愠而拔其葵，曰：‘吾已食禄，又夺园夫红女利乎！’古之贤人君子在列位者皆如是，是故下高其行而从其教，民化其廉而不贪鄙。及至周室之衰,其卿大夫缓于谊(义)而急于利,亡(无)推让之风而有争田之讼。故诗人疾而刺之,曰:'节彼南山,惟石岩岩,赫赫师尹,民具(俱)尔瞻。'尔好谊(义),则民乡(向)仁而俗善;尔好利,则民好邪而俗败。由是观之,天子大夫者,下民之所视效,远方之所四面而内望也。近者视而放(仿)之,远者望而效之;岂可以居贤人之位而为庶人行哉!夫皇皇(遑遑)求财利常恐乏匮者,庶人之意也;皇皇求仁义常恐不能化民者,大夫之意也。《易》曰:'负且乘,致寇至。'乘车者,君子之位也;负担者,小人之事也。此言居君子之位而为庶人之行者,其患祸必至也。若居君子之位,当君子之行,则舍公仪休之相鲁,亡(无)可为者矣。"

现在我们来观察《春秋繁露》。此书的真伪历来有争论,但从现在来看,多数学者认为此书基本是董仲舒的思想体现,有少数篇章可能为董学后人所为。如果就论事风格而言,余以为除《五行》各篇外,其余均应为董仲舒所著。纵观全书,董仲舒对春秋以来的旧说、成说多有批判,择其要者简述之。

(1)对仁义观的批判。在儒学体系中,孔子讲仁与礼比较多,而对于义的解说很少,在《论语》中,有100多处解释仁,可以用"仁者爱人"加以概括。但是对于义,则没有明确定义,只是说"义以为质,礼以行之"。孟子的解释有一些进步,他在《孟子·尽心上》中说:"亲亲,仁也;敬长,义也。"在《孟子·告子上》中说:"仁,人心也;义,人路也。舍其路而弗由,放其心而不知求,哀哉!人有鸡犬放,则知求之;有放心而不知求。学问之道无他,求其放心而已矣。"董仲舒认为这些解释都不确当,他专门写了一篇《仁义法》批评旧说,阐发己见。

> 春秋之所治,人与我也。所以治人与我者,仁与义也。以仁安人,以义正我,故仁之为言人也,义之为言我也,言名以别矣。仁之于人,义之与我者,不可不察也。众人不察,乃反以仁自裕,而以义设人。诡其处而逆其理,鲜不乱矣。是故人莫欲乱,而大抵常乱。凡以暗于人我之分,而不省仁义之所在也。是故春秋为仁义法。仁之法在爱人,不在爱我。义之法在正我,不在正人。我不自正,虽能正人,弗予为义。人不被其爱,虽厚自爱,不予为仁。昔者晋灵公杀膳宰以淑饮食,弹大夫以娱其意,非不厚自爱也,然而不得为淑人者,不爱人也。质于爱民,以下至于鸟兽昆虫莫不爱。不爱,奚足谓仁?仁者,爱人之名也。雟、传无大之之辞。自为追,则善其所恤远也。兵已加焉,乃往救之,则弗

美。未至豫备之，则美之，善其救害之先也。夫救蚤而先之，则害无由起，而天下无害矣。然则观物之动，而先觉其萌，绝乱塞害于将然而未形之时，春秋之志也，其明至矣。非尧舜之智，知礼之本，孰能当此？故救害而先知之，明也。公之所恤远，而春秋美之。详其美恤远之意，则天地之间然后快其仁矣。非三王之德，选贤之精，孰能如此？是以知明先，以仁厚远。远而愈贤、近而愈不肖者，爱也。故王者爱及四夷，霸者爱及诸侯，安者爱及封内，危者爱及旁侧，亡者爱及独身。独身者，虽立天子诸侯之位，一夫之人耳，无臣民之用矣。如此者，莫之亡而自亡也。春秋不言伐梁者，而言梁亡，盖爱独及其身者也。故曰仁者爱人，不在爱我，此其法也。义云者，非谓正人，谓正我。虽有乱世枉上，莫不欲正人。奚谓义？昔者楚灵王讨陈蔡之贼，齐桓公执袁涛涂之罪，非不能正人也，然而春秋弗予，不得为义者，我不正也。阖庐能正楚蔡之难矣，而春秋夺之义辞，以其身不正也。潞子之于诸侯，无所能正，春秋予之有义，其身正也，趋而利也。故曰义在正我，不在正人，此其法也。夫我无之求诸人，我有之而诽诸人，人之所不能受也。其理逆矣，何可谓义？义者，谓宜在我者。宜在我者，而后可以称义。故言义者，合我与宜，以为一言。以此操之，义之为言我也。故曰有为而得义者，谓之自得；有为而失义者，谓之自失。人好义者，谓之自好；人不好义者，谓之不自好。以此参之，义，我也，明矣。是义与仁殊。仁谓往，义谓来，仁大远，义大近。爱在人谓之仁，义在我谓之义。仁主人，义主我也。故曰仁者人也，义者我也，此之谓也。君子求仁义之别，以纪人我之间，然后辨乎内外之分，而著于顺逆之处也。是故内治反理以正身，据礼以劝福。外治推恩以广施，宽制以容众。孔子谓冉子曰："治民者先富之，而后加教。"语樊迟曰："治身者，先难后获。"以此之谓治身之与治民，所先后者不同焉矣。诗曰："饮之食之，教之诲之。"先饮食而后教诲，谓治人也。又曰："坎坎伐辐，彼君子兮，不素餐兮。"先其事，后其食，谓治身也。春秋刺上之过，而矜下之苦，小恶在外弗举，在我书而诽之。凡此六者，以仁治人。义治我，躬自厚而薄责于外，此之谓也。且论已见之，而人不察，曰君子攻其恶，不攻人之恶。不攻人之恶，非仁之宽与？自攻其恶，非义之全与？此谓之仁造人，义造我，何以异乎？故自称其恶谓之情，称人之恶谓之贼；求诸己谓之厚，求诸人谓之薄；自责以备谓之明，责人以备谓之惑。是故以自治之节治人，是居上不宽也；以治人之度自治，是为礼不敬也。为礼不敬，则伤行而民弗尊；居上不宽，则伤厚而民弗亲。弗亲则弗信，弗尊则弗敬。二端之政诡于上，而僻行之则诽于下，仁义之处可无论乎？夫目不视弗见，心弗论不得。虽有天下之至味，弗嚼弗知其旨也；虽有圣人之至道，弗论不知其义也。

在这篇论证阐说中，批评旧说是弗嚼而不知天下之至味，弗论而不知圣人之至道，未予深究，妄下结论。而他从“人我关系”这个社会伦理最基本的前提出发，提出了著名的“仁爱人义正我”的理念。可以说，从春秋时期到汉初，这是对仁义概念最准确的表述。非常可惜的是，宋儒把董仲舒排斥在道统之外，所以忽略了这个价值非凡的理念。元明清三代，以宋儒为圭臬，奉为正统，这个在当今仍有普遍意义的理念遂隐而不彰。董仲舒还批判了在仁义观上的四种错误认识，其一是“以义设人。诡其处而逆其理，鲜不乱矣。是故人莫欲乱，而大抵常乱。凡以暗于人我之分”，以义设人，今人称之为“道德绑架”，以传道者自居而罗织罪名陷害别人，此为社会之大蠹。其二，以仁自裕，“虽厚自爱，不予为仁”，“亡者爱及独身。独身者，虽立天子诸侯之位，一夫之人耳，无臣民之用矣。如此者，莫之亡而自亡也”。所谓独夫民贼，此之谓也。其三，仁者爱人限于族亲。董仲舒说，“故王者爱及四夷，霸者爱及诸侯，安者爱及封内”，他在《春秋繁露·为人者天》中更是提出了“博爱”的命题。自董仲舒提出以后，《孝经》予以继承，韩愈作《原道》将其发挥得更为深刻。前几年陈来先生在文章中提到这个问题时发出感慨，说我们对董仲舒“忽略”太多了。其四，批判仁爱只限于人而不及其他生物。他在《仁义法》中说：“质于爱民，以下至于鸟兽昆虫莫不爱。不爱，奚足谓仁？”

(2)对单纯义利观的批判。孔子在《论语·里仁》中说，“君子喻于义，小人喻于利”，孟子也持类似观点。董仲舒认为不确当，他在《春秋繁露·身之养重于义》中开宗明义，“天之生人也，使之生义与利。利以养其体，义以养其心。心不得义不能乐，体不得利不能安”。在这里，董仲舒主张义和利对于人而言同等重要，不能偏废。只是在社会生活中，义和利要有所侧重：“心不得义，不能乐；体不得利，不能安；义者，心之养也；利者，体之养也；体莫贵于心，故养莫重于义，义之养生人大于利。奚以知之？今人大有义而甚无利，虽贫与贱，尚荣其行以自好，而乐生，原宪、曾、闵之属是也；人甚有利而大无义，虽甚富，则羞辱大，恶恶深，祸患重，非立死其罪者，即旋伤殃忧尔，莫能以乐生而终其身，刑戮夭折之民是也。夫人有义者，虽贫能自乐也；而大无义者，虽富莫能自存；吾以此实义之养生人大于利而厚于财也。民不能知，而常反之，皆忘义而殉利，去理而走邪，以贼其身，而祸其家，此非其自为计不忠也，则其知之所不能明也，今握枣与错金以示婴儿，婴儿必取枣而不取金也，握一斤金与千万之珠以示野人，野人必取金而不取珠也。故物之于人，小者易知也，其于大者难见也，今利之于人小，而义之于人大者，无怪民之皆趋利而不趋义也，固其所暗也，圣人事明义以照耀其所暗，故民不陷。诗云：'示我显德行。'此之谓也。先王显德以示民，民乐而歌之以为诗，说而化之以为俗，故不令而自行，不禁而自止，从上之意，不待使之，若自然矣，故曰：圣人天地动、四时化者，非有他也，其见义大，故能动，动故能化，化故能大行，化大行故法不犯，法不犯故刑不用，刑不用则尧舜之功德，此大治之道也，先圣传授而复也，故孔子曰：'谁能出不由户，何莫由斯道也！'今不示显德行，民暗于义不能照，迷于道不能解，固欲大严憯以必正之，直残贼天民，而薄主德耳，其势不行。仲尼曰：'国有道，虽加刑，无刑也；国无道，虽杀之，不可胜也。'其所谓有道无道者，示之以显德行与不示尔。"在社会关系中只有重义方可保利。所以他在《春秋繁露·对胶西王越大夫不得为仁》中提出了著名的格言，"正其道不谋其利，修其理不急其功"，在对道和理的追求过程中是不能谋利和急功的。班固在《汉书本传》中把这句话记载为"正其谊不谋其利，明其道不计其功"，似乎董仲舒只肯定义而否定利，后人加以渲染，广泛引用，遂成固定的误解。

(3)关于人性的辩论与批驳。董仲舒批判孟子的性善论，同时也不同意荀子的性恶论。他在《春秋繁露·深察名号》中有一大段论述：

> 治天下之端，在审辨大。辨大之端，在深察名号。名者，大理之首章也。录其首章之意，以窥其中之事，则是非可知，逆顺自著，其几通于天地矣。是非之正，取之逆顺，逆顺之正，取之名号，名号之正，取之天地，天地为名号之大义也。古之圣人，謞而效天地谓之号，鸣而施命谓之名。名之为言，鸣与命也，号之为言，謞而效也。謞而效天地者为号，鸣而命者为名。名号异声而同本，皆鸣号而达天意者也。天不言，使人发其意；弗为，使人行其中。名则圣人所发天意，不可不深观也。受命之君，天意之所予也。故号为天子者，宜视天如父，事天以孝道也。号为诸侯者，宜谨视所候奉之天子也。号为大夫者，宜厚其忠

信,敦其礼义,使善大于匹夫之义,足以化也。士者,事也;民者,瞑也。士不及化,可使守事从上而已。五号自赞,各有分。分中委曲,曲有名。名众于号,号其大全。名也者,名其别离分散也。号凡而略,名详而目。目者,遍辨其事也;凡者,独举其大也。享鬼神者号,一曰祭。祭之散名,春曰祠,夏曰礿,秋曰尝,冬曰烝。猎禽兽者号,一曰田。田之散名,春苗,秋蒐,冬狩,夏猕。无有不皆中天意者。物莫不有凡号,号莫不有散名,如是。是故事各顺于名,名各顺于天。天人之际,合而为一。同而通理,动而相益,顺而相受,谓之德道。诗曰:“维号斯言,有伦有迹。”此之谓也。

深察王号之大意,其中有五科:皇科、方科、匡科、黄科、往科。合此五科,以一言谓之王。王者皇也,王者方也,王者匡也,王者黄也,王者往也。是故王意不普大而皇,则道不能正直而方;道不能正直而方,则德不能匡运周遍,德不能匡运周遍,则美不能黄;美不能黄,则四方不能往;四方不能往,则不全于王。故曰:天覆无外,地载兼爱,风行令而一其威,雨布施而均其德。王术之谓也。

深察君号之大意,其中亦有五科:元科、原科、权科、温科、群科。合此五科,以一言谓之君。君者元也,君者原也,君者权也,君者温也,君者群也。是故君意不比于元,则动而失本;动而失本,则所为不立;所为不立,则不效于原;不效于原,则自委舍;自委舍,则化不行。用权于变,则失中适之宜;失中适之宜,则道不平,德不温;道不平,德不温,则众不亲安;众不亲安,则离散不群;离散不群,则不全于君。

名生于真,非其真,弗以为名。名者,圣人之所以真物也。名之为言真也。故凡百讥有黮黮者,各反其真,则黮黮者还昭昭耳。欲审曲直,莫如引绳;欲审是非,莫如引名。名之审于是非也,犹绳之审于曲直也。诘其名实,观其离合,则是非之情不可以相谰已。今世暗于性,言之者不同,胡不试反性之名。性之名非生与?如其生之自然之资谓之性。性者质也。诘性之质于善之名,能中之与?既不能中矣,而尚谓之质善,何哉?性之名不得离质。离质如毛,则非性已,不可不察也。春秋辨物之理,以正其名。名物如其真,不失秋毫之末。故名霣石,则后其五,言退鹢,则先其六。圣人之谨于正名如此。君子于其言,无所苟而已,五石、六鹢之辞是也。栣众恶于内,弗使得发于外者,心也。故心之为名栣也。人之受气苟无恶者,心何栣哉?吾以心之名,得人之诚。人之诚,有贪有仁。仁贪之气,两在于身。身之名,取诸天。天两有阴阳之施,身亦两有贪仁之性。天有阴阳禁,身有情欲栣,与天道一也。是以阴之行不得干春夏,而月之魄常厌于日光。乍全乍伤,天之禁阴如此,安得不损其欲而辍其情以应天。天所禁而身禁之,故曰身犹天也。禁天所禁,非禁天也。必知天性不乘于教,终不能栣。察实以为名,无教之时,性何遽若是。故性比于禾,善比于米。米出禾中,而禾未可全为米也。善出性中,而性未可全为善也。善与米,人之所继天而成于外,非在天所为之内也。天之所为,有所至而止。止之内谓之天性,止之外谓之人事。事在性外,而性不得不成德。民之号,取之瞑也。使性而已善,则何故以瞑为号?以賓者言,弗扶将,则颠陷猖狂,安能善?性有似目,目卧幽而瞑,待觉而后见。当其未觉,可谓有见质,而不可谓见。今万民之性,有其质而未能觉,譬如瞑者待觉,教之然后善。当其未觉,可谓有善质,而不可谓善,与目之瞑而觉,一概之比也。静心徐察之,其言可见矣。性而瞑之未觉,天所为也。效天所为,为之起号,故谓之民。民之为言,固犹瞑也,随其名号以入其理,则得之矣。是正名号者于天地,天地之所生,谓之性情。性情相与为一瞑。情亦性也。谓性已善,奈其情何?故圣人莫谓性善,累其名也。身之有性情也,若天之有阴阳也。言人之质而无其情,犹言天之阳而无其阴也。穷论者,无时受也。名性,不以上,不以下,以其中名之。性如茧如卵。卵待覆而成雏,茧待缫而为丝,性待教而为善。此之谓真天。天生民性有善质,而未能善,于是为之立王以善之,此天意也。民受未能善之性于天,而退受成性之教于王。王承天意,以成民之性为任者也。今案其真质,而谓民性已善者,是失天意而去王任也。万民之性苟已善,则王者受命尚何任也?其设名不正,故弃重任而违大命,非法言也。春秋之辞,内事之待外者,从外言之。今万民之性,待外教然后能善,善当与教,不当与性。与性,则多累而不精,自成功而无贤圣,此世长者之所误出也,非春秋为辞之术也。不法之言、无验之说,君子之所外,何以为哉?或曰:性有善端,心有善质,尚安非善?应之曰:非也。茧有丝而茧非丝也,卵有雏而卵非雏也。比类率然,有何疑焉。天生民有六经,言性者不当异。然其或曰性也善,或曰性未善,则所谓善者,各异意也。性有善端,动之爱父母,善于禽兽,则谓之善。此孟子之善。循三纲五纪,通八端之理,忠信而博爱,敦厚而好礼,乃可谓善。此圣人之善也。是故孔子曰:“善人吾不得而见之,得见有常者斯可矣。”由是观之,圣人之所谓善,未易当也,非善于禽兽则谓之善也。使动其端善于禽兽则可谓之善,善奚为弗见也?夫善于禽兽之未得为善也,犹知于草木而不得名知。万民之性善于禽兽而不得名善,知之名乃取之圣。圣人之所命,天下以为正。正朝夕者视北辰,正嫌疑者视圣人。圣人以为无王之世,不教之民,莫能当善。善之难当如此,而谓万民之性皆能当之,过矣。质于禽兽之性,则万民之性善矣;质于人道之善,则民性弗及也。万民之性善于禽兽者许之,圣人之所谓善者弗许。吾质之命性者异孟子。孟子下质于禽兽之所为,故曰性已善;吾上质于圣人之所为,故谓性未善。善过性,圣人过善。春秋大元,故谨于正名。名非所始,如之何谓未善已善也。

董仲舒所主张的人性“仁贪两有”应该说是比较公允的,但是后世并未得到彰显。荀子的性恶说因为导致了法家取向,也销声匿迹。只有孟子的性善说因为宋代理学的宣扬而成为定论。又由于心学依此为立论前提,更加巩固了其地位。其实性善说并不是牢靠的,且看儿童心理学便知,兹不赘述。

《枣强大原书院》弁言

李奎良

文化是人类社会和谐的终极力量，文化的演进是不断继承、辩驳、创新、互鉴、交流、包容、吸纳的过程。历史一再证明，有文化化育的社会是稳定和谐的；反之，出现文化悖乱的时期也必然是社会混乱时期。忽视文化的能量等于主动把社会推向思想混乱，欲促进社会发展必弘扬优秀文化。在文化大系统中，先贤文化是重要的组成部分，它的主要功能有三：其一，传承文脉，继往开来；其二，为后世立榜样，激发青年学有目标，行有圭臬；其三，为学界研究提供基础资料。先贤文化的历代连接构成了一个地域的文脉。

枣强是延续两千年的古县，文脉绵长。在悠悠文脉中，有两个人物是站在历史节点上的：董仲舒和罗廷唯。董仲舒是枣强文脉的开立者，他为枣强文脉注入了四大精神："三年不窥园"的刻苦读书精神，精益求精的治学精神，敢言直谏、直正不阿的处世精神，关心民众生活的民本精神。同时，他也为后世留下了不与民争利、终生不置产业的为官原则。

罗廷唯是明朝嘉靖年间的枣强知县，进士出身，文化底蕴深厚，在任期间做了两件文化大事：建大原书院和首撰县志。当时县城内已有文庙和县学，以教授宋明理学为主。罗知县所建大原书院是院祠合一的，前为书院，后为董仲舒祠，书院取董仲舒名言"道之大原出于天"为名，可见主要是为了传承以董仲舒为旗手的汉代儒学和历久不衰的枣强文脉而建。在此之前枣强没有县志，也就是说没有专门的历史传承记载，无志则无史，罗氏首撰县志，开创了系统的枣强史志记载。遍查史料，其他历任枣强县令、知县均无此作为。他还写了一篇《大原书院记》，详细论证了古广川即枣强的结论。其实这个问题在元朝以前本无争议，根据司马迁记载人物籍贯的范例，他说董仲舒是广川人，这里的广川是指西汉的广川县。汉唐至宋，史无异议。及至元朝,河间路总管王思诚下令在景州设立董子祠和董子书院,引发了对西汉广川县地望的争议。当时的河间路管辖六个州,即沧州、景州等,而枣强县则隶属真定路冀州,不在河间路管辖范围,地方官希望在自己管辖的区域建设前贤纪念设施。历代如此。罗廷唯的这篇考证,部分地解决了古广川的地望异议。纪念前贤,传承文脉,光大文化,人人可为,大可不必争执"南阳"或"襄阳"。万历年间,张居正为首辅,下令毁天下书院六十四座,大原书院未能幸免,被改为官衙。

当今,历史走向了第三个枣强文脉传承的节点,县委、县政府决定依照县志记载复原大原书院和董仲舒祠,传承自汉代以来的文脉,纪念先贤,教化人民,促进社会和谐发展,可谓志在高远,善莫大焉。

董仲舒既是儒学经学家、教育家,又是当时社会制度的设计师。春秋战国时代,中国文化出现诸子各论、百家争鸣的局面,儒、道、墨、法为其要者。暴秦亡后,法家销声匿迹,墨家由于其神秘性也退出了历史舞台。汉代前期,道家以黄老之学的形式占据社会主导地位,儒家则式微不显。董仲舒广学博采,以儒学为主干,吸纳道家、法家等学派的有益成分,补充儒学之需,同时发展了儒学的原有理论,构建了天人地的哲学框架,形成了适应汉代社会发展的新的儒学,通过"天人三策",促成了儒学的社会主流地位。同时,他为当时的社会设计了一系列制度:大一统的政治制度,突出主流文化的文化制度,设太学等各级学校的教育制度,各地推荐朝廷选拔的察举官吏制度,不与民争利、官吏不得置产业的廉洁制度,抑制人富大贫、实行"调均"的经济制度,等等。这些制度传续两千多年,有的至今仍有借鉴意义。

董仲舒不仅是中国历史文化名人,也是世界历史文化名人。董仲舒的思想有广泛而深远的影响,成为儒学的重要发展阶段。儒学历史可大致分为四个阶段,即孔子时代、董仲舒时代、朱熹时代和近代新儒学,每个时代都面临新的社会问题,都要吸纳不同学派的理论,因而都具有不同的形态和特点。宋儒对汉唐儒学颇有微词,以纯粹儒学自居,其实是不懂文化演进的规律。理学、心学所研究的"心性""义理"可以说很多来源于董仲舒。理学、心学也并非纯粹,他们明显吸纳了佛学的很多理念,包括一些学术术语。同时,我们还应该看到,董仲舒的思想在世界文化史上也有广泛的影响。首先,他的察举制度设计开创了以后通行世界的文官制度的先河。英国最先设计文官制度时,参考了中国的科举制度,因为文艺复兴时期,欧洲人对中国的科举制度非常欣赏,认为这是合理的官吏选拔方法,而科举制度就是直接由察举制度发展而来的。其次，董仲舒所倡导的官吏不与民争利、不得置产业的思想，今天成为通行全世界的共识。再次，他的天人合一思想与今天的环境友好观念不谋而合。还有他的抑制大富大贫的“调均”思想与当今世界各国的税收政策也有异曲同工之妙。

《枣强大原书院》杀青之际，嘱我作序，写了上面的文字，弁于书前，是为序。

2018年10月

从《论衡》看王充的董仲舒观

魏彦红

董仲舒和王充是汉代思想史上杰出而有代表性的两位思想家。人们无论在关注或研究哪一位的思想时,另一位的思想是无法绕开的,所以,在研究董仲舒时不能离开王充对他的评价,研究王充时也无法回避他对董仲舒的评价进而研究董仲舒。从学者们多年对二者研究的成果来看,加之"文革"时期特殊的背景下对董仲舒的负面评价,以及唯物唯心哲学观的影响,一般的观点认为董仲舒是汉代唯心主义阵营的代表,创立了以天道阴阳五行为中心的唯心主义哲学体系和目的论神学观;王充是汉代唯物主义阵营的代表,坚持以元气为中心的自然观,反对"天人感应"①,大力批评董仲舒的唯心神学论思想。得出的结论断然而决绝,并带有很深的时代烙印。之后也有不少学者对二者的关系重新进行了定位,尤其是对王充评价董仲舒进行了翻案,那么到底王充如何评价董仲舒?在王充心目中,董仲舒到底是个怎样的人呢?

王充在《论衡》中评论董仲舒有多处,他结合自己的哲学观,对董仲舒及其思想、学问等进行了或正面或侧面的引用和评述,既有价值判断,也有非价值判断;既有肯定,也有否定和怀疑,但更多的是肯定和赞誉。本文对王充的《论衡》进行了全面的梳理,对所有涉及董仲舒和对董仲舒进行评论的文字都整理出来并进行了如下归类。

一、对董仲舒人性论的评价

董仲舒览孙、孟之书,作情性之说,曰:"天之大经,一阴一阳。人之大经,

① 邓红.王充论董仲舒[J].广西大学学报(哲学社会科学版),2016,38(1):1-10.

一情一性。性生于阳，情生于阴。阴气鄙，阳气仁。曰性善者，是见其阳也。谓恶者，是见其阴者也。"若仲舒之言，谓孟子见其阳，孙卿见其阴也。处二家各有见，可也。不处人情性，情性有善有恶，未也。夫人情性同生于阴阳，其生于阴阳，有渥有泊。玉生于石，有纯有驳。情性〔生〕于阴阳，安能纯善？仲舒之言，未能得实。[①]（《本性篇》）

在这里，王充批驳了董仲舒的人性论，认为董仲舒关于人性的观点"未能得实"。他认为，董仲舒从天之常道为阴阳推导人之常道为性情，阴阳有鄙仁之分，性情有善恶之别。人性生于阳，人情生于阴。既然董仲舒的性情观来自孟子、孙卿之说，那么孟子的性善论只能说明孟子只见性之阳，孙卿持性恶论，说明他只识性之阴。人的性情虽生于阴阳，但有厚薄之分，玉产于石头，有纯与不纯之分，这是自然存在的，不可能都是纯的、善的。所以，从这个道理出发，王充认为董仲舒的人性论并不那么真实。

二、对董仲舒"雩祭"的评论

王充在《论衡》中多次提到董仲舒的"雩祭"，是提及董仲舒最多的一个话题，看来王充对该话题非常重视，是想借此话题表明自己的相关看法。

彼短书之家，世俗之人也。见雷电发时，龙随而起，当雷电〔击〕树木（击）之时，龙适与雷电俱在树木之侧，雷电去，龙随而上，故谓从树木之中升天也。实者，雷龙同类，感气相致。故《易》曰："云从龙，风从虎。"又言："虎啸谷风至，龙兴景云起。"龙与云相招，虎与风相致，故董仲舒雩祭之法，设土龙以为感也。夫盛夏太阳用事，云雨干之。太阳，火也；云雨，水也。〔水〕火激薄，则鸣而为雷。龙闻雷声则起，起而云至，云至而龙乘之。云雨感龙，龙亦起云而升天。天极（雷）〔云〕高，云消复降。人见其乘云则谓"升天"，见天为雷电则为"天取龙"。[②]（《龙虚篇》）

本篇义在驳斥龙是神物会升天的虚妄说法，故篇名为"龙虚"。汉代盛行龙是

① [东汉]王充．论衡[M]．长沙：岳麓书社，2015：38.

② [东汉]王充．论衡[M]．长沙：岳麓书社，2015：78-79.

神物,雷电击断树木,劈坏房屋,是天来取龙上天的说法。王充在《龙虚篇》中主要是想阐述自己关于“龙”的看法,认为龙是“虚妄”的,不是真实的。他从“短书之家”“世俗之人”入手,是想批评这样的民间传说,借此引用董仲舒“雩祭”的做法,也是进一步说明其原理是值得怀疑的。因为,王充认为天不会取龙,龙也不会升天,龙和雷一起升天之“天取龙”说是错误的。

> 董仲舒求雨,申《春秋》之义,设虚立祀。父不食于枝庶,天不食于下地。①(《明雩篇》)

王充在此是想借董仲舒求雨一事,说明这是为了发挥《春秋》的大义,祭祀是《春秋》重礼的重要表现,容不得人们稍有怠慢,一定讲究正宗主脉者主持实施祭祀活动。这里引用董仲舒“雩祭”之“设虚立祀”不是批评,而是为了强调说明“雩祭”的重要意义。

> 夫雩,古而有之。故《礼》曰:“雩祭,祭水旱也。”故有雩礼,故孔子不讥,而仲舒申之。夫如是,雩祭,祀礼也。雩祭得礼,则大水鼓用牲于社,亦古礼也。得礼无非,当雩一也。②(《明雩篇》)

王充认为,“雩祭”自古就有,而且《礼记》中也有记载,说明了“雩”礼是一种重要的古礼,作为儒家代表孔子尊重古礼,董仲舒更是将“雩祭”古礼发挥到了极致。王充进一步表明自己的观点,认为符合古礼是对的,举行“雩祭”的首要目的也是符合古礼。所以,王充在这里仍然是对董仲舒举行“雩祭”礼仪的积极肯定。

> 推《春秋》之义,求雩祭之说;实孔子之心,考仲舒之意。孔子既殁,仲舒已死,世之论者,孰当复问?唯若孔子之徒,仲舒之党,为能说之。③(《明雩篇》)

这是《明雩篇》的最后一段话,是对本篇的概括总结,王充是想说明:以上议论是为了推究《春秋》的原义,寻求关于雩祭的道理,证实孔子的想法,考察董仲舒的心意。可是,孔子已经死了,董仲舒也已经死了,世间的论述者,谁能解释清楚呢?

---

① [东汉]王充.论衡[M].长沙:岳麓书社,2015:190.
② [东汉]王充.论衡[M].长沙:岳麓书社,2015:192.
③ [东汉]王充.论衡[M].长沙:岳麓书社,2015:193.

唯有像孔子和董仲舒这样的人,才能去解释它了。其实,这就是对董仲舒雩祭的意义加以赞颂,认为董仲舒的雩祭其根据是《春秋》的原义,是对孔子思想的发扬光大。

在《乱龙篇》中,王充对“雩祭”有3处阐述。虽然只有3处,但该篇主题就是解释雩祭的“云龙相致”的原理,认为只有在该篇中才能把这个问题解释彻底了,故称“乱龙篇”。

> 董仲舒申《春秋》之雩,设土龙以招雨,其意以云龙相致。《易》曰:“云从龙,风从虎。”以类求之,故设土龙。阴阳从类,云雨自至。[①](《乱龙篇》)

王充认为,董仲舒发挥了《春秋》中关于雩祭的道理,用设置土龙的办法招致下雨,他引用《周易》中的“云从龙,风从虎”的记载,用类比法推导出云和龙是同类之物可以互相招致的道理。他认为董仲舒的做法完全符合《周易》上同类相招的道理,故设土龙。也符合阴气、阳气构成的万物是以类相感召的原理,所以和龙同类的云雨就自然来到了。

> 仲舒览见深鸿,立事不妄,设土龙之象,果有状也。龙暂出水,云雨乃至。古者畜龙御龙,常存无云雨。犹旧交相阔远,卒然相见,欢欣歌笑,或至悲泣涕,偃伏少久,则示行各恍忽矣。《易》曰:“云从龙。”非言龙从云也。云樽刻雷云之象,龙安肯来?夫如是,传之者何可解?则桓君山之难可说也;则刘子骏不能对,劣也。劣则董仲舒之龙说不终也。《论衡》终之。故曰《乱龙》者,终也。[②](《乱龙篇》)

针对董仲舒的雩祭,后世很多人不能理解,并提出了各种问题。王充对其进行了详细而透彻的解释。他认为,董仲舒阅历深见识广,不会是随便确定某事的,设置土龙的形状,确实有他的根据。王充还以形象的比喻进行了生动的说明。他认为,才学低的人是无法理解董仲舒雩祭的深刻内涵和蕴含的义理的,只有《论衡》才能彻底解释它,也是本篇命名的原因,“乱”的意思就是终结,是彻底的解释。由此看来,本篇虽然涉及董仲舒雩祭的内容不太多,却是宏观的综括和全面的肯定。最

① [东汉]王充.论衡[M].长沙:岳麓书社,2015:198.
② [东汉]王充.论衡[M].长沙:岳麓书社,2015:201.

重要的是,王充对董仲舒雩祭所包含的合理性和政治意义给予了积极评价。

至此,或许有人会质疑,因为《乱龙篇》和《龙虚篇》精神不相符合,所以二者有些矛盾。其实一点儿也不矛盾,《龙虚篇》强调的雩祭的科学原理,王充认为董仲舒的做法有问题,值得怀疑。而《乱龙篇》则是从雩祭所遵从的儒家礼仪的精神而言的。

> 难之曰:"《春秋》大雩,董仲舒设土龙,皆为一时间也。一时不雨,恐惧雩祭,求阴请福,忧念百姓也。"[①](《感类篇》)

这里提到雩祭,只是王充在批驳其他人的观点时以董仲舒设土龙求雨为例进行的说明,这是客观的引用和描述,没有价值判断。

> 大旱,《春秋》雩祭,又董仲舒设土龙,以类招气。如天应雩、龙,必为雷雨。何则?秋夏之雨,与雷俱也。必从《春秋》、仲舒之术,则大雩、龙,求怒天乎?[②](《感类篇》)

王充为了表明自己对雷雨现象的观点,为了反驳当时流行的"天人感应"的说法,举出了多个例子,董仲舒雩祭则是其中之一。他认为,无论是《春秋》中记载的雩祭还是董仲舒设土龙的做法,都应该是想以同属阴类的土龙招致阴气。如果按照《春秋》和董仲舒的主张,那么举行雩祭和设置土龙,是为了求得激怒上天而降下雨来。王充是想借以说明夏秋雷雨往往同时发生,这只是自然现象,并不是天人感应的表现。

董仲舒请雨之法,设土龙以感气。

> 夫土龙非实,不能致雨,仲舒用之致精诚,不顾物之伪真也。然则周公之请命,犹仲舒之请雨也;三王之非鬼,犹聚土之非龙也。[③](《死伪篇》)

这里王充借评价周公"三王之非鬼"一事引用了董仲舒设土龙求雨的诚意,土龙不是真龙,不能致雨,但只要有了诚意,土龙是不是真龙就无所谓了。(即要心诚,

① [东汉]王充.论衡[M].长沙:岳麓书社,2015:229.
② [东汉]王充.论衡[M].长沙:岳麓书社,2015:230.
③ [东汉]王充.论衡[M].长沙:岳麓书社,2015:261.

把假龙当真龙。)王充可能想表现的是董仲舒继承发扬了孔子“祭如在,祭神如神在”的思想。在这里我们可以看出王充是在评价董仲舒设龙求雨时表现的敬与诚的心意,即使不能致雨,这种诚意也是值得提倡的。这是积极的评价。

> 阳燧、刀、剑、钩,能取火于日,恒非贤圣,亦能动气于天。若董仲舒信土龙之能致云雨,盖亦有以也。夫如是,应天之治,尚未可谓贤,况徒得人心,即谓之贤,如何?①(《定贤篇》)

王充以“阳燧、刀、剑、钩,能取火于日”的现象说明,即使是普通的人,不是圣贤,也能够使天上的气象变化。这就像董仲舒相信用土龙能招来云雨一样,大约也是有他的理由的。后面他进一步解释,如果能这样做就能获得民心,获得民心者也是贤人。所以,王充在这里也是说明了董仲舒设土龙招雨一事是为了百姓,民心所向,这就是好事。

总之,王充从尊崇儒家重礼的角度,从发挥《春秋》微言大义的角度,从对孔子精神传承发扬的角度,从民心所向的角度,对董仲舒的“雩祭”进行了积极评价。从雩祭的科学原理和自然现象的角度进行了批评。

三、对董仲舒春秋学的评论

> 夫《五经》亦汉家之所立,儒生善政大义,皆出其中。董仲舒表《春秋》之义,稽合于律,无乖异者。然则《春秋》,汉之经,孔子制作,垂遗于汉。论者徒尊法家,不高《春秋》,是暗蔽也。《春秋》《五经》,义相关穿,既是《春秋》,不大《五经》,是不通也。《五经》以道为务,事不如道,道行事立,无道不成。然则儒生所学者,道也;文吏所学者,事也。假使材同,当以道学。如比于文吏,洗洿泥者以水,燔腥生者用火。水火,道也,用之者事也,事末于道。儒生治本,文吏理末,道本与事末比,定尊卑之高下,可得程矣。②(《程材篇》)

这一段集中体现了王充的儒家观。在此,他对儒家经典《春秋》和《五经》给予了高度评价,认为儒家思想处于“道”的地位,是办事的原则;而法家思想则处于

---

①[东汉]王充.论衡[M].长沙:岳麓书社,2015:331.

②[东汉]王充.论衡[M].陈蒲清,点校.长沙:岳麓书社,2006:159.

“事”的地位，是指导具体做事的。并以董仲舒的《春秋》学为例，讲解了儒家经典的重要意义。王充认为，董仲舒阐述《春秋》的道理，完全符合当时的法律，然而《春秋》这部汉朝的重要经典，是孔子写的，留传到汉代，而评论的人只尊重精通法令的人，不抬高《春秋》的地位，这是愚昧不明的表现。《春秋》和《五经》的道理是互相贯通的。王充进而赞赏了《五经》的重要地位。认为，赞赏《春秋》又不推崇《五经》，是不懂类推的道理。五经就是阐述原则的。具体事情不如原则重要，原则被执行了，事情就办成了；没有原则，事情就办不成。儒生学的东西，正是原则；文吏学的东西，是处理具体事情的。儒生能治理根本，文吏只是处理细枝末节，属根本的原则与属细枝末节的具体事情相比，要判定其尊卑高下，就可以衡量出来了。王充在此给予了儒家经典至高的评价，并以董仲舒的春秋学为中心进行了诠释，这恰恰说明王充对董仲舒春秋学的高度赞颂。

赵人吾丘寿王，武帝时待诏，上使从董仲舒受《春秋》，高才通明于事，后为东郡都尉。[①]（《定贤篇》）

这段文字说明赵人吾丘寿王是汉武帝时的待诏，汉武帝派他向董仲舒学习春秋学，他才干高，通晓事理，后来做了东郡都尉。从王充的记载中我们不难看出，既然汉武帝派吾丘寿王向董仲舒学习春秋学，可见董仲舒的春秋学非常有影响力，也得到了皇帝的认可和推崇。吾丘寿王向董仲舒学习春秋学之后，变得有才干，明事理，做了高官，皇帝非常信任他，就再没有派其他官员。这反过来也说明董仲舒的春秋学影响力之大。所以，王充在这里是从侧面高度评价董仲舒的春秋学的。

四、对董仲舒文章的评论

世称力者，常褒乌获，然则董仲舒、扬子云，文之乌获也。秦武王与孟说举鼎不任，绝脉而死。少文之人，与董仲舒等涌胸中之思，必将不任，有绝脉之变。[②]（《效力篇》）

故事中的“乌获”是传说中战国时代的大力士。王充以社会上称赞大力士，常

①［东汉］王充．论衡［M］．陈蒲清，点校．长沙：岳麓书社，2006：347.
②［东汉］王充．论衡［M］．陈蒲清，点校．长沙：岳麓书社，2006：169.

常赞扬乌获为切入点，进一步用类比法得出了如下结论：如此类推，董仲舒、扬子云（扬雄）的文采之好就是文界的“乌获”了。王充又举例说，秦武王跟大力士孟说比举鼎，不能胜任，筋脉崩断而死。如果文采差的人跟董仲舒同样抒发胸中的文思，一定不会胜任，也有文思枯竭的危险。所以，王充赞扬董仲舒和扬雄是“文之乌获”，这段话足以说明王充对董仲舒文章的高度赞赏。

若夫陆贾、董仲舒论说世事，由意而出，不假取于外，然而浅露易见，观读之者犹曰传记。[①]（《超奇篇》）

王充认为，陆贾、董仲舒写文章评论国家大事时，有自己的主见，不受外界的影响，然而内容浅显易懂，读者还叫它传记。王充如此的评论，有的认为这是对董仲舒文章的批评，认为：“陆贾和董仲舒论说世事的文章，有‘由意而出，不假取于外’的真实性，但也‘浅露易见’，缺乏修饰，深度不够。”[②]笔者认为，这里所说的“浅露易见”恰恰说明董仲舒的文章浅显易懂，读者“犹曰传记”，是一种写文章的高境界。

孔子曰：“文王既没，文不在兹乎！”文王之文在孔子，孔子之文在仲舒。仲舒既死，岂在长生之徒与？何言之卓殊，文之美丽也！[③]（《超奇篇》）

这段话代表了王充对董仲舒思想的总结性评价，也是后世人们对董仲舒思想进行评价时经常引用的一句话。主要是说周文王的文风被孔子继承，孔子的文风被董仲舒继承，董仲舒的文风被周长生继承。并以周长生语言的高超和文章的美丽说明了董仲舒文风的美妙高超。这里评价的貌似是孔子和董仲舒的文风，但事实上表达了王充对董仲舒继承发展孔子思想的高度评价。本段文章后面介绍了周长生，说其是州郡中文章最好的人，是论说文章的头号人物，所以文人都尊崇他，唯独把他记录下来，这跟《春秋》采用鲁国自己的年号来纪年以表示尊重本国的道理相同。

《新语》，陆贾所造，盖董仲舒相被服焉，皆言君臣政治得失，言可采行，事

① [东汉]王充. 论衡[M]. 陈蒲清，点校. 长沙：岳麓书社，2006:178.
② 邓红. 王充论董仲舒[J]. 广西大学学报（哲学社会科学版），2016，38(1):1-10.
③ [东汉]王充. 论衡[M]. 陈蒲清，点校. 长沙：岳麓书社，2006:180.

美足观。鸿知所言，参贰经传，虽古圣之言，不能过增。陆贾之言，未见遗阙，而仲舒之言雩祭可以应天，土龙可以致雨，颇难晓也。[1](《案书篇》)

王充认为，董仲舒的思想深受陆贾《新语》的影响，说的都是君臣政治得失的道理，书中的言论可以采用施行，叙事流畅足以供人观赏。他们二人都是鸿材大智之人，其言论，堪称经传，圣人都很难超越。这是对陆贾和董仲舒的学问和文采之美的赞颂。王充还认为，董仲舒说通过举行雩祭可以感动上天，堆制土龙可以招致降雨，让人很难理解。也就是说，董仲舒的理论是很深奥的。

仲舒之言道德政治，可嘉美也。质定世事，论说世疑，桓君山莫上也。故仲舒之文可及，而君山之论难追也。骥与众马绝迹，或蹈骥哉？有马于此，足行千里，终不名骥者，与骥毛色异也。有人于此，文偶仲舒，论次君山，终不同于二子者，姓名殊也。[2](《案书篇》)

王充认为，董仲舒谈论道德政治，值得赞美。进而述说董仲舒的文章写得好，桓君山的论述更高明。董仲舒文章的水平是可以达到的，而桓君山的论述水平就很难赶得上。这从侧面反映了王充对董仲舒文章的肯定。他又说，有一种人的文章可以与董仲舒的媲美，论述水平可与桓君山媲美，始终与二人不相称。这表达的也是赞颂、肯定的意思。

五、对董仲舒对策的评论

自武帝以至今朝，数举贤良，令人射策甲乙之科，若董仲舒、唐子高、谷子云、丁伯玉，策既中实，文说美善，博览膏腴之所生也。使四者经徒能摘，笔徒能记(疏)，不见古今之书，安能建美善于圣王之庭乎？孝明之时，读《苏武传》，见武官名曰栘中监，以问百官，百官莫知。夫仓颉之章，小学之书，文字备具。至于无能对圣国之问者，是皆美命随牒之人多在官也。"木"旁"多"文字，且不能知，其欲及若董仲舒之知重常，刘子政之知贰负，难哉！

或曰："通人之官，兰台令史，职校书定字，比夫太史太祝，职在文书，无典

① [东汉]王充.论衡[M].陈蒲清，点校.长沙：岳麓书社，2006:366.
② [东汉]王充.论衡[M].陈蒲清，点校.长沙：岳麓书社，2006:367.

民之用，不可施设。是以兰台之史，班固、贾逵、杨终、傅毅之徒，名香文美，委积不绁〔泄〕，(大)〔失〕用于世。”曰：此不(继)〔然〕。周世通览之人，邹衍之徒，孙卿之辈，受时王之宠，尊显于世。董仲舒虽无鼎足之位，知在公卿之上。周监二代，汉监周、秦，然则兰台之官，国所监得失也。[①](《别通篇》)

在本段中，王充首先通过汉武帝时开始的举贤良和“射策”考试，来证明董仲舒等人脱颖而出的优秀，并阐明董仲舒等能把竹简上的题目全部准确地回答出来，而且文章内容完善、形式优美，认为这是他们广泛阅读内容丰富的书籍得来的。“策既中实，文说美善，博览膏腴之所生也。”并与那些只凭借关系升官的不学无术的人相比，说明董仲舒读书多、学问深，不是一般人能够比的。

这里的“董仲舒虽无鼎足之位，知在公卿之上”是在赞美董仲舒虽然官职不高，但他的对策表现出来的智慧却在公卿等高官之上。

孝武之时，诏百官对策，董仲舒策文最善。王莽时，使郎吏上奏，刘子骏章尤美。美善不空，才高知深之验也。[②](《佚文篇》)

这句话是明显地称赞董仲舒的对策水平最高，最好，即“美善不空，才高知深”。

六、对董仲舒成就的评价

(一)关于“孔子之文在仲舒”的评价

孔子曰：“文王既没，文不在兹乎！”文王之文在孔子，孔子之文在仲舒。仲舒既死，岂在长生之徒与？何言之卓殊，文之美丽也！[③](《超奇篇》)

这一段前面有所提及，从文风的角度进行了评说。其实这里不仅仅指文风的继承和光大，更重要的是指学问和思想。孔子继承了周文王的礼乐思想，始创儒家学说，之后儒家学说成为诸子百家之中有重要影响力的一家。随着战国时期的百

---

① [东汉]王充.论衡[M].陈蒲清，点校.长沙：岳麓书社，2006:176.
② [东汉]王充.论衡[M].陈蒲清，点校.长沙：岳麓书社，2006:263.
③ [东汉]王充.论衡[M].陈蒲清，点校.长沙：岳麓书社，2006:180.

家争鸣,以及秦朝重法家学说带来严重的后果,儒家学说被更多的人尤其是执政者所欣赏,这便成为被汉武帝所接纳的时代背景。孔子儒家思想之所以被汉武帝所接纳,董仲舒起了关键的作用,因为董仲舒继承并发展了孔子学说,他对儒家思想的理解更为深刻,使得儒家思想能够得以在西汉及以后诸朝以官方独尊的形势发挥作用。王充的"孔子之文在仲舒"的评价是极高的,也是恰当的,更是精准的。没有董仲舒的推崇和力荐,孔子的儒家思想也许还只是争鸣中的诸子百家之一。

(二)关于"董仲舒乱我书"的界定与"孔子终论,定于仲舒之言"的评价

孔子将死,遗谶书曰:"不知何一男子,自谓秦始皇,上我之堂,踞我之床,颠倒我衣裳,至沙丘而亡。"其后秦王兼吞天下,号始皇,巡狩至鲁,观孔子宅,乃至沙丘,道病而崩。又曰:"董仲舒乱我书。"其后江都相董仲舒,论思《春秋》,造著传记。又书曰:"亡秦者胡也。"其后二世胡亥竟亡天下。用三者论之,圣人后知万世之效也。孔子生不知其父,若母匿之,吹律自知殷宋大夫子氏之世也。不案图书,不闻人言,吹律精思,自知其世,圣人前知千岁之验也。

曰:此皆虚也。案神怪之言,皆在谶记,所表皆效图书。"亡秦者胡",《河图》之文也。孔子条畅增益,以表神怪,或后人诈记,以明效验。高皇帝封吴王,送之,拊其背曰:"汉后五十年,东南有反者,岂汝邪?"到景帝时,濞与七国通谋反汉。建此言者,或时观气见象,处其有反,不知主名。高祖见濞之勇,则谓之是。原此以论,孔子见始皇、仲舒,或时但言"将有观我之宅""乱我之书"者,后人见始皇入其宅,仲舒读其书,则增益其辞,著其主名。如孔子神而空见始皇、仲舒,则其自为殷后子氏之世,亦当默而知之,无为吹律以自定也。孔子不吹律,不能立其姓,及其见始皇,睹仲舒,亦复以吹律之类矣。案始皇本事,始皇不至鲁,安得上孔子之堂、踞孔子之床,颠倒孔子之衣裳乎?始皇三十七年十月癸丑出游,至云梦,望祀虞舜于九嶷。浮江下,观藉柯,度梅渚,过丹阳。至钱唐,临浙江,涛恶,乃西百二十里,从陕中度,上会稽,祭大禹,立石刊颂,望于南海。还过,从江乘,旁海上,北至琅邪。自琅邪北至劳、成山,因至之罘,遂并海西,至平原津而病,崩于沙丘平台。既不至鲁,谶记何见而云始皇至鲁?至鲁未可知,其言孔子曰"不知何一男子"之言,亦未可用。"不知何一男子"之言不可用,则言"董仲舒乱我书"亦复不可信也。行事,文记谲常,人言

耳，非天地之书，则皆缘前因古，有所据状。如无闻见，则无所状。凡圣人见祸福也，亦揆端推类，原始见终，从闾巷论朝堂，由昭昭察冥冥。谶书秘文，远见未然，空虚暗昧，豫睹未有，达闻暂见，卓谲怪神，若非庸口所能言。[①]（《实知篇》）

这段话的主题是王充对俗儒的谶纬之学的虚妄之为进行了批评。当时的俗儒评论圣人，认为圣人前知千年以前的事，后知万年以后的事。他举例说有关"董仲舒乱我书"是持谶纬之学的人添加进去的，肯定不是事实，王充认为应该是后人得知"董仲舒乱我书"的事实后进行了虚妄的构化和添加。这也是谶纬之学经常用的手法。该段文字几次提到董仲舒，并没有评价董仲舒，只是举例引用而已，和董仲舒没有直接关系。文中提到的"其后江都相董仲舒，论思《春秋》，造著传记"也是用同样的笔法进行了人为添加。不过，这里的关于"董仲舒乱我书"和"论思《春秋》，造著传记"的记述，从另一个角度也反映了董仲舒对孔子儒家思想发扬光大做出的巨大贡献以及对春秋学研究取得的卓著成就。试想，如果董仲舒没有这样巨大的成就，没有巨大的影响力，谁能会想象并杜撰出来"董仲舒乱我书"呢？既然能被谶纬之学所收入，一方面说明了对孔圣人能力的崇拜和神化，另一方面也恰恰说明了对董仲舒学术成就的高度肯定。

董仲舒著书不称子者，意殆自谓过诸子也。汉作书者多，司马子长、扬子云，河、汉也，其余泾、渭也。然而子长少臆中之说，子云无世俗之论。仲舒说道术奇矣，比方三家，尚矣。谶书云"董仲舒乱我书"，盖孔子言也。读之者或为"乱我书者，烦乱孔子之书也"，或以为"乱者理也，理孔子之书也"，共一"乱"字，理之与乱，相去甚远。然而读者用心不同，不省本实，故说误也。夫言"烦乱孔子之书"，才高之语也。其言"理孔子之书"，亦知奇之言也。出入圣人之门，乱、理孔子之书，子长、子云无此言焉，世俗用心不实，省事失情，二语不定，转侧不安。案仲舒之书不违儒家，不及孔子，其言"烦乱孔子之书者"，非也。孔子之书不乱，其言"理孔子之书"者，亦非也。孔子曰："师挚之始，《关雎》之乱，洋洋乎盈耳哉！"乱者，(于)〔终〕孔子言也。孔子生周始其本，仲舒在汉终

① [东汉]王充．论衡[M]．陈蒲清，点校．长沙：岳麓书社，2006：332.

其末,班叔皮续太史公书,盖其义也。赋颂篇下其有“乱曰”章,盖其类也。孔子终论,定于仲舒之言;其修雩(始)〔治〕龙,必将有义,未可怪也。①(《案书篇》)

本段的前两处关于董仲舒的论说是对董仲舒学问的称赞,虽然“董仲舒著书不称子者,意殆自谓过诸子也”是王充的推测,但从后面论说的董仲舒和司马迁、扬雄的学问的比较来看,还是董仲舒更胜一筹,即“仲舒说道术奇矣,比方三家,尚矣”。接下来王充引用谶书上的“董仲舒乱我说”,并对“乱”字进行了充分的论证。认为,“乱”既不是“烦乱孔子之书”的“弄乱”,也不是“理孔子之书”的“整理”,考察董仲舒所写的书,没有违背儒家的规范,没有违背孔子的原意。所以,“乱”,其实是指总结孔子的言论。孔子生在周代,开创了儒家学说;董仲舒生在汉代,总结了孔子之后的儒家学说,把道理都论说透彻了。王充概括说:“孔子终论,定于仲舒之言。”孔子儒家学说的全貌,是经过董仲舒的阐述发展而最后确定下来的,因此,董仲舒所说的搞雩祭设土龙,一定有他的道理,没有什么可奇怪的。

关于“乱”的意思,王充在“乱龙篇”里说“乱者,终也”,“乱”也即“终”,“完结”的意思,和这里的解释是一致的。

(三)其他评价

董仲舒作道术之书,颇言灾异政治所失,书成文具,表在汉室。主父偃嫉之,诬奏其书。天子下仲舒于吏,当谓之下愚,仲舒当死,天子赦之。夫仲舒言灾异之事,孝武犹不罪而尊其身,况所论无触忌之言,核道实之事,收故实之语乎?

故夫贤人之在世也,进则尽忠宣化,以明朝廷;退则称论贬说,以觉失俗。俗也不知还,则立道轻为非;论者不追救,则迷乱不觉悟。②(《对作篇》)

这段要说明的是董仲舒灾异学说的影响力之大。王充认为,董仲舒写的天人感应、灾异迷信的书,大多讲的是灾异的出现是政治败坏造成的,书写完备以后,就

①[东汉]王充.论衡[M].陈蒲清,点校.长沙:岳麓书社,2006:367.
②[东汉]王充.论衡[M].陈蒲清,点校.长沙:岳麓书社,2006:369.

呈献给汉朝廷。主父偃嫉恨他，就诬告他。董仲舒被判处死刑，汉武帝却赦免了他。董仲舒大讲灾变怪异的事情，汉武帝仍然不判他的罪反而很尊重他，这说明了董仲舒天人感应学说在当时是很有影响力的，最重要的一点，董仲舒学说的出发点是好的，主要是敦促人尤其是帝王要做善事，要爱护百姓，要纠正不良风气。并进一步认为，贤人生活在社会上，做官就应尽忠宣扬教化，以显扬朝廷的圣德；不当官就应著书评论是非，纠正不良的风气。这也是在借董仲舒之例为自己进行辩解。

按古太公望，近董仲舒，传作书篇百有余，吾书亦才出百，而云泰多，盖谓所以出者微，观读之者不能不谴呵也。河水沛沛，比夫众川，孰者为大？虫茧重厚，称其出丝，孰为多者？[①]（《自纪篇》）

这段话出自《论衡》最后一篇《自纪篇》，王充考虑到《论衡》要写完了，它可能会产生很大的影响，也可能会遭到很多人的批评或指责，于是王充非常感慨地说了这段话。他的意思是，无论是古代的姜太公，还是近代的董仲舒，他们写的书都在百篇以上，而自己写的书也才超过一百篇，可能有人会认为太多，这样的评论跟自己的地位低有关系，进而用比喻说明了自己文章的影响力。这里用董仲舒文章百篇说明自己的文章并不多，不应该受到非议。这也从侧面反映出董仲舒文章在百篇以上的卓越成就。

七、关于“三年不窥园”的评论

儒书言：董仲舒读《春秋》，专精一思，志不在他，三年不窥园菜。夫言不窥园菜，实也；言三年，增之也。仲舒虽精，亦时解休，解休之间，犹宜游于门庭之侧；则能至门庭，何嫌不窥园菜？闻用精者，察物不见，存道以亡身。不闻不至门庭，坐思三年，不及窥园也。《尚书·毋佚》曰“君子所其毋逸，先知稼穑之艰难，乃佚”者也。人之筋骨非木非石，不能不解。故张而不弛，文王不为；弛而不张，文王不行；一弛一张，文王以为常。圣人材优，尚有弛张之时。仲舒材力劣于圣，安能用精三年不休？[②]（《儒增篇》）

---

① [东汉]王充．论衡[M]．陈蒲清，点校．长沙：岳麓书社，2006：378.

② [东汉]王充．论衡[M]．陈蒲清，点校．长沙：岳麓书社，2006：170.

本篇题目为《儒增篇》,“增”的意思就是增加、夸张的意思。王充认为儒书上说的“董仲舒读《春秋》,专精一思,志不在他,三年不窥园菜”夸张了,说不看一眼菜园,是事实;说三年之久不看菜园,是夸张。他进一步解释说,董仲舒即使专心一意,也有松懈和休息的时候,在松懈和休息的时间,也应当到门口和厅堂边走走,能到门口和厅堂边,怎么会不看一眼菜园呢?即使是圣人周文王也讲究劳逸结合,况且董仲舒比圣人的能力差,怎么能够用心专一到三年不休息呢!董仲舒“三年不窥园”出自《史记·儒林列传》,王充针对这样的描述提出了自己的看法。他更多的是针对《史记》的描述手法略做了“增”,不应该是针对董仲舒个人的。

八、对董仲舒鼓社祭祀法的评论

《春秋》之义:大水,鼓用牲于社。说者曰:“鼓者,攻之也。”或曰:“胁之。”胁则攻矣。(阳)〔阴〕胜,攻社以救之。

或难曰:攻社,谓得胜负之义,未可得顺义之节也。人君父事天,母事地。母之党类为害,可攻母以救之乎?以政令失道,阴阳缪戾者,人君也。不自攻以复之,反逆节以犯尊,天地安肯济?使湛水害伤天,不以地害天,攻之可也。今湛水所伤,物也。万物于地,卑也。害犯至尊之体,于道违逆,论《春秋》者,曾不知难。①(《顺鼓篇》)

该段文字出自《顺鼓篇》。顺,是训诂、解释之义。本篇专为解释《春秋》鲁“大水,鼓用牲于社”而作的。主要内容是水灾产生的原因及治理方法。

文中“说者”一般认为是以董仲舒为代表的汉儒,不一定就是董仲舒。但这里的观点应该具有代表性,姑且认为就是董仲舒的观点。王充认为,以董仲舒为代表的汉儒把《春秋》中关于“大水,鼓用牲于社”的记载解释为遇到水灾要击鼓攻击土地神来加以消除。他们认为,水灾是“阴盛阳微”的产物,是由代表“阴”的卑贱的“地”,凌犯了代表“阳”的至尊的“天”造成的,按照“卑不犯尊”的伦理道德,只有对“地”实行惩戒,采用击鼓攻击土地神的办法才能消除水灾。王充批判了这种观点,并指出“见有鼓文,则言攻矣”的解释是望文生义。他认为只有他的解释才是合理

---

① [东汉]王充.论衡[M].陈蒲清,点校.长沙:岳麓书社,2006:202.

的，所以题名“顺鼓”。王充指出，“云积为雨，雨流为水”，雨、晴、水、旱是阴阳之气自然运行变化造成的。“旸极反阴，阴极反旸”，就如冬夏昼夜一样，是自然本身的变化。因此，用祭祀的办法去解除水患，就像祈求冬变为夏、夜变为昼一样荒唐。天灾如人病，“祷请求福，终不能愈；变操易行，终不能救”。正确的态度是加以治理，就像尧对待洪水那样，既不祈求鬼神，也不改变政治，而是派禹去治理它。但王充也认为，击鼓祭祀对解除水患不会有效，可是作为一种向土地神告急的信号，作为君主有“恻怛扰民之心”的一种表示，也还是可以理解的。

所以，在这里既有王充对董仲舒鼓社祭祀法的反驳，也有对该行为具有激发君主爱民之心的意义给予的肯定。

综上，在王充心目中，董仲舒是西汉历史上伟大的人物，他的学问、思想及人品均为楷模，并对王充产生了重要的影响。王充对董仲舒的春秋学的影响力给予了历史最高评价，“孔子之文在仲舒”，“孔子终论，定于仲舒之言”，并将“董仲舒乱我书”进行了完美的解释。在王充评论董仲舒时，他坚持的原则是董仲舒的思想和做法是否有违孔子的儒家思想，是否以儒家经典为根本，其立意是否符合儒家的道德价值观，这也是他给予董仲舒高度评价的重要原因。王充和董仲舒毕竟处于不同的时代，受时代思潮影响，他们的哲学思想有着深刻的不同也是正常的。随着时代的发展，人的认识水平会不断提升，王充对董仲舒的人性论及击鼓祭祀法、“三年不窥园”等产生了怀疑和批评，体现了其思想的进步性。

“2018中国·衡水董仲舒与儒家思想国际学术研讨会”综述

曹迎春　卫立冬

2018年6月23—24日,“2018中国·衡水董仲舒与儒家思想国际学术研讨会”在河北省衡水市隆重召开。本次会议由中国人民政治协商会议衡水市委员会、中华孔子学会董仲舒研究委员会、河北省董仲舒研究会主办,衡水学院承办。本次学术研讨会收到论文100多篇,出席会议的学者共计90余人,分别来自美国、日本、韩国、中国大陆以及中国台湾、中国香港、中国澳门等地,代表了当今董仲舒思想研究领域的最高学术水准。研讨会论文围绕“董仲舒与儒家思想”进行了多方面的精深辨析,成果丰硕,新说迭出。现将主要观点分类进行总结。

一、儒学研究

1. 汉代儒学研究

人民出版社金春峰编审以“再论汉代今古文经学——三家诗与毛诗”为题发表了主题演讲。他认为与“今文经学”对立的“古文经学”是不存在的。《毛诗传》的文本和指导思想亦非与今文三家诗相对立,而是与三家基本一致的。在三家诗学中,《诗》和《春秋》一样,是以明王道、正风俗、讥刺褒贬政治得失为宗旨的。《诗》是“谏书”,是经学。

浙江省社科院吴光教授以“从王充评论董仲舒看东汉实学思潮”为题发表主题演讲,他认为王充学说的根本宗旨是“实事疾妄”。王充用“实事疾妄”的态度和方法评论董仲舒,一方面批评董仲舒“天人感应”目的论的虚妄不实,另一方面赞扬与肯定董仲舒的道德论与政治论,既不因批评而全盘否定其学说,也不因赞扬其学说而一味吹捧。

中国社科院李存山教授以"从陆贾到董仲舒"为题发表主题演讲。他指出,秦汉之际,儒学由先秦原始儒学转而成为官方意识形态,在这一转变中具有创始之功的是秦后第一儒——陆贾。陆贾促成了汉初君臣对儒学态度的转变,为后来董仲舒提出"独尊儒术"奠定了基础。

吴龙灿在《汉代政治与儒学的互动及其启示》一文中指出,汉代政治出于长治久安的需要而尊崇儒学,又在政治制度安排上客观上促进了儒学的繁荣发展。而儒学对汉代政治乃至中国两千多年的政治制度的塑造是非常深刻的,在政治意识形态儒家化、法律儒家化、政治制度儒家化方面表现尤为突出。当前儒学复兴的根本措施在于做好政府推动、学者转化和社会落地等三个方面。

梁国楹在《田蚡与"独尊儒术"》一文中指出,在汉初治国思想由"黄老无为"向"独尊儒术"的转变过程中,作为皇帝的汉武帝、作为丞相的田蚡和作为"群儒首"的董仲舒,各自都发挥了应有的关键作用。田蚡的"绌黄老、刑名、百家之言"和董仲舒的"抑黜百家,独尊儒术",言虽不同,意实一致。

左康华在《从"文质论"到"文德论"——刘向对西汉礼学的充实与纠偏》一文中认为,在"文""质"问题上,以孔子为首的儒家提出"文质彬彬"的价值原则,以董仲舒为首的汉代儒者以"文质相救"的动态平衡取代"文质彬彬"的静态平衡。刘向则继承了先秦儒学的文质立场,同时以礼的"文德论"代替"文质论",以质限文、文德一体,使二者的结合更为紧密,同时突出强调了修文的理政功能。

曹婉丰在《先秦秦汉儒家禅让的理论变迁与政治实践》一文中认为,尧舜禹的禅让传说,在秦汉之后与五德终始说、符瑞灾异说、天人感应论以及谶纬神学等多种元素相结合而形成独特的面貌,并最终在王莽那里成功演绎。王莽在演绎中所做的损益,也是先秦至秦汉儒家禅让理论嬗变中的重要一环。

2. 儒家核心价值观研究

罗传芳编审以"道德的现代视域及五常新解"为题发表了主题演讲,她指出,现代社会与传统社会不同,不能仅仅靠道德维系,而必须要靠法治配合才能落实道德。对于董仲舒构建起来的儒家核心价值观"五常",应该认真反思,做出具有现代价值的借鉴和阐释。

李祥俊的《儒家核心价值观的思想内涵、系统结构及其现代意义》一文对儒家的核心价值观三纲五常进行了深入研究。他认为三纲侧重伦理、政治关系上的价值秩序、价值规范，五常侧重普遍性的价值观念，两者相互支撑、相互补充。儒家核心价值观念系统在形式构成、具体内容两方面对于我们今天践行社会主义核心价值观都具有重要的借鉴意义，但需要实现其创造性转化与创新性发展。

苗泽华、赵现锋在《论“五行”与“五常”之管理精神》一文中，深入研究并挖掘“五行”与“五常”之内涵与精神，指出五行反映的是天道，五常反映的是人道，人道要合于天道，并从中汲取大智慧，应用于现代管理。

孙君恒在《儒家君子“五常”的当今价值审视》一文中提出，由董仲舒概括的儒家君子“五常”美德，作为为人处世道德规范要领的普遍总结，一方面有阶级性，为统治阶级服务；另一方面也为非统治阶级、广大仁人志士和普通老百姓所认同和遵守，很多地方仍然具有不可忽视的价值。

3.儒学发展、转型问题研究

李宗桂在《儒学发展态势和前景展望》一文中提出，应该在民族复兴中实现儒学复兴。但儒学复兴不是“罢黜百家，独尊儒术”，不是儒学成为垄断性的国家意识形态，不是儒学成为儒教，更不是儒教立国，而是经过创造性转化、创新性发展，承载着以爱国主义为核心的中华民族精神，充溢着以改革创新为核心的时代精神。

安徽大学钱耕森教授以“儒家从‘百家争鸣’到‘一家独尊’之反思——思想的辩证法是既要解放，又要统一”为题发表主题演讲。他认为以孔孟为首的儒家，之所以能从“争鸣”的“百家”到“独尊”的“一家”，是时代的召唤，人们的向往，历史的选择。反思儒家从“百家争鸣”到“一家独尊”，对启迪我们信奉并践行既解放思想，又以马克思主义为指导，必将有所裨益。

韩国成均馆大学金圣基教授以“孔子的复活与儒教的未来”为题发表了主题演讲。他认为当今实现儒学复兴过程中的一个重要任务就是重新找回儒学的神圣价值，而要实现儒学的“再圣化”，我们需要重温儒家经典，反复思考与体悟儒家核心价值，树立自身对儒家文化的崇高信仰，以儒家所追求的“成己成物”的圣人境界为指向，时时刻刻激励自我、涵养省察、严于律己。

杜运辉在《张岱年与中国传统儒学的现代转型》一文中提出，张岱年先生是儒学转型的中国化马克思主义路径的最重要代表之一，他既反对宣扬文化虚无主义和历史虚无主义的“儒学否定论”，也反对罔顾历史事实和基本国情的“儒学复兴论”,倡导在中国化马克思主义指导下扬弃儒学“深层奥义”的综合创新之路。

王宏海的《文化情境视域中的百年儒学》一文通过对近百年中国儒学的回顾,分析了段正元、刘师培、张立文、陈明等不同时代的学者对儒家的阐释,认为理论的问题意识、现实指向、理论内容与实践的价值导向必须适应个体与社会的发展。今天的儒学复兴不仅是对自身文化建设的反思,更是新时代中华文化的自觉。

二、董仲舒思想研究

1. 哲学思想

美国夏威夷大学成中英教授以“董仲舒的易学与灾异之说”为题发表了主题演讲。他认为董仲舒把《易传》之天地、乾坤、阴阳集中地表述为天,明白地标举出天的独特性、统一性、规范性与权威性。成教授特别讨论了董仲舒把阴阳五行伦理道德化以及把伦理道德阴阳五行化,并由此分析了事实与价值之关联这一哲学本体论问题。

韩国檀国大学金周昌教授在《董仲舒科学阴阳动态相对平衡价值论》一文中提出,董仲舒哲学体系的根据是科学阴阳,并且通过此科学理性而建立天地人三才通贯的哲学体系。这是在哲学思想方面的里程碑和灯塔,并且从此形成了中国主流文化。

黄朴民在《董仲舒学说的三个基本意识》一文中提出,董仲舒构建的儒学理论体系蕴含着鲜明的文化特征:首先,董仲舒“更化”儒学,反映出其理论上的创新意识;其次,董仲舒对诸子百家学说的兼容并包,呈示了其学术上的包容意识;最后,其学说始终保持对现实政治的关怀,这展现为其观念上的经世意识。

刘国民在《论董仲舒之天的思想》一文中提出,董仲舒之天,是人格神之天与自然之天的统一。人格神之天支配自然之天,自然之天体现了人格神之天的意志和目的。人格神之天与自然之天的基本特征是道德理性。天之道德理性包含仁义礼智信等基本内容,遵循善有善报、恶有恶报的法则。

沈顺福在《董仲舒:神学还是人学?》一文中指出,董仲舒的学说看似尊天,其实是崇人。董仲舒的人本论,在承认天地本源的同时,提出了人文教化也是生存之本。从哲学的角度来看,三本论体现了董仲舒的哲学式思维,即寻找存在的终极性本源。

魏义霞在《董仲舒对儒家哲学的新开展》一文中指出,在“人副天数”的名义下,董仲舒对儒家思想在西汉乃至后续的发展中做出了巨大贡献:一是加固了天人合一的道德主义模式,二是对宗法等级的强化。

解光宇在《罢黜百家独风流——“独尊儒术”与董仲舒哲学思想》一文中指出,董仲舒的“天人感应”学说以神权论证君权,又以神权限制君权;认为“道”是治天下的至上原则,是论证封建纲常伦理的永恒性。尤其是“罢黜百家,独尊儒术”,使儒家思想定于一尊,独占国家意识形态的宝座,为巩固中央政权和中国的“大一统”提供了强有力的思想理论支撑,并对西汉以降的中国社会产生了深远的影响。

余治平在《天人感应的发生机理与运行过程——以〈春秋繁露〉、“天人三策”为文本依据的研究》中指出,董仲舒是中国古代感应思想的集大成者,他提出了“天道类动”“阴阳性情”“人副天数”“因五行而用事”等系列的概念、观念,论述了感应的一般性原则,既有诸多命题的逻辑推演,也有“求雨”“止雨”的实际应用,因而为天人感应的观念与信仰建构出一套完整的认知系统,将感应思想推向了成熟的形态。

张靖杰在《形式如何生成意义——董仲舒阴阳五行说及其现代困厄》一文中以“形式”这一概念作为工具重新审视董仲舒的阴阳五行说,认为董子的阴阳五行理论具有一套完备而自洽的意义生成机制,而这一机制的基础则是由“形式”奠定的。然而,伴随着天的信仰在现代社会的丧失,阴阳五行说失去了其原有的“形式”效力,退居到中国人的文化与思维的隐幽之处。

白立强在《董仲舒“天人感应”思想之意象思维视角浅析》一文中认为,董仲舒“天人感应”思想是意象思维的鲜明体现。其价值和意义包括:人为天代言、立心;重视和强调人的主体性和能动性;表达了人天一体、大道和合的生命自由之境。

张耀南、钱爽在《中华早期哲学批评格式效用款两式考》一文中认为,中华哲学批评之格式有三:一是强化效用,二是强化学理,三是兼顾效用与学理。董仲舒以阴阳五行说重释《春秋公羊传》,开创今文经学,以孔子为始祖,以“效用”为目标,其阐发经文之“微言”“大义”,完全是出于现实政治之需要,完全是为了论证“大一统”政治格局之合理性。

2. 政治思想

北京师范大学周桂钿教授以“董仲舒盛世治理的四个原则”为题发表了主题演讲,明确指出董仲舒是汉代盛世儒学的代表,其政治哲学就是汉武帝那个盛世时代精神的精华。董仲舒盛世治理有四个原则,即大一统论、经济调均、德主刑辅、更化。这些对于现在也具有重要的借鉴意义。

韩国安东大学李润和教授以“略论董仲舒的‘王道’”为题发表了主题演讲。他认为,董仲舒对儒学进行了创造性转换,他纵贯百家学说,积极接收阴阳五行说,将以人为中心的道德儒学扩大到“自然(天)”。同时,董仲舒洞悉并把握了汉帝国统治者的政治愿望和文化趋势,将儒家的仁义扩展至政治领域,确立了王道论这一政治理念。

复旦大学谢遐龄教授以“董仲舒给儒家的定位:宗教,还是神学?”为题发表了主题演讲。他认为孔孟的活动是阐释国家宗教,而董仲舒确立儒家独尊的地位,其意义是确定儒学为国家宗教的唯一阐释者。董仲舒的工作是吸收各学派精华发展儒学,论证、阐释国家宗教。董仲舒关于天道的论述是为国家宗教建设神学体系,并非借机把自己的观点学说转化为宗教。

清华大学丁四新教授以“‘罢黜百家,独尊儒术’辨与汉代儒家思想文化专制说驳论”为题发表主题演讲。他指出“罢黜百家,独尊儒术”是近代易白沙在《孔子平议上》中提出的,指的是学术、文化、思想上的专制政策。这一提法严重误导了人们对于汉代的文化政策和儒家的历史作用的认识。董仲舒在思想、文化上持“一统”而不是“一尊”的观点,是表章六经,而不是独尊儒术。

清华大学方朝晖教授以“‘王道’一词考”为题发表了主题演讲。他指出,王道是董仲舒政治思想的核心。“王道”一词最早见于《尚书·洪范》,在先秦及两汉文献中时常出现。从历史演变的角度看,该词本义是指先王治天下之道,后引申为指理想的、典范的治理方式,其内容在外的方面与霸道相对,在内的方面包括推行公道、仁爱百姓、整齐人伦、实现太平、治官有方等。

吴光在《董仲舒的思想命题及其当代价值辨析》一文中认为,董仲舒的政治观,是强调“变革”的辩证发展观,而非强调“不变”的形而上学政治观。董仲舒的政治思想,是在“天人感应目的论”外衣掩盖下的儒家“德治”“爱民”的王道政治传统。这体现在其政改、爱民、德治、伐无道、义利之辨等诸多方面。

胡发贵在《董仲舒“独尊儒术”思想史意义三题》一文中认为,董子“独尊儒术”的建议包含了丰富的历史文化内涵:其一,终止“道术久于一偏”;其二,致力“尚同”;其三,奠定“万事之统”的精神取舍。

李祥俊在《董仲舒与秦汉时期君臣关系新范式的确立》一文中认为,在君臣地位问题上,董仲舒既继承传统儒学“从道不从君”的理念,又主张天人感应下的君主“强勉行道”以维护天命不改,他还进一步把君臣关系本身作为一个永恒性原则确定下来。在君臣之间的相互对待关系上,董仲舒的观点折中于差异与等级之间。在君道、臣道问题上,董仲舒立足儒学又吸收法家、黄老之学的思想营养,提出了符合时代发展的政治统治方式。

陈寒鸣在《“天人三策”:武帝对儒学的选择》一文中认为,董仲舒融合诸子百家,极大地丰富和发展了儒家学说,推动了儒学的政治化和意识形态化,促进了儒学向经学形态的转化,并且开启了汉代儒学神学化的道路。经过董仲舒的发展和改造,儒学在适应汉代社会“大一统”统治的需要方面具有其他任何学派所没有的优势,它被统治者选择为官方学说绝不是偶然的。

盖立涛在《董仲舒“太平”理想社会的理论建构》一文中认为,董仲舒以公羊学为基础,融合了秦汉之时的天人感应和阴阳五行思想,建构了独特的“太平”社会理想体系。董仲舒还提出通过“奉天法古”和实行王道政治来达致“太平”。经过董仲舒和汉武帝的努力,“太平”社会理想上升为官方的政治理想。“太平”社会理想的提出对汉代社会发展有着指引作用,同时“太平”社会理想也塑造着汉朝政权的合法性,对现实政治有着批判和矫正功能。

何大海在《试论董仲舒“无为”思想的四个维度》一文中认为,董仲舒的“无为”思想包含四个维度:董仲舒在景帝朝任博士时,吸收黄老“无为”的思想,寻求儒道整合;景武之际则吸纳诸子“治道”思想,继续完善“君无为而臣有为”的君臣政治分工模式,并以阴阳学作为理论基础;武帝朝对策时,提出“改制无易道”的思想主张,传承儒家天命观与礼乐制度的因袭和损益之道;针对武帝时代统治阶层奢侈多欲等过度有为情况,提出“调均”“致无为”“无为而治”等主张,希冀以“无为”促“善治”。不同时期的“无为”含义变迁反映了董仲舒思想的复杂性与整合性,凸显其现实关怀与担当意识。

孙占卿在《天道无为,治道崇本——从〈春秋繁露〉看儒家的“无为之治”》一文中认为,董仲舒的“无为”主要是指君德。君主对天道负责,官僚体系对君主负责。尽管君权借助官僚体系运行,但董仲舒强调君权必须是“隐形的”。董仲舒将政治秩序的来源归结为天、地、人三个方面。伦理纲常是天道所命;衣食安居是地之所产;礼乐制度是人之所设。董仲舒指出君主治理不能依靠“峻刑重诛”,而应回到政治秩序的来源处求解。

蔡杰、翟奎凤在《“喜怒哀乐”与“春夏秋冬”合类说——以董仲舒〈春秋繁露〉为中心》一文中认为,董子将“喜怒哀乐”与“春夏秋冬”比配合类,因为二者具有相同的属性“暖清寒暑”。而二者的合类,是在天人同构理论的前提下进行的,“喜怒哀乐”四种情绪的实质是阴阳二气。阴阳之气有兴衰,故而“喜怒哀乐”同四时一样有循环流转,其背后的依凭是时间节律观。在此基础上,可以归纳出董子的修身之道与为政之道。一方面,董子认为人的四种心气应适时而发,不可滞留;另一方面,董子认为君主应效法天地的绝对准则执政,甚至提出君主应当“不私”“无为”的政治主张。

崔锁江在《董仲舒的“天子”思想及其历史境遇》一文中认为,董仲舒深察名号,明确提出了“天子者,天之子也”的判断,要求皇帝以天为父,向天行孝道。董仲舒的“天子思想”意味着对皇帝制度的制约。后代皇帝尽管没有使有关“天子”的思想实现制度化、正式化,但是都注意加强自我修养与自我约束,以期符合儒家设定的“天子”理想人格,实现君道君德。

韩星在《董仲舒以经学为基础构建儒学思想体系》一文中认为,董仲舒儒学思想体系的基本结构是:以多元的天论为形而上的依据,天、地、人三才为基本构架,“元”为终极本源,阴阳五行为基本形式,“三纲五常”为核心价值,王道政治为主体,礼乐道德教化为实践。这一思想体系奠定了经学、儒学在汉代以后的主流和主导地位。

何善蒙在《董仲舒论“和”:以〈循天之道〉为中心的考察》一文中认为,董仲舒用“两和”与“二中”两个基本概念形成了对于天道自然过程的直接描述,并完成了一种理论的自觉构建。在揭示出天道实为“中和之道”之后,董仲舒指出,无论是对于个体来说,还是对于整个社会来说,“中和”都应当成为最根本的价值原则而得到落实,这才是最佳的人事行为方式的表现。

刘百淞在《董仲舒社会治理思想的时代价值》一文中认为,董仲舒的社会治理思想,其实是仁政在重建社会、推进社会治理方面的有益尝试。它在君主、官吏和民众之间建立了互动机制,使儒家士大夫成为社会治理主体,为“王霸杂用之”的国家治理格局的形成奠定了稳固的基础。在“强国家”的框架中推进社会治理,既能改善民生,又能维护君主的权威,更能为儒生经世致用搭建广阔平台。

董卫国在《孝道作为基本政治伦理原则何以可能》一文中认为,传统儒家政治哲学认识到,政治伦理原则必须在个体生命与政治共同体之间找到“中道”。政治之学必须以生命修养之学为根基,否则,必将导向功利性的事功主义。政治伦理的核心价值观念必须做到:向内,与个体生命、日常生活相关联;向外,足以引领整个社会政治风尚。这个核心价值就是儒家极力倡导的孝道。在传统儒家看来,孝道并非一种外在的社会伦理规范,而是本源于人的生命意识之自觉。孝道向内足以激发一种生命责任感,要求修身立德;向外,作为一种具有兴发性和创造性的道德情感,可以作为伦理教化的情感基础。这样,儒家的教化精神,就能弥合日常生活与社会政治的鸿沟,就能打通超越性价值诉求与世俗伦理的隔膜,同时,也保证了个体人格与世俗政治之间的适度张力。

聂春华在《从董仲舒思想看汉代儒家礼乐及其社会控制》一文中认为,董仲舒的礼乐思想有一个很重要的特点,就是他特别强调把礼乐作为汉帝国的国家制度确定下来。因此,在董仲舒的思想中,礼乐的权威化不仅通过礼乐的神圣化而实现,也通过礼乐的制度化来实现。

王刚在《“谊主”说与“推明孔氏”:董仲舒在“独尊儒术”中的理论贡献及相关问题探微》一文中围绕“天人三策”中的一个重要的概念——“谊主”展开分析,认为在董仲舒之前,所谓的“谊主”有“霸主”与“王者”两种类型,董氏所取当为后者。董氏在孟、荀思想的整合中,建构出了具有董氏特点的“谊主”之说,明确树立“谊主”的正当性,对“谊主”的责任与使命做了适应时代的新阐释,回答了西汉政权及君王的合法性问题,为汉王朝在政治上由一时权衡向长治久安的思想转换提供了理论武器。

杨柳新在《董仲舒“大一统”王道政治思想的文化诠释》一文中认为,董仲舒儒学的主体和核心是“大一统”的王道政治思想。董仲舒的“大一统”王道政治思想具有突出的德性文明传统特色,蕴含哲学上“一元”统率阴阳、五行、万物的观点,实质是天地人三才贯通之道。董仲舒的“大一统”说,可谓一“究天人之际”的道德政治思想体系,是合“三才”与“五伦”而立体展开的“王道”观,并非“尊王”而已。

张新国在《董仲舒仁论思想研究》一文中认为,在董子看来,仁主要是指统治者泛爱民众的政治德行,这种德行乃效法天之生生不已之仁道的集中显现。这种仁先于天地并作为天地万物的本源，在位者体察到此德行之后又要反躬自省、依道自律，遇到灾异天象应当切实改正以回归到天意、天心、天志。董子仁论也不只是讲给在位者的，也可视为常人修身自律的道德法则，这种道德法则以天道为其形而上学基础，修身实践的终极目标就是儒家一贯提倡的认清和把握人在天地间的地位和价值。这个思想可以说位于孔孟道统的核心论域。

郑济洲在《“素王”孔子的成立：基于董仲舒〈天人三策〉的研究》一文中认为，透过《天人三策》，可以发现孔子成为“素王”源于其生前的立德、立功和立言。孔子生前学礼以知天，被人称为“圣人”，是为“立德”；他晚年专行教化，弟子多达三千，在鲁国民间形成了一个以他为中心的“德性共同体”，是为“立功”；他制作《春秋》，在董仲舒的继承下，为汉立法，是为“立言”。孔子成为“素王”对汉代政治具有重要的意义。

朱康有在《论传统社会的意识形态基础构建——董子〈春秋繁露〉发微》一文中认为，董仲舒建立了一个以儒学为主、包容多家思想的意识形态体系。他融合儒道法和阴阳五行，形成比较完备的天人观，以此为意识形态奠定“形而上”的基础；通过分析《春秋》笔法的微言大义，根据“褒贬”两字以显“善恶”两端，引导整个社会从上到下树立“大义”。董仲舒的论述渗透并涵盖了传统社会生活的方方面面，各个阶层、各个领域都能从中找到对应的普遍与特殊规则。

曾暐杰在《理性的迷信——董仲舒灾异理论的“奇里斯玛”结构》一文中认为，儒家心性之学缺少具有强制性的“权威结构”，即基督教中所谓的“奇里斯玛”（charisma）。董仲舒之灾异论，正是要在君王的心理结构中置入一超越君王的绝对权威，亦即赋予其“奇里斯玛”，帮助帝王为善行正道。

3. 教化思想

常会营的《董仲舒礼乐教化思想及现代价值》一文分析了董仲舒推重礼乐教化的原因以及其礼乐教化的内容和现代价值，认为董仲舒的礼乐教化思想，值得我们在新的时代和社会条件下，充分予以参照和借鉴，从而更好地进行社会治理、社会教化，提高国家和民族的整体道德水平，进一步促进国家繁荣稳定、社会和谐、人民幸福。

代春敏在《董仲舒教化思想初探》一文中认为，教化思想是董仲舒思想理论中的重要部分，探讨了董仲舒基于“天不变，道亦不变”的天道自然观和“待教而善”的人性论的教化思想理论基础,以及一系列的教化内容和举措。董仲舒作为一代儒学之宗,从其教化思想中体现出的一种文化自知和文化自信,具有现实意义和价值。

罗容海在《董仲舒与汉代教育的神圣化》一文中认为,董仲舒以及之后的汉代儒生,通过太学体系的形成、学习系统的构建,将原本因政教分离而导致日渐学科化和专业化,但地位有所下降的教育地位,重新神圣化。通过教学作用的神化、教师的圣化、学生的官化,汉代教育完成了中国人对教育的信仰之形成,以教学和学问为主的教育,在继承诸子百家以来科学化、逻辑化趋势的同时披上了神圣的外衣,树立起"建国君民,教学为先"的文教传统,教师事实上跻身至"天地君亲师"的地位。

张茂泽在《论董仲舒的儒教思想》一文中认为,董仲舒用有宗教性能的天人观为三纲说提供理论说明,是董仲舒儒教思想的核心内容;它为西汉人提供了精神家园,为经学教化提供了具体内容,为礼法制度提供了基本的理论说明,也为后来几千年中华民族文化的大一统提供了核心价值指导和规范。董子推动儒学进入了新时代。

4. 人性论

台湾辅仁大学陈福滨教授以《董仲舒人性论之探究》为题发表了主题演讲。他认为董仲舒的人性论,是就告子"生之谓性",荀子"天之就也,不可学,不可事"一系,所持之"自然人性论"而立说,强调人性如阴阳般的同时兼有善恶,善恶之归趋依后天修养以定向;与孟子将价值德性之源,安立于主体之自觉上的"心性"论不同,董仲舒论人性是有别于"心性"论一路的。因为董仲舒是就"自然之性"而言,则人之材质自有差异,所以就把孔孟儒学之"心性"论的思想,推向了"才性"的路径。

北京东方道德研究所傅永吉教授以"董仲舒人性论浅析——学习儒家人性论的几点体会"为题发表了主题演讲。他认为,董仲舒是汉代综合创新儒学的标志人物,其人性论在儒家伦理思想史上具承前启后的作用。董仲舒继承并发扬了先秦原始儒家人性论思想中合理的、优秀的因素,结合中国封建社会后期全新的历史条件,经济、政治、文化的新形势、新要求,以阴阳家学说为重要的哲学方法论,提出了著名的"性三品"说、"中民可教"说、"性善情恶"说或"性有贪仁"说及"性待教而善"说,对儒家人性论有所发展、有所创新,董仲舒的人性论对汉唐儒家及宋明新儒家的人性论都有重大影响。

邓立光的《儒家人性论探微》一文,以理学之心性观开展儒家生命学问之论述,以确立人之主体价值。先秦儒家之言"性"已证成儒家人性论义理之宏规,宋明理学一脉相承,乃内圣之学之极致,体认"心""性""天"乃理学家之重要课题。然而,儒家之人性论非止于谈玄说道,故理学家虽喜言"心""性""天"之玄义,但必紧扣道德实践以成就高尚人格,故不论心学、理学义理之分歧若何,而皆重修身立德。

此外,还有从经学、美学、伦理学、法学等角度对董仲舒思想进行研究的文章。

刘洪强在《源流互质视野下的董仲舒及汉代〈春秋〉观》一文中指出,董仲舒专注于经学,司马迁聚焦于史学,然而在章学诚看来,两者在经世及"探天人性命之原"等思想上却异曲同工。章学诚对"事"与"义"的讨论在某种程度上可以说是董仲舒经学在史学领域的一种体现。

黄应根在《董仲舒论美:基于〈春秋繁露〉〈举贤良对策〉例文的分析》一文中认为,在关于董仲舒的经典文本中,"美"以不同的形态呈现:或直接以"恶"的对立面出现;或言道德、仁义之美;或言天地之美。这些不同形态的"美",都与"善"存在一定程度的叠合,甚至等同。这对中华民族特殊的审美观及道德文章并重的文学传统的形成有一定影响。

王涵青在《以〈春秋繁露〉中之"同类相动"为核心,反思环境伦理脉络中的天人关系与生活智慧》一文中认为,《春秋繁露》透过"同类相动"的律则建构的人与自然的关系(天人关系),将人类的"参天"形塑为与天同感共应的一致节律,又确定了人类于天地间的责任与地位。

杨济襄在《儒家道德思想的实践——董仲舒"仁义法"的人我内外之别》一文中认为,董仲舒提出"仁义法"的主张,以《春秋》褒贬所陈之事迹,淬炼出道德仁义之范式,试图仰赖"道德典范"的建立,具象呈现"仁义"道德的实践样貌。董仲舒从经典所彰显的"道德仁义"去肯定其价值,并进一步倡论道德仁义"致用于世"的主张和功效。董仲舒对于儒学"仁义观"的实践,首重在"人我之别":"以义正己""以仁安人"。

赵星在《董子"不与民争利"思想的当代刑法启示》一文中认为,董子"不与民争利"的思想具有深刻的内涵。我国现行刑法应当贯彻民本政治法律思想,真正做到一切以人民的利益为核心。

三、董仲舒文本文化研究

中国人民大学黄朴民教授以“《春秋繁露》的四个特点”为题发表了主题演讲,指出董仲舒的著作《春秋繁露》具有四个特点:其一,充分体现了“儒”的原始义;其二,充分体现了文化变迁的时代性;其三,肯定了秦朝的历史进步性;其四,体现了思想的混杂性。

日本北九州市立大学邓红教授以“《春秋繁露》‘董仲舒真篇’新探——以《对策》检索《春秋繁露》的尝试”为题发表了主题演讲,他以《汉书·董仲舒传》中的《举贤良对策》检索《春秋繁露》之后,发现《春秋繁露》中有28篇文章和《举贤良对策》文字基本相同,思想指向也一致,可初步认定为“董仲舒真篇”。

秦进才的《“罢黜百家,独尊儒术”词语探源》从西汉“罢、黜”与“罢黜”字词的举例入手,分析董仲舒与“罢黜百家,独尊儒术”的关系,考察“罢黜百家,表章六经”的变迁,探寻“推明孔氏,抑黜百家”的变化,探讨“罢黜百家,独尊儒术”的出现与传播,指出“罢黜百家,独尊儒术”一说,目前所见出现在1916年,20世纪80年代以来成为应用广泛的习用词语与固定表达方式,至今已有百年,其变迁与社会思潮的起伏变动联系在一起。

王传林在《“修辞立其诚”——〈春秋繁露〉的语言现象举要》一文中认为,基于“同数”,董仲舒通过“人副天数”与“官制象天”将天、人与政有机地联系起来,建构出系统的数哲学。正是数与数字的出现与运用使得其不仅建构了独特的哲学体系,而且也形成了独特的哲学语言范式与叙述风格。因此,《春秋繁露》中涌现出同、合、喻、通、和、比、类等修辞范式,诸般修辞手法的大量出现形成了《春秋繁露》的语言现象与语言特色。

张树业在《董仲舒〈春秋〉书法论的诠释学意蕴》一文中认为,董仲舒对《春秋》书法的探讨是其春秋学建构的基础。与公羊学史上历代学者重点关注《春秋》的条例不同,董仲舒对《春秋》书法的阐释以对其修辞特性和意图的阐发为主。《春秋繁露》通过《春秋》之隐微修辞进行考察,明确了这一写作形式对传达《春秋》义理的关键作用。董仲舒又提出“《春秋》无达辞”的著名论断,以凸显政治哲学中的常变、经权之义。对《春秋》诡辞避讳的书法特征的考察则意在揭示其“不遗善”的苦心。董仲舒通过其《春秋》书法论展示了公羊学家在政治哲学意义上的诠释风格和理论特色。

季桂起在《司马迁缘何回避记载董仲舒的"举贤良对策"》一文中认为,司马迁在《史记》中回避董仲舒的"举贤良对策",主要原因在于他对汉武帝的政治成见,从个人情感上不愿意把武帝作为一个有作为的君主形象来塑造。这导致了《史记》对汉武帝一朝这一重大历史事件记载的缺失。

唐艳在《司马迁、班固创作情感的历史合法性解读——以〈史记〉〈汉书〉对董仲舒叙述为中心》一文中认为,《史记》《汉书》有关董仲舒的记载,实际上是董仲舒与司马迁、班固三者间复杂的时代更替和情感交融所涂染的历史痕迹,其在获得感性诠释的同时,也失去了明确、清晰的合理性边际,二者有同有异,有彰有隐,"同"为历史事实,"异"为创作情感,恰恰是情感的模糊性与主体性,拉伸了《史记》《汉书》研究的深度和广度。

曹迎春在《董仲舒对〈论语〉的引用与诠释》一文中指出,董仲舒十分重视儒家典籍《论语》,在著作中大量引用。在引用方式上大多采用直接引用,也有少数间接引用。这些引文对于研究汉代《论语》传本,订正今本《论语》之误,都有着重要的价值。董仲舒对《论语》的诠释,在为自己的政治哲学思想寻找理论支撑的同时,也影响了后世《论语》注家,是今人研究汉代论语学史重要的思想遗产。

四、董学史研究

姜淑红在《晚清汉宋调和派与董子学》一文中认为,汉宋调和论是晚清咸丰、同治时期的流行思潮。汉宋调和派的代表人物陈澧、朱一新、黄以周等都对董子学有所涉猎。陈澧特别注重挖掘、采录汉儒之微言大义,尤重董仲舒之学说;朱一新在与康有为的学术论战中,反对康有为主张的董子公羊改制说,极力维护董仲舒"敬天保民"之形象;黄以周遍治群经,高扬顾亭林(顾炎武)"经学即理学"之旗帜,阐释董子"性""命""道"等大义,会通汉宋之学。他们对董子学的研究和阐释,是知识分子对时局和学界变化的应对态度和解决方案。

李有梁在《〈春秋繁露〉要旨与清代董学的尊显》一文中认为,《春秋繁露》是西汉今文经学最重要的经典,但是随着今文经学日渐衰颓,董学沉寂两千余年,至清代得以复兴。清代的《春秋繁露》诠释路径有二:其一,历董天工、凌曙、俞樾至苏舆而集其大成,其治学求真务实,"为学问而学问";其二,自魏源以至康有为,高扬《春秋繁露》里的变革精神，且以之作为改制变法的理论基础，影响巨大。

徐公喜在《朱熹将董仲舒排除于道统之外的理论因素》一文中分析了董学在宋明时期的发展，他认为朱熹虽然继承了董仲舒的“春秋大一统”观念和正君心的思想，但将董仲舒、韩愈排除在道统外，主要有以下几个方面因素：一是为论证道统与政统的差异、“王道”与“霸道”的区分，必须摧毁汉唐政统的理论基础；二是程朱理学新皇权理论对董仲舒皇权理论改造的需要；三是宋明理学“天人合一”对董仲舒“天人感应”进行改造的需要。

孟祥才在《古代学人评董仲舒述论》一文中认为，董仲舒在中国思想史上有举足轻重的地位，在后世学者众多的评论中也屡屡凸现。特别是涉及儒家经典的注释，几乎将其著作作为一种权威的释经佐证，置于不容置疑的尊位，对其事功、文章也多有溢美之词。这种情况愈演愈烈，与历史的前进成正比。如此越来越出格的颂扬，一方面显示了他在两汉经学巅峰的尊位是无可替代的，另一方面透出的是中国古代社会接近终结时找不到出路的悲情和无奈。

五、国际视野下的董学研究

邓红在《“废黜百家”与“儒教国教化”——日本学术界关于“儒教国教化”的争论》一文中指出，在日本，“废黜百家”这一历史事件被高度概括为“儒教国教化”这样一个日语复合词组，被写进了各种历史课本和中国思想史、中国哲学史的教科书，也发生了一些学术上的争论。笔者对“儒教国教化”的各家论著和观点进行梳理，并对产生争论的原因、焦点、方法论做出适当的评价，认为这是一场“虚拟争论”。不过在探讨、论争中取得了许多学术成果，值得借鉴。

刘炜华的《走向西方学术界的董仲舒——西文董仲舒研究综述》一文介绍了董仲舒著作在西方的几个译本、西方哲学百科全书中对董仲舒的介绍、西方研究董仲舒的专著和论文。最后归纳出东西方董学研究的不同特点，认为西方的董学研究更加重视学术本身的价值，而中国的董学研究则更重视思想的阐发，更易受到社会政治现实的影响。

陆元祥在《董仲舒“大一统”思想对十八世纪欧洲启蒙的影响》一文中指出，董仲舒的“大一统”思想，随着儒学西渐对欧洲启蒙产生了深刻的影响，推进了启蒙学者对中国的道德与政治相结合的治国理邦成功之道的研究，让启蒙学者看到儒家“和而不同”等思想的价值。这些研究让启蒙学者获得了诸多经验，为启蒙运动提供了思想动力。

王文书的《鲁惟一〈董仲舒儒家遗产与《春秋繁露》〉述评》对英国汉学家鲁惟一的专著《董仲舒儒家遗产与〈春秋繁露〉》进行分析，认为该书采用的方法是统计加实证的方法。虽然该书的一些结论还有待进一步考证，但它无疑是我们可以看到的欧洲董学研究的最高水平的著作。

董仲舒不仅是中国的，也是世界的。这些国际视野下的董仲舒研究，让我们更多地了解了董学研究的国际学术动态。在这次会议上，成立了衡水学院“董仲舒思想国际研究院”，今后的董仲舒研究将以世界的眼光，一方面借鉴国内外已有的学术成果，另一方面用中国的学术话语，向国际学术界奉献出显示中国学术水平的董学研究最新成果。

六、地域文化视角下的董学研究

衡水本地学者立足地域文化的董学研究，也格外引人注目。衡水学院董子学院李奎良教授的《儒学中兴从衡水走来》一文，从儒学发展史的角度进行考察，发现了儒学的发展经历过五次严重的危机，但每次儒学都从低落中复兴，其中前三次走出危机的中兴旗手都是衡水籍人士。他们分别是董仲舒、冯太后、孔颖达。衡水在儒学发展史上占有举足轻重的地位，可以说，“儒学中兴从衡水走来”这一论断，得到了与会学者的一致认同。

田卫冰的《董仲舒与衡水地域文化》一文阐述了董仲舒学术思想形成与衡水地域文化的关系。他指出，董仲舒对儒家文化的整合，适应了历史发展需要，使得儒学从衡水走来，走向庙堂，成为中华文化的主脉。

七、董仲舒的地位和评价

周桂钿在《董仲舒是儒家大圣人》一文中认为，西汉的社会制度是当时全世界最先进的，董仲舒哲学是西汉时代精神的精华，为这种制度服务，是先进文化的代表。董子理论的出发点和归宿都是现实社会，体现了唯物论精神，是求善的政治哲学。董仲舒提出独尊儒术,承上启下,奠定了中华民族魂。史家称董子“为群儒首”“为儒者宗”,代表了汉唐时期儒家的最高水平。董子讲的很多盛世的社会问题,对于现在都特别有借鉴意义。所以说董仲舒是儒家大圣人!

中山大学李宗桂教授以“董仲舒和汉代思想文化研究若干问题的思考”为题发表了主题演讲。他谈到了五个问题:关于董仲舒思想的历史作用问题;关于“罢黜百家,独尊儒术”的问题;关于董仲舒与汉武帝合作的问题;关于封建主义、封建专制的问题;汉代政治儒学的地位和评价问题。他认为董仲舒统一思想、构建三纲五常为核心的价值体系,为封建社会的长期稳定发展创造了条件。我们通常所讲的灿烂的古代文化,其主体就是两千年封建社会时期,如果承认中国古代的灿烂文明,就必须承认董仲舒的历史贡献。西汉时期是多元一体的中华民族、中华文化形成的时期,而董仲舒所做的统一思想、整合价值的工作对于国家统一的巩固,民族文化的认同,以及中华民族凝聚力的形成具有不可否认的积极作用。

钱耕森在《董仲舒:儒学发展史上的一座丰碑》一文中认为,董仲舒向汉武帝所提出的“罢黜百家,独尊儒术”,具有很大的价值与意义,影响深远:“为往圣继绝学”,使孔孟所开创的儒学复活;使儒家直线上升到“独尊”的地位;使儒学经学化;使儒学在我国此后的两千多年封建社会中一直处于正统的主导地位;使儒学具有强大的生命力;使儒家成为我国传统文化的三大主流;使孔子与老子成为东方文化的杰出代表。大力弘扬儒学的优秀传统,对建设中国和全人类的新文化可做出新贡献。董仲舒的功绩与贡献,足以成为儒学发展史上的一座丰碑。董仲舒推动形成发展的汉代儒家思想,当是儒学发展史上的第二阶段。

任蜜林在《论董仲舒在两汉经学中的地位》一文中认为,董仲舒的春秋学对两汉经学产生了深远的影响。他把阴阳五行思想引入儒家经学之中,不但对春秋学本身产生了重要的影响,而且对易学、诗学、尚书学、礼学等都有着深远的影响。从董仲舒之后,儒家经学真正成为国家的正统思想,儒家学者也有了通往国家权力机构的正当途径,从而对国家的统治产生了重要的影响。

常会营的《董仲舒入祀孔庙甚晚历史考》一文,从董仲舒入祀孔庙的角度谈了董仲舒的地位,认为大儒董仲舒之最终入祀孔庙,与其渊博的学识、对孔子之道的传承、高尚的人格及深远的历史影响密切相关,而其人、其德业、其思想光辉也必将彪炳千秋。

王即之在《董仲舒思想是对孔子思想的继承和发展》一文中认为,从孔子的《春秋》到董仲舒的《春秋繁露》、从孔子的"三纲"到董仲舒的"三纲五常"、从孔子的"五十而知天命"到董仲舒的"天人感应"、从孔子的"有耻且格"到董仲舒的"以德治国",无不体现出董仲舒思想是对孔子思想的继承和发展。

董仲舒与儒家思想国际研讨会拟连年举办,每年一个主题,力求通过对董仲舒暨董仲舒儒家思想的历史地位和历史贡献、董仲舒儒家思想的现代意义、董仲舒儒家思想与衡水等一系列课题的深入探讨,以"挖掘梳理、研究求真、传承发展、创新致用"为脉络,赋予"儒乡衡水"新的符号和内涵,让"儒乡衡水"展现新的时代魅力。

“2019中国·衡水董仲舒与儒家思想国际学术研讨会”综述

曹迎春　韩　星

2019年6月29—30日，“2019中国·衡水董仲舒与儒家思想国际学术研讨会”在衡水隆重召开。本次会议由中国人民政治协商会议衡水市委员会、中华孔子学会董仲舒研究委员会、中国实学研究会、河北省董仲舒研究会共同主办，由衡水学院承办。此次研讨会的主题为“董仲舒儒家思想的时代价值与现代意义”。来自日本、韩国、马来西亚以及中国大陆和中国台湾、中国澳门的110多位专家学者，参加了此次会议。会议共收到论文94篇，这些研究成果，在儒学研究和董学研究的诸多问题上都取得了新的突破，是对董仲舒思想及其时代价值的更加准确的崭新认识，为今后董学研究的进一步发展提供了极有价值的参考成果。现将主要观点分类进行总结。

一、儒学研究

北京东方道德研究所傅永吉教授以“中华生命大智慧的人文信仰之维”为题发表了主题演讲。他认为儒家是精英群体通过“自诚明”的内省功夫而修养以仁、义、礼为基本内涵的美德，以士君子为健康人格的基本标准，希贤希圣，成贤成圣，与天地参，为天地立心的独特价值和使命，呼唤人们走出市侩化的人性失误，重塑人文信仰，重建精神家园的学说。

杨朝明在《中国儒学的格局与气象》一文中认为，中华文化追求以王道行天下。中华文明的王道精神从人心与人性出发，致力于满足人们的需求，向上仰望，是深远历史经验的总结，是天地智慧的体悟；向下扎根，是对多方利益的兼顾与平衡,求得最大公约数,昭示未来的发展方向。中华文明的精神气象、气质禀赋、价值追求,夯实了中华文明在世界价值体系中心点之地位。

杨新铎在《古典儒家“圣”义述释》一文中认为,古典儒家“内圣外王”之道以“圣”为道德内核,“圣”之义实为了解中华德性文明传统之枢机。“圣”与“王”合内外之道,而道通为一。“圣”之义不可离“王”为释,因王道之用而观圣德之体,从王化所昭示礼乐制度之天下规模,以观圣人所体现德性文明之道德理想,可见“圣”所涵圣德天下文明,圣教大而化之,圣治尚德崇礼,多维互摄之诸义。

臧明在《从六朝儒释互黜看中华文化的会通精神》一文中指出,会通是中华文化的一大特点,更是其五千年绵延不绝、波及广袤的不竭动力之源。六朝之时,面对释道的冲击,儒学自身也在变革、图新。儒释的会通,既使佛教置于名教之篱,又使儒学平添了些许对于现实、未来的憧憬,中华文化之内涵愈发丰富。

郑飞在《韦伯对儒学的反思》一文中认为,“韦伯命题”兼有“新教伦理产生现代性”和“儒教文化阻碍现代性”的双重意蕴。杜维明通过对比儒家伦理和新教伦理,指出韦伯对中国传统儒家伦理的误解和歧见,批判了二元对立的文化观,倡导文化多元和儒学的自身转化。对“韦伯命题”的反思导向一种尊重多元、倡导对话的文明观,基于这种开放的视野,东亚社会能够更为积极地建构富于自身特色的现代性模式,在与西方文明的平等对话中实现自身文化传统的创造性转化。

吴龙灿在《早期中国儒家德治观》一文中认为,先秦儒家德治思想是逐步完善的。周公强调“以德配天”“明德慎罚”“敬德保民”,孔子强调“为政以德”“德主刑辅”,曾子和子思提炼出清晰的“内圣外王”德治模式,孟子强调“内圣”,荀子注重“外王”,从而完整地发展出“内圣”为体、“外王”为用的先秦儒家德治范式。

杜运辉在《先秦儒家价值哲学之意蕴》一文中认为,先秦儒家价值哲学提出的内在价值统一论、“天人合一”的价值本源论与“和而不同”的价值标准论,是不同于西方“需要—满足”说的另一种进路。这对我们今天反思近现代以来工具理性和外在价值论的过度膨胀,重构价值界说和个人与社会的关系、人类与自然的关系等基本问题都有重要启迪。

杨海文在《气养浩然与道德境界》一文中认为,孟子所论“浩然之气”是道德之气,是道德境界。它不仅仅是孟子道性善、做大丈夫的生命体悟,更是中国哲学智慧内圣外王、涵盖乾坤的思想创新。道德境界不是天生的,而是“集义所生”。经过一件件事、千百件事的践履、磨炼、积累,才能慢慢地、真正地养成浩然之气。

孔德立在《论孟子的教育之道》一文中认为,孟子的教育之道体现了以教育作为载体来传承儒家思想的文化体系,其主要内容包括善教、道德优先原则、大教育观、政德教育、教师教育、家庭教育、耻感教育、人格教育、教育环境等。

李若晖的《论正常之恶:郭店竹书〈鲁穆公问子思〉的哲学分析》一文由郭店竹书《鲁穆公问子思》中鲁穆公对待子思的态度,引出对"权力不以恶为恶"原因的分析,指出心理定式的日积月累所造成的"正常"构成了对"恶"的辩护,并由此形成"正常之恶"。在儒学中,最大的君之恶,就是将君主的个体行为普遍化,以单向性对待全体臣民,使君不再是责任体系中的一环,而是纯粹的权力。

欧阳祯人的《从黄老与儒学的比较看儒学的实质与前途》一文以《老子》和长沙马王堆汉墓出土的《黄帝书》文本为根据,站在当今世界公认的正义论角度,系统梳理并研究了黄老之术对中国传统政治带来的负面影响,进而讨论了先秦儒家被统治者利用的真正原因。他认为,先秦儒家具有很多民主政治思想的萌芽,其理论路向是指向现代民主政治的。因此应该大力弘扬其内在的精神实质,以形成我们民族的民主政治思想资源。

何俊在《经义型塑与经典搁置——啖助新春秋学的悖论》一文中认为,啖助新春秋学以"舍传求经"开启了宋学,但回归经典的诉求却造成了经典搁置。以经学与哲学之间的张力为视角来解释经学中的这一悖论,可以发现啖助新春秋学中的哲学方法与关怀:啖助新春秋学是在经义型塑的过程中,思想同时从经典的自我理解中获得解放,经典因此而被搁置。

程海霞在《王阳明龙场悟道的"来龙"与"去脉"略诠》一文中认为,以三年悟道为范域,由前后两悟所构成的阳明龙场悟道,在义理上有其"来龙"与"去脉"。其"来龙"依次体现为"箪瓢"之乐、"无欲见真体"、"超然"之乐以及"寒根固生意"等;其"去脉"大体呈现为"静坐""知行合一""三教关系"等。对此"来龙"与"去脉"进行勾勒,有助于明确龙场悟道的主体内容,更有助于厘清龙场悟道的基本性质。

二、董仲舒思想研究

1. 哲学思想

周桂钿在《谈谈关于董仲舒研究的方法论问题》一文中认为哲学研究方法很

多。首先，要不迷信权威、不随众；其次，要全面掌握资料，对资料做精当解读；最后，要了解人物之间和事件之间的相互联系，认识人物和事件的发展变化。总之，为了做到实事求是，需要运用唯物的和辩证的方法。

陕西师范大学林乐昌教授以“论董仲舒与张载的天人之学”为题发表了主题演讲。他认为董仲舒和张载是各自时代的儒学代言人。他通过考察二人的天论、天道论及其特色，梳理了儒家天人合一观念从董仲舒到张载的演变脉络，指出二人天人之学既有共同之处，也各具特色。共同之处是都使用了“天—人”框架，突出天人合一观念，坚持儒家道德价值；不同之处如倚重的经典不同，且天论、天道论、天人合一的具体内涵不同，这导致了儒家天人之学的一次大的历史转折。

李宗桂在《董仲舒天人论探析》一文中认为，董仲舒的天人论是以天人感应为核心的天人合一论。他通过事物类同现象的归纳和演绎，以类同为类感的基础，由类感进而类推，将类感原理贯注于天、地、人之间。他建立起了不同于先秦孔子、孟子、荀子儒学的天人思想的外在构架和内在机理，并在客观上为后世天人论提供了范式。从中国文化发展史的层面考察，董仲舒的天人论，有着重要的思维导向价值和理论建构意义。

梁世和在《沟通天命：董仲舒对儒家神圣性与超越性根基的再植》一文中认为，绝地天通之后中国文化朝人文化、理性化、人间化方向发展，对神性的关注逐渐淡化。董仲舒天人之学的建立，将绝地天通以来天人分离的状态，拉回到天人相合的轨道，试图通过祭祀行为，将至上之“天”以及神圣性、超越性的理念，再度植根于儒学及儒者的心灵，重新建立起儒学对天的信仰，开启了儒学的神学时代。

朱康有在《董仲舒论“为政之理”之形上建构》一文中认为，董仲舒通过对《春秋》“微言大义”的释读，为中国古代统一的多民族国家政治意识形态的形成奠定了深厚的形上基础。这一理论建构历程，把处理好人与自然关系的“天命”置于首位，在对比了天与人的诸多可通之处后，得出“为政之理”，从而透显出深邃的政治哲学智慧。

白效咏、黄朴民在《易学与董仲舒的“天人合一”思想关系试说》一文中提出，董仲舒以“《春秋》为体、易学为用”来构建自己的“天人合一”学说。易学的“天人同构”思想是董仲舒“天人合一”学说的立论基础。董仲舒将易学的“各从其类”说加以发挥，建立起“同类相动”的理论，作为“天人合一”学说的理论依据。

常会营在《董仲舒〈春秋繁露〉天命观研究》一文中认为,对于国家之天命,董仲舒主要是从“新王必改制”予以论述,即改正朔、易服色、制礼作乐。人对于天而言,是根据天道来接受天命;对于人而言,是根据其所言来受天命。董仲舒还从人身养生之天命的角度,提出了“人其天之继与”的著名思想。

龚希平在《汉儒董仲舒“道出于天”说批判》一文中认为,“道出于天”乃董仲舒哲学最核心、最基础的命题,董氏哲学大厦即建基于此,其全部学说之论述亦围绕于此。“道出于天”脱胎于《中庸》开篇“天命之谓性,率性之谓道”句,但董仲舒对其思想进行了掐去中间、连接头尾之改造,既调和了儒道,又为“大一统”与中央集权提供了理论依据。

安桂玲在《“天”在〈春秋繁露〉中的重要性》一文中认为,董仲舒所说的“天”是其理论的基础;董仲舒所说的“天子”,要有学识德行和自省能力,接受天之监督,以遵循天道为原则。董仲舒的这套借天说人的思想体系,不仅有利于巩固王权,更极大地维护了百姓利益。

秦际明在《论元作为治统的本原与方法——董仲舒“元”论新解》一文中认为,在董仲舒的思想体系中,“元”是一切存在的本质。治统的本原在于元,此既是天意,也是圣人之意与《春秋》之旨。董仲舒对治统之目的与手段的明确区分对于当代贯通治统、重建政教具有重要的启示作用。

刘国民在《董仲舒以五行之天道诠释人道》一文中认为,董仲舒把天与阴阳五行之气紧密结合,指出天道之大者在阴阳五行,故从五行之气的运行及其相互关系中可知天道。董仲舒创立了五行相生说,以五行之间的相生作用,来解释儒家“忠”“孝”的人伦准则,且以天之五行解释人之五官、五常、五事,并把五官、五常、五事组入五行构架,形成了“五行范式”。

王文涛在《〈春秋繁露〉五行说对〈管子〉四时五行说的继承与发展》一文中认为,董仲舒的五行说继承、发展、创新了《管子》的四时五行说,将五行与天人感应相联系,丰富了天人感应的内容,使之更有说服力。董仲舒以五行之次序,设计了一套政治措施,欲使政治与时令相配合,从而构成此完整的阴阳五行的政治哲学。

浙江大学何善蒙教授以“《春秋繁露》论‘心’”为题发表了主题演讲。他认为《春秋繁露》关于“心”的论述主要从道德之心、情感之心、认知之心和主宰之心四个层面展开。接着具体讨论“心”与董仲舒思想之间的内在联系,指出董子对“心”从功能意义上来使用，与宋明心学，尤其是王阳明对“心”的本体意义的使用不同，应该区分。

崔锁江在《董仲舒自然哲学的构成及其评价》一文中认为，董仲舒坚持“自然”本义，其天论具有“自然之天”“主宰之天”等多重含义。自然界构成了“主宰之天”与“人类”相互感应的重要载体，阴阳五行构成了董仲舒自然哲学的核心范式。董仲舒的自然哲学是为政治服务的，但其探索自然奥秘的精神有引领科学技术的作用。

2. 经学思想

山东大学王新春教授以“董仲舒春秋公羊学与易学的会通”为题发表了主题演讲。他认为董仲舒以天人之学的视域解读《春秋》，敞开了春秋学的天人之学底蕴，实现了“推见至隐”的春秋公羊学与“本隐之以显”的易学的会通，开显了通贯三才的王道，揭示了王之“以成民性为任”而“以人文化成天下”的王道愿景，重建了仁义之道，最终以春秋公羊学确立了汉代经学的典范形态与基本精神。

张延国的《浅谈提高董仲舒在我们心中地位的方法》一文以公羊学家的视角讨论目前董仲舒研究存在的问题以及利用公羊学知识提高董仲舒在我们心中地位的方法。总结出董仲舒公羊学的三个特点：对孔子修《春秋》的心境进行了详细分析，利用《春秋》义理对无传之经进行辨析扩充；多个事件相比较以辨析春秋义理。

黄开国在《董仲舒公羊学方法论》一文中认为，董仲舒从《公羊》中发挥出自己的学说，与其方法密不可分。贯比法以道义法则为准则性的前提，可保证对儒家政治伦常基本准则的固守；依经言指，可给人以忠实经传的假象；借经言指、离经言指，则能供其灵活、自由地发挥己说。董仲舒运用其法，建立起了与时代相契合的董氏公羊学。

何大海在《浅论董仲舒与谶纬之关系》一文中认为，董仲舒对谶纬的影响集中体现在《春秋纬》《孝经纬》等文献中。董子后学参与谶纬的造作，当以哀平母本、王莽《符命》四十二篇与东汉定本而论。虽然董仲舒学派影响了谶纬，但谶纬是一个变化的载体，其不仅延续了董仲舒的核心思想，而且吸收了诸多他家思想，使之成为统一的体系，具有明显的整合性特色。

3. 政治思想

人民出版社金春峰编审以“从建构‘社会共同体’看‘三纲五常’的批判继承”为

题发表了主题演讲,他明确指出董仲舒以“罢黜百家,独尊儒术”和“奉天法古”为“三纲五常”做了新的理论论证,使“三纲五常”具有了神圣性和权威性,成为超越世俗、人群学说之上的道德与人伦关系。经过董仲舒的论证,中国的“纲常名教”真正建立了起来,这就为“社会共同体”奠定了理论基础。

衡水学院特聘韩国专家金周昌教授以“董仲舒天下命运共同体理念研究”为题发表了主题演讲。他指出,董子承孔子之文,立春秋大义,打造了阴阳道德哲学体系,以阴阳辩证关系,将宇宙分成两半,又统合为一体,设计了当时的天下命运共同体图式。人类应该自觉认识到共同体观念,开启一个大家庭共同体和谐、和睦的时代。

浙江省社科院吴光教授以“董仲舒‘皆绝其道,勿使并进’再解读”为题发表了主题演讲,他认为,“罢黜百家,独尊儒术”是近代以来出于反孔反封建的需要而形成的,董仲舒本意是抑黜百家,即承认百家存在,只不过不使之与儒家齐头并进,后世中国文化的格局一般都是“一元主导、多元文化的客观存在,并与主流文化互动互补的文化格局”。“罢黜百家,独尊儒术”既不符合董仲舒建议的原意,也不合乎汉武帝以后百家共存、儒释道互动的传统思想格局。

台湾政治大学董金裕教授以“‘独尊儒术,罢黜百家’?!”为题发表了主题演讲,对“罢黜百家,独尊儒术”问题进行了再反思。他通过考查《史记》《汉书》,认为汉武帝为五经立博士,而没有为诸子百家立博士,是在“表章六经”,但不能以此就认为是“独尊儒术”。依“独尊儒术”与“罢黜百家”的语意判断,两者立则两立、破则两破,实际上并没有此种互为关联的政策存在。

河北师范大学秦进才教授以“董仲舒与‘罢黜百家,独尊儒术’关系新探”为题发表了主题演讲。他对“罢黜百家,独尊儒术”这个老问题进行了新探索,认为董仲舒不是“罢黜百家,独尊儒术”的最早建议者。董仲舒主张的“大一统”“六艺之科,孔子之术”并不等于“独尊儒术”,儒术在汉代并没有受到独尊。汉武帝表章的六经是文化元典、诸子共同资源,并非独尊儒术。总之,“罢黜百家,独尊儒术”于情于理都与董仲舒无关。

江苏省社科院胡发贵研究员以“‘儒如五谷’视域下的‘独尊儒术’”为题发表了主题演讲。他诠释了“儒如五谷”的含义:人伦日用性、“人为贵”的人本与仁爱思想、重民生和“与民同乐”、民本思想,指出儒家本身对古代社会的“五谷”一样的重要意义，这是董仲舒“独尊儒术”的思想价值基础和前提。

王刚在《“谊主”说与“推明孔氏”：董仲舒在“独尊儒术”中的理论贡献及相关问题探微》一文中认为，董仲舒的“谊主”说是“大一统”理论得以实现的政治起点，董氏以“尊王绌霸”为基点，以“推明孔氏”为依托，对“谊主”的责任与使命做了适应时代的新阐释。董仲舒提出的这一概念，不仅仅有着学术的内在理路，更与大汉王朝的政治转向相呼应，是外在时势与学术理路相结合的历史产物，是观察西汉乃至中国古代政治文化嬗变的重要支点。

牛秋实在《董仲舒独尊儒术的现代价值与意义》一文中认为，西汉以“罢黜百家，独尊儒术”为开始的文化上的革命，引发了典章制度大变革的社会革命，“汉承秦制”的局面土崩瓦解，以礼治国之势渐趋形成，并直接影响了往后两千年中国的封建社会。自汉之后，凡是要建立大一统的王朝，无不以董氏之学作为安身立命之本，以儒学作为统治学说，大政方针及典章制度也基本上不脱汉代礼制之规范。

复旦大学谢遐龄教授以“董仲舒礼学思想初探”为题发表了主题演讲。他指出，董仲舒六艺皆尊，独重《春秋》，而《春秋》大义缘礼而起，在“上天、天子、臣民”之“宗教—政治—社会”三位一体的结构中重建王道学，其论《春秋》之道“奉天法古”，展示了礼学思想鲜明的宗教性，董子礼学为仁政提供了理论依据。

余治平在《儒家圣王治理传统：政教合一、官师一体——董仲舒对古代中国“弥漫性宗教”建构之贡献》一文中认为，传统中国的本土宗教以天道信仰为核心，天子通过对全民进行“涵泳其德”与“鼓舞其化”而把天道信仰打造成一种具有强渗透性的“国家宗教”。董仲舒“立太学”“设庠序”对策的付诸实施，儒家学说开始以有组织的方式渗透到中国社会生活的各个方面，使之逐步成为一种“弥漫性宗教”。

中国人民大学韩星教授以“董仲舒的批判精神与王道构建”为题发表了主题演讲。他先考察了《史记·太史公自序》中董仲舒告诉司马迁“贬天子，退诸侯，讨大夫”的问题，认为这是代表《春秋》及公羊学精神的，目的是批判现实，拨乱反正，重建王道秩序。王道核心是仁义，主体是礼义。董仲舒除了论证“王道三纲”外，还提出“天为王纲”，限制王权，试图使汉武帝效法古代圣王，实现王道理想。

山东大学孟祥才教授以《董仲舒关于统治权合法性的阐释》为题发表了主题演讲。他认为在中国历史上统治权合法性问题是政治思想的一个重要议题，先秦儒家在这个问题上贡献了丰富而深刻的内容。董仲舒系统阐述了“君权神授”理论，用“天人感应”将天意与人为沟通起来，给了朝代更替和皇权转移一个合理的解释，奠定了此后中国两千多年皇权亦即统治权合法性的最经典的主流意识。

台湾辅仁大学陈福滨教授以“董仲舒的历史观与政治哲学”为题发表了主题演讲。他梳理了董仲舒的“三统”“三正”“四法”“质文”的历史观，以此为基础，进一步探讨了董仲舒以仁德为政、阳德阴刑的政治哲学，认为董仲舒以儒家的“仁政”为历史变迁的最高目标，以阴阳二者相协调为历史变化的基础。

韩国安养大学孙兴彻教授以“董仲舒的人间观”为题发表了主题演讲。他从“性三品说”“知识论”“教化论”三方面，以“天人感应说”与政治观的联系为中心来探讨董仲舒的人间观，指出董仲舒通过强调可以进行赏罚的天意，试图建立可以惩罚最高权力者天子的牵制机制，以“春秋大一统”的国家政治理论，重新确立了人间观。

郑济洲在《天道·圣人·经典：董仲舒“制衡君权”思想审思》一文中认为，天是董仲舒“制衡君权”思想的一个资源，这种制约的典型表述就是“君权神授”；圣，是董仲舒“制衡君权”思想的又一资源，董仲舒通过确立孔子的“素王”地位为儒家士大夫确立了一个精神领袖；《春秋》也是董仲舒“制衡君权”思想的重要资源，董仲舒试图以《春秋》为汉王朝立法。然而，在现实政治中，汉王朝的统治者采取的治道策略是“霸王道杂之”，董仲舒“制衡君权”的思想也在统治者的“选择”中“失效”。

董卫国在《略论董子对先秦儒家仁道的创造性开展》一文中认为，孔子所开创的仁学实兼内圣与外王两个方面，内圣外王本为一体。董子之学是从根本上对儒家仁道思想的继承和开拓，开拓了先秦儒家仁道的外王——政治哲学——维度。董子之立论根基在天人之际，由仁理解天道之内涵，借助阴阳五行理论建构仁道的神学，以春秋大义诠释仁道的历史哲学，由天人之际的理论规范现实政治，寻找政治的合法性基础和治理思路。

宋冬梅在《“天人三策”与天人合一——儒学登庭的时代机遇与理论创新》一文中认为，在“天人三策”中，董仲舒的应对突出了倡德政、倡任贤、倡儒术等特点，迎合了汉武帝的政治需求；“天人关系”是董仲舒应答汉武帝策问的重要理论根据，其“天人合一”思想在继承前贤的基础上升华了本体论认识，建立了系统的理论体系，并对传统中国“大一统”社会的政治、历史与文化的发展延续产生了深刻影响。

安鲁东在《董仲舒与汉代新儒学》一文中认为，董仲舒以《春秋公羊传》为切入点，创造性地重新解释了孔子的政治主张，并巧妙地通过阴阳灾异说及素王立法说等，限制皇权，矫正秦制之弊。他的这一努力，不仅解决了儒学在汉初的困境，使之成为官学，而且还为中国两千多年封建社会的政治运作模式奠定了基础。

陈寒鸣在《董仲舒“大一统”思想略议》一文中认为，汉代儒宗董仲舒发挥《春秋公羊传》之义，对“大一统”思想做出系统论述，在严格意义上奠定了儒家“大一统”传统的思想理论基础。董氏的“大一统”思想在中国历史上产生了深远影响，成为中华民族和中国文化的核心价值观念。时至今日，民族要团结、国家要统一，早已成为中国人根深蒂固的思想共识。

王传林在《董仲舒〈春秋〉“大一统”与“通三统”考论》一文中认为，董仲舒提出《春秋》“大一统”是“天地之常经，古今之通谊”，“通三统”是新王受命改制之具体举措，二者作为新王朝的政治策略是并行不悖的。“大一统”与“通三统”的共进与共融，在文化层面所彰显出的是“一统”与“多元”的辩证关系以及文化包容与求同存异之精神，这是实现社会和谐发展与政治有序运行的关键所在。

季桂起在《论董仲舒的政治思想及其在汉代的影响》一文中认为，董仲舒为儒家的政治学说构建了由宇宙论、人性论作为哲学基础的完整思想体系，这一思想体系包括“天人合一”与阴阳五行的逻辑架构、“仁政”或“王道”的价值主体、“民生为本”及“善治”的功能属性、“德主刑辅”和“三纲五常”的制度化设计、“君权天授”及君民互为依存的国家构想、“大同”世界与天道公平的社会理想。董仲舒的政治思想在汉代的政治运作中产生了重要影响。

李玲在《董仲舒政治思想微探》一文中认为，董仲舒的政治思想是中国封建社会一个较成熟的政治思想形态。他的“大一统”思想、“德主刑辅”思想、“三纲五常”思想、“尊君抑君”思想等对后世产生了深远的影响。

李英华在《董仲舒“更化则可善治”命题探析》一文中认为，在董仲舒的“更化则可善治”命题中，“更化”是“善治”的先决条件，“善治”则是“更化”的必然结果。“更化”应遵循“奉天”“法古”“爱民”三条原则；“善治”应遵循“承天意”“明教化”“正法度”三条原则。董仲舒“更化则可善治”的思想，对于促进中国国家治理体系与治理能力的现代化，不无参考价值和启发意义。

王江武、王康在《论董仲舒的革命思想》一文中认为，“汤武之禁”后以何种方式继续言说儒家的“革命”理论，成为汉代儒生所面临的重大挑战。董仲舒将儒家“革命”的精神内嵌于他的“改制说”中，以“改制”来言“革命”，通过对“受命”和“王道”的强调，完成了儒家“革命”思想的创造性转化和创新性发展。

王博在《阴阳五行与董仲舒“官制象天”学说》一文中认为，董仲舒以阴阳五行学说为理论基础构建起了独具特色的“官制象天”学说。“官制象天”以天人相副为前提，具有两个层面的内涵：其一为纵向层面上天之数与官之制有着严格对应；其二为横向上五行与五官严格对应，以五行生胜为依据构建起彼此共生又相互制约的五官系统。第一个系统纯为理想化的构造；第二个系统乃依据现实而作，实为大一统政治环境中深具理性化的官制创构。

曹迎春在《董仲舒“慎德”思想及其现代价值》一文中认为，董仲舒十分重视“慎德”，其“慎德”思想主要包括三方面内容：上天慎罚、《春秋》慎微、君主慎行。董仲舒的“慎德”思想，对于当前提升党员干部的道德修养水平和遵纪守法自觉性具有重要的教育意义。

刘贵生在《董仲舒的重贤思想》一文中认为，在董仲舒的治国理念中，重视贤才是其中非常突出的一点，无论是在《春秋繁露》中还是在《天人三策》中，他都反复强调重视贤才的深远意义。董仲舒的重贤思想，一方面来源于他对天人关系的深刻体悟，另一方面更与他对春秋治乱史实的深入分析有直接的关系。时至今日，这种思想仍然具有强大的生命力。

张倩在《董仲舒思想与传统家国情怀的特质》一文中认为，董仲舒充分吸取了“天”“天命有德”的传统理念，彰显了天、君、臣、民的一体性，为家国情怀奠定了逻辑基础和现实张力，使得君权与民意的价值平衡成为家国情怀的实现焦点。董仲舒重视“士”群体的道德建设，主张“以仁安人，以义正我”，君王、士大夫更应该“爱人”“律己”，这也是士君子家国情怀的直接表现。

张丰乾在《“十指”“五行”与“三之道”—— 董子的“天下”观》一文中认为，董仲舒在“天下”视域中概括出了“《春秋》十指”，基于“天之大经” 指出了“正天端”与“治天下之端”的必要性，以及“治天下如视诸掌上”的可能；同时强调“人最为天下贵也”。董仲舒推崇“自三之道以治天下”，提出了一系列的制度设计，又申明“天下随阳”，力图在一体和多元之间找到最合理的构架。

代春敏在《从正名思想看董仲舒的仁义观》一文中认为，董仲舒继承了孔子的正名思想，并在正名思想的基础上，系统阐发了他的仁义观，成为构建汉代社会政治制度,维护和完善社会秩序的重要理论基础和组成部分。

刘泉在《董仲舒〈天人三策〉中的天命与权利》一文中认为,董仲舒以“天命”为线索,将王权、政权、教权凝聚为一个服务于现实的命运共同体。在《天人三策》中,董仲舒以儒家经典为核心,主导太学和地方官学体系的建立和完善,强化儒生的体制化培养和选拔机制,有效地促进儒学的政治化、制度化。

郭美华在《思想对权力的依附及其挣扎——读〈汉书·董仲舒传〉“天人三策”札记》一文中认为,“天人三策”的具体讨论,体现出思想对于权力的依附性,这是帝制时代传统思想的内在特征。在当代哲学意义上,董仲舒的“天人三策”,可以视为读书人的自我通过向权力的他者之讯问而显现自身的事件。不过,董仲舒的回应并未走向自我最终的实在,而是陷入讯问者的遮蔽之中了。

4. 人性论

白延辉在《董仲舒人性论的黄老学特色及研究意义》一文中认为,董仲舒人性论中“性者生之质”的概念界定、“为人者天”的天人关系、“阳性而阴情”的性情论、“顺性而导善”的治国思想,均与黄老学相通,表现出明显的黄老学特色,对黄老学人性学说的吸收、容纳是董仲舒之所以不同于孟子、荀子以善恶论人性的重要原因。

林桂榛在《董荀二子“性朴”论的同异》一文中认为,董仲舒摇摆在孟子的“性善”论、荀子的“性朴”论之间,未理解荀子的“材—性”关系论(科学思维),反而有孟子的“本—善”关系论(哲学思维)的影子,是典型的半截子性善论、半截子性朴论综合体。

许敬辉在《汉儒对心性之学的继承与发展——以董仲舒为例》一文中认为,在汉儒论性的各家中,董仲舒继承了孔子的正名思想,从哲学上探讨人性的名实问题,归结到重视圣王教化的政治思想。董仲舒从正名的角度,用圣人的言论,以天道的权威驳斥孟子的性善论,批判继承了荀子的性恶论,从而开启了“性三品”的先河。

5. 伦理思想

左康华在《以“纲”统“常”,以“常”论“纲”——三纲五常思想在汉代的整合》一文中认为,秦汉“定于一尊”的社会秩序形成,使“纲”的权威建立在更坚实的、更广泛的道德基础之上,完成了“纲”“常”的观念整合。以董仲舒、刘向等为代表的汉儒熔铸“三纲”“五常”两种价值观念，并最终提炼为“三纲五常”的“核心价值观”，既是细致而扎实的理论建构，更是将理论转化为一整套用于指导民众日常生活的价值观念和行为准则的重要尝试。

涂可国在《董仲舒责任伦理思想与当代社会责任体系建设》一文中认为，董仲舒的责任伦理思想极为独特而深刻，不仅明确地对“责”“任”和“责过”等概念做了阐发，还从隐含视角立足于心学资源揭示了儒家责任伦理。董仲舒的责任伦理思想，可以为建立责任制度、培植责任人格、建构责任心学、塑造责任伦理和培育责任意识提供精神资源。

寇征在《董仲舒的伦理思想特色和思维倾向——基于人文理性与天赋神性的思考》一文中认为，董仲舒的伦理思想由天人关系推演而来。他把人的存在与天地相关联，与阴阳五行相配副，这使得他的学说体系有了神圣的宗教性，也为后世的儒教化奠定了基础，从而引出关于人文理性和天赋神性二者关系的进一步思考。

王涵青在《环境伦理脉络中的主体价值思考——以孟子与董仲舒的“仁—义—利”结构为论》一文中认为，在仁义关系上，孟子强调的是主体先验的内在道德自觉，而董仲舒则明确地将仁根植于外在的超越的形上实体。在义利关系上，董仲舒正面肯定了利为主体生存的基本需求。从环境伦理的脉络中思考，孟子与董仲舒的“仁—义—利”结构都可显现出儒学从人类中心主义的角度思考主体价值的意义。

王即之在《董仲舒正谊明道思想浅议》一文中认为，董仲舒是在回答汉武帝之兄的提问时提出“正谊明道”思想的，此思想继承和丰富了儒家道统，言简意丰，直中要害，为当时情况下匡正诸侯王的思想意识和行为规范起到了积极的作用。

魏彦红在《董仲舒论“孝之天经地义”观及其现代价值》一文中认为，董仲舒对“孝之天经地义”的阐释反映了他的天人哲学观。董仲舒认为五行乃孝子忠臣之行为准则；五行中，土德最贵，贵在对天之大忠。董仲舒在阐释孝时指出，孝之本源取道于天，是对自然规律的遵循。董仲舒对“孝之天经地义”的阐释仍然具有强烈的现实意义和价值。

白立强在《〈春秋繁露〉中的孝道思想及其现代价值》一文中认为，以天人同构为视角，《春秋繁露》中的孝道思想包括：法天则地，孝亲敬上的根源性；唯天为大，天伦之孝的至上性；家国同构，移孝作忠的自然性；天经地义，孝敬之道的应然性；上行下效，圣君之孝的影响性。

此外，还有从美学、法学、生态思想、教育思想等角度对董仲舒思想进行研究的文章。

谢金良在《试论〈周易〉对西汉董仲舒审美观念的影响——以〈春秋繁露〉为研究对象的考论》一文中认为，董仲舒与《周易》经传及其学说关系密切，董仲舒的天人思想体系源于《周易》学说，董仲舒特别推崇的“天人合一”“天人感应”“中和之美”等审美观念也受到《周易》中正和谐思想的深刻影响。

张秀洁、刘炜华在《从法哲学的角度看董仲舒思想》一文中认为，董仲舒以其人性论、天人感应理论、德主刑辅、“春秋决狱”等主张论证了法“圣人缘天意而作”之本源，“道德教化为主、刑罚强制为辅”之功能和作用，“经权要义”之渊源以及司法、法律适用等理念，构建了法哲学思想体系，使儒家的价值追求与道德理想从此开始逐渐渗透到法律中，开创了中国传统法律儒家化的先河。

范慧、乔清举在《董仲舒的“天人之际，合而为一”的生态思想》一文中认为，董仲舒的生态思想集中体现在《春秋繁露》中。他以“天人合一”为统摄，以“阴阳运行”“五行生变”为运行机制，以“泛爱群生”为道德准则，以“顺时而为”为实践基础，建立起自己从思想到实践的生态哲学体系。

魏彦红在《董仲舒王道思想中的生态智慧与启发——以〈春秋繁露〉为中心》一文中认为，董仲舒的王道思想是其政治哲学体系的重要范畴。王道实施的基本原则是遵循天道。遵循天道带来祥瑞，违反天道则会遭到自然的惩罚。董仲舒的王道思想呈现出丰富的生态智慧，对当今生态环境保护具有重要的借鉴价值。

王章峰在《董仲舒的师德思想及其现代价值》一文中认为，董仲舒非常重视教师在教育发展中的作用，十分强调教师在师德方面应具有“正道重志，行道养志”“以仁安人，以义正我”“强勉学问，闻博知明”“积习渐靡，贵微重始”等品质。

郑艳芳在《董仲舒〈春秋繁露〉中的教学思想及其启示》一文中认为，董仲舒有着丰富的教学经验，凝练形成自己的教学思想：“待教而善”的人性论是董仲舒教学思想的理论基础，“简六艺以赡养之”的教学内容侧重于成“人”教育，教师教学的语言艺术讲究谨慎寡约，追求专一不二的治学精神，追寻圣人之道的教学智慧，追求智仁结合、德才兼备的教学目标。

三、《春秋繁露》篇章文本研究

日本北九州市立大学邓红教授以"《春秋繁露》辨伪三流派论"为题发表了主题演讲。他对《春秋繁露》辨伪问题进行了深入讨论,将各家说法归纳为"推论派""唯理派"和"文献互证派"三派,指出他们各自提出了一些真知灼见,但都缺乏确切证据。邓红教授认为,"考据之学"与研究董仲舒哲学思想的"义理之学"属于不同的学术分野,应有各自的独立性。

吴锋在《观德及其他——董仲舒"德"论在儒学史上的意义》一文中认为,"德"在中国历史发展过程中具有重要的价值,在中国思想文化史中具有丰富的内涵。原始儒家对"德"皆有宏论。汉儒董子《春秋繁露》中以"德"为题的篇章有《观德第三十三》和《威德所生第七十九》两篇,集中讨论、阐述了董仲舒"德"的思想。

徐鸿模在《〈春秋繁露〉论"祭"——际也、依归天道》一文中认为,董仲舒在《春秋繁露》中表述"与天对遇"的路径即祭祀。董仲舒强调:已然受命为天子,首先要祭天,才开始致力于其政事;缘于尊天而推崇"郊天",以确切表明天子与天际遇的天命授受关系;其次推及一般的祭祀神明、祖灵与山川神祇之礼。

深川真树在《试探〈春秋繁露〉的郊祀论》一文中认为,《春秋繁露》依据《春秋》与《孝经》等儒家经典编撰而成,说明"祭天于郊"之礼的规定、位置、作用及性质等,同时对此赋予德行与教化的意涵,亦即使其伦理化及政治化。《春秋繁露》的郊祀论是在董仲舒学术思想的理论前提下形成的,并非神祇信仰或神秘思想的产物,而是汉代儒家经学学理性地重新解释以神为本的活动之重要成果。

耿春红在《董仲舒论"智慧"及其现代启示》一文中对《春秋繁露》中"必仁且智"一章进行了具体分析,认为董仲舒十分重视仁爱和智慧的重要性及其在选才用人方面的缺一不可性,尤其揭示出智慧的伦理性、理性主义、心理性、学习性及实践性。董仲舒的智慧观启示现代人要尊重智慧,选才用人以德为先,重视心理和意识的引导,重视行为和结果。

四、董学史研究

王宏海在《朱熹对董仲舒的品评研究》一文中认为,董仲舒的形象在宋代一再被提升。通过对《朱子语类》中朱熹与学生关于董仲舒的对话进行逐条分析，得出在朱熹师生思想中对董仲舒的刻板印象。朱熹不仅认为董仲舒是汉唐时期"本领纯正"的大儒，还认为董仲舒是汉唐时期的群儒首。朱熹认为董仲舒的思想有理学的一些特质，甚至用"格物"的态度对待董仲舒思想，是其是，非其非。虽然朱熹感到董仲舒思想中存在着一些缺憾，然并不会影响他在朱熹心目中的汉唐第一儒的重要地位。

魏义霞在《康有为对董仲舒的历史定位和态度评价》一文中认为，在近代思想家中率先对董仲舒的历史贡献予以高度评价的无疑首推康有为。在康有为看来，董仲舒的功劳是将孔子定位为"素王"，这最契合孔子的身份和地位。康有为眼中的董仲舒不仅破解了孔子主人道之《春秋》的微言大义的密码，而且深谙孔子讲天道、兼阴阳、明终始之《易》。这意味着无论是孔子的人道还是天道皆赖董仲舒得以传承。康有为是作为思想家而不是作为学问家审视董仲舒的地位、解读董仲舒的思想的。

李有梁在《从三科九旨到六科十旨——以康有为、苏舆对〈春秋繁露〉的诠释为中心》一文中认为，三科九旨是公羊学思想体系中的核心概念，历代学者多有涉及。康有为出于构建维新变法理论的需要，往往结合西方社会进化论来阐发"通三统""张三世"和"异外内"等"三科"的内容；而苏舆出于反对变法理论的需要，对康有为的说法一一予以辩驳分析，进而提出董仲舒之真旨在于"六科十旨"而非"三科九旨"的主张，其论颇具创新性。

姜淑红在《董仲舒"三纲五常"说的解读及其价值——以刘师培、贺麟董子学研究为视角》一文中认为，刘师培、贺麟的董学研究在考察董仲舒"三纲五常"说的历史必要性基础上，积极借鉴西方近代伦理学的成果，阐释董仲舒"三纲五常"说的正面价值，对于今天如何进行传统文化的创造性转化和创新性发展，多有助益。

五、董仲舒思想价值、当代借鉴研究

中山大学李宗桂教授以"董仲舒儒学的精神方向"为题发表了主题演讲。他认为董仲舒儒学是真正的创造性转化、创新性发展的新儒学，并将董仲舒儒学的精神方向概括为"向前、向上、向善、向实"八个字。主张更化即"向前"；倡导一统、重视礼乐教化,即“向上”;统一思想、整合价值,即引人“向善”;解决现实问题,不尚空谈,即“向实”。李宗桂教授认为董仲舒是政治化、实践性的儒家,积极寻求与政治家合作,内圣外王之道兼备,在当时的历史条件下,这样的儒家才是真儒家。

中国孔子研究院杨朝明教授以“董仲舒与中国文化——王充‘孔子之文在仲舒’说诠说”为题发表了主题演讲。他认为,王充所说“文王之文在孔子,孔子之文在仲舒”,很好地诠释了董仲舒在中国文化史上的地位。孔子继承了他以前的中国文化,奠定了中国的价值观念基调,董仲舒则使儒家思想和现实相结合。如果将中华文化比喻为大树,那么其主干是儒家文化,根脉是孔子之前的“文王之文”,而董仲舒才使得中华文化的大树有了这样的姿态,伸展出枝条,开花结果。与“孔子—董子—朱子”的论说框架相比,似乎“文王—孔子—董子”更能说明董仲舒在中国文化史上的重要地位。

李奎良在《董仲舒思想的当代借鉴》一文中认为,董仲舒不仅是思想家、教育家,而且是汉代的社会制度设计师。《天人三策》中详细论述了董仲舒的社会设计方案。董仲舒的政治文化的“大一统”思想,已成为中华文化的特征和宝贵精神财富,也为世界文化做出了贡献;他提出的官吏培养和选拔制度,对中西方文官制度都有深远影响;他的“调均”思想有效地解决了社会经济问题;他的不与民争利思想,在后来的社会实践中取得了良好效果。

李素菊在《用历史眼光评判董仲舒思想的价值》一文中认为,应当把董仲舒思想还原于历史背景之中加以重新审视且客观评价。董仲舒是享誉盛名的旷世大儒,是中华文化的集大成者,是著名的政治思想家和极具影响的历史人物;另外,董仲舒的天人感应、君权天授、推崇儒学、确立三纲五常、建立“大一统”社会、设立太学以选拔人才等思想具有重大的历史价值和当代价值。

陈启生在《我读董仲舒》一文中认为,站在现实的角度全面解读董仲舒,找出“什么学说”“什么理论”“什么见解”可以为今天所用,可以为今天实践,目的在于治时下21世纪中国人之弊。董仲舒认为“天”是“群物之主”,天人感应令人起敬畏心;董仲舒重视教育,主张求贤、养士、兴太学;董仲舒的“三纲”理论,强调君、父、夫的表率作用。这些都有重要的现实意义。

苗泽华在《以儒家“五常”引领新时代“五商”》一文中认为,新时代需要培养新儒商,以德为先,德商、情商、胆商、财商、智商并举。“五常”是儒家的重要思想,将

"仁义礼智信"融入"五商"建设之中,以"五常"之"仁"引领"德商",以"五常"之"礼"引领"情商",以"五常"之"信"引领"财商",以"五常"之"义"引领"胆商",以"五常"之"智"引领"智商",从而形成德商、情商、财商、胆商、智商相生相克、和谐运行的新模式,为我国新时代商业健康、和谐、持续发展注入新的生机,生长新的生命力,形成新的商业风气。

六、董仲舒生平事迹、故里文化研究

王文书在《董仲舒与淮南之狱考究》一文中认为,董仲舒在建元六年(前135年)辽东高庙、高园便殿火灾后作《灾异对》,矛头直指田蚡和刘安两大政治集团,在几方的夹击之下,元光元年(前134年)董仲舒遭庙火之狱。元朔四年(前125年)董仲舒致仕居家。元朔五年(前124年)淮南之狱案发,张汤赴陋巷就淮南王谋反一事咨询董仲舒意见,董仲舒推荐弟子吕步舒严治淮南之狱。董仲舒在整个淮南之狱的事件中,虽不是直接执行者,但他始终是一个重要的幕后推手。

田卫冰的《地方志书视角下的董子故里文化》对乾隆年间屈成霖纂的《景州志》、民国二十一年(1932年)张汝漪纂的《景县志》、明嘉靖年间樊深纂的《河间府志》等旧方志中有关董仲舒的记载进行了细致梳理。他认为,通过整合这些董子故里的文化资源,有助于打造董子故里文化品牌,推动衡水的文化产业整体性升级。

此次"2019中国·衡水董仲舒与儒家思想国际学术研讨会",是近年来衡水学院举办的第7次大规模的董学研究国际会议。专家云集,真正体现了"国际性";成果丰硕,格外凸显了"时代性"。这次研讨会使董仲舒研究又上了一个新台阶,无论是从问题的广泛性、研究方法和视角的独特性,还是内容的深刻性、现实性都可看出董子研究已成为学界关注的热点。

董子思想现代价值研究

大儒之乡说仲舒

李奎良

世界三大文化圈，发源于中国的儒学三分天下有其一，是世界文化的瑰宝。儒学的发展起源于周文王，春秋时期的孔子进行了系统的整理，成为以六经为主体的学说体系。以后经过两汉时期经学与国家社会治理的结合，形成了积极入世、关怀社会的国家主流学说。汉代儒学不仅在中国传承至今，而且深刻地改变了东亚地区的文化面貌。在与其他两大文化圈交流互鉴的过程中，对世界文化的发展也产生了重要的影响。如此重大的文化伟业因为一个人而与华北平原的衡水市发生了密不可分的联系，这个人就是董仲舒。

董仲舒生活在西汉景帝、武帝时期，司马迁记载他的故乡在西汉广川县，与今天的地理位置相比对，大约相当于衡水市的枣强、景县、故城交界区域。故乡的百姓尊称董仲舒为“二圣”，这与学术界“三圣说”不谋而合。“三圣说”主张儒学有三圣，即孔子、董仲舒和朱熹。

平心而论，董仲舒被称为“二圣”实至名归。孔子逝世后，儒分为八，各派传承不同，口说各异，互相辩驳诘难，儒学的显学地位岌岌可危。经过秦朝焚书坑儒的文化大破坏，儒学更是一蹶不振。西汉前期文化有所复兴，但是当时的社会主流文化是黄老之学，儒学只是民间私学而已。董仲舒自幼向学，刻苦攻读儒学经典，尤其精研《春秋公羊传》。史书记载，他潜心钻研学问，闭门不出，三年不窥园，成为中国历史上刻苦攻读的榜样之一。董仲舒是当时全国为数不多的研究并传授《春秋公羊传》的学者，在当时的赵国、齐国一带讲学，传授学问。因为弟子众多，许多弟子只能隔着帷幔在室外听讲。董仲舒的名气日渐远播，闻名全国的“好书好学”诸侯王河间献王刘德特意邀请他到河间讲学，与《诗经》大师毛苌（我们今天读的《诗经》就是当年毛苌所传，号称《毛诗》）同登讲坛。景帝时，董仲舒被推荐到朝廷任皇帝的咨询官,称为“博士”。由于当时当政者景帝和窦太后都信奉黄老之学,虽然朝廷在儒学方面也立有博士,但其学说并未受到重视。景帝去世,武帝继任,开始重视儒学。尤其是窦太后去世以后,武帝广泛听取知识分子的治国意见,征集“举贤良对策”,在100余人的对策人士中,董仲舒脱颖而出,独得武帝连续三次问询,董仲舒一一对答,深得武帝赞赏,这就是历史上著名的“天人三策”。董仲舒的学问和他所做的工作,使得孔子所创立的儒学与朝廷的社会治理发生了密切联系,使孔子以仁义治国的一生理想在300多年后有了实现的可能。所以很多学者认为没有董仲舒就没有儒学的地位和发展。康有为说,没有董仲舒的发明,孔子的学说“殆坠于地矣”。董仲舒继承了孔子的学说,吸纳了诸子百家的一些思想,形成了更为完善的学说体系,使得汉代儒学同时具备了天人探究(哲学追问)、伦理向善和社会治理的多项功能。所以东汉的著名学者王充评论说,“文王之文在孔子,孔子之文在仲舒”。宋代大学者朱熹创办白鹿洞书院时把董仲舒的“正其义不谋其利,明其道不计其功”作为第三条写入书院学规。近代大经学家康有为专门写了《春秋董氏学》来阐发董仲舒的学说。

董仲舒之所以被后人推崇,是因为他对中国文化乃至世界文化做出了突出贡献。概而言之,董仲舒的贡献有两大部分。

一、对汉代社会制度设计的贡献

汉初七十年,奉行黄老之学,无为而治,休养生息,社会生产力有了长足发展,但是在社会制度设计方面建树不多,基本上因袭秦朝制度,只是法律制度有所改观而已,因此社会矛盾日益突出,孕育着社会危机。武帝登基以后,直面当时的社会问题,广泛听取意见,逐步解决问题,从而使国家的各类管理制度日益完善和优化。在这个过程中,董仲舒的意见起到了重要的作用。概括董仲舒在“天人三策”和《春秋繁露》中的论述,择其要者有以下几个方面。

其一,国家一统的中央集权体制。《春秋公羊传》的核心思想是“大一统”,董仲舒以经治国,极力主张强化中央集权,削弱地方诸侯王的势力。他说“春秋大一统者,天地之常经,古今之通谊也”,把国家一统、中央集权上升到天地之道的高度,促使汉武帝下决心彻底解决诸侯王封土过大、连城数十、地方千里、骄奢淫逸、图谋不轨的社会顽疾。更为可贵的是,“大一统”观念深入人心,朝野上下高度认同,《春秋公羊传》的学术思想从此成为国家的主流观念,深刻影响了中国的历史进程。使得中国有了“久分必合”的独特历史景象。汉代以后,无论出现什么分裂现象,即使是北方游牧民族入主中原,掌握了全国政权,也都要奉行大一统的观念,坚持国家统一和“道统”传承。这种情形与欧洲历史上的蛮族入侵,打断历史传承,分裂为多个国家形成鲜明对比,与其他文明古国的历史中断、文明消失更是大为不同。元代、清朝都不是汉族政权,但他们都坚持国家大一统,在社会治理模式等方面与汉族政权大致无异。近代列强企图瓜分中国,从朝廷抵抗到民间的遍地反洋烽火,都体现了国家一统的精神力量。

其二,大一统的文化体制。秦朝实行文化专制,“以吏为师”,设“腹非之罪”,不允许朝廷法令以外的任何学说流传于社会,董仲舒说秦朝是“灭先圣之道,为苟且之治”。汉代初年,除携书令,各家学说逐渐复苏。但是朝廷提倡黄老之学,虽然朝廷在儒学方面也立有博士,但儒学并未真正受到重视,基本属于民间学说。这种情况反映到朝廷的国家治理方略,就表现为“无为而治”,中央政权弱化,对内统治无力,对外屡受匈奴劫掠。董仲舒认为这些情况的根源在于,师异道,人异说,教化不统一,政令当然就不会统一。所以汉初七十年间,几次制礼作乐均因争论不休而放弃,对匈奴的方略也是游移不定。所谓“上无以持一统,下不知所守”。针对这种情况,董仲舒建议汉武帝实行“更化”,“诸不在六艺之科,孔子之术者,皆绝其道,勿使并进。邪辟之说灭息,然后统纪可一而法度可明,民知所从矣”,汉武帝采纳了董仲舒的建议,设太学,立儒学五经博士,在全社会倡导儒学,在郡县设庠和序(即“不同级别的学校”)实行儒学教育。从此,儒学由民间学问上升为国家学说,成为国家的主流文化。其他各派学说并未因此而灭绝,而是在民间继续发展,因为董仲舒的建议是“勿使并进”,这就形成了儒学为主体、其他各派在民间流传的局面,这种格局一直到新文化运动才有所变化。值得注意的是,北魏、元、清三朝,统治集团均是北方游牧民族,但他们都没有用其本民族的文化作为国家主流文化,而是坚持儒学治国,虽然有所损益,但基本格局未变。最为突出的是北魏冯太后和孝文帝的汉化改革。北魏政权建立初期,实行鲜卑族原有文化和统治方式,后来在冯太后的谋划和支持下,孝文帝顶住压力决心汉化,读儒学经典,行儒家礼制,使得险些中断的儒学文化传统得以接续。蒙古军队在崖山之战灭亡了南宋政权,有人说“崖山之后无中华”,其实大谬,中国传统文化在元朝不仅没有中断,反而有所强化,如书院的发展,在元朝得到朝廷重视,官府给予资助推动其发展。清代满族风俗有一些体现在了统治方略中,但清朝的文化主体和治理方式均与汉族朝廷无异。这种历史现象在世界上独一无二。世界四大古代文明,其他三个均已湮灭,唯独中华文明不仅未曾中断,反而愈益丰厚,影响广远,形成了东亚文化圈。可以想象,如果没有文化“大一统”,依然是师异道,人异说,没有主流文化,那么中国文化的传承有序连绵不绝将不会保持,如同其他古代文明一样,也会中断湮灭,也就不会有东亚文化圈和对世界的广泛影响。

其三,官吏培养、选拔和任用制度,即早期的文官制度。西汉初期,官吏来源基本有四类情况,高官子弟、战功受奖、年久积累、捐资买官。这样的官吏资源短期内尚可维持,但长此以往必见大弊。因此,董仲舒提出三点建议,在朝廷设太学,地方设庠和序,广泛培养以儒生为主体的官吏人才;责令地方官每年举荐两名德才兼备的人才给朝廷;朝廷对这些人才详细考察。“量才而授官”是一套完整的文官制度,历史上称作“察举制度”,到隋朝发展为科举制度,一直延续到清朝末年。在欧洲文艺复兴时期,思想家伏尔泰等人,极力推崇中国的文官制度,英国设计文官制度时,系统借鉴了科举制度。因此,西方学者认为文官制度起源于中国。

其四,限制官吏与民争利。董仲舒认为,官吏的任务是教化万民、治理社会,因此朝廷发给俸禄;百姓的任务是兴产置业,“皇皇而求利”,因此官吏在得到俸禄的同时不能“置产业”与民争利。他说“天不重与”,上天生万物,但是有角的动物不能有利爪。董仲舒举春秋时期鲁国宰相公仪休“拔葵出妻”的故事论证不与民争利的道理。他认为“已有大者,不得有小者,天数也”,建议“使诸有大俸禄,亦皆不得兼小利,与民争利业,乃天理也”。他自己身体力行,终生不治产业,被称为“醇儒”。这项管理制度影响深远,当今推行的官员不得经商制度与董仲舒两千多年前的设计有异曲同工之妙。

其五,“调均”的经济政策。西汉初年,朝廷奉行无为而治,社会经济以自耕农和手工业者为主,经济政策是放任自由。经过几十年发展,这种自由经济政策的必然走向是土地兼并,两极分化,社会问题日益严峻。董仲舒为汉武帝设计了“调均”的经济政策。他说,“孔子曰,‘不患寡而患不均’,故有所积重,则有所空虚矣。大富则骄，大贫则忧，忧则为盗，骄则为暴，此众人之情也。圣者则于众人之情，见乱之所从生，故其制人道而差上下也。使富者足以示贵而不至于骄，贫者足以养生而不至于忧。以此为度而调均之，是以财不匮而上下相安，故易治也”。董仲舒认为，贫富的标准应该以“中和”思想为指导，无大贫亦无大富则社会安定。其实从古至今，社会的所有病态根源在于两极分化，富则骄，贫则忧。当年董仲舒阐发的这种社会轨迹在以后不断上演，不仅中国如此，世界各国也是如此。

二、董仲舒对孔子学说的发展

董仲舒吸纳先秦诸子百家中有益于儒学的思想加以整合，对孔子思想有所增益，大致有如下几点。其一，人性论。关于人性，孔子没有明确论述，其后儒分为八，各派论说不一。孟子提出性善说，荀子坚持性恶说。董仲舒认为二者都不完整，没有体现人性的本质，他提出人性是“仁贪两有”，既有仁义善念，又有贪鄙恶意，教化的任务就是抑其贪，扬其仁，从而培养君子人才。其二，仁义观。“仁义”观为孔子所创，但孔子的解释稍显模糊，孟子解释说仁为门，义为路，也不太明确。董仲舒旗帜鲜明地提出“仁者爱人，义者正我”。他认为，“仁”是向外的，是对别人而言，是爱别人，不是爱自己，如果只爱自己，便是独夫。这种“爱人”也不是孔子说的父母家族之爱，而是“爱及四夷”的“博爱”。所谓“义”是“正我”，是对自己的道德约束，如果以“义”去正别人，则是小人行为。人的一生时刻处在复杂的社会关系中，但归根结底是“我”与“人”的关系，董仲舒的仁义观给人我关系做出了明确规定，在中国哲学史乃至世界哲学史上具有重要意义，尤其是在伦理学史上，其意义更为突出。其三，博爱思想。孔子的仁爱是有等级的，费孝通先生称为“差序格局”，董仲舒扩大了仁爱的范围，主张“爱及四夷”，即爱所有人，他称为“博爱”。两千多年前能如此主张是难能可贵的。其四，阴阳观。阴阳学说是六经之一《易经》的核心理念，孔子五十以学《易》，对易学多有阐发，但是对阴阳学说涉猎不多，董仲舒把阴阳作为宇宙运行的基本模式和世间万物的根本属性加以研究，进一步完善了儒学的阴阳学说。其五，生态观念。董仲舒主张“仁爱”要爱及草木鸟兽，如果不然，就不是真正的仁爱，他认为世界上的生物可分为五种，即五种虫，如毛虫、介虫等，而人类是五虫之一，称作“倮虫”。所以要对草木鸟兽施以仁爱。其六，“三纲五常”的伦理规范。董仲舒论述伦理问题,继承孔子的“君君臣臣父父子子”观点,但他做了条件限定,认为君不君则臣不臣,父不父则子不子,把君父的榜样责任规定得很清楚。五常是董仲舒系统化的伦理思想,其后学概括为“三纲五常”。

行文至此,引司马光的《读书堂》作为结语。“吾爱董仲舒,穷经守幽独。所居虽有园,三年不游目。邪说远去耳,圣言饱充腹。发策登汉庭,百家始消伏。”

董仲舒思想的当代借鉴

李奎良

思想家的心路历程大抵是继承前人思维精华、研判时代需求和时代特征、提出具有时代印记的理论成果。学习和吸收前人的思想精华以充实自己的理论功底是为传承,根据时代需求借鉴前人思维成果以提出符合时代特征、满足时代需求的理论即创新。纵观世界历史,无论中外,历代思想家都有许多闪光的思维成果,既解决了当时的社会问题,又积累了人类思想精华。我们现在处在新时代,又面临复杂多变的国际局势,必须系统整理并传承历代思想家的思想精华,根据时代需求,以问题为导向,多方位、多角度地进行立论创新,以适应当代社会发展,推动社会治理和社会进步。

董仲舒是中国历史上著名的思想家,对世界历史文化也颇有影响。他生活的西汉初期的景帝、武帝时期,是中国历史上的盛世,其主要时代特征是秦朝结束了春秋战国时期的分封制,建立了郡县制,然而由于秦朝实行极端专制,造成社会大乱,所以汉初的社会管理实行了以郡县制为主,辅之以分封制,同时倡导无为而治、黄老之学的社会治理理念。但是这样的体制和治理理念又导致诸侯王势力坐大,与中央朝廷离心离德,酿成七国之乱,思想文化纷繁复杂,众说纷纭。所以,汉初的主要社会需求是优化完善社会管理体制和优化与之相适应的社会治理理念。董仲舒作为当时的思想家的代表成功地解决了这些问题并提出了一整套优化方案,使得以郡县制为主辅之以分封制的社会体制得到了优化和巩固,同时确立了与社会需求相适应的思想文化体系。在以董仲舒为代表的知识群体的建议和推动下,汉武帝时期确立的社会管理体制和社会治理文化延续了两千多年,在世界史上影响深远。直至今日,汉初董仲舒等思想家的所思所虑和真知灼见仍有借鉴意义。(当然,他的思想必然带有那个时代的局限性,今天不必为此纠结,暂且不提即可。对于董仲舒的历史评价也是众说纷纭,以至于于右任先生在《悼汉武帝陵》一诗中说:“绝大经纶绝大才,功过是非成轮台。百家罢后无奇士,永为神州种祸胎。”看法不同,评价各异,但是不影响我们研究和发现董仲舒思想的现代价值。)

为了叙述方便,本文把探讨范围限定于董仲舒的社会治理思想,至于他的哲学思想、教育思想等方面则容另文详述。

第一,政治文化的大一统思想。“大”是动词,本意为尊崇,大一统的意思是尊崇、认同、维护政治文化统一。大一统思想起源很早,《诗经》里的“普天之下,莫非王土,率土之滨,莫非王臣”,即大一统思想的初期表达。孔子作《春秋》开篇即云“隐公元年,春王正月”,《公羊传》解释说“王正月,大一统也”,这是大一统本词的首次出现。以后出现很多注疏,但是解释得最清楚、说得最明白的是董仲舒。他认为“《春秋》大一统者,天地之常经,古今之通谊”,他把大一统上升为世界本源概念。

董仲舒认为大一统思想包含两个维度,首先是政治上的大一统,主张强化中央朝廷的权力,弱化诸侯王的势力,改变那种诸侯国地盘过大,动辄千城,自养精兵,对抗朝廷,财政独立,自行铸币,培养亲信,独断专权的局面。其次是思想文化的大一统,他认为“今师异道,人异论,百家殊方,指意不同,是以上亡以持一统,法制数变,下不知所守”。所以,应该有统一的国家主流思想。以当时的情况而论,在先秦诸子百家中影响力比较大的几家,法家在秦朝的实践中被证明是失败的,墨家在秦朝亡后销声匿迹,道家和黄老之学经过汉初的社会验证也是弊端颇多,因此董仲舒主张倡导儒学以稳定社会。他建议“诸不在六艺之科,孔子之道者,皆绝其道,勿使并进,邪辟之说灭息,然后统纪可一而法度可明,民知所从矣”。

大一统思想从一开始的政统与道统出发,逐渐延伸到社会的方方面面,成为中国各民族、各地方、各种政治势力的共同思想,使得语言各异、习俗不同的民族和地域都认同中华文明,都承认中华民族大家庭,珍惜同胞之情(这与世界上很多地方的情况都有所不同),使得中国历史在统一的道路上前进。尽管有南北朝、十六国、五代十国等分裂时期,但是分久必合的大趋势始终未变。大一统思想已成为中华文化的特征和宝贵的精神财富,也为世界文化做出了贡献。

回首历史,任何国家、任何民族,只要认同一致便可统一长存;反之,则必然四分五裂。统一的认识和统一的政治环境是社会进步的必备条件,当然也是社会稳定的基石。国家与民族诚如斯言,地区和单位亦是如此。思想统一和认同一致,是稳定的前提和发展的基础。

第二，官吏资源的培养和官吏选拔的察举制度。汉初七十年，官吏资源非常混乱，主要有三类，即官二代由父兄举荐、低级官吏以年资得到升迁、富家子弟捐资得官。这些人没有受过系统的教育培训，道德根基薄弱，治国理念混乱，能力参差不齐，不仅胜任职责的能力有限，而且容易带坏一方风气。一旦有风吹草动，这些人的表现会千奇百怪。董仲舒认为官吏是一方百姓的表率和教化民众的导师，然而这些人自身素质就参差不齐，难当教化大任。所以，他在"天人三策"中系统地提出了官吏资源培养和官吏选拔制度，即察举制。这个方案包含四层内容。其一，兴办学校，系统培养人才。在朝廷设太学，立五经博士(博士的职责是教授太学生和为皇帝提供咨询)，在郡县设庠和序。各级学校的教学内容以儒学为主。其二，各郡县和诸侯国每年要向朝廷推荐两名贤良方正(即优秀人才，必须德才兼备，且在本地得到公认)。其三，朝廷要在太学中对推荐而来的各地人才进行进一步培养和考察，"量才而授官"。其四，这些官吏一旦被任用，如发现问题，则要追究举荐地方官的责任。

察举制改善了西汉的官吏队伍，优化了社会治理。这套制度在南北朝时期演化为九品中正制，到隋唐时期演化为科举制。十九世纪英国设立文官制度，公开说明是借鉴了中国的科举制度。从察举制到科举制再到文官制度，名称各异，但其核心精神是一脉相传的。所以，西方的政治学教科书明确表述：文官制度起源于中国。这是董仲舒等历代学人对世界文化的贡献。

第三，"调均"的经济管理思想。董仲舒认为社会不稳定来自两方面：其一是大贫。百姓大贫，生活无继，必然为盗，甚至揭竿而起。其二是大富。大富则骄，骄则为暴，称王称霸，危害一方。所以，社会治理首先教民以富，但不可大富；对贫弱百姓则应助其致富，不可陷入大贫。战国、秦朝实行极端经济政策，导致大富大贫，即当代经济学所谓的两极分化，出现了富可敌国的富豪，同时也出现了生活无着落的"流民"，导致社会秩序被破坏，社会治理出现混乱。调均政策有效地解决了这个问题。

第四，不与民争利，即官吏不得置田产的思想。董仲舒举"公仪休拔葵出妻"的事例说明问题。鲁国相公仪休，其妻自己在家织锦以满足家用，公仪休认为官吏已有俸禄，如果再自己织锦，则必然伤害市面上那些以织锦为生的人的生计，因此有休妻之举。公仪休的家人在府中种葵(类似今天的苋菜,是当时的主要食用蔬菜)以满足家用,公仪休认为这将损害社会上种菜人的生计,因此将府中所种之葵全部拔除。董仲舒还论述"天不两予"的道理来说明问题,他认为天生万物,各予其长,有角的没有爪,有爪的没有角,不能兼得。董仲舒的结论是官吏既已有俸禄,就不能与民争利。具体办法就是不置田产。他自己以身作则,"终身不置田产"。

董仲舒不仅是思想家、教育家,而且是汉代的社会制度设计师,他在"天人三策"中除了系统论述天人关系,还详细论述了他的社会设计方案,为郡县制体制下的社会优化提供了学术、文化支撑。这些思想在后来的社会实践中取得了良好效果,许多思想与今天世界通行的社会治理方法异曲同工,值得我们深思和借鉴。

董仲舒王道思想中的生态智慧与启发

——以《春秋繁露》为中心

魏彦红

董仲舒是汉代最重要的思想家,汉代新儒学的奠基者和开创者。其哲学思想体系的构建以其天的哲学及天人感应、天人合一思想为基石,贯穿在其思想领域的各个环节,并成为董仲舒思想及其影响力的重要来源和最重要的组成部分。本文仅从其王道思想的角度进行探讨,以期发现其中的生态智慧并对当今生态保护有所启发。

《春秋繁露》是董仲舒最主要的著作,也是研究董仲舒思想最基本的资料,全书共82篇。本文选取其中的天道思想,来考察董仲舒关于王道的政治哲学思想并从中获得一些生态智慧及启发。

一、王道及其最高价值与其的生态智慧启示

(一)王道及其最高价值

《王道通三》篇对王道进行了诠释:"古之造文者,三画而连其中,谓之王。三画者,天、地与人也,而连其中者,通其道也。取天地与人之中以为贯而参通之,非王者孰能当是? 是故王者唯天之施,施其时而成之,法其命而循之诸人,法其数而以起事,治其道而以出法,治其志而归之于仁。"(《春秋繁露·王道通三》)董仲舒认为,将天地人贯穿起来就是王,将天道贯彻实施于自然和人类中并使之和谐共生就是王道,是王与生俱来的根本职责。即将天道应用于自然与人类的伦理法则就是王道。董仲舒又进一步说明了王道的渊源即天道,表现为:"春主生,夏主养,秋主收,冬主藏。生溉其乐以养,死溉其哀以藏,为人子者也。故四时之比,父子之道也;天

地之志,君臣之义也;阴阳之理,圣人之法也。”(《春秋繁露·王道通三》)王作为天之子,先天秉承了上天赋予的因循天道管理国家的责任与义务,使天地人和谐共处。王在贯通天地人和谐共处方面承担的责任和所起的作用具有必然性和不可替代性。即王效法天的行为和天命,因循天时实施于民,效法天命而指导民事,效法天道而实行法度,效法天志而归于仁德。这是天道的最高价值体现,社会运行遵循天道将最终呈现为仁德的美好。这既是王道的最高价值也是生态的最高智慧。

《王道》一篇从正反两方面集中反映了董仲舒关于王道的观点。他认为,君王行为端正就会出现祥瑞,社会和谐,国家安定,相反则会出现灾异,祸乱流行,国无宁日。为此他倡导君主必须依循王道,并对具体实例进行了启发引导。董仲舒在该篇中开宗明义阐述了什么是王道,并以五帝三王为例进行了具体说明。他认为,“《春秋》何贵乎元而言之?元者,始也。言本正也。道,王道也。王者,人之始也”(《春秋繁露·王道》)。《春秋》是鲁国的编年史,经过孔子删编,里面包含有孔子提倡的儒家关于历史发展的价值观。社会的理想状态是实现人道,而王道是人道之始,可以说没有王道的实施就没有人道的实现,因为君王承担政教合一的职责,除了处理其他政务还担负着教化百姓和普及道的责任。传道布道者首先要从自己做起,以身作则。《春秋》重视“元”,即“开始”,根本性的东西要端正,即作为王者一定要从自身实施王道,并将其作为人生的准则贯彻始终。

那么实现了王道会怎样呢?董仲舒认为,“王正则元气和顺,风雨时,景星见,黄龙下”(《春秋繁露·王道》)。王道的实施会带来美好而理想的社会状态,自然界的阴阳之气就会和谐顺畅,风调雨顺,象征美好祥瑞的景星、黄龙等就会出现。不实现王道又会怎么呢?“王不正则上变天,贼气并见。”(《春秋繁露·王道》)王道的不施、错施、乱施就会致使阴阳二气紊乱失调,自然界就会变化无常,甚至灾异出现。董仲舒以此来告诫国家管理者王道实施的必要性。

(二)王道的生态智慧启示

在今天,我们仍然可以从董仲舒的王道观中获得很多生态智慧并受到启发。王可以理解为国家管理者、政策制定者。生态、环保政策制定的出发点同样是让人民生活在美好的自然环境中,这是天道,是自然法则和自然规律,如果遵循了自然法则就能获得自然赐予的美好生活,就会风调雨顺,五谷丰登,否则就会受到大自然的警告和惩罚,生态失衡,致使百姓生活环境恶化,人们的健康乃至生命受到威胁。我们国家这几年大力整治环境污染,大力调整生态平衡,就是因为生态平衡遭到了严重破坏,环境污染已经威胁到每个人的健康。整治是非常必要的,是必须要大力实施的,这是对自然法则,即对天命的遵循和致敬,是对天、地、人关系的重新审视和定位,是对我们以往行为的忏悔和反省,是对自然规律、美好天道仁德的追求和再回归。

二、王道的总则与生态智慧的表现形式

(一)王道的总则

董仲舒认为,人副天道、遵循自然规律是王道的基本原则,“人主立于生杀之位,与天共持变化之势,物莫不应天化”(《春秋繁露·王道通三》)。实施王道遵循的基本原则就是天道,即自然规律。“是故人主之大守,在于谨藏而禁内,使好恶喜怒必当义乃出,若暖清寒暑之必当其时乃发也。人主掌此而无失,使乃好恶喜怒未尝差也,如春秋冬夏之未尝过也,可谓参天矣。”(《春秋繁露·王道通三》)以上是对君王实施王道的基本原则要求,即以参天之道为根本。即使是王日常的好恶喜怒都如四季运行、暖清寒暑一样非常重要,也必须遵从四季交替和暖清寒暑运行的规律,不能有一点儿过错。“天常以爱利为意,以养长为事,春秋冬夏皆其用也。王者亦常以爱利天下为意,以安乐一世为事,好恶喜怒而备用也。然而主之好恶喜怒,乃天之春夏秋冬也,其俱暖清寒暑而以变化成功也。天出此物者,时则岁美,不时则岁恶。人主出此四者,义则世治,不义则世乱。是故治世与美岁同数,乱世与恶岁同数,以此见人理之副天道也。”(《春秋寒露·王道通三》)王者须遵循天“爱利”之意愿和“养长”之美德,将“爱利天下”和“安乐一世”作为实施王道的价值诉求,这样的价值观源于天道的仁爱万物之本源。仁爱天下是天道之根,自然也是王道之本与王道的终极价值归宿。董仲舒具体强调了遵循天时则“岁美”,违反天时则“岁恶”,他进一步总结出“治世与美岁同数,乱世与恶岁同数”。“治世”成为国家和社会治理的目标和理想状态,“乱世”则是“治世”的反面状态。由此董仲舒归纳出“人副天道”之理。董仲舒为了进一步阐明王道的体现,他以五帝三王为例进行了说明:“五帝三王之治天下,不敢有君民之心。”(《春秋繁露·王道》)这是王道实施应遵循

的又一重要法则,也可以说是君王管理国家的终极价值目标,五帝三王在管理天下时始终抱有一种爱民、服务于民的理念,而不是把自己作为执政管理者来君临天下。五帝三王就是之后历代君王效法的榜样,董仲舒提倡奉天法古,这就是具体的体现。

(二)王道生态智慧的表现形式及意义

王道的最高生态价值是如何表现的呢? 董仲舒认为,"仁之美者在于天。天,仁也。天覆育万物,既化而生之,有养而成之,事功无已,终而复始,凡举归之以奉人。察于天之意,无穷极之仁也。人之受命于天也,取仁于天而仁也"(《春秋繁露·王道通三》)。天道的仁爱表现在自然界的万事万物中,上天(即大自然)化育万物,使之生长成熟,周而复始,最终都奉献给人类。这是天对人类、对自然的无穷仁爱的表现,所以人类从天那里接受仁爱而变得爱意满满,这是天道,即仁爱来自天道归于天道,人类活动源于仁爱归于仁爱是天道,是人类、是自然的终极价值取向。仁作为最高的生态智慧当之无愧,是由大自然的本质决定的,自然之美好在于其万物和谐相处。当今人对私利的追逐和管理的不善造成自然生态环境遭到破坏,影响了万物生存及相处的和谐状态,使得自然之大爱无法撒播给世间万物,生态的悖乱使得自然万物失去和谐的秩序,人们为之付出了沉重的代价并努力重启生态的淳朴,回归自然之爱的美好。这永远是高悬于自然万物之上的最高法则,是一切美好社会发展的出发点和归宿。

三、王道的实施与生态智慧的启示

(一)王道实施的做法与意义

王,作为天之子应该怎样做才是实施王道呢?"天者,其道长万物,而王者长人。"(《春秋繁露·天地阴阳》)阐明了天和王的责任:天长养万物,王以天道、王道教化百姓。"是故天执其道,为万物主,君执其常,为一国主。天不可以不刚,主不可以不坚。天不刚则列星乱其行,主不坚则邪臣乱其官。星乱则亡其天,臣乱则亡其君。故为天者务刚其气,为君者务坚其政,刚坚然后阳道制命。"(《春秋繁露·天地之行》)这里阐明了王道实行的重要意义,作为王道的实施者,君王必须遵循天道这一根本原则,天之刚其气,即自然运行的规律是无法改变的。也是不能改变的,作为一国之主的君王实施王道之坚是必需的,是循天之道,天要刚其气,君王必须要坚其政,只有这样才能使王道更好地落实并切实收到成效。

董仲舒进一步引用了五帝三王的具体爱民举措并进行了论述:"什一而税,教以爱,使以忠,敬长老,亲亲而尊尊,不夺民时,使民不过岁三日。"(《春秋繁露·王道》)就经济政策而言,只征收百姓十分之一的税收,不占用百姓过多的生产时间,役使百姓不要超过三天。这是君王的爱民政策,不仅具有民本倾向,反映了君主的博爱之心,而且也反映了王道的生态智慧。除此之外,与百姓的交往也需要遵循一定的道的准则:要用博爱之心去教化百姓,以忠诚的心对待百姓,尊敬他们的长辈,亲近亲人,尊敬那些值得尊敬的人。这种伦理恰恰是儒家倡导的道德价值观,从家庭孝悌的坚守扩展到社会仁爱的传播。所以,在一定程度上讲,天道、王道就是儒家伦理道德。生态智慧也要从儒家仁爱伦理中获得重要启发。

(二)王道实施的影响

概括来讲,董仲舒认为天道的实施会带来重要而积极的影响:"天道施,地道化,人道义。圣人见端而知本,精之至也;得一而应万,类之治也。动其本者不知静其末,受其治者不能辞其终。利者,盗之本也,妄者,乱之始也。夫受乱之始,动盗之本,而欲民之静,不可得也。故君子非礼而不言,非礼而不动。"(《春秋繁露·天道施》)在这里,董仲舒从天道的实施推出地道的养化万物,再推出人道的"义",即遵循天道之始至于人道为"义"。这里自然也包含了王道的责任,就是推广天道到人道,从"仁"到"义"再到"礼"。这是王道的表现形式,表现为"非礼不言""非礼不动"。董仲舒又进一步阐释了循天之道的具体要求:"目视正色,耳听正声,口食正味,身行正道。"(《春秋繁露·天道施》)就人的五官来说,遵循自然法则,即眼睛要看正当的颜色,耳朵要听正当的声音,嘴巴要吃有正当的味道的食品,身体行动要遵循正当的道,即儒家的人伦道德。那么王道在其中就起着引导教化的作用。

具体来讲,王道实施的影响表现在以下三个方面。

首先,民修德而美好。"是故人之受命天之尊,父兄子弟之亲,有忠信慈惠之心,有礼义廉让之行,有是非顺逆之治,文理灿然而厚,知广大有而博,唯人道为可以参天。"(《春秋繁露·王道通三》)王道的实施,是天道的实行,百姓无不受益,社会伦理道德规范呈现天的意志,百姓遵循天道,便秉承了天赋予的父兄子弟的亲情以及人际交往应具有的忠信慈惠的品德和礼义廉让的操行,即百姓遵循的是儒家伦理道德。就具体表现而言,董仲舒认为:“民家给人足,无怨望忿怒之患、强弱之难,无谗贼妒疾之人。民修德而美好,被发衔哺而游,不慕富贵,耻恶不犯。父不哭子,兄不哭弟。”(《春秋繁露·王道》)

实行王道,百姓家里衣食充足,人丁兴旺,就不会有怨恨愤怒的情绪带来的忧患,没有倚强凌弱带来的灾难,也不会有谗言妒忌之人。这样一来,民德美好,即使是衔着食物、披头散发四处游荡的生活极端贫困者也会觉得快乐,不羡慕那些富贵人家,也不会犯上作乱。因民修德而使社会环境变得美好,即使有亲人去世也不会感到过于悲伤。社会道德的美好是天道仁德的至高要求,也是王道的终极价值诉求。当贫穷和富贵给人带来的快乐已无本质差异,当亲人离世、生死告别已经成为人人坦然接纳的社会现象,人与人不会因私利而产生仇怨谗言妒忌时,社会则一片祥和。为达此目标,董仲舒提出了诸多举措被汉武帝接纳,比如为了防止贫富差距过大而产生社会动荡现象,他提出调均政策,在一定程度上缩小了社会贫富差距,对稳定社会秩序起到了重要的作用,并成为其后多个朝代效法的重要举措。为了提倡平等,进一步缩小官民之间的贫富差距,他还提出官员“不与民争利”的措施,如他一再提及的鲁国国相公仪休“拔葵出妻”的例子就是很好的说明。他认为上天对万物是公平的,这是天道的表现,如果国家给了你俸禄,你就不能再种菜织布,争夺菜农和织工的利益。董仲舒以身作则,一生都没有置产业。

其次,万物祥和共处。董仲舒认为,如果天道盛行,王道循天,就会“毒虫不螫,猛兽不搏,抵虫不触。故天为之下甘露,朱草生,醴泉出,风雨时,嘉禾兴,凤凰麒麟游于郊”(《春秋繁露·王道》)。天道的至高境界是万物和谐共存共生,大自然一片祥和,其乐融融。这是环境和谐、生态美好的最高境界,你中有我,我中有你,你不犯我,我不犯你,大家各居其所,各司其职,各谋其事,美美与共,天下大同

再次,民情至朴。董仲舒认为,天道实施,则民风淳厚,社会安定,国家强盛。“囹圄空虚,画衣裳而民不犯。四夷传译而朝。民情至朴而不文,郊天祀地,秩山川,以时至,封于泰山,禅于梁父。立明堂,宗祀先帝,以祖配天,天下诸侯各以其职来祭。贡土地所有,先以入宗庙,端冕盛服而后见先。德恩之报,奉之应也。”(《春秋繁露·王道》)如果实施天道(即儒家伦理道德规范),那么犯罪的人就会很少,即

使犯罪了也不用关进监狱，只是在他的衣服上画个记号以示提醒即可，他也不会再犯。国家礼制强大会受到四夷的尊崇，他们会前来朝拜。百姓民风淳朴，礼仪盛行，“祭祀”文化表现得非常到位和充分，这样上天会回报他们以恩德。

（三）王道不施的后果

董仲舒以夏桀和商纣王为例进行了说明。“桀纣皆圣王之后，骄溢妄行。侈宫室，广苑囿，穷五采之变，极饬材之工，困野兽之足，竭山泽之利，食类恶之兽。夺民财食，高雕文刻镂之观，尽金玉骨象之工，盛羽旄之饰，穷白黑之变。深刑妄杀以陵下，听郑卫之音，充倾宫之志，灵虎兕文采之兽。以希见之意，赏佞赐谗，以糟为丘，以酒为池。孤贫不养，杀圣贤而剖其心，生燔人闻其臭，剔孕妇见其化，斮朝涉之足察其拇，杀梅伯以为醢，刑鬼侯之女取其环。诛求无已，天下空虚，群臣畏恐，莫敢尽忠，纣愈自贤。周发兵，不期会于孟津者，八百诸侯，共诛纣，大亡天下。《春秋》以为戒，曰：蒲社灾。”（《春秋繁露·王道》）由此可见，夏桀和商纣王作为君王，逆天而施，残忍至极，丧失人性，惨绝人寰，他们必然要遭到上天的惩罚，对于这样的暴君而言，取而代之是上天对他们最大的惩罚。从另一方面看，周武王发兵，八百诸侯共伐商纣，灭商而代之以周，这恰恰是遵循了天道。董仲舒举夏桀和商纣王的例子从反面进行了论证，说明王道的实施是必需的。

那么王道不施还有其他后果吗？董仲舒以周朝末年状况为例说明了后果的严重性。“周衰，天子微弱，诸侯力政，大夫专国，士专邑，不能行度制法文之礼。诸侯背叛，莫修贡聘，奉献天子。臣弑其君，子弑其父，孽杀其宗，不能统理，更相伐锉以广地。以强相胁，不能制属。强奄弱，众暴寡，富使贫，并兼无已。臣下上僭，不能禁止。”（《春秋繁露·王道》）天子执政不力，王道衰落，诸侯篡权，诸侯臣子伦理败坏，倒行逆施，违反天道。这也说明了王道不施遭受的惩罚，最终的结果也是亡国。

天道不施，王道不行，自然界会有什么现象出现呢？“日为之食，星陨如雨，雨螽，沙鹿崩。夏大雨水，冬大雨雪，陨石于宋五，六鹢退飞。陨霜不杀草，李梅实。正月不雨，至于秋七月。地震，梁山崩，壅河三日不流。昼晦。彗星见于东方，孛于大辰。鹳鹆来巢，《春秋》异之。以此见悖乱之征。”（《春秋繁露·王道》）以上列举的均为自然灾异现象，如日食出现、降下降落、水鸟退飞、地震发生、果实不在正常季节成熟、降下霜雪不能杀死青草等，董仲舒认为自然界出现的这种不正常的现象是自然悖乱现象,是天人感应最典型的表现特征,说明违反天道和自然法则势必遭到上天的惩戒。这也强烈地说明了王道执行天道的不力,君王在国家管理的某个环节或者自身某些行为一定出了问题,违反了天道伦理,遭到了上天的警告或制裁。

董仲舒进一步举例说明天道礼治不尊的结果:“鲁舞八佾,北祭泰山,郊天祀地,如天子之为。以此之故,弑君三十二,亡国五十二。细恶不绝之所致也。”(《春秋繁露·王道》)这说明了违反国家礼治的行为也是违反王道和天道,也会遭到惩罚。因为“《春秋》立义,天子祭天地,诸侯祭社稷,诸山川不在封内不祭。有天子在,诸侯不得专地,不得专封,不得专执天子之大夫,不得舞天子之乐,不得致天子之赋,不得适天子之贵”(《春秋繁露·王道》)。按照董仲舒引用《春秋》中的说法,只有天子祭祀才可以“舞八佾”,才可以“北祭泰山,郊天祀地”,诸侯和其他人这样做就是违背了天道和王道,其结果是遭受杀身亡国之祸,“弑君三十二,亡国五十二”。

(四)王道实施的生态意义与启发

社会发展的理想状态是人道盛行,人道源于王道,王道源于天道,即自然规律,在一定程度上表现为儒家伦理道德价值取向。这是美好社会形成和发展的根本出发点和价值诉求。人道的美好和社会的美好、自然的美好是协同一致的,彼此相依的,共存共亡的。自然界的美好,即董仲舒眼中的天、地的和谐,是人类社会美好的根本保障,上有天,下有地,即乾坤,这是人赖以生存的自然父母。在董仲舒看来,天道在冥冥之中决定并指导着人道的天道化。这需要通过一个重要的管理者进行引导,这个人就是天的意志的体现者——天子,即君王,他代表上天对社会进行管理,对百姓实施教化,只有人遂天志,世间才会美好和谐。可以说,只有通过王道的实施才能使天道融会在百姓之中,才能维护自然的和谐美好,才能维护生态的平衡,使社会群体和个体共生相处,使上天之大爱眷顾每一个生灵、每一个自然存在之元素。

当今世界已经成为地球村,大家是命运共同体,自然之生态成为地球人共同呼吸和发展的源泉,很多国家、地区出现了严重的生态失衡状况,表现为诸多生物濒临灭绝、气温升高、土地沙漠化、草原耕地化等严重的生态问题,最重要的当属环境被严重污染,影响到人的生命健康以及带来更为严重的、不堪设想的后果。当今的国家管理者,相关政策的制定者、实施者也应该站在自然生态发展的制高点来进行宏观管理，全面协调各种利益群体的关系，严肃治理各种违反自然规律和破坏生态平衡的行为，以董仲舒王道思想中“仁”的最高价值为指引，以“爱利天下，安乐一世”为追求，造福人类，全面遵循自然规律，不能有丝毫的违反天道的行为。

为此，世界各国为了环境治理和生态平衡举行了各种会议进行呼吁并开展合作，采取了各种措施进行补救，取得了一定的成效。就中国而言，近年来实施了若干重大举措进行生态改善，南水北调工程已经使沿途各地广为受益。下一个要实施的重大举措便是“红旗河”工程的完成，聚三江源之水资源绕经青藏高原进入河西走廊及新疆大部，借助这一水资源进行综合利用与开发，包括发电、灌溉、旅游、防洪与航运、国土利用等，可以较为有效地扭转西部缺水局面。“红旗河”工程一旦完工，最显著的一个好处是，有可能开发出8亿亩沙漠土地。可谓功在当代、利在千秋！是一项伟大的国土环境治理与开发建设工程！是一项伟大的“增雨与大漠绿化”工程！是一项实现“大漠赛苏杭”的伟大工程！“红旗河”构想是着眼于大生态、大格局、大战略的西部调水方案，将是我国经济发展、文化融合的大动脉，是生态工程、民生工程、战略工程，是一举多得、造福中华民族的千年工程，必将助力实现中华民族伟大复兴的中国梦！

生态平衡问题不是一两日造成的，治理起来需要措施和时间，任重而道远。但我们完全可以从董仲舒的思想体系中吸取有利于环境保护和生态治理的思想，遵循天人合一原则，循天之道，为早日实现大自然和谐共生之态而努力。路漫漫其修远兮，人类将在天地之间，上下求索，贯行乾坤之道，在国家相关政策指引和约束下，“刚其气”“坚其政”，让上天之“道”普照世间一切，让人道之“仁”盈润每个生命，使天道、王道、人道三位一体，真正实现“爱利天下”“安乐永世”。让自然生态环境定格在“天为之下甘露，朱草生，醴泉出，风雨时，嘉禾兴”的美好状态。

董仲舒“调均”思想的特质及其现代意义

魏彦红

董仲舒是儒学史、中国哲学史乃至中国思想史上的里程碑式人物。他是汉代新儒学的肇基者，是汉代的“群儒首”“儒者宗”。他的思想博大精深，他提出的诸多建议被汉武帝采纳，除了“罢黜百家，独尊儒术”的国家意识形态的宏观政策之外，他还根据自己的春秋公羊学和阴阳五行理论，倡导文官制度、开创太学、强调更化等。其中，“调均”是他“更化”思想架构和众多建议中的重要组成部分，对当时的政治经济政策的制定及对后世产生了深远影响，以至于在今日仍具有重要的借鉴意义。董仲舒的“调均”思想不仅是中华民族的优秀文化传统，也是世界思想史上重要的文化遗产，是我们取之不尽的文化精髓。

一、董仲舒“调均”思想提出的原因与背景

汉朝建立之初，奉行黄老思想，无为而治，利用六七十年的时间进行休养生息，使农业得到了发展，经济得到了恢复。据《史记·平准书》记载：“都鄙廪庾皆满，而府库余货财。京师之钱累巨万，贯朽而不可校。太仓之粟陈陈相因，充溢露积于外，至腐败不可食。”随着经济的发展，西汉的国力也大大加强。据《汉书·地理志》记载，公元2年，西汉国土东西长达9 302里，南北宽达13 368里。当时的人口已经达到5 959万余人。这是一个相对有说服力的数据，足以说明当时的西汉已经步入鼎盛时期。[①]经济的发展也为贫富两级的过度分化埋下了伏笔。汉武帝时期，也存在内忧外患。第一，因匈奴不断入侵边境，制造事端，武帝多次出兵抗击匈奴，使得百姓无暇顾及农业生产，出现民不聊生的现象。第二，土地兼并日益严重。拥有几

①张晋藩，王超．中国政治制度史[M]．北京：中国政法大学出版社，1987：175.

百乃至上千顷土地的人不在少数。汉承秦制，据《汉书·食货志》记载，“至秦则不然，用商鞅之法，改帝王之制，除井田，民得买卖，富者田连阡陌，贫者亡立锥之地”。土地私有、可以买卖，造成了日益严重的土地兼并，很多农民失去土地，变得非常贫困，甚至到了无法生存的地步。这无疑加剧了两极分化。第三，官府实行盐铁官营，剥夺了部分农民和手工业者经营盐铁的权利，使得百姓生活更为困难，进一步加速了社会的两极分化。第四，官吏与民争利现象严重。不仅官府与民争利，而且官吏也想尽办法与民争利，造成矛盾日益尖锐。他们一方面“或至并兼党之徒以断于乡曲，宗室有土，公卿、大夫以下争于奢侈，室庐舆服僭上亡限”（《汉书·食货志》），另一方面，他们“身宠而载高位，家温而食厚禄，因乘富贵之资力，以与民争利于下”（《汉书·董仲舒传》）。再加上“富者愈贪利而不肯为义，贫者日犯禁而不可得止”，造成了“贫民常衣牛马之衣，而食犬彘之食”（《汉书·食货志》）。在社会贫富两极过度分化的状态下，矛盾日益加剧，农民为了生存，有的“亡逃山林，转为盗贼”，有的发动农民起义，社会出现了不稳定的局面。在这种背景下，董仲舒向汉武帝提出建议：“限民名田，以澹不足，塞并兼之路。……去奴婢，除专杀之威。薄赋敛，省徭役，以宽民力。然后可善治也。”（《汉书·食货志》）董仲舒在这样的背景下为汉武帝提出了“调均”思想。

二、董仲舒“调均”思想的特质

（一）贫富有差，悬殊有度

在当时土地兼并日益严重的背景下，出现了财富极端分化的状况，即“有所积重，则有所空虚矣”（《春秋繁露·度制》）。富的大富，穷的一无所有。这样就容易造成很多社会问题，或者说已经出现了严重的社会问题，即“大富则骄，大贫则忧”（《春秋繁露·度制》）。根据一般人的生理和心理需求状态，过度的贫富差距使得“忧则为盗，骄则为暴”（《春秋繁露·度制》），董仲舒认为出现这样不和谐的社会现象是“此众人之情也”（《春秋繁露·度制》），有着巨大的隐患，说明这是一种正常的、容易出现的、有着必然性的社会现象。为此，董仲舒提出了“调均”的政策建议，以解决这种后果非常严重的社会问题。那么，董仲舒的“调均”政策是否要强调社会财富要平均分配？当然不是。按照《老子》的说法，调均是“损有余而补不足”，董仲舒的“调均”思想对此进行了发展,其目的是要“制人道而差上下也,使富者足以示贵而不至于骄,贫者足以养生而不至于忧”(《春秋繁露·度制》)。所以,这不是平均主义,著名学者周桂钿教授认为,调均是让富人多交一些税,用于救济贫困户,或者称为“第二次分配”,“调均,是对富人的限制,是对穷人的救助”[①];李宗桂教授认为,“均是指均衡”,“是指协调、平衡、合理”。[②]董仲舒的调均思想来源于孔子的“不患贫而患不均”,他对孔子的看法极力赞同,认为圣人根据一般人的心理,看到了祸乱产生的原因,所以制定社会制度,区分上下等级,使富有的人足以显示自己的高贵而不至于骄横,贫穷的人足够生存而不至于忧愁,“圣者则于众人之情,见乱之所从生”“以此为度,而调均之”(《春秋繁露·度制》)。用这作为尺度调剂人们的财富,其结果“是以财不匮而上下相安”(《春秋繁露·度制》),即不仅财富不匮乏,而且社会易于治理。

所以,董仲舒提倡的“调均”,是反对贫富差异悬殊,不是强调平均分配,而是按照不同的社会阶层和等级进行财富分配,使不同阶层的人在财富拥有的程度上有差有度,把差距控制在一定的范围内、一个适宜的度的范围内,这样能治理社会财富过度不均而引起的社会不安定现象。

(二)财富“调均”,施政均平

1.财富调均

董仲舒向汉武帝提出了“限民名田,以澹不足,塞并兼之路。……去奴婢,除专杀之威。薄赋敛,省徭役,以宽民力。然后可善治也”的建议。这是对经济和财富进行调均的具体措施。下面逐一分析:

(1)“塞(土地)并兼之路”

在允许土地买卖的前提下土地兼并现象日益严重,“富者田连阡陌,贫者亡立锥之地”,甚至“卖田宅,鬻子孙以偿责”,为此董仲舒提出了“限民名田,以澹不足,塞并兼之路”的“调均”思想。就是在允许土地私有的前提下,对土地拥有量进行限制,以防止少量人占用大量土地,造成普通百姓地无所耕,难以糊口维持生计,而出现造反等祸乱,而且还要“以澹不足”,即要对那些拥有生产资料非常少的农民进行

---

① 周桂钿.儒家的财富观[J].四川师范大学学报(社会科学版),2009(5).

② 李宗桂.从“调均”看中国文化的优秀传统[J].哲学研究,2016(8).

补给或救济。董仲舒的这个建议富有积极意义，影响很大，成为后世制定土地政策的重要依据。

（2）“盐铁皆归于民”

使盐铁的经营由官府转向民营。盐铁由官府垄断使得价位高，盘剥严重，虽然在一定程度上增加了国家财政收入，但因垄断造成了产品质量差，品质单一，农民使用不便，严重影响农业生产；既损伤了商人的利益，也使得普通百姓负担不起，应该使经营权下放到百姓，以减轻百姓的负担。

（3）“薄赋敛，省徭役，以宽民力”

董仲舒认为，“赋敛亡度，竭民财力，百姓散亡不得从耕织之业”《汉书·董仲舒传》。官府的横征暴敛和乱用民力也是造成贫富两极分化的重要原因，所以他提出必须要“薄赋敛，省徭役，以宽民力”。他引用古人的做法，作为当朝应该效仿的例证：“古者税民不过什一，其求易供；使民不过三日，其力易足。民财内足以养老尽孝，外足以事上共税，下足以畜妻子极爱，故民悦从上。”《汉书·食货志》董仲舒并不反对税收，而是强调把税收限制在一个合理的范围内。他强调要用民以时，以宽民力，不要剥夺农民的耕种时间。

（4）禁止官僚与民争业

董仲舒认为，官员已经得到了官府给予的俸禄报酬，不能再和百姓争夺其他利益，更不能经营工商企业。他讲明道理：“受禄之家，食禄而已，不与民争业，然后利可均布，而民可家足。”董仲舒倡导官员学习公仪休“拔葵去织”的例证就是很好的说明。董仲舒这样的建议在当时无疑可以缓和社会矛盾，调整不同阶层之间的利益关系，在一定程度上起到稳定社会秩序的作用，具有积极的意义。在今天看来，仍然不失重要的启示价值。

2.施政均平

“调均”不仅表现在社会经济与财富调均上，也表现在社会政治的调均上。施政均平也是封建帝王的统治术。董仲舒认为：“天覆无外，地载兼爱，风行令而一其威，雨布施而均其德，王术之谓也。”（《董仲舒集》）儒家非常重视构建良好的社会关系，尤其是上下等级关系，在当时的社会背景下，为了维护社会稳定，董仲舒提倡“三纲”，强调忠孝。

(三)天人合一,“调均”乃天理

在董仲舒看来,“调均”是天人合一美德的体现,天造就了世间一切,并给了它存在的权益。有的人拥有得多,有的人拥有得少,这也是正常现象,但并非让其极端化。根据自然界的现象,董仲舒引用《诗经》中的“采葑采菲,无以下体。德音莫违,及尔同死”,提倡人们采摘葑菜、韭菜时要尊重自然赋予它们的特性,不要把根拔掉。这是一种美德,是与自然、与天同一的美德。这就是劝告那些已经拥有雄厚财富的人不能再争夺小的利益了,把小的利益让给其他人,让给普通百姓。即,不与民争利,这样做也是遵循了天理,是一种美德。即“使诸有大奉禄亦皆不得兼小利与民争利业,乃天理也”(《春秋繁露·度制》)。董仲舒引用孔子言“君子不尽利以遗民”,认为君子,不要把利益都占尽了,应该留一些给百姓。所以,在董仲舒看来,调均也是维护了君子之道,君子之道乃天之道。“故君子仕则不稼,田则不渔,食时不力珍,大夫不坐羊,士不坐犬”(《春秋繁露·度制》),即君子做官就不种谷,打猎就不要捕鱼,按照季节选择饮食,不要力求珍异,大夫不坐羊皮,士不坐狗皮。天道公允,“天不重与,有角不得有上齿”(《春秋繁露·度制》),上天给了你角就不给你上齿。所以,“已有大者,不得有小者,天数也”(《春秋繁露·度制》),贪得无厌是违反天数的。又举《诗经》“彼有遗秉,此有不敛穧,伊寡妇之利”,说明收割庄稼不要割干净,要留下一些给那些生活困难的寡妇的观点。

董仲舒着重强调官员不能与民争利。他提倡官员们以鲁国相公仪休为榜样,典型的例子就是“拔葵出妻”或“拔葵去织”。公仪休回到家吃饭时问桌上的菜花了多少钱,家人告诉他是自己家园子里种的,他非常生气,认为这样做侵害了菜农的利益,于是他把菜园里的菜都拔掉了。还有一次他看到妻子在织布,认为这也是侵害了织工的利益,于是把自己的妻子休了。他认为,自己是官员,有俸禄,就不能再通过其他途径聚敛钱财进而伤害他人利益,这是不能容许的。为此董仲舒非常赞赏公仪休的做法并提倡官员们向他学习。

在当时,董仲舒还针对现状提出“去奴婢,除专杀之威”。当时有很多官奴婢和私奴婢,官奴婢主要是犯罪的官员及其家属,私奴婢主要是破产的农民。他们毫无人身自由,地位卑贱,生命没有保障,在市场上被随便买卖。有钱有势的人家往往拥有成百上千的奴婢。董仲舒认为这也是违反天意的,他认为,人虽然有尊卑之分，但小人也是人，也是受命于天的，也是自然界一分子，天人是合一的，人在万物中地位是最尊贵的。奴婢也是人，要像人一样的生活才符合天理和人道。这在一定程度上也是调均，是对做人权利的调均。在董仲舒看来，“调均”是天之道，是必须遵循的基本原则，尤其是掌权者更是如此，“天子之所宜法以为制，大夫之所当循以为行也”（《汉书·董仲舒传》）。

（四）制人道，差上下，调均之保障

儒家认为，等级制度的差别是社会所必需的，所以制定礼仪等级制度以进行阶层的区分与管理，而且儒家认为等级制度是合理的。为此董仲舒提出“制人道，差上下”，这是董仲舒“调均”政策应遵循的根本原则。“故其制人道而差上下也，使富者足以示贵而不至于骄，贫者足以养生而不至于忧。以此为度，而调均之，是以财不匮而上下相安，故易治也。”董仲舒认为，为了解决社会问题，就要达到使富庶人家足以显示他们的富贵而不会产生骄横的心态和行为，使贫穷的人家足可以满足基本生活需求而不至于为生存而担忧。这是当时的最高社会目标，以此为导向实行调均政策非常必要。而调均的结果不会造成富者的财富丧失而对朝廷不满进而产生不稳定的社会因素，而是国家财富充足，百姓安居，不同阶层之间和谐相处。即社会易于治理并达到理想状态。那么这样的目标的实现，其前提条件是制人道，差上下，制定上下有别的等级，并制定相关的等级制度和礼仪，让不同阶层的人们遵守，只有这样才能使得社会治理有节有度有序，才能够保证调均政策的顺利实行。

那么，制定怎样的人道，如何做到“差上下”呢？“圣人之道，众堤防之类也。谓之度制，谓之礼节。故贵贱有等，衣服有制，朝廷有位，乡党有序，则民有所让而不敢争，所以一之也。”（《春秋繁露·度制》）董仲舒认为，圣人之道就像堤防一样，为人们制定了制度、制定了礼节。所以贵贱有一定的等级，衣服有一定的类别，朝廷有一定的位置，地方有一定的次序。这样人们就会有所礼让而不会争执。这就是用来统一人们的方法。在董仲舒看来，等级和礼节是维系社会安定的前提条件，是防止社会不安定的大坝和堤防。没有它的存在，社会的运行是无法按照理想的轨道行进的。

董仲舒进一步认为：“凡衣裳之生也，为盖形暖身也，然而染五采、饰文章者，非

以为益肌肤血气之情也，将以贵贵尊贤，而明别上下之伦，使教亟行，使化易成，为治为之也。”(《春秋繁露·度制》)从衣服的色彩、花纹的设置来区分上下尊卑，呈现伦理之序，有了这样的制度和礼仪就使得教化得以迅速推行，并易于成功。这是为治理国家而制定的一系列制度。如果没有这样的制度保障会怎样呢？董仲舒认为：“若去其度制，使人人从其欲、快其意、以逐无穷，是大乱人伦而靡斯财用也，失文采所遂生之意矣。上下之伦不别，其势不能相治，故苦乱也。嗜欲之物无限，其势不能相足，故苦贫也。今欲以乱为治，以贫为富，非反之制度不可。”(《春秋繁露·度制》)可见，放弃服饰制度的约束，上下等级次序则没有区别，人伦会大乱，国家无法进行治理，人们会饱受祸乱之苦。如果使祸乱得以治理，使贫穷者变得富有，必须恢复服饰制度。所以，在董仲舒看来，“调均”政策的实行必须有相应的礼仪等级制度的保障。他进一步举例进行了说明：“古者天子衣文，诸侯不以燕，大夫衣缘，士不以燕，庶人衣缦，此其大略也。”(《春秋繁露·度制》)天子穿有文采的衣服，诸侯闲居时就不能穿有文采的衣服，有文采的衣服只能在祭祀时穿；大夫穿有边缘装饰的衣服，士在闲居时就不能穿这样的衣服，而这样的衣服只能在祭祀时穿；贫民只能穿没有花纹图案的衣服。

三、董仲舒“调均”思想的现代意义

“调均”思想是不断发展的，先秦儒家思想中不少人提出过“调均”的思想，到汉代董仲舒进一步明确提出社会发展的更化策略，更化策略表现在多个方面，其中“调均”就是更化的重要内容。“调均”思想表现在多个领域，不仅有经济基础，还有政治权利上求均衡的诉求，这是稳定社会秩序的重要举措。董仲舒的“调均”思想在今天仍然具有多重价值。

(一)调均的经济意义

调均首先是董仲舒“更化”思想的重要内容，是对国家进行经济改革的重要建议和策略，在西汉时期具有较强的针对性，有着重要的现实意义。在今天看来仍然具有借鉴价值。中国政府要求国家公职人员不能经商，其根据即在此。董仲舒认为，君子仕则不稼，田则不渔，这是天道。根据董仲舒天人合一的原理，你既然当了官员，已经有了俸禄和收入就不要再去种庄稼，有了田地进行耕种就不要再去捕鱼。官员不能经商也是同样的道理，如果既做官又经商或者兼做其他职业挣钱，这不仅侵占了其他群体和百姓的基本利益，也影响了自己本职工作的成效，还扰乱了社会秩序，并且容易造成官员以权谋私，甚至违法犯罪现象的发生。近年来大量的事实证明了禁止官员经商的政策是正确的、必需的。如果不加以禁止，任其发展下去，国家的经济命脉将会掌控在重权在握的少数人或少数集团手中，贫富差距的加大，将会产生很多潜在的影响社会安定的隐患。按照董仲舒的思想，这是违反天道的。调均的思想不仅适用于中国的经济和社会现实，对世界各国的经济政策的制定均有一定的启发和借鉴意义。

（二）调均的文化意义

从对后世的影响来看，调均具有深厚的文化意义和价值。调均思想多由儒家提出，成为儒家思想中重要的为政入世内容的范畴，对缓和社会矛盾、调均社会关系产生了重要的影响。汉武帝接受董仲舒“罢黜百家，独尊儒术”的建议后，自然就接受了儒家的仁义思想，董仲舒强调“正其义不谋其利，明其道不计其功”（《汉书·董仲舒传》），调均即儒家仁义思想和义利思想的具体表现。通过实行调均政策，施政者注重施以仁政，轻徭役，薄赋敛，百姓得以安居。调均政策还是儒家对独立人格追求精神的体现，也是儒家实现大同思想的追求。所以，汉代实行的这种在经济上相对平均主义的调均政策已经儒学化，在历史上有其合理性，符合当时的社会条件，在允许贫富差别的同时，控制了两极分化，调节了社会秩序，在一定程度上实现了调均的终极价值——“善治”“易治”，具有历史的进步性。

著名学者李宗桂教授认为：“真正使这种声音（儒家均平思想）持久不衰、产生深刻而久远的社会影响，成为中华民族文化的一种基因的，是汉代以董仲舒为代表的儒家的努力。质言之，促成‘均平’思想真正成为儒家的、儒学的，并借助儒学官学地位的确立而成为主流思想的，其推动者、完成者，是西汉‘为儒者宗’的董仲舒。”（《从“调均”看中国文化的优秀传统》）他进一步认为，董仲舒的这种调均思想，是对先秦儒家均平思想的创造性发展。“将其提升到社会协调发展、民众生活安定心态平衡、国家长治久安的战略高度。”（《从“调均”看中国文化的优秀传统》）因此，他认为，董仲舒的调均思想已经不仅仅是一种解决经济问题的策略，更是一种强调公平的施政理念。"而本质上是一种通过调节均衡以达到人们按其身份享受应有的相对公平待遇的中正和谐的思想。"(《从"调均"看中国文化的优秀传统》)

按照李宗桂教授的推理,董仲舒调均思想的儒学化是指均平思想被纳入儒家价值系统,以礼治为核心,以五常特别是仁道为原则,成为基本的价值观念,成为儒学以民为本思想的重要构成部分。即,董仲舒的调均思想进一步容纳了儒家的仁政、大同和中道思想,承载了儒学的基本价值观。

从上面我们不难看出,董仲舒的调均思想的起点是一种经济调控政策,但从它的深远影响来看,它的意义在于社会制度的完善,对社会和个体的影响更倾向于儒家价值观念的融合与渗透,成为一种影响中国人两千多年的文化价值观,从而成为一种文化传统,一种文化内核。这种思想在今天对调节社会贫富差距过大以及社会各阶层的管理上仍具有重要的参考借鉴价值,对我们增强文化自觉、提升文化自信具有重要意义。

董仲舒论“孝之天经地义”观及其现代价值

魏彦红

一、献王刘德问孝于董仲舒

孝，是儒家思想之根，是儒家伦理之源。无论是先秦儒学，还是董仲舒在西汉采各家之长而建构的新儒学，孝永远是儒家思想之主脉。那么，在董仲舒眼里到底什么是孝呢？孝的根源又在哪里呢？人为什么要“孝”呢？董仲舒结合自己的天人哲学观，对孝进行了详尽的剖析。《春秋繁露》中曾记载，当时的河间献王刘德咨询董仲舒关于孝的问题，问道：“孝经曰：‘夫孝，天之经，地之义。何谓也？”（《春秋繁露·五行对》）董仲舒予以了认真而详尽的推理答复。在当时，无论是在《孝经》中，还是在人们的观念中，人人都晓得孝是每个人必须遵循的基本道德规范，但为什么要遵守孝道，可能不是人人能理解的，就是连献王刘德都存在着困惑。刘德是汉武帝刘彻之兄，其所管辖的献县和衡水接壤，距离董仲舒家乡不足百里，而献王酷爱收藏散落于民间的儒家经典，其藏古书量与朝廷藏书量相当，他本人对儒家经典的研究也颇有成就，吸引了大批儒者相聚于此，形成了河间学术中心，对儒家文化的传承做出了不可磨灭的贡献。就是这样一个对儒家思想有着高度情怀和深入研究的献王刘德，对儒家孝文化的认识都有疑惑，何况当时的普通百姓和一般人员呢？董仲舒了解人们对孝的认识水平和现状，认为非常有必要进行详尽而彻底的解释，让更多的人理解孝之根源，以便更好地将孝行贯穿于生活之中。为此《春秋繁露》记录下了这一关键问答。

二、孝之天经:五行者,乃孝子忠臣之行也

那么,董仲舒到底是如何解读的呢?他对曰:"天有五行:木、火、土、金、水是也。木生火,火生土,土生金、金生水。水为冬,金为秋,土为季夏,火为夏,木为春。春主生,夏主长,季夏主养,秋主收,冬主藏。藏,冬之所成也。"(《春秋繁露·五行对》)董仲舒从天——自然现象出发,剖析自然运行规律,以此推出作为自然个体存在的人的行为准则。在董仲舒看来,天生之有五行,五行相生,这是不可违背的规则,五行运行各有所生,各有所长,寓意五德,即"故五行者,五行也"(《春秋繁露·五行对》)。五德终始,有规律可循,决不可违背。董仲舒认为,天人合一,天的意志会表现在自然之万事万物上。即天之意志,万物之宗,人之道循。由此推之,人伦所依,道之所存,五行之规,天之所愿!他对五行之序及其前后之间的关系进行了详细解读:"木,五行之始也;水,五行之终也;土,五行之中也。此其天次之序也。木生火,火生土,土生金,金生水,水生木,此其父子也。木居左,金居右,火居前,水居后,土居中央,此其父子之序,相受而布。是故木受水而火受木,土受火,金受土,水受金也。诸授之者,皆其父也。受之者,皆其子也。常因其父,以使其子,天之道也。"(《春秋繁露·五行之义》)

我们由此看出,董仲舒认为,五行先后之间顺序的关系的实质就是父子关系,前者为父,后者为子,依次往复。"父者,子之天也。天者,父之天也。无天而生,未之有也。天者万物之祖,万物非天不生。"(《春秋繁露·顺命》)父亲是儿子的天,天是父亲的天,由此推出天也是万物之祖,没有天就没有万物的存在和生长。这就提出了一个论点:天是万物的祖源,万物的运行相处必须遵循上一级的父道和天道。由此,董仲舒又进一步反向推导:"是故父之所生,其子长之;父之所长,其子养之;父之所养,其子成之。诸父所为,其子皆奉承而续行之,不敢不致如父之意,尽为人之道也。"(《春秋繁露·五行对》)即,遵循五行相生之理,推导出父亲所生的,儿子使他成长,父亲所成长的,儿子要加以养育,父亲所养育的,儿子要完成它。也就是说,凡是父亲所做的,儿子要继承下来继续实行,作为儿子不敢不按照父亲的意志去做,这就是尽为人(人子)之道。我们不难看出,董仲舒认为父子之人伦,源于五行终始之律,即"为人者天"的道理。董仲舒对"孝之天经"之理进行了总结:"故五行者,乃孝子忠臣之行也。"(《春秋繁露·五行之义》)

董仲舒认为:“为生不能为人,为人者天也。人之人本于天,天亦人之曾祖父也。此人之所以乃上类天也。人之形体,化天数而成;人之血气,化天志而仁;人之德行,化天理而义。人之好恶,化天之暖清;人之喜怒,化天之寒暑;人之受命,化天之四时。人生有喜怒哀乐之答,春秋冬夏之类也。喜,春之答也;怒,秋之答也;乐,夏之答也;哀,冬之答也。天之副在乎人。”(《春秋繁露·为人者天》)在这里,董仲舒概括出了人之所以为人的本质,“人之为人本于天”,天是人之本、之源,人之曾祖父也,没有天就没有人,人要循天道,这就是本源的孝道和孝道的本源。董仲舒在为献王刘德讲解孝之五行为本源后,得出明确的结论:“由此观之,父授之,子受之,乃天之道也。故曰:夫孝者,天之经也。此之谓也。”即,父授子受为天道,孝为天经。

三、孝之地义:忠臣之义,孝子之行,取之土

献王刘德进一步咨询董仲舒“孝之地义”:“天经既得闻之矣,愿闻地之义。”董仲舒对“地”之品行进行了解读:“地出云为雨,起气为风,风雨者,地之所为。地不敢有其功名,必上之于天。命若从天命者,故曰天风天雨也,莫曰地风地雨也。勤劳在地,名一归于天,非至有义,其孰能行此? 故下事上,如地事天也,可谓大忠矣。”(《春秋繁露·五行对》)天、地、人,万物之本。上为天,下为地,中为人。地为天之子,云、雨、气、风等自然现象都是地产生的,是地的劳作之功,但地从不独享其功,而是将功劳归于其父——天,故此称之为天风天雨。这就是孝行——下事上,地事天,亦为大忠! 地在五行之中为土,土在五行之中为中,五行之五德,土最为贵。

缘何土为贵? 贵在何处呢? 董仲舒认为:“土居中央,为之天润。土者,天之股肱也。其德茂美,不可名以一时之事,故五行而四时者,土兼之也。”(《春秋繁露·五行之义》)由此看出,既然土是天之股肱,没有土,天将不存;没有土,万物不再。所有美德集土于一身,其源为事天之孝忠! 董仲舒进一步用形象的比喻对土德之美进行了阐发:“甘者,五味之本也;土者,五行之主也。五行之主土气也,犹五味之有甘肥也,不得不成。是故圣人之行,莫贵于忠,土德之谓也。”(《春秋繁露·五行之义》)忠,是土德的最高表现,圣人之行以忠为准则,百姓之行以孝为标准。董仲舒一再赞赏土的高贵品质:“土者,火之子也。五行莫贵于土。”(《春秋繁露·五行对》)

董仲舒在回复献王刘德的问题时果断地得出结论:“忠臣之义,孝子之行,取之土。土者,五行最贵者也,其义不可以加矣。五声莫贵于宫,五味莫美于甘,五色莫盛于黄,此谓孝者地之义也。”(《春秋繁露·五行对》)我们从董仲舒形象的比喻、华丽的辞藻看出他对土之美德的溢美之情,从五声之宫贵、五味之甘美、五色之黄盛的描述,深刻理解了“五行之土贵”。

循地事天之忠为孝,不仅普通百姓如此,受命于天的天子更当如此。“受命之君,天意之所予也。故号为天子者,宜视天如父,事天以孝道也。”(《春秋繁露·深察名号》)所以,在董仲舒看来,孝悌是随天而生的,天人合一,人循天道,才能人之为人。“天生之以孝悌,地养之以衣食,人成之以礼乐,三者相为手足,合以成体,不可一无也。无孝悌则亡其所以生,无衣食则亡其所以养,无礼乐则亡其所以成也。”(《春秋繁露·立元神》)由此看来,董仲舒高度评价孝悌之于人之为人的价值在于:没有孝悌就没有了生长的依据,没有了在天地间存在的理由,孝悌是人成长成人的先决条件,也是根本依据。也就是说,不懂孝悌,无孝悌之行的人不称其为人!因为“举显孝悌,表异孝行,所以奉天本也”(《春秋繁露·立元神》),这里再次强调了孝悌乃尊奉天之本。

四、董仲舒“孝之天经地义”观的现代意义与价值

孝是儒家思想的根与脉,儒家思想是中华优秀文化的精髓,孝文化是流淌于中华文化血脉中生命力最强的主力军。孝之生命生生不止,永不停息。中华民族在儒家文化两千多年的熏陶下,已经将孝融入了民族道德价值的血液之中。孝已经成为百姓日常道德价值判断的基点。但这并不等于人人懂孝,人人会孝,人人有孝。在日常生活中,反而还存在很多不孝的现象和行为,致使很多老人老无所依,老无所养,甚至有的儿女和父母走上了敌对面,对簿公堂,更有甚者出现了多起子女杀害父母的案例。可以说,儿女不孝敬父母的现象时有发生,影响了家庭的和睦,失去了家庭的幸福,增加了社会不和谐因素,玷污了孝文化,应当遭到社会道德舆论的谴责。

每个人从一个自然生命个体发展成为社会个体的过程,严格意义上讲,是一个人化的过程,是一个道德化的过程,是一个用社会道德准则和伦理价值约束自我的

过程。唯其如此，人才成其为人，自然人才成其为社会人。一个人能否很好地融入社会，在社会大家庭中能否成为其中一个和谐因子，取决于他是否践行了社会伦理，这是一种能力，更是一种理念，表现在行为，根源即在于伦理之根本——孝悌。中华孝悌文化的发展有着天人合一的属性，正如董仲舒所阐发的，天道即人道，天生孝悌，人必孝悌。从对父母的孝，到对兄弟姐妹的悌，到人际交往的仁、义，到与自然相处的和合，这是孝文化的一脉相承，有着发展的规律性和必然性。

董仲舒对“孝之天经地义”的阐释反映了他的天人哲学观，他认为自然万物和谐共处的基本原则是天人合一。在他看来，天有五行，五行相生之序为父子关系，五行乃孝子忠臣之行为准则；土为五行之中，土德最贵，贵在对天之大忠。忠臣之义，孝子之行，取之土德。董仲舒对孝的阐释揭示了孝的根与由，也推出了孝之必然性。董仲舒这样的解释虽然是在当时的社会背景下进行的阐发，也是他的天人哲学思想发展的必由之路，但今天看来仍然具有非常强烈的现实意义和价值。无论社会如何发展进化，孝文化永远是社会倡导的主流积极价值观，不仅是社会发展所需，也是人性所求。董仲舒的阐释具有很强的合理性，因为在一定程度上这是符合自然现象发展规律的，即符合天道的，那么孝就是一种对规律的遵循，就是循天之道。如此看来，可以说每个生活、存在于自然中的个体必须遵循自然发展规律和准则，否则会遭到天之惩罚。

由此，让人们知道孝是天经地义的，是循天之道，是遵循自然规律的，这是多么好的一种阐释和倡导！如果人们都能以天人合一的理念遵循如自然规律、自然法则一样的孝，社会将是何等美好！孝的理念和行为必须从小养成，让孝道孝行流淌在每个人的血液之中。孝，必须在家庭、学校、社会等不同的领域以不同的形式进行灌输、倡导和严格要求。让孝像三餐一样为每个个体的成长提供必需的营养，成为每个人的主流血脉，成为每个人生命的因子。让孝成为胜过法律效力的道德自觉。

（本文为2019年衡水学院校园文化精品项目培育活动成果）

董仲舒思维方式及其现代价值

白立强

在中西方文化交流、互鉴的时代背景下，诸多学者从中西方文化比较的视角就董仲舒的思维方式进行了广泛探讨，这有其必然性与必要性。然而，中西方思维方式固然存在相通之处，但无疑各自具有不同的内在特质。为此，完全以西方思维方式探究董仲舒思维方式，必然存在有悖“一把钥匙开一把锁”之嫌。故有学者指出，走出西方认识的圭臬，回归传统思维之家园[①]，方是深入探究董仲舒思维方式之正途。

一、学界关于董仲舒思维方式的基本观点

形而上学论。“董仲舒的哲学方法论中包含有辩证因素，但主体是形而上学。作为一种重要的认知方法，形而上学从总体上看是不可取的。但是，历史证明，同唯心主义一样，任何形而上学思想都是时势的产物。”[②]然，不可忽视的是，“其思维方式对中国文化形成长期桎梏”[③]。

主观比附说。不可否认，董仲舒“思考的方向，把世界各种事物看成一个总的相互联系的整体，并努力揭示万物在这个总的相互联系的整体中所处的地位、所起的作用”，这“具有某些辩证的可取之处”。“在他那里，世界被分为不同的层次，万物在各个层次中得到规定，而从不同层次事物的相互作用中寻找最高的本质，以此说

① 参见龚鹏程：《一切以西方模式解释中国的讲法，都该停下来》；赵汀阳：《我们认识中国，为什么总走不出西方的框架》，在2015京城国际论坛“何谓中国——中国的生长方式”分论坛上的发言。

② 董田春．从董仲舒看中国古代形而上学思想的特色和功用[J]．榆林高专学报，1994(2-3)．

③ 杨师群．中国历史的教训[M]．杭州：浙江大学出版社，2012：156．

明，解释一切现象”，这种思维具有“辩证的合理因素”。但“董仲舒思维的具体方法、路径是错误的，由此构造出来的体系更是荒唐”，因为“带上强烈主观随意性的比附方法，所得到的，只是对客观事物普遍联系的歪曲”“牵强附会、荒诞不经是这种思维方法的致命伤”①。

辩证观。“从总体上看，董仲舒哲学是辩证法而不是形而上学。”董仲舒不仅对客观世界的认识，而且在对客观世界分析过程中所运用的思维、概念或范畴都是有规律的。其思想“比较辩证地解决了常与变、经与权的关系”，而其“‘百物皆有合偶’和‘合而为一’的论断具有对立统一的思想因素”②。董仲舒“关于天地人一体化的思维，是汉代思维方式变化的典型表现”，“如果我们去掉其中‘天人感应’的神学唯心主义糟粕，显然这种观点和方法带有朴素的辩证法观点和辩证思维的科学因子”③。更有观点认为，“董仲舒的‘合偶’说第一次以抽象概念的形式表述了对立面统一的辩证思想，是比实例形态和阴阳形态的辩证法更高形态的辩证法。它开创了从‘合’的视角探讨事物辩证法的途径，是合二而一辩证法的先驱。但它并未忽视‘分’，这种‘分’、‘合’兼顾的做法影响了其后辩证法的发展”④。

直观整体论。“董仲舒把天地人看成为互相联系、互相影响、互相制约的整体，认为天是由复杂多样的因素构成的协调有序发展的体系，强调天地人三者的整体建构和整体功能的发挥，构建了天人合一的宇宙观。这种把天与人看成外在相同、内在相通、天人相副的观点，带有明显的整体性和直观性的特征，是一种新的思想观点和思维方法。”⑤正是在此意义上，有观点认为，“中国古代不具备形而上学的思维特征”，因为当时“既没有产生形而上学的实验自然科学基础，也没有产生形而上学的经验论哲学基础。从思维方法来看，董仲舒仍然继承着民族传统，具有整体性、求合(和)性、尚变性的特点。而且这些理论特点在他那里更加系统化了。他的天人感应哲学体系就是典型的整体性思维”⑥。换言之，“从作为文化深层结构的思

① 陈创生.董仲舒、王充思维方法比较[J].理论学刊，1990(1):25-28.

② 王永祥.董仲舒辩证法思想研究[J].孔子研究，1988(1):83-89.

③ 赖美琴.董仲舒的思维方式及其政治归趋[J].学术研究，2003(7):112-114.

④ 曹树明，胡东东.董仲舒的“合偶”说[J].河北大学成人教育学院学报，2003，5(3):33-35.

⑤ 赖美琴.董仲舒的思维方式及其政治归趋[J].学术研究，2003(7):112-114.

⑥ 宫哲兵.中国古代辩证法与形而上学斗争史质疑——兼论董仲舒不是形而上学哲学家[J].江汉论坛，1997(11):44-47.

维方式的角度考察,董仲舒的思想方法属于以整体直观为特色的、以经验为基础的直觉型的思维方式"①。

阴阳五行说。"在董仲舒那里,运用阴阳五行进行类比和类推,是他建立其理论体系的根本方法。""阴阳五行不仅是秦汉医学和董仲舒天人感应思想体系的骨架,而且是二者建构理论的方法和依据。"②阴阳五行说既是"其哲学理论的主要内容,也是其建构哲学体系的思维模式"③,甚至可说"以阴阳五行来建构系统论宇宙图式为其特色的秦汉思想,是中国哲学发展的重要新阶段"④。

上述观点,既有从正面判断的,也有从负面立论的;既有从传统视角剖析的,也有基于西方思维之认识。各执一端,结论迥异。之所以如此,其原因除了研究者自身的主观因素以及时代条件之外,还在于选择了不同的认知参照系。"以西识中"固然有借西方思维之优势,透视传统文化之不足的价值,然而,从人类文化史层面而言,中西方两种不同的文化,都有其独特的底蕴、性质。为此,应避免简单地从中西比较的角度对传统文化进行解析、认识,否则,这不仅是"对传统文化没有自信的表现"⑤,更为严重的是,"以西方的理论、思维方式来重新诠释中国的传统文化,这使优秀的传统文化面目全非"⑥。故对董仲舒思维方式的研究必须将其置于中华传统文化的整体框架之中,才能溯其源、明其意、达其断。

二、董仲舒思维方式及其特点

周桂钿先生对哲学进行了分类,即求真的科学哲学、求善的政治哲学以及求美的艺术哲学,而董仲舒哲学就是求善的政治哲学。⑦一定程度上,此种划分的意义就在于将董仲舒哲学从唯心主义当中撇出来。然而,一旦回归到传统语境之中,立足于中国传统思维来思考董仲舒哲学,一个确定无疑的判断是,董仲舒将天、地、人置于宏大的整体宇宙图式之中,同时结合阴阳五行论证,必然力求达到求真、求善

① 李宗桂.论董仲舒整体直观的经验思维方式[J].人文杂志,1992(5):37-41.
② 李宗桂,格日乐.秦汉医学与董仲舒的"天人感应"论[J].哲学研究,1987(9):45-52.
③ 刘力.董仲舒阴阳五行说的双重性[J].重庆师院学报(哲社版),2001(2):68-73.
④ 李泽厚.中国思想史论(上)[M].合肥:安徽文艺出版社,1999:139.
⑤ 楼宇烈.中国文化的根本精神[M].北京:中华书局,2016:24.
⑥ 楼宇烈.中国文化的根本精神[M].北京:中华书局,2016:138.
⑦ 周桂钿.董仲舒研究[M].北京:人民出版社,2012:68.

与求美的统一。只不过,在中国传统阐释语境中,于真、善、美的探求采取的是一种别样的方式而已,即意象思维、天人同构、天人合一(天人感应)。意象思维、天人同构以及天人合一虽然都属于中国的传统思维,但由于董仲舒结合了阴阳五行论证从而将天人关系推进到新阶段。

其一,意象思维。《易传·系辞传》:"圣人设卦观象,系辞焉而明吉凶。"于此,"《周易》借助于具体的形象符号,启发人们把握事物的抽象意义,崇尚一种观物取象、立象尽意的思维方式。《周易·系辞传》:'夫象,圣人有以见天下之赜,而拟诸其形容,像其物宜,是故谓之象。'卦象是《周易》的骨骼,舍象则无《易》。借助卦象,并通过象的规范化的流动、联结、转换,具象地、直观地反映所思考的客观对象的运动、联系,并借助六十四卦系统模型,推断天地人物之间的变化,这种思想方式渗透到中医和中国古代科技之中。道家庄子主张'得鱼而忘筌','得意而妄言'(《庄子·外物》),魏晋玄学家王弼提出'得意在忘象,得象在妄言'(《周易略例·明象》)的命题,表明了中国思维穿透语言,领略语言背后之象,进而穿透形象而领略其背后之意蕴的特点。"①

推而广之,作为中国传统文化的组成部分,"儒释道三家都主张直觉地把握宇宙人生之根据和全体。儒家的道德直觉、道家的艺术直觉、佛家的宗教直觉,都把主客体当下冥合的高峰体验推到极致。中国哲学认为,对于宇宙本体,不能依靠语言、概念、逻辑推理、认知方法,而只能靠直觉、顿悟加以把握"②。

这意味着,与西方分而析之的认识方法不同,中国传统重在通过把握事物的象——整体之象,进而体悟与领略其意——以实现对此物象(实然)及其价值和意义(超然)的认识。这固然有些许玄学的色彩,但必须承认"玄学认知方法上的'忘象(言)得意'论,构成了中国传统哲学中最主要的思维方式之一"③。一定程度上,此种思维方式不但不与现代科学相左,相反,在"中国传统哲学整体直观的朴素方法和谈玄说道的形而上学中,包含着丰富的现代科学理论的'源泉',只要人们善于发现并诠释之,则将对现代科学发展产生积极的推动作用。不仅如此,从目前的趋势看,东方(尤其是中国)传统文化中天地万物一体的整体自然观,正越来越被世界

① 张岱年,方克立.中国文化概论[M].北京:北京师范大学出版社,2004:258.
② 张岱年,方克立.中国文化概论[M].北京:北京师范大学出版社,2004:258.
③ 楼宇烈.中国文化的根本精神[M].北京:中华书局,2016:201.

有见识的哲学家和科学家所重视和接受,它很可能会深刻地影响到整个科学观念的变化。原先按照实证科学机械论所规定的'科学'概念的内涵,也将重新予以审议和规定,至少许多原先被视为所谓'神秘主义'的东方与中国传统文化、哲学中的论题、观念和概念等,不应当再被排斥在'科学'概念之外"[①]。

> 天德施,地德化,人德义。天气上,地气下,人气在其间。春生夏长,百物以兴;秋杀冬收,百物以藏。故莫精于气,莫富于地,莫神于天。天地之精所以生物者,莫贵于人。人受命乎天也,故超然有以倚。物疢疾莫能为仁义,唯人独能为仁义;物疢疾莫能偶天地,唯人独能偶天地。人有三百六十节,偶天之数也;形体骨肉,偶地之厚也。上有耳目聪明,日月之象也;体有空窍理脉,川谷之象也;心有哀乐喜怒,神气之类也。观人之体一,何高物之甚,而类于天也。物旁折取天之阴阳以生活耳,而人乃烂然有其文理。是故凡物之形,莫不伏从旁折天地而行,人独题直立端向,正正当之。是故所取天地少者,旁折之;所取天地多者,正当之,此见人之绝于物而参天地。是故人之身,首妢而员,象天容也;发,象星辰也;耳目戾戾,象日月也;鼻口呼吸,象风气也;胸中达知,象神明也;腹胞实虚,象百物也。百物者最近地,故要以下,地也。天地之象,以要为带,颈以上者,精神尊严,明天类之状也;颈而下者,丰厚卑辱,土壤之比也。足布而方,地形之象也。(《春秋繁露·人副天数第五十六》)

诸如此类之天人类比表达在《春秋繁露》中比比皆是。通过象、数的类比,以取二者之通义,从而实现由天及人、由人及天的取象类比之判断与认知。所以,在李泽厚看来,"所有这些比拟的特征,在于使伦理、道德的规范或范畴通过理知的类比思考,而予以情感化和感受化。在这种比拟中,尽量使得自然现象与伦理特性通过理知的确定认识,来创造出它们在情感上的相互对应的关系"[②]。换言之,"儒家的宇宙观以渗透情感为其根本特征。……将整个宇宙、自然、天地予以生命化、伦常化、情感化"[③]。

就意象思维而言,天人之间因其象似,故二者在结构、性质、功能乃至情感方面

① 楼宇烈.中国文化的根本精神[M].北京:中华书局,2016:292-293.
② 李泽厚.美学三书[M].合肥:安徽文艺出版社,1999:357.
③ 李泽厚.美学三书[M].合肥:安徽文艺出版社,1999:360.

也必然存在着相似相通性。在一定意义上，天人一体之意象传统思维模式所产生的必然逻辑就是“使理知完全溶解在情感和想象中而失去独立的性质，成为一种非自觉性或无意识”[①]。这当然并不意味着理知的丧失或背离理知，而是囿于把握了象之大体从而获得了对于其意的深刻洞视。一个基本的事实是：“现代人都只崇尚理性的思维，看不起直觉的智慧，而中国的文化恰恰是以直觉的智慧为根基的。”“美国高能物理学家卡普拉在《物理学之‘道’：现代物理学和东方神秘主义之间的平行关系》一书中指出，我们过去总以为理性才是智慧，直觉好像不是智慧，但直觉恰恰也是一种智慧，直觉是人类认识世界的一种途径。”[②]

其二，天人同构。《易传·序卦》：“有天地然后万物生焉。”天乃万物（当然包括人）之生的元动力。故董仲舒有言：“为生不能为人，为人者天也。”有学者认为：“董仲舒的哲学是天的哲学，天是董仲舒哲学的最高范畴。”[③]“天的含义很丰富，是天道的天，天也代表民意。”[④]由是，天自然也包含了人。如“天有十端，十端而止已。天为一端，地为一端，阴为一端，阳为一端，火为一端，金为一端，木为一端，水为一端，土为一端，人为一端，凡十端而毕，天之数也”《春秋繁露·官制象天》，“天地人，万物之本也。天生之，地养之，人成之”（《春秋繁露·立元神》），即人“下长万物，上参天地”，“超然万物之上，而最为天下贵”（《春秋繁露·天地阴阳》），从而取得了与天、地并立为三“万物之本”的地位。

人源于天地而又与天地并立的思维直接规定了中国文化传统的基本内蕴，其一就是“以天为则”[⑤]，也就是天人之间的价值同构，即天人同构。李泽厚认为：“这种天人同构、同类相感的观念本也根源于原始人的类比联想和巫术宗教，以《周易》为最高代表的儒家丢掉了那些巫术、神话和宗教的解释，将它世俗化、实用化、理知化，形成了这样一个天人（即自然—社会）相通的哲学观。这个哲学观在汉代经阴阳家的自觉融入，便发展丰富而成为一个完整的宇宙论系统，它以突出的形态表现在董仲舒的哲学中。”[⑥]如：

① 李泽厚.美学三书[M].合肥：安徽文艺出版社，1999:364.
② 楼宇烈.中国文化的根本精神[M].北京：中华书局，2016:17-18.
③ 刘国民.董仲舒的经学诠释及天的哲学[M].北京：中国社会科学出版社，2007:289.
④ 楼宇烈.中国文化的根本精神[M].北京：中华书局，2016:50.
⑤ 楼宇烈.中国文化的根本精神[M].北京：中华书局，2016:47.
⑥ 李泽厚.美学三书[M].合肥：安徽文艺出版社，1999:284.

人之为人本于天,天亦人之曾祖父也,此人之所以乃上类天也。人之形体,化天数而成;人之血气,化天志而仁;人之德行,化天理而义;人之好恶,化天之暖清;人之喜怒,化天之寒暑;人之受命,化天之四时。人生有喜怒哀乐之答,春秋冬夏之类也。喜,春之答也;怒,秋之答也;乐,夏之答也;哀,冬之答也。天之副在乎人,人之情性有由天者矣,故曰受,由天之号也。(《春秋繁露·为人者天》)

不只是"天之副在乎人,人之情性有由天",反之,人伦之关系也映射到天之阴阳五行之中,因此,天之十端源于天人同构而都具有了鲜明的人伦色彩。如:

天有五行:一曰木,二曰火,三曰土,四曰金,五曰水。木,五行之始也;水,五行之终也;土,五行之中也。此其天次之序也。木生火,火生土,土生金,金生水,水生木,此其父子也。木居左,金居右,火居前,水居后,土居中央,此其父子之序,相受而布。是故木受水,而火受木,土受火,金受土,水受金也。诸授之者,皆其父也;受之者,皆其子也。常因其父以使其子,天之道也。是故木已生而火养之,金已死而水藏之,火乐木而养以阳,水克金而丧以阴,土之事火竭其忠。故五行者,乃孝子忠臣之行也。(《春秋繁露·五行之义》)

从全息理论来看,阴阳五行、四时万物的同源性必然意味着其内在的相通性。董仲舒将天地人、阴阳五行等纳入息息相关、人天相应的整体谱式之中,不是主观玄思,而是朴素的大智慧。故李泽厚认为:"总起来看,在当时历史条件下,企图把天文、地理、气象、季候、草木鸟兽、人事制度、法令政治以及形体精神等万事万物都纳入一个统一的、相互联系和彼此影响并遵循普遍规律的'类'别的宇宙图式中,从总体角度来加以认识和把握,这应该说是理论思维的一种进步。"①

其三,天人感应。"天人合一"的命题虽然是北宋张载首次明确提出的,但作为中国传统思想,远在先秦时期就已经产生。在汉代,天人合一思想体现为董仲舒的天人感应论。②

天亦有喜怒之气、哀乐之心,与人相副。以类合之,天人一也。(《春秋繁

① 李泽厚.中国思想史论(上)[M].合肥:安徽文艺出版社,1999:148-149.

② 张岱年,方克立.中国文化概论[M].北京:北京师范大学出版社,2004:287-288.

露·阴阳义》)

天人之际,合而为一。同而通理,动而相益,顺而相受,谓之德道。(《春秋繁露·深察名号》)

显然,天人之间不存在鲜明的界域分界,换言之,天人之合而为一之动因乃在于天人之际遇——在彼此之间或亦此亦彼之间达成了“动而相益,顺而相受”的自然感应状态。

陛下发德音,下明诏,求天命与情性,皆非愚臣之所能及也。臣谨案《春秋》之中,视前世已行之事,以观天人相与之际,甚可畏也。(《汉书·董仲舒传》)

“‘天人相与之际’是天与人互补互对、内在沟通而生发出新的东西。这正说到《春秋》哲理的根本。孔子作《春秋》,正是要把思想带到天人相与之际,既不只是天,又不只是人,否则就把天和人实体化了。”天人感应就是“天——有神意的自然——的变化会影响人事,人的行为也会影响天,尤其是帝王的影响更大”①。天人之间完全是同步互鉴关系——由天鉴人、由人观天,天人之间互镜互鉴。虽然在中国传统思维中,天乃一至上性范畴,但于人并非单向性的决定性力量;相反,人也时时展演着主体样态。客观言之,天人一体因“天人相与”而实现了“天人和声状态”。②“天人相与”一方面消解着最高统治者的皇权心态,另一方面,又规制了统治者为百姓负责的王道格局。如《论语·尧曰》篇:“予小子履敢用玄牡,敢昭告于皇皇后帝:有罪不敢赦。帝臣不蔽,简在帝心。朕躬有罪,无以万方;万方有罪,罪在朕躬。”

“天人相与”以“纯境域式”展开,这意味着,天与人之间未分的状态。③这正体现了中国传统思维,即“中国传统的思维方式是亦此亦彼,此中有彼,彼中有此,此可以变成彼,彼也可以变成此,因为事情本来就不是那么简单的”④。

董仲舒的思维方式具有以下特点。一是系统性。在李泽厚看来,虽然将自然、

① 张祥龙.拒秦兴汉和应对佛教的儒家哲学:从董仲舒到陆象山[M].桂林:广西师范大学出版社,2012:61.

② 张祥龙.拒秦兴汉和应对佛教的儒家哲学:从董仲舒到陆象山[M].桂林:广西师范大学出版社,2012:65.

③ 张祥龙.拒秦兴汉和应对佛教的儒家哲学:从董仲舒到陆象山[M].桂林:广西师范大学出版社,2012:111.

④ 楼宇烈.中国文化的根本精神[M].北京:中华书局,2016:26.

季候、政治、人体、社会、情感等相比类而产生共感的观念并非董仲舒首创,但他却借助于阴阳五行系统论的宇宙观对主体(包括心理情感)与外界事物之间的关系进行了前所未见、全面系统的同形同构之论证,并成为汉代整个社会所接受的主要的占统治地位的意识形态,且一直影响到今天。①

二是人文性。"人文精神应该是中国文化的根本特征。"②董仲舒无论谈天论神,其最终指向依然是人。因为"自然人文合一"的主要合一之点在"人之心"③。如同张祥龙所言:"我们中国的'帝'和'天',实际上是祖先神和至上天的混合"④,"既不是实体位格神,也不是物质,或是道德戒律,而是人一旦与之交往就会让我们的生活升华、变得更美好这种意义的天"⑤。甚至可以说,"天人合一""天人相通""天人感应"作为华夏美学长久以来的观念,已经成为自《周易》经董仲舒所不断发展的儒家美学根本原理,积淀为历代艺术美学共同遵循的基本原则。⑥

三是伦理性。楼宇烈认为人们所说的"'天人合一',其实,更准确地说应当是'天人合德',即人与天在德行上的一致"⑦,也就是《春秋繁露·深察名号》中的:"天人之际,合而为一。同而通理,动而相益,顺而相受,谓之德道。"人天因同而理通,从而人道顺天道而"德道"。这就将天纳入人伦关系之中,使整个时空兼具了伦理内涵。

四是价值性。董仲舒所建构的人天结构图式旨在构建良性的整体天地格局与社会秩序。通过天人同构将人与天联结在一起,此中,与其说天对于人起着相当大的威慑与震慑作用,不如说是天对人的价值导引以及人对于天的潜在效法。这是中国传统文化基本的人文取向。正是"对人在天地万物中这种能动、主动的核心地位的确认"⑧,所以奠定了人最为天下贵的文化基调。"故中国文化精神,乃以此有限

① 李泽厚.美学三书[M].合肥:安徽文艺出版社,1999:285-286.

② 楼宇烈.中国文化的根本精神[M].北京:中华书局,2016:5.

③ 钱穆.中华文化十二讲[M].北京:九州出版社,2012:16.

④ 张祥龙.拒秦兴汉和应对佛教的儒家哲学:从董仲舒到陆象山[M].桂林:广西师范大学出版社,2012:109.

⑤ 张祥龙.拒秦兴汉和应对佛教的儒家哲学:从董仲舒到陆象山[M].桂林:广西师范大学出版社,2012:111.

⑥ 李泽厚.美学三书[M].合肥:安徽文艺出版社,1999:287.

⑦ 楼宇烈.中国文化的根本精神[M].北京:中华书局,2016:55.

⑧ 楼宇烈.中国文化的根本精神[M].北京:中华书局,2016:230.

中之有限个人小我为中心，而完成其对于无限宇宙之大自然而融为一体者。"[①]就表层而言，虽然《春秋繁露》中诸多篇章映现着神教色彩，实际上，其依然承袭了"中国传统文化中的两个十分显著的特点，即：一、高扬君权师教淡化神权，宗教绝对神圣的观念相对比较淡薄；二、高扬明道正谊节制物欲，人格自我完善的观念广泛深入人心。这也就是说，在中国传统文化的人文精神中，包含着一种上薄拜神教、下防拜物教的现代理性精神"[②]。就此而言，《春秋繁露》中诸多"神"之表达，如"天者，百神之大君"(《春秋繁露·郊语》)、"神者，所以就其化也"(《春秋繁露·立元神》)等，只不过以传统的话语表达着天地之间万事万象客观存在、自然化育这一基本情实[③]。故董仲舒以天人同构思维制式唤醒着人理应达到的应然样态，即成己、成人乃至成物(天)。

三、董仲舒思维方式的现代价值

董仲舒思维方式一方面承传着传统思维，另一方面也在相当大的程度上于此进行了深化与拓展，从而在全新意义上奠定了天地人整体的宇宙结构图式。虽然其中也不乏怪神玄幽之神秘，而实质上，如果透过其表象，则发现其深层是以文化共通的哲学建构折射着天地人一体的美学图谱，这于今依然具有不可或缺的启示意义。

第一，在人们日益短视、急功近利，进而对宇宙生态造成严重影响的时代，须确立天地整体生命观。无论于传统文化语境，还是董仲舒思想之中，都将天地视同人的生命体。这既是传统文化中对人之人格的基本要求，也是"成己"之时的必然逻辑推论，即"成物"。唯此，方达到"以道观之，物无贵贱"(《庄子·秋水》)的境界。

马克思认为，"自然界，就它自身不是人的身体而言，是人的无机的身体。人靠自然界生活。这就是说，自然界是人为了不致死亡而必须与之处于持续不断的交互作用过程的、人的身体。所谓人的肉体生活和精神生活同自然界相联系，不外是

---

① 钱穆.人生十论[M].北京：生活·读书·新知三联书店，2009:54.

② 楼宇烈.中国文化的根本精神[M].北京：中华书局，2016:230.

③"在中国传统文化中，'神'最根本的含义是指万物的变化。"(楼宇烈.中国文化的根本精神[M].北京：中华书局，2016:55.)

说自然界同自身相联系,因为人是自然界的一部分”[1]。“我们连同我们的肉、血和头脑都是属于自然界和存在于自然之中的。”[2]

中国传统意象思维自观、观人、观物,将自身的生命活动、情感流露赋予天地万物之中,换言之,自然万象各自以不同的方式或状态映现着人的生命活动样态,山川河流、花鸟鱼虫等丰富而别样的具象存在因承载与寄托着人的情感与脉动,一切都鲜活起来。

第二,在人们忘乎所以、恣意妄为,从而造成虐他自虐的年代,须重申天人一体的审美观。在天人关系之间,一个基本的事实是,如同一条公益广告语:地球并不需要人类,而人类需要地球!天地自然的状况直接影响着人类的存在与持续。就此而言,天地自然绝非无关人类的他者存在,而是与人类息息相关的命运共同体——一荣俱荣,一损俱损。

董仲舒以“天人之际”揭示了天人之间的相互作用、共通律动的一体相关性。具体言之,董仲舒以天人感应关系思维型构了人的主体地位,在天人一体的关系图式中强调了人之为人的主体价值,从而超越了康德“人为自然立法”与海德格尔“自然为人立法”的对立[3]。然囿于人的活动多样性、双重性,致使人天作用机制及其结果展现着复杂性——正面效应与负面效应同在,长远效应与即时效应并存。《易传·系辞上》:“君子居其室,出其言善,则千里之外应之,况其迩者乎?居其室,出其言不善,则千里之外违之,况其迩者乎?言出乎身,加乎民;行发乎迩,见乎远。言行,君子之枢机,枢机之发,荣辱之主也。言行,君子之所以动天地也,可不慎乎?”

“在中国文化中,人是宇宙万物的中心。……人是恒定万物的尺度。”[4]当然,相对于普罗泰戈拉以高度凝练的哲学语言提出的“人是万物的尺度”从而标志着在本体论、认识论和价值论方面确立了个体人的至高无上的地位[5],中国文化中的人往

---

①中共中央马克思恩格斯列宁斯大林著作编译局.马克思恩格斯选集(第一卷)[M].北京:人民出版社,1995:45.

②中共中央马克思恩格斯列宁斯大林著作编译局.马克思恩格斯选集(第四卷)[M].北京:人民出版社,1995:383.

③刘敬鲁.自然为人立法与人为自然立法——海德格尔与康德的一个对比[J].社会科学战线,1996(4):94-100.

④ 张岱年,方克立.中国文化概论[M].北京:北京师范大学出版社,2004:290.

⑤段培君.“人是万物的尺度”的文化阐释——兼论人本主义与理性主义的文化渊源[J].社会科学战线,1995(3):32-38.

往是有德有位者。如《中庸》:“虽有其位,苟无其德,不敢作礼乐焉。虽有其德,苟无其位,亦不敢作礼乐焉。”故为人君者,唯基于与天地合德之境界,即“夫大人者,与天地合其德,与日月合其明,与四时合其序,与鬼神合其吉凶”(《易经·乾·文言》)。“君子黄中通理,正位居体,美在其中,而畅于四支,发于事业,美之至也。”(《易经·坤·文言》)在董子看来,人须守“元”。元者何也?“谓一元者,大始也。知元年志者,大人之所重,小人之所轻。……是以春秋变一谓之元。元,犹原也,其义以随天地终始也……而生不必应四时之变,故元者为万物之本,而人之元在焉。安在乎? 乃在乎天地之前。”《春秋繁露·玉英》“是故《春秋》之道,以元之深正天之端,以天之端正王之政,以王之政正诸侯之即位,以诸侯之即位,正竟内之治。五者俱正,而化大行。”(《春秋繁露·二端》)此“元”,乃“意义的生成机制”,从它之中生出来人生、社会、历史的根本意义和存在。[①]值此,方得以臻入天人一体之化境。从陶渊明《饮酒》组诗之一可见一斑:

结庐在人境,而无车马喧。
问君何能尔? 心远地自偏。
采菊东篱下,悠然见南山。
山气日夕佳,飞鸟相与还。
此中有真意,欲辨已忘言。

“知者乐水,仁者乐山。”(《论语·雍也》)仁知士人君子之生命气象天然地与自然山川联结在一起,“鸢飞戾天,鱼跃于渊”,天、地、人、物在“各美其美,美人之美,美美与共,天下大同”的审美格局中化育生成这一幅天人一体、臻美和合的生命共同体的壮丽画卷。

第三,在技术增进从而造成人们漠视人文的当下,须强化文体器用价值观。董仲舒思想虽然突出人的主体性地位,但主体作用的发挥须以天人一体关系为前提。这意味着,在天地之间必然存在着人类不可突破的宇宙法则、道德律令。盖所谓“举头三尺有神明”一方面蕴含着宇宙法则“莫显乎隐”“莫见乎微”的玄幽,另一方面也预示着宇宙法则无处不在、无时不有与变化莫测。“观天之神道,而四时不

① 张祥龙.拒秦兴汉和应对佛教的儒家哲学:从董仲舒到陆象山[M].桂林:广西师范大学出版社,2012:77.

忒。圣人以神道设教,而天下服矣。"(《易传·彖传》)"阴阳不测之谓神","知变化之道者,其知神之所为乎!"(《易传·系辞上》)然而,技术理性的张扬时时挑战着天道底线,并对人文产生着严重的挤压,人类在经过拜神教、商品拜物教之后,以难以避免的方式走入技术拜物教之中。如楼宇烈所言,"随着科技的进步,人……变得越来越麻木"①。

"中国传统的思维方式强调自然合理","自然就是本来状态,只有符合本来状态的才是合理的"②。技术的增进不应该背离人的本然存在,更不应该碾压甚至消弭人文价值。

"天道施,地道化,人道义。"(《春秋繁露·天道施》)当下,在器用挟持人文之条件下,人类须省察、回归到人之为人的本位,即人文、主体意识。"中国传统文化强调人的主体性、独立性、能动性。""以人为本的人文精神是中国文化最根本的精神,也是一个最重要的特征。"③"现在的社会不能只靠科技,要把人的潜能充分地开发出来,不仅是人的身心,而且很多社会的问题都要从人文来入手。"④唯此,才能"建立起来一个人伦有序的理想文明社会"⑤。

党的十九大报告,于个体而言,再次强调了人的全面发展;于国家而言,提出了建设富强民主文明和谐美丽的社会主义现代化强国的战略。这都须仰仗人文精神的支持。

---

① 楼宇烈.中国文化的根本精神[M].北京:中华书局,2016:41.
② 楼宇烈.中国文化的根本精神[M].北京:中华书局,2016:28.
③ 楼宇烈.中国文化的根本精神[M].北京:中华书局,2016:46.
④ 楼宇烈.中国文化的根本精神[M].北京:中华书局,2016:42.
⑤ 楼宇烈.中国文化的根本精神[M].北京:中华书局,2016:223.

董仲舒“慎德”思想及其当代价值

曹迎春

“慎德”是上古重要的思想观念，在传世文献中屡见不鲜。《尚书·文侯之命》：“克慎明德。”《周礼·地官司徒》：“十有一日以贤制爵，则民慎德。”《礼记·大学》：“是故君子先慎乎德。”“慎德”在儒家道德体系中占有重要地位，是“谨慎”与道德相结合的一种行为美德。

先秦时期，孔子将“慎德”与仁、礼结合起来，并且认为能够体现“慎德”内涵的是畏、敬、戒；孟子进一步追寻“慎德”的价值根源，认为“恭敬之心”生“慎”，“辞让之心”行“慎”；荀子则更加强调“智”，即理性能力在“慎德”实现过程中的作用。①董仲舒继承并发展了先秦儒家的“慎德”思想。深入研究其“慎德”思想，对于当前提升党员干部的道德修养水平和遵纪守法自觉性具有重要的教育意义和启示作用。

一、上天慎罚

董仲舒的哲学是“天”的哲学。他讲的天，有三方面的意义，即神灵之天、道德之天和自然之天。他突出天的道德理性，认为“道德之天”，是一种最高的普遍的道德原则。正是这种道德原则支配着阴阳五行的运行，制约着认识社会的一切变化。②董仲舒将人的道德归之于“天”，即从天那里获得了神圣的依据，这也是董仲舒“天”哲学里最具特色的地方。因此董仲舒的“慎德”思想，也须上求于天。

董仲舒认为，天在进行“灾异谴告”时是十分谨慎的。他在对策中说：“观天人相与之际，甚可畏也。国家将有失道之败，而天乃先出灾害以谴告之；不知自省，又

① 胡鹏飞．儒家“慎”德思想演变及其对当代社会的启示[J].行政科学论坛，2017(8)：55-58.
② 金春峰．汉代思想史[M].北京：中国社会科学出版社，2006：122-129.

出怪异以警惧之;尚不知变,而伤败乃至。”天地之间有时会出现一些异常的现象,小的异常叫“灾”,大的异常叫“异”。董仲舒认为,这些灾异不是随便出现的,它们是天对人间的警告。上天一直关心着人类社会的治理情况,如果人间国家的统治出现了一些小的过失,天就会降下水旱之类的灾害来“谴告”之;如果谴告了还不知改正,天就降下日食、月食之类的“怪异”来“警惧”之;倘若仍然无济于事,就只能说明人类是咎由自取,上天就要革掉他的命了。《春秋繁露·必仁且智》:“灾者,天之谴也,异者,天之威也,谴之而不知,乃畏之以威。”灾祸是上天的谴责,怪异是上天的威力震慑。上天谴责后如还不知道悔改,那么就用威力震慑来使其畏惧。

上天这种“慎罚”的态度,乃“仁”之体现。《春秋繁露·王道通三》:“天,仁也。天覆育万物,既化而生之,有养而成之。事功无已,终而复始,凡举归之以奉人。察于天之意,无穷极之仁也。人之受命于天也,取仁于天而仁也。”董仲舒认为“天”孕育万物、化生万物,但从不居功自傲,这是一种至善至美的“仁”之品性。

正因为天的“仁”,所以天在实施惩罚的时候格外谨慎,是怀有仁爱之心,而不是想“陷人”的。《春秋繁露·必仁且智》:“凡灾异之本,尽生于国家之失,国家之失乃始萌芽,而天出灾异以谴告之。谴告之而不知变,乃见怪异以惊骇之。惊骇之尚不知畏恐,其殃咎乃至。以此见天意之仁而不欲害人也。”上天惩罚的目的是让人们畏惧、警戒、改过,而不是让人们厌恶的,“故见天意者之于灾异也,畏之而不恶也;以为天欲振吾过,救吾失,故以此报我也”。

上天的“慎罚”是符合天之道的。《春秋繁露·天容》:“天之道,有序而时,有度而节,变而有常。”天道有次序而得时,有法度而节制,变化而有常规。天之道“有度而节”,天之罚也是“有度而节”。正因为如此,董仲舒才称其为“堂堂如天殃”(《春秋繁露·郊语》),堂堂正正像上天一样降下灾祸。

二、《春秋》慎微

天之慎表现在“慎罚”,经之慎表现在“慎微”。

董仲舒认为《春秋》“慎微”特征最显著的表现就是“慎辞”。《春秋繁露·精华》:“春秋慎辞,谨于名伦等物者也。是故小夷言伐而不得言战,大夷言战而不得言获,中国言获而不得言执,各有辞也。”《春秋》应用文辞很谨慎,认真制定人伦贵贱的名称,区分事物大小的等级。所以对于势力小的夷狄发生的战争,说是攻伐而不说是战争,对势力大的夷狄说是战争而不说是捕获了什么人,对中原的国家说捕获了什么人而不说拘捕了什么人,各自有不同的文辞。

董仲舒以解读《春秋》之"微言大义"构建起自己的理论学说。《春秋繁露·楚庄王》:"义不讪上,智不危身。故远者以义讳,近者以智畏,畏与义兼,则世愈近,而言愈谨矣。此定、哀之所以微其辞。"在这里董仲舒解释为什么《春秋》对于定公、哀公之过失用比较隐晦的微词表述,是因为定公、哀公之世是孔子所见之世,对于当世的君主,出于明智的考虑而畏惧他,不使自己陷于危险。《春秋》经传既创造出一套独特的解释话语系统,又发挥着重要的现实批判和道义谴责功能,它比一般的哲学解释学多出了社会、政治、历史、文化的向度。[①]

董仲舒认为《春秋》"慎微"的特征还表现在"不遗小""不敢阙"。

对于善事,《春秋》的记载是"不遗小"。《威德所生》:"《春秋繁露·春秋》采善不遗小。"《春秋繁露·王道》:"善无细而不举,恶无细而不去。"《春秋繁露·盟会要》:"善无小而不举,恶无小而不去。"《春秋繁露》中多处提到《春秋》记载善事"不遗小"。

对于灾异之事,《春秋》的记载是"不敢阙"。《春秋繁露·奉本》:"天无错舛之灾,地有震动之异。天子所诛绝,所败师,虽不中道,而春秋者不敢阙,谨之也。"上天没有发生差错的灾害,大地有震动的怪异现象。天子所责备并与之断绝关系的人,所打败的军队,即使不完全合乎道理,但是作《春秋》的人不敢遗漏,态度上十分谨慎。董仲舒认为《春秋》之所以把天下的祸患之事记载得十分详尽周遍,是因为想通过把这些祸患全盘展示出来的方式来达到消除天下祸患的目的,因此他在《春秋繁露·盟会要》中说:"《春秋》重而书天下之患遍矣,以为本于见天下之所以致患,其意欲以除天下之患。"

在《春秋繁露·二端》篇,董仲舒详细论述了小大、微著的关系:"春秋至意有二端,不分二端之所从起,亦未可与论灾异也,小大、微著之分也。"《春秋》最深远的意义有两个方面,不探求这两个方面是怎样产生的,也就不可以一起讨论灾异,这两个方面就是小与大、细微与显著的分别。"夫览求微细于无端之处,诚知小之将为大也,微之将为著也,吉凶未形,圣人所独立也。"在没有端倪显现的地方查看到细微

① 余治平.董子春秋义法辞考论[M].上海:上海书店出版社,2013:289.

之处，确实知道小的将要变为大的，细微的将要变得显著，在吉凶尚未形成之前，只有圣人能够知见。聪者见于无声，明者见于无形。“故圣人能系心于微而致之著也。”所以，圣人能把心思放在细微之处并把它变得显著。“故书日蚀、星陨、有蜮、山崩、地震、夏大雨水、冬大雨雪、陨霜不杀草、自正月不雨至于秋七月、有鸜鹆来巢，春秋异之，以此见悖乱之征，是小者不得大，微者不得著，虽甚末，亦一端。孔子以此效之，吾所以贵微重始是也。”于是记录了天下发生的日食、陨星坠落、发现短狐、山崩、地震、夏天降大雨、冬天下大冰雹、降下的严霜没有损毁青草、从正月到秋天的七月一直没有下雨、有鸜鹆来筑巢居住，《春秋》认为这些事都很怪异，并用它来表示悖理逆乱的征兆。这就是小的不至于变成大的，细微的不至于变成显著的，虽然很细微，但也是一个方面。孔子用它来进行验证，这也就是《春秋》看重细微、重视开始的原因所在。

在《春秋繁露·王道》篇也讲到《春秋》中记载了日食、陨石、蝗灾、城塌、山崩、河壅、涝灾、雪灾、地震以及其他怪异现象，用它们来表现悖乱的征兆。

《春秋》“慎微”，“不遗小”“不敢阙”，于细微处而知显著，因此应该用谨慎的态度来研读《春秋》，真正做到防微杜渐。董仲舒在《春秋繁露·竹林》中说：“春秋记天下之得失，而见所以然之故，甚幽而明，无传而著，不可不察也。夫泰山之为大，弗察弗见，而况微眇者乎！故按春秋而适往事，穷其端而视其故，得志之君子、有喜之人，不可不慎也。”《春秋》记载天下事情的得失，而显露出事情为什么会发生的缘故，虽然很隐微却很明白，没有解说却又很清楚，不能不仔细观察。泰山虽然高大，但是不去观察它，是见不到的，何况微细的事物呢？因此考察《春秋》，而全面了解历史往事，详细推究事情的本原，而观察它发生的原因，得志的君子，有喜事的人，不可不慎重去探究这些事实。然后他举了齐桓公的孙子齐顷公的例子。齐顷公就是因为没有忧患意识，仗着国家大、地势好，还有爷爷的余威，不但不参加诸侯国会盟，而且威胁鲁国、进攻宋国、得罪晋国，最终落得个“大辱身，几亡国，为天下笑”的结局。最后，董仲舒感慨道：“是福之本生于忧，而祸起于喜也。”

三、君主慎行

人主要法天而行、遵经而行。天之慎罚、经之慎微，落实到君主，便是君主慎行。董仲舒认为君主慎行主要表现在三个方面:恭敬祭祀、修身正己、更化改制。

(一)恭敬祭祀

董仲舒十分强调君主对上天的祭祀。"天者,百神之大君",如果侍奉上天不够周到,那么把众神侍奉得再好也没有用。董仲舒以周与秦做对比,指出秦朝废除了古代圣王十分重视的郊祭之礼,不敬畏上天,而周朝从周文王就"小心翼翼,昭事上帝""以郊为百神始",十分敬畏上天,所以最终两个朝代国运差别很大,"未见秦国致天福如周国也"(《春秋繁露·郊语》)。董仲舒还引用孔子之言"君子有三畏:畏天命,畏大人,畏圣人之言",指出"天之不可不畏敬,犹主上之不可不谨事,不谨事主,其祸来至显,不畏敬天,其殃来至暗"。

《春秋繁露·郊事对》篇,记载了董仲舒回答廷尉张汤对郊礼的咨询,包括郊礼的意义以及一些具体操作的细节问题。其中,董仲舒尤其强调郊礼时的恭敬、谨慎态度。"臣闻孔子入太庙,每事问,慎之至也。陛下祭躬亲,斋戒沐浴,以承宗庙,甚敬谨。"(《春秋繁露·郊事对》)《春秋繁露·祭义》中也对祭祀的恭敬态度进行了强调:"尊天,美义也;敬宗庙,大礼也。圣人之所谨也,不多而欲洁清,不贪数而欲恭敬。君子之祭也,躬亲之,致其中心之诚,尽敬洁之道,以接至尊,故鬼享之,享之如此,乃可谓之能祭。"尊崇上天,是美好的"义";敬重宗庙,是重大的"礼"。圣人会小心谨慎地处理这些事情。上供的祭品不在于数量多而要讲求干净清洁,不要贪图次数的频繁而是讲求内心的恭敬态度。君子进行祭祀时,一定要亲自参加,表达出内心的诚意,尽力按照恭敬、清洁的要求去做,以此来迎接最尊贵的神灵,所以鬼神才会来享用祭品。只有让鬼神来享用祭品,才可以说擅长于祭祀。

(二)修身正己

董仲舒对君主的品德格外重视,他强调"君人者,国之元,发言动作,万物之枢机"(《春秋繁露·立元神》)。君主乃国家之元首,他的一切言行都关系到万民万物:"为人君者,固守其德,以附其民。"(《春秋繁露·保位权》)作为国君,必以德才能使人民团结在自己的周围。在《春秋繁露·二端》中董仲舒说君主应该"省天谴而畏天威,内动于心志,外见于事情,修身审己,明善心以反道",在内在的心志上产生震动,并表现于外在的事情之上,修养身心,审视自己,彰明善心并返回正道,这才是

“贵微重始,慎终推效”。

董仲舒提醒君主要“慎欲”,他以鲁庄公为例,说:“鲁庄公好宫室,一年三起台,夫人内淫两弟,弟兄子父相杀,国绝莫继……可不慎邪!”(《春秋繁露·王道》)鲁庄公喜好修宫室,一年之内三次修建高台。他的夫人和两个弟弟淫乱,兄弟父子之间互相杀戮,国家将要灭亡无人继承,因此做君主的不可以不谨慎。

君主修身正己,谨言慎行,才能承担起自己的治国责任。《天人三策》:“言行,治之大者,君子之所以动天地也。故尽小者大,慎微者著。《诗》云:‘唯此文王,小心翼翼。’故尧兢兢日行其道,而舜业业日致其孝,善积而名显,德章而身尊,此其浸明浸昌之道也。”言和行,是治理国家最重大的条件,君子之所以能感动天地的也是言行。所以积小成大,谨慎注意细微的行为就会显著。《诗经》上说:“周文王啊,小心翼翼。”所以尧战战兢兢地每天实行他的治国之道,舜小心恐惧地每天尽孝道。做的好事积累多了,自然名声显赫,德行彰著,自身受到尊重,这就是渐渐昌明的道理。

《春秋繁露·立元神》:“故为人君者,谨本详始,敬小慎微,……是故肃慎三本,郊祀致敬,共事祖祢,举显孝悌,表异孝行,所以奉天本也;秉耒躬耕,采桑亲蚕,垦草殖谷,开辟以足衣食,所以奉地本也;立辟雍庠序,修孝悌敬让,明以教化,感以礼乐,所以奉人本也。”作为人君,应该谨慎地对待根本性的东西,在开始时非常仔细,对小事也很恭敬地去做,对细微的事也很谨慎。贤明的君主要恭敬谨慎地对待“三本”,即天本、地本、人本。祭祀天地表达敬意,恭敬地侍奉先人庙堂,表扬孝悌,表彰孝行,以此来侍奉“天本”;皇帝亲自耕种,皇后亲自采桑养蚕,除草种谷,开垦土地以使衣食富足,以此来侍奉“地本”;设立学校,修习孝悌、恭敬、谦让等美德,以教化使人明白,以礼乐使人感动,以此来侍奉“人本”。

(三)更化改制

董仲舒认为国君的责任重大,他引用孔子的“道千乘之国,敬事而信”来说明治理国家要“敬而慎之”,如果“行身不放义,兴事不审时”(《春秋繁露·竹林》),就会招致祸患。

君主更化改制乃顺天之行。《春秋繁露·楚庄王》:“故必徒居处、更称号、改正朔、易服色者,无他焉,不敢不顺天志而明自显也。”新王改制,是因为“受命之君,天之所大显也”，上天把君主的地位和责任很显明地标示出来了，所以他“不敢不顺天志”，而迁都，改称号，变更历法、服色，就是顺从天的意志，表明自己地位责任的举动。

董仲舒在《官制象天》中论述了天子建立官制的道理，认为天数与官制是相通的，天子建立官制应该取象于天，以天为法。他说：“备天数以参事，治谨于道之意也。”用具备符合天数条件的官员来辅佐办事，这是对于治国之道谨慎的意思。

四、董仲舒“慎德”思想的现代价值

董仲舒“慎德”思想是其政治思想的重要内容，对于当前提升党员干部的道德修养水平和遵纪守法自觉性具有重要的教育意义和启示作用。

在当前的中国特色社会主义现代化建设中，“慎德”依然是德治实现的重要保障。深入研究董仲舒的“慎德”思想，有利于党员干部“慎微”“慎始”“慎独”及道德水平的提升。

习近平总书记在《在党的群众路线教育实践活动总结大会上的讲话》等文中引用《新唐书》中的“奢靡之始，危亡之渐”，在参加十三届全国人大一次会议重庆代表团审议时引用《后汉书》中的“堤溃蚁孔，气泄针芒”，说明的都是“慎微”的道理。党员干部要“慎微”以防微杜渐。在小事、小节上防微杜渐，思想上不放松警惕，生活上不放纵自己，时刻敬仰党纪国法之威严。

习近平总书记在《在网络安全和信息化工作座谈会上的讲话》中说过“聪者听于无声，明者见于未形”，意思是，聪明的人可以于无声处听有声，于无形处见有形，在事情还未显出征兆时就预见先知。这就是大智慧，先知先觉。习近平借这句古语，强调只有对网络安全的发展趋势进行准确预测、预警，知道风险在哪里，是什么样的风险，什么时候发生风险，才能预先防范网络安全风险，维护网络安全，建设网络强国。这种“听于无声，见于未形”的大智慧，也是董仲舒所强调的“慎始”，在事情有苗头的时候就格外谨慎小心。党员干部应该“慎始”，从一开始就严格要求自己，绝不苟且放纵。

对于“慎独”，习近平总书记是格外重视和强调的。《之江新语》中有一篇《追求“慎独”的高境界》，其中说道：“党员干部特别是领导干部手中往往掌握一定的权力,不仅要主动接受组织、制度的监督,而且还要不断加强自律,做到台上台下一个样,人前人后一个样,尤其是在私底下、无人时、细微处,更要如履薄冰、如临深渊,始终不放纵、不越轨、不逾矩。”董仲舒的君子要法天而行、修身正己的思想,有助于提醒党员干部常怀律己心,追求“慎独”的高境界。

董仲舒论“智慧”及其现代启示

——兼谈先秦儒家智慧观

耿春红

古往今来,中外哲人千千万,无不对智慧情有独钟,因为哲学就是“爱智慧”。而何为智慧?则有诸多定义,甚至见仁见智。但总体上可以这样理解:智慧是个体生命活力的象征,在一定的社会文化心理背景下,在知识、经验习得的基础上,在知性、理性、情感、实践等多个层面上生发,在教育过程和人生历练中形成的应对社会、自然和人生的一种综合能力系统。它不只是一般意义上的聪明,甚至也不只是心理学概念中的智商,它是每个个体安身立命、直面生活的一种品质、状态和境界。甚至曹国正在《博弈圣经》中直接说“智慧就是文化进程中独创的执行力”,单指智慧的实践性,未免偏颇。中国的哲人们从先秦时期就开始探讨智慧,尤其是注重安身立命、直面现实生活的儒家先哲们一代又一代给出了对智慧的理解和探讨。

孔子以周礼继承者自居,但是他毕竟是“圣之时者”(孟子语),在继承和阐发周礼的同时,也提出了自己的哲学思想体系,即“承礼启仁”思想。孔子最崇拜的人是周公。他曾经说:“甚矣吾衰也,久矣吾不复梦见周公。”[①](《论语·述而》)周公之所以受到孔子的崇拜,是因为他制礼作乐。礼乐可以使文化普遍推广,使百姓有所遵从。但孔子的时代已是“礼崩乐坏”的时代,形式主义大行其道,礼乐只是在讲表面,内心没有真诚的情感,所以孔子提出“贵仁”的创新性思想。“仁”的主要内涵就是真诚,由内心真诚对人到真诚对待礼乐乃至一切,尤其是在爱人方面。但孔子不是一个糊涂的爱者,他提出“仁者爱人”,同时也提出“仁者知人”,也就是“仁且知”。孔子还说:“知者不惑,仁者不忧,勇者不惧。”[②](《论语·子罕》)又说:“好学近

① 杨伯峻.论语译注(简体字本)(第2版)[M].北京:中华书局,2017:96.

② 杨伯峻.论语译注(简体字本)(第2版)[M].北京:中华书局,2017:137.

乎知,力行近乎仁,知耻近乎勇。”即《中庸》中所说的“知、仁、勇三者,天下之达德也”。在知、仁之外又提出了“勇”。孔子认为“勇”就是“知耻”,这个“勇”是以礼为本,而非强力的意思,具有伦理学的意味。这三者是天下通行的普遍的道德准则。孔子在知、仁、勇三位一体中考察、理解“知”,体现了知识论和伦理学的统一。由此可知,孔子的智慧观是智慧和道德的结合,这一点奠定了此后儒家智慧观的基本特征,也可以说,儒家的智慧观是带有道德素质的,一定程度上说,智慧即德行。孔子对智慧的探讨,如同其他主题一样,只言片语,分布在与学生的对话中,没有专门的系统论述。而且,在用词上多见“知”,而罕见“智”,只在《论语·阳货》中说过一句话“唯上智与下愚不移”①,意思是只有上等的智者和下等的愚人是改变不了的。大多数情况,知、智不分,也说明孔子对知识和智慧没有严格区分,甚至认为是一回事,这制约了他对智慧的进一步论说。后来孟子将孔子的“仁且知”发展成“仁且智”,“学不厌,智也;教不倦,仁也。仁且智,夫子既圣也”②,意思是,学习不知满足,这是智;教人不知疲劳,这是仁。既仁且智,老师就是圣人了,已经由“知”而变“智”了,尽管还有知识的意思。字面上的改变,表明孟子向智慧的探讨进一步发展。孟子又提出了“是非之心,智之端”的命题,即是非之心是智的萌芽。又因为孟子强调“人皆可为尧舜”,所以他认为凡人也可以通过知识的积累和智慧的磨炼而“学以成圣”,而不再像孔子认为的那样“上智”和“下愚”之间不可转移。智慧的获得人人平等,这是孟子对智慧论述的贡献。

荀子将“有知亦且有义”作为人“最为天下贵”的最根本特征,说明知识和仁义的结合是人与禽兽最后的区别。更重要的是荀子对知识的层次和分类有意识地进行了具体分析。提出征知、辩合、符验等一系列认识、推理、证明的环节,从而说明由“知”到“智”是有阶梯的,“求智”有一个辩证发展的过程,从而为人们获得智慧指明了路径和方法。其一,荀子认为人的认知属性和认知对象之间存在一定联系,“凡以知,人之性也;可以知,物之理也。以可以知人之性,求可以知物之理,而无所疑止之”③。意思是:能够认识事物,是人的本性;可以被认识,是事物的自然之理。以人的认识的本性,去探求可知的事物的道理,如果没有一定的限制,那就会终生

① 杨伯峻.论语译注(简体字本)(第2版)[M].北京:中华书局,2017:257.

② 杨伯峻.孟子译注(简体字本)(第2版)[M].北京:中华书局,2019:67.

③ 荀况.荀子[EB/OL].[2019-6-6]https://so.gushiwen.org/guwen/bookv_3482.aspx.

辛苦,甚至到死也不能穷尽事物的道理。其二,从“正名”的需要对人主体活动中的九个要素进行了定义性说明,其中就包括“知”和“智”。他说“人所具有的认识事物的本性”就是“知”,人的认识应和外界相符合,达到对事物之理的把握则是“智”。可见,“智”是从知识中分化出来的结果,这种见解是荀子论智慧的一大创新。另外荀子还通过耳目感知之知和心之征知两个阶段分别讨论感性和理性的认识,从而为进一步认识智慧开辟途径。总之,荀子对智慧的认识有诸多的开创,为后来儒家智慧观的进一步发展开辟了纵深道路。

虽然中国哲学家从先秦时期就开始探索智慧,表现为对知识和学问的大量探讨。但是先秦哲人没有将“智慧”两个字连用,而多是将“知”“智”“慧”等字单用,直至汉代儒者贾谊才在他的《新书》中将先秦儒家对智慧定义的基本思路揭示出来:“深知祸福谓之智,反智为愚;见窕察谓之慧,反慧为童。”[①]意思是智慧就是深知祸患之辨,极见事物义理本质,侧重对社会人事及其行为趋势的明智理解和理性把握,和知识、理性相关联,又具有浓重的人文色彩,并且和愚昧、童蒙相对立。

正是有了前人对智慧的诸多探讨,于是到了汉代董仲舒,作为哲学家的他才在其《春秋繁露》[②]中专辟一章探讨智慧,这就是“必仁且智第三十”。董仲舒也成为中国历史上第一个较为系统论说智慧的第一人。这一章在《春秋繁露》中跟那些动辄大段议论和描述的长篇文章比起来,算不得长篇,只有三段,且每一段都在200字左右,全文600~700字;而且也不同于《春秋繁露》中的其他很多章节中既有议论又有叙述的写法,本章以分析说理为主,同时采用意象式的下定义方式,谈他对仁、智等概念的感受和理解。这种段落分明、短小简练、论点突出、具体说明的写法,和本篇题旨——谈仁、智非常吻合。可以说,全篇说理具有干净利落、言简意赅且具体细致的特点。董仲舒的智慧观依然来自孔子开创的智慧观,即知识与伦理的结合,但又有其创新。下面通过对文本的分析,具体说明董仲舒的智慧观。

第一段,他从仁爱和智慧的重要性出发,指出“不仁不智而有材能”“适足以大其非,而甚其恶”,意思是,没有仁爱、没有智慧却有才能的人,会运用他的才能去助长他邪僻不正的思想,去助长他邪恶乖僻的行为。所以,他强调必须将仁爱和智慧

---

①王洲明,徐超.贾谊集校注[M].北京:人民文学出版社,1996:304.

② 以下所引《春秋繁露》内容均出自张世亮、钟肇鹏、周桂钿译注的《春秋繁露》,中华书局,2012年版。

这些德行作为人行事的根本,从而强调了智慧的道德性特征。在这里,董仲舒除了讨论仁和智之外,又提到了一个概念,就是"材能",即"才能"。所以,下面提到了人才观的问题。董仲舒认为,仁与智的统一是选才用人的标准。他说,"有否心者。不可藉便埶(势);其质愚者,不与利器",意思是:有邪恶心的人,不可以给他便于利用的权势;资质愚钝的人,不可以给他锐利的武器。所以"仁者所以爱人类也,智者所以除其害也",意思是,仁爱是用来爱人类的,智慧是用来为人类除害的。对一个人来说,仁爱、智慧缺一不可,即"莫近于仁,莫急于智"。当然,在董仲舒那里,智、知两字有明确区别:智与仁德相对应,则专指智慧;知与为相对应,是指知识,即"智而不仁,则知而不为也",即有智慧而不仁爱,虽知道什么是善事而不会去做。第一段仁、智对举,让我们想到现代心理学上的情商和智商。那么对仁、智的描述,是否和情商、智商一样呢? 看后面两段。

第二段,何谓仁。先用了三个肯定句"憯(惨)怛爱人,谨翕不争,好恶敦伦",意思是,忧伤痛苦地爱护别人;恭敬和合,不与人争斗;喜好并诚恳地遵从伦理道德。孔子讲"仁者爱人",董仲舒又加上了"憯(惨)怛"二字,说明爱与同情、怜悯心有相同之处,和孟子的"恻隐之心"相同,且颇有现代"爱"的理念之意味,属于本体之心。第二、三句话是讲和人相处之道及对伦理的遵从,体现了儒家重伦理的特点,属于用的范畴。这三句话体现了"仁"这个概念体、用结合的特点。另外这三句话都侧重与别人关系的处理问题,也体现了儒家"仁"的基本特征就是处理人和人之间的关系。紧接着连用六个否定句论"仁"所反对的内容:"无伤恶之心,无隐忌之志,无嫉妬(妒)之气,无感愁之欲,无险诐之事,无辟讳之行。"意思是,没有伤害别人的心理,没有暗中记恨别人的心志,没有嫉妒别人的情绪,没有抱怨忧闷的意愿,没有阴险邪僻的事情,没有邪恶乖僻的行为。前四句话从心志写,写人内心的幽暗,意识支配行动,所以后面两句写效果、写行为,符合行为逻辑。后面顺理成章写道:"故其心舒,其志平,其气和,其欲节,其事易,其行道,故能平易和理而无争也。"如此者,谓之仁。董仲舒论仁,抓住了实质,主要就其心理及其意识支配行动而言,它是心的一种活动,一念之间天壤之别。仁,主要是对心、对意念的管控。只要管控好心和意念,行为就不会出现偏差,也就不会出现坏的结果。从上面的描述可以看出,仁确实类似于现代心理学所说的情商。所谓情商(Emotional Quotient,EQ),通常是指情绪商数,主要是指人在情绪、意志、耐受挫折等方面的品质,情商与后天的培养息息相关。情商主要反映一个人感受、理解、运用、表达、控制和调节自己情感的能力,以及处理自己与他人之间的情感关系的能力。它是非理性的,其物质基础主要与脑干系统相联系。

第三段,何谓智。第一,智慧就是正确谋划。“凡人欲舍行为,皆以其智,先规而后为之”,意思是,人们大凡要实行或放弃某项行动,都先用他们的智慧进行谋划,然后才去实行。这里,“规”字很关键。《说文解字》中:“规,有法度也。从矢,从见,会意。”规,就是按法度或规则或天道谋划,但是谋划有正确与错误之分,按谋划而行为的结果也就有了天壤之别:谋划正确的人,“其所为得其所事,当其行,遂其名,荣其身,故利而无患,福及子孙,德加万民,汤、武是也”;谋划错误的人,“其所为不得其所事,不当其行,不遂其名,辱没及其身,绝世无复,残类灭宗亡国,桀、纣是也”。故曰:“莫急于智。”所以人的德行没有比需要智慧更急切。这里,董仲舒通过两类著名的人物——汤、武和桀、纣行为的结果谈到谋划的重要性,其于己、于人、于家、于国至关重要。谋划正确就是智慧,谋划错误就是无智慧。所以,智慧就是理智判断。同时,汤和武、桀和纣的行为也带有道德性,所以,智慧的德性不言而喻。第二,智慧能预测。“智者见祸福远,其知利害早,物动而知其化,事兴而知其归,见始而知其终。”有智慧的人能预测祸福,能提前知道利害,事物刚一发动就知道它的变化情况,事业刚一兴起就知道它的结果,看到开端就知道结果。这里强调智慧的先见之明,它是基于知识、经验习得积累的不完全等同于知识的知识,从而强调了学习、积累、总结的重要性。第三,智慧有威严。“言之而无敢哗,立之而不可废,取之而不可舍,前后不相悖,终始有类,思之而有复,及之而不可厌。”这里强调智慧的结果能服众。第四,智慧很简约。“其言寡而足,约而喻,简而达,省而具,少而不可益,多而不可损”,意思是,他的言语不多而理由充分,语言简约而清楚明白,简单而能表达充分,省略却又全面,语句少时别人无须增加什么,语句多时别人无法减少什么。第五,智慧言行既合理又合情。“其动中伦,其言当务。”智慧的行为符合伦理规范,智慧的话语切合时务。通过第三段的描述,说明智确实类似于现代心理学所说的智商。智商(Intelligence Quotient),即智力商数,系个人智力测验成绩和同年龄被试成绩相比的指数,是衡量个人智力高低的标准。智商主要反映人的认知能力、思维能力、语言能力、观察能力等。也就是说,它主要表现人的理性的能力。

从上面的分析可以看出,仁和智的内在逻辑关系比较清晰。仁类似情商,智类似智商，现代心理学研究表明，情感常常走在理智的前面。情商主要与非理性因素有关，它影响着认识和实践活动的能力。智商的作用主要在于更好地认识事物。智商高的人，思维品质优良，学习能力强，认识程度深，容易在某个专业领域做出杰出成就，成为某个领域的专家。调查表明，许多高智商的人往往成为专家、学者、教授、法官、律师、记者等，在自己的领域有较高造诣。情商通过影响人的兴趣、意志、毅力，加强或弱化认识事物的驱动力。智商不高而情商较高的人，学习效率虽然不如高智商者，但是，有时能比高智商者学得更好，成就更大。另外，情商是把握和调节自我和他人情感的一种能力，因此，与人际关系有较大关系。其作用与社会生活、人际关系、健康状况、婚姻状况有密切关联。情商低的人人际关系紧张，婚姻容易破裂，领导水平不高。而情商较高的人，通常有较健康的情绪，有较完满的婚姻和家庭，有良好的人际关系，容易成为某个部门的领导人，具有较高的领导与管理能力，且情商会影响智商的发挥。董仲舒和先秦儒家思想家一样，在认识到仁和智同样重要的同时，通过“仁”“智”前加的定语“必”“且”两个字，就说明了“仁”在智慧中的不可或缺性以及第一重要性。另外段落的先后安排，也同样肯定了“仁”的重要地位。也就是说，有仁有智，才能叫智慧。

一方面，董仲舒的智慧观以德为主，符合中国儒家传统，这是对先秦儒家智慧观的继承，通过词语和段落的安排，尤其肯定了“仁”在人类智慧中的不可或缺性和第一重要性；另一方面，他对仁、智的描述，又和现代心理学对情商和智商的定义和认识惊人的相似。可见董仲舒的智慧观，既有继承性，又有超前性。需要说明的是，在中国语言的诞生之初，“德”字有表达事物功能的特性。章太炎在探讨语言缘起的时候就谈道，对实物的命名有实、德、业三个方面的考虑，其中实就是事物之本体，随着这些事物的其他表达的出现，有了与实体相对应的德性，即功能。如人云、马云，是其实；仁云、武云，是其德。德和才的关系在一定程度上有相同的指向。[①] 后来，到了春秋战国时代德和才才逐渐分离。董仲舒认为仁和智都属于德行范畴，说明董仲舒不但是一位醇儒，因为儒家自古就重德，而且对中华元文化也有很高的认同。

董仲舒在对智的论说中也包括了对才能的重视和肯定。因为他谈到了行为和结果问题，也就是谈到了实践的问题。实践既是一个人展示智慧的过程，同时也是

① 章太炎.国故论衡[M].上海:上海古籍出版社,2003:31.

展示才能的过程，两者缺一不可。所以，董仲舒既重视德，又重视才。可以说，董仲舒本身德才兼备，他也主张德才兼备。尤其在选材用人方面。这就给我们今人以很大的启示。

启示一：要点燃对智慧的爱和尊重。董仲舒作为哲学家，他深刻领会和实践了智慧的重要性。他一生起起伏伏，但是他对中国的历史、政治、经济、法律、文化等都有着深入的学习、深刻的洞察和深邃的思考。从中可以看出，无论做事、做人，无论对个人还是对社会，智慧都极其重要，不可替代。所以，人人要爱智慧。但他认为智慧本身有其特点，需要对其掌握和尊重：第一，智慧和仁爱不可分，缺一不可，“必仁”两字，就使得智慧带有了伦理性和人文色彩，有了温情脉脉的感觉，而非冷冰冰的只是理性的一个东西；第二，智慧在很大程度上取决于人心理是否健康，如人是否具有善良、豁达、坦荡、开朗、积极、乐观等品质。这些良好的心理品质决定了一个人是否有智慧。第三，智慧是可以学习和积累的。上文说到“凡人欲舍行为，皆以其智，先规而后为之”。规，有图画、规矩的意思，也就是说，做事之前，先了解事物的规律、规则，然后按其办事，才能既成功，又有利于人和社会；不按其规律或规则办事，轻则不利，重则既害人又害己。所以，智慧就是尊重规律。智慧很大部分不是先天就具有的，而是在后天学习、积累的基础上形成的一种应对社会、自然和人生的综合能力。所以，智慧需要学习。

启示二：选人用人，德为先。“不仁而有勇力材能，则狂而操利兵也；不智而辩慧狷给，则迷而乘良马也。故不仁不智而有材能，将以其材能以辅其邪狂之心，而赞其僻违之行，适足以大其非而甚其恶耳。”没有仁爱和智慧的才能是可怕的，古往今来，这样的事例数不胜数。轻则个人遭殃，重则给国家和民族带来深重的灾难。董仲舒的人才观，强调了以德为主，德实际上包括“仁”和“智”。他认为仁偏于仁爱，但爱什么样的人，如何去爱，则须用智慧做鉴别，需要认知能力和判断技巧，所以仁不能不讲智，而智也须仁加以辅正。所以，董仲舒认为，人的德行里仁爱和智慧互相渗透，缺一不可，这在选才任人方面尤其重要。

启示三：要重视对心理和意识的正确疏导。仁爱在德行中是必要前提，不可或缺，类似于现代心理学中的情商。一个人或许智商高，也或许有才能，但是缺乏仁爱之心，做起事来容易缺乏同理心，又容易争强好胜，违反人之常理，从而导致仇恨、嫉妒、抱怨、睚眦必报、斤斤计较以及贪婪等。这些负面的心理和意识又常常导致恶性事件的发生。其中一个很大的原因是德行中的心理意识出了问题,也就是情商出了问题。董仲舒尽管只是举出了仁及情商中六个方面的心理意识的问题,不尽全面,但是他已经认识到了仁就是情商的第一重要问题。观念支配行动的方向,情商影响智商的发挥。

启示四:要重视行为和结果。董仲舒谈智慧,不是就其概念或理论而言的,他更重视过程,即实践性,这就是对行为和结果的看重。董仲舒把智慧看成是思维的规范性、判断的合理性及行事的恰当性三者的有机统一,既把智慧中的理性主义内容论说了出来,又是对其实践性的重视。这也是董仲舒论智慧的创新之处。

董仲舒《春秋繁露》中的教学思想及其启示

郑艳芳

董仲舒非常重视教育的社会价值,“古之王者明于此,是故南面而治天下,莫不以教化为大务”(《汉书·董仲舒传》)。一方面,董仲舒认为通过教育可以促进社会稳定,“教化立而奸邪皆止,教化废而奸邪并出”(《汉书·董仲舒传》)。另一方面,“凡教化不立,而万民不正也”(《汉书·董仲舒传》)。董仲舒认为教育可以教化万民,起到移风易俗的作用,“渐民以仁,摩民以谊,节民以礼,故其刑罚甚轻而禁不犯者,教化行而习俗美也”。他的《春秋繁露》中也包含了他的深刻的教学思想。

一、“待教而善”的人性论:董仲舒教学思想的理论基础

关于人性的探讨在中国古代历史上确有不同的观点,孔子是中国哲学史上第一个提出人性问题的哲学家,但孔子并没有详细论述他的人性论,更没有形成关于人性的系统理论,只是提出“性相近,习相远”,把“习”和“性”区别开来。另外两种比较有代表性的人性论,一是“人之初,性本善”的性善论,孟子说人有四心,“恻隐之心,仁之端也;善恶之心,义之端也;辞让之心,礼之端也;是非之心,智之端也”。人最基本的四种道德品质仁、义、礼、智,是从这四种天赋的“心”发端的。“仁义礼智,非由外铄我也,我固有之也,弗思耳矣。”一是“人之性恶,其善者伪也”的性恶论,荀子认为“今人之性,生而有好利焉,顺是,故争夺生而辞让亡焉;生而有疾恶焉,顺是,故残贼生而忠信亡焉;生而有耳目之欲,有好声色焉,顺是,故淫乱生而礼义文理亡焉。然则从人之性,顺人之情,必出于争夺,合于犯分乱理而归于暴。故必将有师法之化,礼义之道,然后出于辞让,合于文理,而归于治。用此观之,然则人之性恶明矣,其善其伪也”。

董仲舒在继承儒家人性思想的基础上,提出“圣人之性”“斗筲之性”“中民之

性”的“性三品”说,圣人之性不用教,斗筲之性不能教,“名性者,中民之性”[①],提出人性“待教而善”的观点。董仲舒认为人性是人生来就有的资质或禀赋,“性之名非生与？如其生之自然之资谓之性。性者,质也”[②]。但是,“人之诚,有贪有仁。仁贪之气,两在于身”[③]。人性质朴,有善善恶恶之气,因此,“天性不乘于教,终不能柾”。不接受教育之时,善善恶恶是存在于人性之中的,不借助于教育最终也不能为善。“善,教训之所然也,非质朴之所能至也。”[④]人性之善是教育的结果,并不是天生之性善。“性有善质,而未能全善,不教则习近于恶。”[⑤]

他通过两个生动的例子为我们阐释了待教而善的人性。一是“善如米,性如禾。禾虽出米,而禾未可谓米也。性虽出善,而性未可谓善也”[⑥]。一是“中民之性如茧如卵,卵待覆二十日,而后能为雏;茧待缫以涫汤,而后能为丝;性待渐于教训,而后能为善”[⑦]。“善与米,人之所继天而成于外,非在天所为之内也。”[⑧]善和米一样,继承天赋秉性的同时需要教育的影响,“止之内谓之天性,止之外谓之人事”[⑨]。“譬如瞑者待觉,教之然后善。”“当其未觉,可谓有善质,而不可谓善。”“是以米出于粟,而粟不可谓米;玉出于璞,而璞不可谓玉;善出于性,而性不可谓善。”玉不琢,不成器;人不学,不知义。董仲舒的人性论探讨人的天赋素质,其直接目的就是要讨论天赋素质和后天环境、教育对人发展的作用,并根据人性制订引导期望发展的方向。待教而善的人性论成为其教化观的形上根据和理论基础。[⑩]

二、成“人”教育:侧重人文修养的教学内容

“君子知在位者之不能以恶服人也,是故简六艺以赡养之。”[⑪]人性有善质,但是

① 苏舆.春秋繁露义证[M].北京:中华书局,2015:303.
② 苏舆.春秋繁露义证[M].北京:中华书局,2015:284.
③ 苏舆.春秋繁露义证[M].北京:中华书局,2015:286.
④ 苏舆.春秋繁露义证[M].北京:中华书局,2015:303.
⑤ 苏舆.春秋繁露义证[M].北京:中华书局,2015:33.
⑥ 苏舆.春秋繁露义证[M].北京:中华书局,2015:302.
⑦ 苏舆.春秋繁露义证[M].北京:中华书局,2015:303.
⑧ 苏舆.春秋繁露义证[M].北京:中华书局,2015:289.
⑨ 苏舆.春秋繁露义证[M].北京:中华书局,2015:290.
⑩ 魏彦红.董仲舒教化思想研究述评[J].衡水学院学报,2017(1):70-79.
⑪ 苏舆.春秋繁露义证[M].北京:中华书局,2015:33.

并不全善，如果不加以教化，则行为习惯就接近于恶，所以用六艺来培养人的德行。古代教学侧重人文修养，是使人“成人”的教育。

董仲舒在《春秋繁露》中指出：“诗书序其志，礼乐纯其美，易春秋明其知。”六艺可以修身养性，使人趋于和谐。

“诗道志，故长于质”，“书著功，故长于事”，用诗书修养身性使人光明磊落。序其志，使无邪慝，使人没有隐匿的邪恶。

“礼制节，故长于文”，“乐咏德，故长于风”，用礼乐修身养性使人平和柔美，社会和谐；纯其美，使不躁厉，不会使人有过于强烈的情绪表达。

“易本天地，故长于数”，“春秋正是非，故长于治人”，明其知，使顺于阴阳，谨于论类，用《易》《春秋》修养自己，可以使人有智慧，了解自然与事物、人伦的规律，循规蹈矩，合于自然，明心见性，充满智慧。

“每一部经典都有博大精深的义理，但各有专长。”[①]孔子特别重视六艺教学内容，孔子曰：“入其国，其教可知也。其为人也，温柔敦厚，《诗》教也；疏通知远，《书》教也；广博易良，《乐》教也；絜静精微，《易》教也；恭俭庄敬，《礼》教也；属辞比事，《春秋》教也，是为言六经大意之始。”[②]《庄子·天下》篇云：“《诗》以道志，《书》以道事，《礼》以道行，《乐》以道和，《易》以道阴阳，《春秋》以道名分。”[③]在学习过程中，董仲舒强调读书通大意，“能兼得其所长，而不能偏举其详也”，慎始敬终。

三、谨慎寡约：教师教学的语言艺术

教师的教学言语必须谨慎。董仲舒一方面反对“传于众辞”，强调在治经过程中，教师要“思虑不厌，昼日继之以夜，然后万物察”，要审视万物，思虑不厌，不得人云亦云；另一方面还反对“说不急之言”，强调圣人“所欲说，在于说仁义而理之，知其分科条别，贯所附，明其义之所审，勿使嫌疑”[④]，语言表达要做到清楚明白，否则疑惑后人。“於乎！为人师者，可无慎邪！”[⑤]教师的语言表达必须谨慎。

---

① 曹迎春，董丽君.论董仲舒的教师观[J].衡水学院学报，2007(3):36-38.
② 苏舆.春秋繁露义证[M].北京：中华书局，2015:34.
③ 苏舆.春秋繁露义证[M].北京：中华书局，2015:34.
④ 苏舆.春秋繁露义证[M].北京：中华书局，2015:144.
⑤ 苏舆.春秋繁露义证[M].北京：中华书局，2015:145.

“其言寡而足,约而喻,简而达,省而具,少而不可益,多而不可损。”[①]董仲舒强调教学语言要讲究艺术,寡约而喻足,“寡而足”,言简意赅,要言不烦,“约而喻”,罕譬而喻,简要表达但很明白。“简而达”,简略而通达,能够通过最简单的话语表达出清楚明白的含义。“省而具”,语言精简但完备详尽,做到不能增加一词,也不能减少一词,用词寡约表达却恰到好处。

四、专一不二:教师治学精神

董仲舒强调,不管做人还是做事要专一不二,这是做人做事之根本。“是故君子贱二而贵一。”[②]

董仲舒在《春秋繁露·天道无二》中,从正反两方面解释专一不二的治学精神。教师治学要循“天之常道”[③],“相反之物也,不得两起,故谓之一。一而不二者,天之行也”[④]。天道之行一,故有常。教师在教学过程中,引导学生“天道常一,专一不二”,“目不能二视,耳不能二听,手不能二事,一手画方,一手画圆,莫能成”[⑤]。做到心无旁骛,否则“人为小易之物,而终不能成,是故古之人物而书文,心止于一中者,谓之忠;持二中者,谓之患”“不一者,故患之所由生也”[⑥],为什么人做不到善?“人孰无善?善不一,故不足以立身。治孰无常?常不一,故不足以致功。”[⑦]做人做事“心止于一中者,谓之忠”[⑧]“持二中者,谓之患”[⑨]“患,人之中不一者也”[⑩]。因此,诗云“上帝临汝,无二而心”,这是知天道之常,专一不二,故大成。

① 苏舆.春秋繁露义证[M].北京:中华书局,2015:253.
② 苏舆.春秋繁露义证[M].北京:中华书局,2015:339.
③ 苏舆.春秋繁露义证[M].北京:中华书局,2015:337.
④ 苏舆.春秋繁露义证[M].北京:中华书局,2015:337.
⑤ 苏舆.春秋繁露义证[M].北京:中华书局,2015:338.
⑥ 苏舆.春秋繁露义证[M].北京:中华书局,2015:339.
⑦ 苏舆.春秋繁露义证[M].北京:中华书局,2015:339.
⑧ 苏舆.春秋繁露义证[M].北京:中华书局,2015:338.
⑨ 苏舆.春秋繁露义证[M].北京:中华书局,2015:338.
⑩ 苏舆.春秋繁露义证[M].北京:中华书局,2015:338.

五、圣人之道：教师的教学智慧

（一）身教重于言传

教师在教学过程中，"'其言当务'，把最重要的道理和最好的研究成果讲授给学生"①。教师重视"言传"，还要重视"身教"，在《春秋繁露·仁义法》中，董仲舒强调"仁之法在爱人，不在爱我；义之法在正我，不在正人；我不自正，虽能正人，弗予为义；人不被其爱，虽厚自爱，不予为仁"。要求为君要"自正"，做教师亦然要"自正"，做到"义治我，躬自厚而薄责于外"②，就是正人先正己，先自正而薄责于人，教师要做到言传身教，身教重于言教。因此，董仲舒强调"善为师者，既美其道，有慎其行"③。

（二）把握事物发展的规律

教师要能够把握事物发展的内部规律，做教学的智者，"何谓智？""先言而后当"④。先说出来，而后在社会实践中得到证实。"智者见祸福远，其知利害早，物动而知其化，事兴而知其归，见始而知其终，言之而无敢哗，立之而不可废，取之而不可舍，前后不相悖，终始有类，思之而有复，及之而不可厌。"⑤因此，教师要先知而后行，"凡人欲舍行为，皆以其知先规而后为之"⑥，诚如程子所言"未能知，说甚行？"⑦。因此，做教学的智者，教师需要把握事物发展的内部规律，学会审慎辨别。

（三）透过现象看本质

教师要见微知著，透过现象看本质。董仲舒在《春秋繁露·玉杯》中指出："察视其外，可以见其内也。"⑧察外可以见内，教师在教学过程中，面对教学现象和学生发展问题要做到见微知著，观往可以验来，实现"察视其外，而见其内"。

---

① 曹迎春，董丽君.论董仲舒的教师观[J].衡水学院学报，2007(3):36-38.
② 苏舆.春秋繁露义证[M].北京：中华书局，2015:249.
③ 苏舆.春秋繁露义证[M].北京：中华书局，2015:35.
④ 苏舆.春秋繁露义证[M].北京：中华书局，2015:253.
⑤ 苏舆.春秋繁露义证[M].北京：中华书局，2015:253.
⑥ 苏舆.春秋繁露义证[M].北京：中华书局，2015:253.
⑦ 苏舆.春秋繁露义证[M].北京：中华书局，2015:253.
⑧ 苏舆.春秋繁露义证[M].北京：中华书局，2015:39.

(四)强调学为中心

董仲舒在《春秋繁露·玉杯》中提出，教师要以学生为中心，“齐时蚤晚，任多少，适疾徐，造而勿趋，稽而勿苦，省其所为，而成其所湛，故力不劳，而身大成，此之谓圣化，吾取之”。在教学实施过程中，教师“应该了解学生，依据其才能与程度，计划和调剂学生学习时节的迟早，斟酌其所能接受的能力而授予多少不同的教材，安排好快慢合宜的进度。进展不要使学生太紧张，考查不要使学生苦于接受。而且教师要观察学生的学习情况，依次辅导与协助学生完成其所向往深造的课业。这样就可以使学生避免耗费过劳的力量而取得最大的成就”[①]。董仲舒强调教师要尊重学生，“掌握学生的能力水平与心理情况以及教材的难易，能够适时、适度、适量地进行教学”[②]，做到以学为中心。

董仲舒还特别强调教学的目标是培养德才兼备的人。《淮南子》有云：“凡人之性，莫贵于仁，莫急于智。仁以为质，智以行之。”[③]董仲舒进一步论述：“莫近于仁，莫急于智。不仁而有勇力材能，则狂而操利兵也；不智而辩慧狷给，则迷而乘良马也。故不仁不智而有材能，将以其材能以辅其邪狂之心，而赞其僻违之行，适足以大其非而甚其恶耳。其强足以覆过，其御足以犯诈，其慧足以惑愚，其辨足以饰非，其坚足以断辟，其严足其拒谏，此非无材能也，其施之不当，而处之不义也。有否心者，不可借便埶，其质愚者不与利器。论之所谓不知人也者，恐不知别此等也。仁而不知，则爱而不别也；智而不仁，则知而不为也。故仁者所爱人类也，智者所以除其害也。”[④]因此，董仲舒指出教育应该培养必仁且智的人。

---

① 曹迎春，董丽君.论董仲舒的教师观[J].衡水学院学报，2007(3)：36-38.

② 曹迎春，董丽君.论董仲舒的教师观[J].衡水学院学报，2007(3)：36-38.

③ 苏舆.春秋繁露义证[M].北京：中华书局，2015：251.

④ 苏舆.春秋繁露义证[M].北京：中华书局，2015：251-252.

董仲舒的师德思想及其现代价值

王章峰

董仲舒，西汉时期著名思想家、教育家，也是西汉时期最具代表性的儒学大师，被称为“汉代孔子”。在政治上，他提出的“大一统论”“天人感应”“独尊儒术”等重要思想，确立了中国文化发展的基本方向，使儒学成了长达两千多年的中国封建社会的正统思想与意识形态。在教育上，他提出的“兴太学，置明师，以养天下之士”建议，对汉代教育的发展产生了重要影响，被称为汉代教育的立法者。同时他从中年开始从事教育工作到晚年致仕在家，长时间开展教育实践活动，所授弟子众多，为汉王朝培养了大批有才学和治事能力的人才。他在汲取前人教育思想的基础上，总结了自己从事教育实践的经验。这些教育思想和教育经验，对当今教育仍大有裨益。

一、董仲舒论教育的作用

董仲舒非常重视教育。对于教育的作用，董仲舒从社会和个人两个方面进行了论述。

社会发展方面，董仲舒吸取秦王朝对人民实行“严刑峻法”而迅速灭亡的教训，主张实行“德教”，把教育视为维护封建统治的重要工具。他说：“教，政之本也；狱，政之末也。”(《春秋繁露·精华》)他又指出：“凡以教化不立，而万民不正也。夫万民之从利也，如水之走下，不以教化堤防之，不能止也。是故教化立而奸邪皆止者，其堤防完也……古之王者明于此，是故南面而治天下，莫不以教化为大务，立太学以教于国，设庠序以化于邑。渐民以仁，摩民以谊(义)，节民以礼，故其刑罚甚轻而禁不犯者，教化行而习俗美也。”(《汉书·董仲舒传》)从中可以看出，董仲舒主张建立学校,用仁义礼乐教化万民,可以从根本上消除犯罪,从而维护国家的长治久安。因此,董仲舒异常强调教化这种治国方式,“圣人之道,不能独以威势成政,必有教化”(《春秋繁露·为人者天》)。

个人发展方面,董仲舒继承了儒家用人性来强调教育作用的思想,他调和了孟子的“性善论” 和荀子的“性恶论”,认为人性是“天”所赋予人的一种先验素质,这种素质具有向善或恶的两种可能。“善如米,性如禾。禾虽出米,而禾未可谓米也。性虽出善,而性未可谓善也。”(《春秋繁露·实性》)从这种认识论出发,董仲舒强调教育对于个性形成的巨大作用,他认为“性如茧如卵,卵待覆二十日,而后能为雏;茧待缫以涫汤,而后能为丝;性待渐于教训,而后能为善。善,教训之所然也”(《春秋繁露·实性》)。强调人的个性中的善只有通过教育才能使之形成。

二、董仲舒论教师

(一)教师在教育发展中具有重要的作用

董仲舒非常重视教师在教育发展中的作用,他认为教师是培养人才、提高教学质量的关键。他在向汉武帝奏议关于设太学养士的规划中,首要就提出了“置明师”的建议。他在《举贤良对策》中说:“夫不素养士而欲求贤,譬犹不琢玉而求文采也。故养士之大者,莫大乎太学,太学者,贤士之所关也,教化之本原也。”“臣愿陛下兴太学,置明师,以养天下之士,数考问以尽其材,则英俊宜可得矣。”他认为只有请名师来教授从全国各地选拔而来的太学学员,再经过各种方式的考试才可以培养出英俊之才。董仲舒的建议表明了教师在兴办学校以及培养人才方面具有非常重要的作用。元朔五年(前124年),汉武帝采纳了他的建议,在太学中设“五经”博士,置博士弟子员,使他们传授儒家之道。汉武帝时的儒经博士不同于以前,仅仅是议政之官,而是成为学官和太学的专职教师,占据并垄断着国家教育领域,其作用和影响十分巨大。

(二)教师既要善为师又要慎为师

董仲舒在汲取前人教育思想的基础上,结合自己办学授徒的多年教育实践经验,提出了自己对教师的认识。董仲舒认为理想的教师应该是既要善为师,又要慎为师。

善为师方面,董仲舒要求教师要具有高水平的教育教学能力。他在《春秋繁露·玉杯》中言:"善为师者,既美其道,有慎其行,齐时早晚,任多少,适疾徐,造而勿趋,稽而勿苦,省其所为而成其所湛,故力不劳而身大成,此之谓圣化,吾取之。"这就对教师做了要求,教师应既能赞美"六艺"的道理,又能够谨慎自己的言行;在教学方法上,要掌握学生的能力水平以及教学内容的难易情况,能够适时、适量和适度地从事教学活动,不仅要使学生适意而快乐地学习,而且要使学生既不耗费过多的时间和精力,又能收到事半功倍的效果。董仲舒把他所讲的教学艺术以及所取得的功效称之为"圣化"之功,意即圣人教化的功力。在这里,董仲舒实际上提出了教师要教书育人、为人师表,即要能做到"既美其道,有慎其行"。

除此之外,董仲舒对于教师的语言能力也提出了要求。例如对于语言艺术,董仲舒主张"其言寡而足,约而喻,简而达,省而具,少而不可益,多而不可损"(《春秋繁露·必仁且智》)。这就要求教师在讲授儒家经典、传授仁义之道时不但要掌握语言表达技巧,更要有所侧重,做到"其言当务",把最重要的道理和最好的研究成果讲授给学生,这才对得起求知心切的学生。"不然,传于众辞,观于众物,说不急之言而以惑后进者,君子之所甚恶也,奚以为哉。"就是说,教师满足于传授一般知识,用无关治世之需的言辞欺蒙学生,是君子深恶痛绝的事情。做老师的人,对此不能不引起高度重视。董仲舒由此告诫:"於乎! 为人师者,可无慎邪?"(《春秋繁露·重政》)可见,"慎为师"也是教师必须具有的品质和态度。

三、董仲舒论师德

董仲舒要求教师"美道慎行"。一个优秀的教师,只具备过硬的业务本领还不够,还要具有较高的师德修养。董仲舒认为一个合格的教师应该具有以下四个方面的师德修养。

(一)"正道重志,行道养志"

董仲舒认为教师要具备诸多道德教育与修养之方,首先是要"正道",就是要求对道德要有明确的认知，并能发挥为自身的自觉行为。在这方面，董仲舒所要求的理想人物，就是："仁人者，正其道不谋其利，修其理不急其功。"(《春秋繁露·对胶西王越大夫不得为仁》)意思是说，真正的仁人遵循正道行动而不谋求利益，按照道理行动做事而不急着见功效。这种观点在现代看来虽有些偏颇，但作为学生的引路人，教师应该做到坚持正确的道德价值观念，以道德的自我完善作为人生的最高追求，这一点仍是值得肯定的。只有树立正确的义利观，任何现实的功利得失才不会影响和动摇自己的人生追求。这一观点对于我们今天社会主义市场经济环境下教师追求物质利益的同时，也不要见利忘义或非其道而谋利，也有着一定的启示意义。

董仲舒认为，立志也是非常重要的。他说："《春秋》之论事，莫重于志……《礼》之所重者在其志。"(《春秋繁露·玉杯》)这就要求人们在道德修养的过程中树立远大的志向，只有具备远大的志向才能找到努力的方向，类似于《大学》中讲的"知止而后有定"思想，有利于提升自身的道德品质。他还强调人们的道德修养不应该只停留在认识上，而应该将其付诸行动，并在行道的过程中加强和提高自身的道德修养。

(二)"以仁安人，以义正我"

董仲舒十分重视教师修己待人的态度，他提倡"以仁安人，以义正我"。即"治我"要严，待人要宽，要求教师养成严于律己、宽以待人的德性。用董仲舒的话说，就是"以仁治人，以义治我，躬自厚而薄责于外"(《春秋繁露·仁义法》)。他要求以"仁者爱人"的情怀去爱护、关心他人，宽以容众，同时要以义来约束自己，"自攻其恶"，经常自我检查反省，以提高自己的道德修养。《春秋繁露·仁义法》曰："仁之法在爱人，不在爱我；义之法在正我，不在正人；我不自正，虽能正人，弗予为义；人不被其爱，虽厚自爱，不予为仁。"就是说，仁的法则在于爱别人，而不是爱自己；义的法则在于端正自己，而不是端正别人；否则虽然能正人，也能自爱，但都不能算作具有"仁""义"品格的人。从中可以看出，"仁"是涉及人与人关系的，其表现是"博爱于人"，对教师而言就是要有仁爱之心，关爱自己的教育对象——学生。而"义"的目的在于"正我"，对教师而言就是要正己、修德、为善，从自身做起，以身作则，身先示范。这与孔子的"其身正，不令而行；其身不正，虽令不从"的思想是一脉相通的。

(三)“强勉学问,闻博知明”

对于教师而言,董仲舒认为要想教好,首先自身要学好。他提出:“常玉不琢,不成文章;君子不学,不成其德。”(《汉书·董仲舒传》)这句话的意思是“普通的玉石不经过琢磨,就显不出其光彩;一个人如果不学习,就不能成为有道德的人”。从这个认识出发,董仲舒提倡教师要“强勉学问、闻博知明”。董仲舒认为学习是艰苦的事情,需要坚定的意志,肯于刻苦钻研,这便是“强勉”。“强勉学问,则闻见博而知益明;强勉行道,则德日起而大有功。”(《汉书·董仲舒传》)就是说,奋发努力于学问,则闻见广博而才智更加聪明;奋发努力于行道,则品德崇高而事业更加成功。不论是治学还是修德,都需要发挥“强勉”精神,才能成功。这既是董仲舒对学生学习的要求,更是对教师的要求。作为汉学大儒的董仲舒,是这样说的也是这样做的。正是因为董仲舒在学习上有“三年不窥园”的专心和勤勉,才使得他学富五车,成为一代大儒。

对学习内容而言,董仲舒提出教师要博学多能。他说:“能通一经曰儒生,博览群书号曰洪儒,则言乖典籍、辞理失所名之为俗,教授于世谓之儒。”董仲舒“博览群书”的这一主张是值得教师们学习和思考的。教师只有具有广博的知识,才能掌握知识的内在联系,才能在教学中把自己的知识融会贯通、深入浅出地传授给年轻一代,从而使学生能从教学中接受历史上无数生活经验的结晶——丰富的科学文化知识,发展学生的智力和能力。

(四)“积习渐靡,贵微重始”

教师劳动的示范性要求教师要以身作则,为人师表,做到这一点需要教师加强自身的道德修养。而教师个人良好的道德品质的形成非一日之功,需要一个过程。这就要求教师的道德修养应从日常具体的细微行为习惯做起,日积月累,逐渐实现道德修养的目标。在这方面,董仲舒说道:“积习渐靡,物之微者也。其入人不知,习忘乃为,常然若性,不可不察也。”(《春秋繁露·天道施》)因此,要加强自身修养就要注重平时的渐习与日常的浸靡,亦即“积习渐靡”。虽然教师短期可能觉察不到这种细微的变化,但通过“众少成多,积小致巨”“累善累德”,久而久之就会达到“积善在身,犹长日加益而人不知之”的道德修养境界,最终形成良好的道德品质。

在自身品德修养的过程中,为应对随时出现的有害于美德善行的不良思想意识,让它消失在萌芽状态中,做到防微杜渐,董仲舒提出要“贵微重始”。就是要看重细微,慎重于事物、行为的开始。只有这样才不至于由小的不良念头变成大的不良习惯和显著的过错。所以,人们要想在明处不表现出过错,就要先在不易察觉的细微之处不犯过错,亦即董仲舒所说的“恶无小而不去”。对那些恶事,不因为它小就不摒除,以此来纯化自己美好的品行。

四、董仲舒师德思想的现代价值

教师是教育的根本,师德是教师的灵魂。董仲舒的师德思想对于今天加强教师的师德建设具有重要的参考价值。

(一)教师要正道重志,树立正确的教师职业理想

教师是年轻一代的培育者,是传递和传播人类文明的专职人员,是学校教育职能的主要实施者。但随着市场经济的发展,一些教师职业理想弱化,名利思想较为严重;加之一些教育评价体制的弊端,一些教师只注重教书,不注重育人。在此背景下,倡导教师正道重志,树立正确的职业理想显得尤为重要。汉代郑玄说:“师者,教人以道者之称也。”韩愈在《师说》中说:“师者,所以传道、授业、解惑也。”教师不仅要教授学业,帮助学生解决在学习中遇到的疑惑,而且还要通过传道提高学生的道德修养。我们现在讲教育的根本任务是立德树人,教师要有效完成这一任务,就要求教师首先对以社会主义核心价值观为主要内容的社会主义道德要有明确的认知和深刻的理解,教师只有明道才能更好地“传道”。在此基础上,教师要树立起正确的职业理想,以培育优秀人才、发展先进文化和推进社会进步为己任,自觉地履行教书育人的神圣职责,以高尚的情操引导学生全面发展。

(二)教师要有仁爱之心,为人师表

首先,教师要有仁爱之心。在教育过程中,教师的“仁爱之心”集中体现在对学生的关爱上。这种爱包括热爱学生、关心学生、信任学生、尊重学生,满怀欣喜地期待学生健康成长。这种爱是教育成功的基础,因为关爱学生是教育学生的前提,学

生亲其师，才能信其道。其次，教师要以身作则、为人师表。教师作为塑造人类灵魂的工程师，其劳动具有示范性，教育者需要通过自己良好的言行来影响受教育者。事实也证明，身教重于言教。这就要求教师一方面要加强理论研究和人格培养，提高自身道德水平；另一方面必须身体力行，率先实践他们倡导的价值观和道德原则，用自己的榜样作用来示范和教导学生。

（三）教师要刻苦钻研，终身学习

作为传道授业的教师，需要有一定的知识储备，不学习就无法完成这一任务。在这方面，董仲舒所提倡的“强勉学问、闻博知明”，对于今天生活在知识经济、信息时代的教师有着重要的参考意义。铺天盖地的信息为正在成长的青少年提供了丰富的知识来源，这就向教师们提出了巨大挑战，如果教师放慢学习的脚步，就会落后于时代的发展，更谈不上满足学生对知识多元化的需求。面对迅猛发展的高科技潮流，教师要真正把学习当作一种神圣职责、一种终身追求，努力成为勤奋学习的模范。教师只有不断学习，终身学习，才能使自己的思想和才能跟得上时代的发展，也才能以渊博的知识去当好一名称职的教师，去引领学生终身学习。

（四）教师要加强道德自律，自觉坚持“慎独”

教师在教育过程中处于主导地位，他们的师德修养直接影响着学生思想品德的形成。然而师德的构筑绝非一日之功，师德有基于德行和内心操守的属性，这就要求教师要切实加强道德自律，自觉坚持“慎独”。“慎独”是指一个人独处时和在没有他人监督的情况下，仍然能够坚守道德原则和规范。德国哲学家康德说：世界上有两件事物最值得敬畏，一是头顶的天空，二是心中的道德律令。真正的道德始终也必然存在于内心，外部和外在表现只是道德的一个层面。德的遵守在于内心对德的敬畏。只有高度自律才能使教师抵御各种各样的诱惑，防范各色各类的“糖衣炮弹”。

总之，董仲舒作为对我国古代封建社会有深刻影响的儒学大师和教育家，他的师德思想在今天仍有十分重要的理论与实践价值。对此进行研究不仅有利于我国社会主义市场经济条件下的师德建设，而且也为提高我国教师的修养提供了丰富的素材。

参考文献:

[1]刘奕,刘晓波.董仲舒的德育方法及其现代价值[J].中学政治教学参考,2018(36):58—59.

[2]孙慧明.董仲舒"明师"观及其启示[J].教育探索,2016(8):1-5.

[3]庞桥.董仲舒的教师道德思想浅析[J].黑龙江史志,2008(16):138.

[4]曹迎春,董丽君.论董仲舒的教师观[J].衡水学院学报,2007(3):36-38.

[5]张世亮,钟肇鹏,周桂钿.春秋繁露[M].北京:中华书局,2012.

董仲舒思想研究

天人同构视域下《春秋繁露》孝道思想浅析

白立强　马国站

传统中国为农耕社会这一基本事实，直接决定了天人同构成为中国传统久远的思维观念。《春秋繁露》中的孝道思想也是由此出发，从天地人之整体宏大的宇宙图式论证了孝道之所以然。尽管从逻辑推理形式来看，其中不乏带有相当大的玄秘色彩，但究其实质，这正体现了中华文化内在的精神品格。以天人同构的视角为切入点，探讨《春秋繁露》之孝道思想，对于当下社会具有一定意义。

一、天人同构是中国传统的宇宙意识

著名儒家学者杨汝清认为："追求天人合一的境界一直以来都是儒家的理想目标，天人感应则是在这种理想下的具体表现。有人因为西汉的董仲舒在其《春秋繁露》中提出了'天人合一''天人感应'的思想，再加上汉代谶纬之学的过度宣扬，便认为这种感应是儒家神秘主义，是封建统治的工具，可是他们忽略了这恰恰是儒家思想超越了世俗生活，达到精神境界最高层面的表现。"[①]中国传统思维正是通过天人同构之路径进而达到天人合一的目标。

天人同构就是说天地自然与人作为宇宙之中的共同存在，皆由相同的物质运化、化育而成，并且在结构方面二者具有天然的相似性，由此决定了天人之间在功能、属性、性质等方面的相通性。就天人同构作为中国传统思维方式而言，其明显不同于西方之科学思维。如果说科学思维以理性为标准，那么，天人同构意识则以感性为尺度。科学思维是可以量化的，而基于感性之上的天人同构观则是混沌的、模糊的，当然，这并非意味着其不具客观性；相反，模糊理论在相当大的程度上显示

① 杨汝清.孝道离我们有多远：《孝经》与幸福人生[M].北京：中国纺织出版社，2017:200.

着其真理性。二者的区别体现在：

西方思维：科学思维——理性——具体指标——量化实证——物化特征

东方思维：模糊思维——感性——朴素直觉——情感体验——人化特征

一定意义上，二者各有千秋，无所优劣。理想的状态也许应该是两种思维相互补充、相互借鉴，取长补短，从而在技术理性一路高歌猛进的时代，让技术之术、器充满温情，让血肉之躯体拥抱进而回归生命之初心，以避免“有机械者必有机事，有机事者必有机心”的悲催之情状，从而在人与自然、身与心之间建构起和谐、健康、良性的互动关系。

天人同构的特征大体包括四个方面：一是同质性。在中国传统的哲学语境中，天地自然等一切存在物以及人都是由“气”聚合化生而成的。正如《易经·系辞》有言：“天地氤氲，万物化醇；男女构精，万物化生。”无独有偶，《易经·序卦》亦云：“有天地然后有万物，有万物然后有男女。”同理，《易经·彖辞》也高度赞誉天之生生不息之伟力：“大哉乾元，万物资始，乃统天，云行雨施，品物流形。”这一方面体现了“天地之大德曰生”的宇宙镜像之动力系统，另一方面也预示了万物与人之于天生地化的同源性、同质性。二是相通性。源于天、人都是整个宇宙系统运化而生成，故天与人之间不是彼此孤立的存在，而是发生着千丝万缕、息息相通的联系。实际上，在中国文化中，人只不过是天的副本，天、地、日、月、江、河、湖、海在人的身体当中都存在着相互对应的部分。由是，天与人在结构上存在着相似相通之处，进而形成了二者在功能等方面的相通性。如天有雷电雨雪，人有悲怒哀怨。天人之间的相类相通性注定了天人一体性，就此而言，毋宁说天地自然就是人的无机身体；而人则是天地自然的灵秀之化身，如《礼记·礼运》曰：“人者，其天地之德、阴阳之交、鬼神之会、五行之秀气也。……人者，天地之心也，五行之端也。”三是情感性。天人同构之内在意蕴即认为天与人一样，也具有喜怒哀乐之情、爱恶惧恐之绪。在一定意义上，“人类远高于动物者，不徒在其长于理智，更在其富于情感”[①]。为此，天人之同源同质性必然意味着天同样是情感丰富的感性存在之量体。正如李泽厚在谈到孔门仁学时所言，“孔门仁学由心理伦理而天地万物，由人而天，由人道而天道，由政治社会而自然、宇宙。由强调人的内在自然（情、感、欲）的陶冶塑造到追求人与自然、宇宙的动态同构”，从而使宇宙、自然这一“感性世界”具有了“一种情感

① 深圳大学国学研究所.中国文化与中国哲学[M].北京：东方出版社，1986：441.

性的色调和性质”[①]。由此也注定了天人之间在意志方面的相通性，即“事父者承意，事君者仪志，事天亦然”（《春秋繁露·楚庄王第一》），此之谓也。四是系统性。天人关系之系统性意味着整个宇宙时空就是诸多无限天人层级构成的多重复合系统，其大无外，其小无内。如天人、父子、君臣等。大系统套小系统，小系统套子系统，以此类推，整个天人系统就是无限梯度之诸多天人系统复合体。

中国传统文化体现了鲜明的天人同构宇宙意识。

如《黄帝内经·灵枢·邪客》云：“天有日月，人有两目。地有九州，人有九窍。天有风雨，人有喜怒。天有雷电，人有音律。天有四时，人有四肢。天有五音，人有五脏。天有六律，人有六腑……岁有三百六十五日，人有三百六十节，地有十二经水，人有十二经脉。”这就鲜明地指出了天人之间在物质构成与情感表达等方面的相类相通。概而言之，此种思维体现了中华“元”文化之鲜明特色，即从相互联系的整体宏观角度审视一切，由此及彼、求同存异，在理论上建构起整个宇宙世界之物、境、相等并行不悖、和合统一的大道共生结构图式。同理，在《淮南子》中也有类似表达：“天有九重，人亦有九窍。天有四时，以制十二月，人亦有四肢，以使十二节。天有十二月，以制三百六十日，人亦有十二肢，以使三百六十节。”“天有四时、五行、九解、三百六十六日，人亦有四支、五藏、九窍、三百六十六节。”这是从“数”上体现了天人之间的同构关系。就“象”而言，“头之圆也象天，足之方也象地”。“天有风雨寒暑，人亦有取与喜怒。故胆为云，肺为气，肝为风，肾为雨，脾为雷，以与天地相参也，而心为之主。是故耳目者，日月也；血气者，风雨也。”其中，人之血躯情志与天地之气候气象搭建起了一一对应关系。

依此逻辑，《春秋繁露》有言：

> 人有三百六十节，偶天之数也。形体骨肉，偶地之厚也。上有耳目聪明，日月之象也。体有空窍理脉，川谷之象也。心有哀乐喜怒，神气之类也。（《春秋繁露·人副天数》）

> 喜怒之情，哀乐之义，不独在人，亦在于天；而春夏之阳，秋冬之阴，不独在天，亦在于人。故曰：天乃有喜怒哀乐之行，人亦有春秋冬夏之气者，合类之谓

---

① 李泽厚.美学三书[M].合肥：安徽文艺出版社，1999：282.

也。(《春秋繁露·天辨在人第四十六》)

天亦有喜怒之气、哀乐之心,与人相副。以类合之,天人一也。春,喜气也,故生;秋,怒气也,故杀;夏,乐气也,故养;冬,哀气也,故藏;四者,天人同有之。有其理而一用之。(《春秋繁露·阴阳义第四十九》)

天有阴阳,人亦有阴阳,天地之阴气起,而人之阴气应之而起,人之阴气起,天地之阴气亦宜应之而起,其道一也。(《春秋繁露·同类相动第五十七》)

为生不能为人,为人者天也。人之为人本于天,天亦人之曾祖父也。此人之所以乃上类天也。人之形体,化天数而成;人之血气,化天志而仁;人之德行,化天理而义;人之好恶,化天之暖清;人之喜怒,化天之寒暑;人之受命,化天之四时。人生有喜怒哀乐之答,春秋冬夏之类也。喜,春之答也,怒,秋之答也,乐,夏之答也,哀,冬之答也。天之副在乎人。人之情性有由天者矣,故曰受,由天之号也。(《春秋繁露·为人者天第四十一》)

显然,这均体现了鲜明的天人同构的同质性、相通性、情感性等特征。

《易经》作为象数理之综合系统,蕴含着天人同构境域下人天等互动之运动发展与变化的规律。一方面,《易经》包含了天地人三才。正如《易经·系辞》有言:"《易》之为书也,广大悉备,有天道焉,有人道焉,有地道焉,兼三才而两之,故六,六者非它也,三才之道也。"另一方面,《易经》以其特有的方式建构起天地人一体的结构图谱。于此,钱穆先生指出:"易传、中庸……从天地万物之流动变化中,指出其内在固有之一种性格与特征,故说是'德性一元论'。此种德性一元的观点,实为中国思想史中之特创。易传、中庸即运用此种德性一元的观点来求人生界与宇宙界之合一,即中国思想史里之所谓'天人合一'。"[①]这即《易经·文言》之言:"夫大人者,与天地合其德,与日月合其明,与四时合其序,与鬼神合其吉凶。"

在中国文化中,"人是宇宙的缩影,而宇宙则是人的放大"[②]。由是,"天行健,君子以自强不息","地势坤,君子以厚德载物"。不可否认的是《易传》"一面认为人

① 钱穆.中国思想史[M].北京:九州出版社,2011:94.

② 魏义霞.生存论[M].哈尔滨:黑龙江人民出版社,2002:162.

道本身就是天道”,“但另一面也常先从认识天道入手来规范人道”。[①]

“天人同构”之传统“既为人与天地相参找到理论依据,同时也为从天地大宇宙(可观察的白系统)认识人体这个小宇宙(黑系统)提供了认识论和方法论的基础”[②]。

鉴于此,《论语·阳货》有言:“天何言哉?四时行焉,百物生焉,天何言哉?”一般说来,先秦儒家,尤其是孔子,是“罕言天道”的。如《论语·公冶长》中所录子贡语云:“夫子之文章,可得而闻也;夫子之言性与天道,不可得而闻也。”“但在其思想之内在深处,实有一个极深邃的天人合一观之倾向,然只是引而不发。”[③]

概而言之,天道与人道之间内在相关性或显或隐地浸润于传统文化之中,或者说,天人同构作为中华文化的底色本身就蕴含在传统文化之中。如“《易传》《中庸》,一面认为人道本身就是天道,此义当溯源于孔孟。但另一面也常先从认识天道入手来规范人道,此法则袭诸庄老”。《易传》《中庸》通过现象“籀绎出此现象所特具而显著的德性”,由此搭建起天人之间的一致性。[④]

二、天人同构视角下《春秋繁露》中的孝道思想

《春秋繁露》通过人天之间相类相通的整体建构,使人道与天道紧密联系在一起,人道即天道,天道亦为人道,由此,搭建起了人天之间的一体统一性。“董仲舒的贡献就在于,他最明确地把儒家的基本理论(孔孟讲的仁义等)与战国以来风行不衰的阴阳家的五行宇宙论具体地配置安排起来,从而使儒家的伦常政治纲领有了一个系统论的宇宙图式作为基石,使《易传》《中庸》以来儒家所向往的‘人与天地相参’的世界观得到了具体的落实。”[⑤]其中的孝道思想大体包括以下诸方面。

第一,法天则地:孝亲敬上的根源性。“人生于天,而取化于天。”(《春秋繁露·王道通三第四十四》)《春秋繁露》以“王”字诠释了天、地、人三才贯通之王道。王道以此示人而成“父兄子弟之亲”“忠信慈惠之心”以及“礼义廉让之行”,最终达致“惟人

① 钱穆.中国思想史[M].北京:九州出版社,2011:85.
② 王巧慧.淮南子的自然哲学思想[M].北京:科学出版社,2009:144.
③ 钱穆.中国思想史[M].北京:九州出版社,2011:81.
④ 钱穆.中国思想史[M].北京:九州出版社,2011:85.
⑤ 李泽厚.中国思想史论[M].合肥:安徽文艺出版社,1999:150.

道可以参天”之境况。如：

古之造文者，三画而连其中，谓之王。三画者，天地与人也。而连其中者，通其道也。取天地与人之中以为贯而参通之，非王者孰能当是？是故王者唯天之施，施其时而成之，法其命而循之诸人，法其数而以起事，治其道而以出法，治其志而归之于仁。仁之美者在于天，天，仁也。天覆育万物，既化而生之，有养而成之。事功无已，终而复始，举凡归之以奉人。察于天之意，无穷极之仁也。人之受命于天也，取仁于天而仁也。是故人之受命天之尊，父兄子弟之亲，有忠信慈惠之心，有礼义廉让之行，有是非逆顺之治。文理灿然而厚，知广大有而博，惟人道可以参天。(《春秋繁露·王道通三第四十四》)

天地作为万物之源，其品性特质内在地影响并浸润到其运行化育的物相之中，于人亦然。天之至明之理、地之至晦之道，天然地与君臣、父子、夫妇形成了对应联系，一尊一卑、一上一下。人间秩序与基本格局由法则天地而成。

天地者，万物之本，先祖之所出也。广大无极，其德昭明。历年众多，永永无疆。天出至明，众知类也，其伏无不照也。地出至晦，星日为明不敢闇。君臣、父子、夫妇之道取之，此大礼之终也。(《春秋繁露·观德第三十三》)

第二，唯天为大：天伦之孝的至上性。在天、父、子三者关系链条中，“父者，子之天也 。天者，父之天也”。因为“天者万物之祖，万物非天不生”“无天而生，未之有也”(《春秋繁露·顺命第七十》)。就父子关系而言，父辈作为子之天，本身就代表着先在性、威权性、至上性。又“事天与父同礼也”(《春秋繁露·尧舜不擅移汤武不专杀第二十五》)。显然，在天伦关系中，子于父之孝乃天大之事，故子于父须以至诚、诚敬之孝心而待之。否则，将受到相应的指责与批评。如：

春秋讥文公以丧取。难者曰：“丧之法，不过三年，三年之丧，二十五月。今按经，文公乃四十一月方取，取时无丧，出其法也久矣，何以谓之丧取？”曰：“春秋之论事，莫重于志。今取必纳币，纳币之月在丧分，故谓之丧取也。且文公以秋袷祭，以冬纳币，皆失于太蚤，春秋不讥其前，而顾讥其后，必以三年之丧，肌肤之情也。虽从俗而不能终，犹宜未平于心，今全无悼远之志，反思念取

事，是春秋之所甚疾也，故讥不出三年于首，而已讥以丧取也，不别先后，贱其无人心也。（《春秋繁露·玉杯第二》）

文公之所以被讥以丧取，从事理上看，是因为没有遵循传统之“三年之丧，二十五月”之规矩；从情理看，“三年之丧，肌肤之情”，如《孝经》所言：身体发肤，受之父母。三年乃天下之通丧，不可不从之；从天理看，文公“全无悼远之志，反思念取事”，“不别先后，贱其无人心也”。中华文化特别重视家庭伦理关系。在一定意义上，中华文化对人的看待是将其置放到家族系统当中进行的，所以，从家族图谱上，上可推到“鼻祖”，下可延伸到“耳孙”。由此，“慎终追远”成为中华文化的基本要求。虽然，“文公乃四十一月方取，取时无丧，出其法也久矣”，但“春秋之论事，莫重于志”，即文公之取的思想动机早已有之，特别是“纳币之月在丧分”，此乃丧取之由。由是观之，文公上无“悼远之志”，下“反思念取事”，置天理人情于不顾，有悖天伦，大不孝也。

天乃为人子、为人君行为处事的最高价值标准，顺天而非逆天乃人子、人君的基本追求。“受命之君，天意之所予也。故号为天子者，宜事天如父，事天以孝道也。”（《春秋繁露·深察名号第三十五》）《春秋繁露》有言：

春秋之法，以人随君，以君随天。曰：缘民臣之心，不可一日无君。一日不可无君，而犹三年称子者，为君心之未当立也。此非以人随君耶？孝子之心，三年不当。三年不当而逾年即位者，与天数俱终始也。此非以君随天邪？故屈民而伸君，屈君而伸天，春秋之大义也。（《春秋繁露·玉杯第二》）

“以人随君，以君随天”即体现了人、君、天三者之间双重的天人关系，君乃人之天，天乃君之天。“三年称子”“君心之未当立”以及“孝子之心，三年不当”，乃揭示了天（天伦）的至上性，即对父、对天的诚敬与尊崇。而“三年不当而逾年即位者，与天数俱始终也”依然是顺天之为、尊天之举。这意味着，（天）天伦的至上性、先在性，故一切活动要服从于天（天伦）。同理，这正如《论语》中子张所问：“书云：‘高宗谅阴，三年不言。’何谓也？”子曰：“何必高宗，古之人皆然。君薨，百官总己以听于冢宰三年。”如果说家族是小天（天伦），那么，国（人民）则是大天（天伦）。为此，在家国同构的传统观念中，继位者虽“三年不当，而逾年即位者”，则就是“伸天”——伸

“人民”之天。

第二,家国同构:移孝作忠的自然性。天人同构的必然逻辑就是家国同构。天人同构作为一般的宇宙思维图式,是多重复合的天人关系整体系统。在天人关系整体系统链条之中,任何相邻的两个层级都构成一个相对独立的天人关系,即其中任何一个层级相对于上一层级而言,属于天人关系之人的层次,而相对于下一层级而言,则同时又是天人关系之天的层次。这意味着,家国即天人同构多重系统层级当中的一个小系统,此中,家为人(子),而国为天(父)。

“君子之事亲孝,故忠可移于君。”(《孝经·广扬名章第十四》)《大学》亦有言:“古之欲明明德于天下者,先治其国;欲治其国者,先齐其家。”家国同构的思维方式搭建起了由孝亲通向忠君的内在路径,这正是天人之一体关系的两种具体展现,即父子、君臣之天人关系。父为子之天,君为臣之天。为此,古之有言曰:忠臣必出于孝子之门。鉴于此,《春秋繁露》直接将忠孝与君亲关联在一起。如:

> 人受命于天,有善善恶恶之性,可养而不可改,可豫而不可去,若形体之可肥臞,而不可得革也。是故虽有至贤,能为君亲含容其恶,不能为君亲令无恶。书曰:“厥辟去厥祇。”事亲亦然,皆忠孝之极也。非至贤安能如是?父不父则子不子,君不君则臣不臣耳。(《春秋繁露·玉杯第二》)

这里指出了至贤“事亲孝”与“事君忠”的内在一致性。《论语·学而》有言曰:“其为人也孝悌,而好犯上者鲜矣。”一般说来,源于血缘亲族关系的孝悌之内在品质,在天人同构的整体文化背景中直接规制了至贤之于君上的忠心态度,而对于君亲之恶敢于谏言,这则体现了至贤对于君亲之忠孝的极致表现。

第四,天经地义:孝敬之道的应然性。孝道本是人伦关系范畴。但在中华文化视域中,人道与天道天然地联系在一起,人道效法天道,天道昭示人道。《春秋繁露》通过天之五行之间的相生与生、长、养、成关系,建构了“父授之,子受之”的天道律令。由此,将孝亲之人伦与五行之天伦结合在一起。如:

> 孝经曰:“夫孝,天之经,地之义。”何谓也?对曰:“天有五行:木、火、土、金、水是也。木生火,火生土,土生金、金生水。水为冬,金为秋,土为季夏,火为夏,木为春。春主生,夏主长,季夏主养,秋主收,冬主藏。藏,冬之所成也。

是故父之所生，其子长之；父之所长，其子养之；父之所养，其子成之。诸父所为，其子皆奉承而续行之，不敢不致如父之意，尽为人之道也。故五行者，五行也。由此观之，父授之，子受之，乃天之道也。故曰：夫孝者，天之经也。此之谓也。”(《春秋繁露·五行对第三十八》)

再者：

天有五行：一曰木，二曰火，三曰土，四曰金，五曰水。木，五行之始也；水，五行之终也；土，五行之中也。此其天次之序也。木生火，火生土，土生金，金生水，水生木，此其父子也。木居左，金居右，火居前，水居后，土居中央，此其父子之序，相受而布。是故木受水而火受木，土受火，金受土，水受金也。诸授之者，皆其父也。受之者，皆其子也。常因其父以使其子，天之道也。是故木已生而火养之，金已死而水藏之，火乐木而养以阳，水克金而丧以阴。土之事天竭其忠。故五行者，乃孝子忠臣之行也。(《春秋繁露·五行之义第四十二》)

又者，地之于天，“不敢有其功名，必上之于天”。“土之于四时，无所命者，不与火分功名。”故“忠臣之义，孝子之行，取之土”。在天人同构的宇宙图式中，臣、子就相当于天地关系中的土、地，土地为功而不自居，正彰显了其大义。为人臣、为人子之于君亲之忠孝乃其法于地的必然体现。于此，《春秋繁露》有言：

地出云为雨，起气为风。风雨者，地之所为。地不敢有其功名，必上之于天。命若从天气者，故曰天风天雨也，莫曰地风地雨也。勤劳在地，名一归于天，非至有义，其庸能行此？故下事上，如地事天也，可谓大忠矣。土者，火之子也，五行莫贵于土。土之于四时，无所命者，不与火分功名。木名春，火名夏，金名秋，水名冬。忠臣之义，孝子之行，取之土。土者，五行最贵者也，其义不可以加矣。五声莫贵于宫，五味莫美于甘，五色莫盛于黄，此谓孝者地之义也。(《春秋繁露·五行对第三十八》)

如《易经·系辞》之言：“天尊地卑，乾坤定矣；卑高以陈，贵贱位矣。”父子、君臣皆法则天地，可谓“美孝之至”。如：

是故春秋君不名恶，臣不名善，善皆归于君，恶皆归于臣。臣之义比于地，故为人臣者，视地之事天也。为人子者，视土之事火也。虽居中央，亦岁七十二日之王，傅于火以调和养长，然而弗名者，皆并功于火，火得以盛，不敢与父分功美，孝之至也。是故孝子之行，忠臣之义，皆法于地也。地事天也，犹下之事上也。地，天之合也，物无合会之义。(《春秋繁露·阳尊阴卑第四十三》)

在天人同构的宇宙思维图式中，天、地、人作为“万物之本”，分别承载着天生、地养、人成的天然功能，相对独立而又相互补充。孝悌源于“天生”，即与生俱来的天然伴随物，内嵌不显地隐喻于每个生命之中。但孝悌不能自然地呈现，这须有赖于“人成”，即须借助于礼乐教化之功。换言之，“人成之以礼乐”完全是应“天生之以孝悌”的顺势而为，即：“天、地、人，万物之本也。天生之，地养之，人成之。天生之以孝悌，地养之以衣食，人成之以礼乐，三者相为手足，合以成体，不可一无也。”(《春秋繁露·立元神第十九》)违之，则天昏地暗，“父不能使子，君不能使臣”，“是谓自然之罚”。顺之，则天清地宁，“民如子弟，不敢自专，邦如父母，不待恩而爱，不须严而使，虽野居露宿，厚于宫室。如是者，其君安枕而卧，莫之助而自强，莫之绥而自安，是谓自然之赏。”(《春秋繁露·立元神第十九》)

另，《春秋繁露》特别重视孝子孝妇对于先祖父母之祭祀。“古者岁四祭，四祭者，因四时之生孰，而祭其先祖父母也。”“过时不祭，则失为人子之道也。”“孝子孝妇，缘天之时，因地之利。地之菜茹瓜果，艺之稻麦黍稷，菜生谷熟，永思吉日，供具祭物，斋戒沐浴，洁清致敬，祀其先祖父母。孝子孝妇不使时过，已处之以爱敬，行之以恭让，亦殆免于罪矣。”“此天之经也，地之义也。”(《春秋繁露·四祭第六十八》)孝子通过祭祀表达着对先祖的感念与报答，一定程度上，这是情感互通而非盲目流俗。换言之，“儒家所宣传的丧礼祭礼，是诗与艺术而非宗教”[①]。

《孝经·三才》：“夫孝，天之经也，地之义也，民之行也。天地之经，而民是则之。”《春秋繁露》之孝道思想正承接此意。

第五，上行下效：圣君之孝的影响性。为人君者法天而行，上事亲尊以敬孝，中于兄以悌道。自然对于臣民产生积极的教化与影响。正如子曰：“《书》云：‘孝乎惟孝，友于兄弟。施于有政。’是亦为政，奚其为为政？”(《论语·为政》)鉴于此，《春秋

① 转引自李泽厚.美学三书[M].合肥：安徽文艺出版社，1999:232.

繁露》指出了圣人君子力行孝悌的教化之功：

> 传曰：政有三端：父子不亲，则致其爱慈；大臣不和，则敬顺其礼；百姓不安，则力其孝弟。孝弟者，所以安百姓也。力者，勉行之身以化之。天地之数，不能独以寒暑成岁，必有春夏秋冬。圣人之道，不能独以威势成政，必有教化。故曰：先之以博爱，教以仁也。难得者，君子不贵，教以义也；虽天子必有尊也，教以孝也；必有先也，教以弟也。此威势之不足独恃，而教化之功不大乎？
>
> 传曰：天生之，地载之，圣人教之。君者，民之心也；民者，君之体也。心之所好，体必安之；君之所好，民必从之。故君民者，贵孝弟而好礼义，重仁廉而轻财利。躬亲职此于上，而万民听，生善于下矣。故曰："先王见教之可以化民也。"此之谓也。(《春秋繁露·为人者天第四十一》)

上有所好，下必从之。正如《大学》有言："一家仁，一国兴仁；一家让，一国兴让；一人贪戾，一国作乱：其机如此。此谓一言偾事，一人定国。尧、舜帅天下以仁，而民从之。桀、纣帅天下以暴，而民从之。其所令反其所好，而民不从。是故君子有诸己而后求诸人，无诸己而后非诸人。"即为此意。

有学者认为，"在汉代，将天人同构或同体理论发展到极致的是董仲舒"。其"将天视作有性、有情、有意的自在实体"，由此将"汉代哲学关于人与自然关系的判断"纳入"审美属性"图谱之中。①其意义在于通过上达天道而下启人道，或者说，为人与自然、人与人之间建构良性的社会秩序提供了至高至上的本原性的德性根据。即所谓"上承天之所为，而下以正其(人)所为"(《汉书·董仲舒传》)。

三、《春秋繁露》孝道思想的当代价值

天人同构思想作为中华文化传统思维具有自然必然性，即使在科学技术高度发达的今天，依然具有重要意义。一则就理论而言，"处在先秦和魏晋两大哲学高峰之间、以董仲舒为重要代表的秦汉思想"，"以阴阳五行来建构系统论宇宙图式为

① 刘成纪.汉代哲学的天人同构论及其美学意义[J].上海师范大学学报(哲学社会科学版)，2006(6)：37-44.

其特色","是中国哲学发展的重要新阶段"。[①]二则就现实而言,天人同构思维以其素朴至上、返本溯源的方式,在天人类比互通的图式中架构与规制了人与天地自然、人事万物的基本关系。一定程度上,天人同构的思维方式并非人对外在自然的知识性探索与求真,而恰恰是人与天地自然互通互感的内在体认,即"与天地参"的价值追求,从而达成与天地合一的人生大成之境况。毕竟人以及人与社会的关系应该不是"事实性"问题,而是"价值性"问题。[②]

首先,以诚敬、敬畏之心待天、敬亲。学界一般将董仲舒之"天"划分为自然之天、道德之天与神灵之天,甚至认为其'天'之内涵存在着落后的宗教情结乃至矛盾。如"董氏所说的'天',似乎回到古代宗教的人格神上面去了。我相信董氏常会有宗教神的影响,往来于他的心目之中。但他的'天'的实体是气,气表现而为阴阳四时五行;认真地思考一下,把气当作人格神来看待,是非常困难的事"。"董氏以气为基底的'天'的构造,与他建立'天'的哲学的宗教情绪,是含有很大的矛盾,而他未尝自觉。"[③]实际上,如果从天人同构的视角考量,则其所谓的问题自然化解。如果站在中国传统文化视角,学界对董仲舒之天的划分,即自然之天、道德之天以及神灵之天,似乎不甚妥当。据天人同构理论,天人之间的同质性、相通性自然意味着人所具备的,天同样具备。人是生理与心理(知情意)的统一,则天必然不仅仅是自然之天、物质之天,更是意志之天,即义理(或道德、神灵)之天。《春秋繁露·天地阴阳》有言:"天、地、阴、阳、木、火、土、金、水、九,与人而十者,天之数毕也。故数者至十而止,书者以十为终,皆取之此。人何其贵者,起于天,至于人而毕。毕之外,谓之物。物者,投其所贵之端,而不在其中。以此见人之超然万物之上,而最为天下贵也。"如果说,人之所以最为天下贵乃在于人之成己、成物之心智(知情意)的完善,那么,天之至高则在于基于"天、地、阴、阳、木、火、土、金、水、九,与人而十者"等诸多有形与无形因素相互作用而形成的物质、信息以及能量场,即义理(道德、神灵)之天。义理之天源于自然之天而高于自然之天,置言之,自然之天乃有形物质之体,义理之天则为无形功能之用。自然之天乃人类借助于物质、能量以及信息与自然进行交换,从而实现自身存在与发展的物质基础,而义理之天则是源于自然之

① 李泽厚.中国思想史论[M].合肥:安徽文艺出版社,1999:139.
② 陈静.自由与秩序的困惑——《淮南子》研究[M].昆明:云南大学出版社,2004:337.
③ 徐复观.两汉思想史[M].上海:华东师范大学出版社,2001:245.

天而又超脱于自然之天之上的宇宙法则或道德律令。

由是，对于有形的自然之天，人类不能仅仅一味索取，更应该呵护。正如马克思在《1944年经济学—哲学手稿》中指出的："自然界，就其不是人的身体而言，是人的无机的身体，人靠自然界生活。这就是说，自然界是人为了不致死亡而必须与之不断交往的、人的身体。所谓人的肉体和精神生活同自然界相联系，也就是等于说自然界同自身相联系，因为人是自然界的一部分。"[①]从人与自然之间的终极看价值关系，人与自然是不可分割的统一体。爱护自然即爱护人类自己。

对于无形的义理之天，应保持基本的敬畏之心。孔子曰："君子有三畏：畏天命，畏大人，畏圣人之言。小人不知天命而不畏也，狎大人，侮圣人之言。"(《论语·季氏》)朱子释之曰："天命者，天所赋之正理也。知其可畏，则其戒谨恐惧，自有不能已者。而付畀之重，可以不失矣。""不知天命，故不识义理，而无所忌惮如此。"[②]人作为天地中的一分子，虽然认识的触觉已经上天入地，但未知的世界对于人类来说依然存在。于之，保持一份敬畏之心，是人存在于天地之间的基本要求。如《中庸》有言："是故君子戒慎乎其所不睹，恐惧乎其所不闻，莫见乎隐，莫显乎微，故君子慎其独也。"敬畏产生信仰，此非盲目的精神崇拜，而是源于生命本然的敬畏意识。

对于师长君亲，应持有基本的敬意。随着物质生活的提高以及科技演进，传统的长幼尊卑人伦关系格局与秩序日益式微甚至遭到颠覆。这样表达的意思并非无视与否定人与人之间的平等社会关系，而是倡导在认可社会关系平等的前提下，幼对长、子对父应保持基本的敬意。《论语·为政》有言："子游问孝。子曰：'今之孝者，是谓能养。至于犬马，皆能有养；不敬，何以别乎？'"唯有内心诚敬，方有外事上以孝行。如果把孝视为基本之礼，儒家明显地发展了"礼"与内在心理的重要关系，且强调后者是根本，是基础。[③]于上以敬乃人之为人区别于其他生命现象的鲜明特征。正如马一浮先生所言：主敬为涵养之要。良好的人际关系的形成须依赖于彼此诚敬之心，于师长君亲尤为如此。

其次，秉持天地人一体的和谐理念。在天、地、人三才之中，"天大，地大，人亦

① 中共中央马克思恩格斯列宁斯大林著作编译局.马克思恩格斯全集(第42卷)[M].北京：人民出版社，1979:95.

② [宋]朱熹.论语·大学·中庸[M].上海：上海古籍出版社，2013:199.

③ 李泽厚.美学三书[M].合肥：安徽文艺出版社，1999:232.

大,天人是相通而合一的。从而,人可以以其情感、思想、气势与宇宙万物相呼应,人的身心作为的一切普遍规律和形式(包括艺术的一切规律和形式),也正是自然界的宇宙普遍规律和形式的呼应,例如运动、流变、动态平衡、对应统一……”[①]从而天地人共参。天生之,地养之,人成之。三者合一成体,不可一无。正是三才结成相得益彰的图式,方使天地宇宙处于相对平衡、美美与共、和合共生的存在样态。一般而言,天地作为天然自然界,以其无为而为的内在自然必然性进行着演进与分化,其中遵循着天地之大道、宇宙之法则。而人类的登场、进化、发展与强大一旦到了足以影响到天地自然的整体能量场时,势必使人类生活存在的自然界的能量场域产生偏差,甚至导致能量场失去平衡,自然生态的破坏、自然灾害的发生即为例证。此等状态乃人自身失范所致。如上文,人之为人的价值和意义在于“成之”。《春秋繁露》云:“人成之以礼乐。”何谓礼乐?法则规范即是。这意味着,人之所以能够与天、地并列为三才,须以上合天道、中合人道、下合地道的标尺规制自身的思维和行为,以保证其内在意识的正确、外在行为的合道、外化结果的完好。

人是天地的产物。人只能遵循天地之道而不可无视乃至违背天地正道。虽然科技的演进在改变着人与自然交换与互动的筹码,但人与天地自然之间的关系无法被改变。这意味着,一方面,随着人们对自然界的必然性认识在广度与深度上日益扩展从而获得越来越大的自由;另一方面,就理论而言,人们无法对自然界的必然性达到完全彻底的认识,即自然界的必然性永恒存在。鉴于此,尊重自然、与天地万物和谐共生永远是人类自身存在的基础和条件。因为天地乃人生命之本、活力之源。正是在此意义上,《春秋繁露》曰:“人之为人,本于天也,天亦人之曾祖父也。”(《春秋繁露·为人者天第四十一》)故无论技术如何发达,人类切不可忘乎所以。

于人与自然的关系,恩格斯指出:“我们不要过分陶醉于我们对自然界的胜利。对于每一次这样的胜利,自然界都报复了我们。每一次胜利,在第一步都确实取得了我们预期的结果,但是在第二步和第三步却有了完全不同的、出乎预料的影响,常常把第一个结果又取消了。”“因此我们必须时时记住:我们统治自然界,决不像征服者统治异民族一样,决不像站在自然界以外的人一样,——相反,我们连同我们的肉、血和头脑都是属于自然界,存在于自然界的;我们对自然界的整个统治,

① 李泽厚.美学三书[M].合肥:安徽文艺出版社,1999:282.

是在于我们比其他一切动物强,能够认识和正确运用自然规律。”

最后,社会公务人员特别是领导者必须在社会公共活动领域做出表率。社会公务人员行为处事、工作作风直接对民众产生着教化与影响,具有正相关性。一方面,相对于天地自然,公务人员乃其子民,唯以对下层民众负起责任,方称天地赋予之职。否则,既不能服众,又违背天职,以《春秋繁露》之意蕴,这往往导致自然之灾。另一方面,相对于下层民众,公务人员乃民众之师长君亲,其工作作风时刻对民众产生着示范性、导向性的影响。如《论语·颜渊》有言:“季康子问政于孔子曰:‘如杀无道,以就有道,何如?’孔子对曰:‘子为政,焉用杀?子欲善而民善矣。君子之德风,小人之德草。草上之风,必偃。’”诚如斯也。

董仲舒天子思想及其与皇帝制度的关系

崔锁江

《尚书》开始只是称“帝尧”“帝舜”，直到《五子之歌》《商书》才开始使用“天子”一词。殷周之际的《尚书·洪范》提出“天子作民父母，以为天下王”，把“天子”与“王”等同起来。《诗经》里多次使用“天子”等说法。《论语》里两次使用“天子”说法。《春秋·公羊传》多次使用“上无天子，下无方伯，天下诸侯有相灭亡者”“僭天子不可言”等说法。《礼记·曲礼下》提出“君天下曰天子”的定义。《孟子》当中也多次出现“天子不仁，不保四海”“自天子达于庶人”“天子一位”“春秋，天子之事也”“得乎丘民而为天子”“天子能荐人于天”等说法。《墨子》《管子》《吕氏春秋》等作品中更是多称帝王为天子。“天子”成为中国古代学者们称呼帝王时最为方便的书面用语。学者们一般认为“天子”概念形成于西周。比如，宫长为就认为“天子”起源于“予一人”，周成王时形成了“周天子”的说法，与“王”并行。[①]郑惠生则认为“商人不称‘天子’”[②]。在先秦儒学塑造天子理想的基础上，董仲舒形成了明确的天子思想，构建了以天子为核心的差异秩序，加大了“屈民而伸君、屈君而伸天”的理论力度，最终实现了天子思想与皇帝制度的融合。

一、董仲舒天子思想的具体内容

董仲舒以“天子”指代皇帝，延续了先秦学术传统。秦始皇在中国历史上首创了皇帝名号与制度。《史记》记载秦始皇要大臣“议帝号”，并且说：“今名号不更，无以称成功，传后世。”丞相王绾、御史冯劫、廷尉李斯等人在提议中就有“天子自称曰

① 宫长为．天子考论[C]//周秦社会与文化研究——纪念中国先秦史学会成立20周年学术研讨会论文集．西安：陕西师范大学出版社，2003：159.

② 郑慧生．“天子”考．历史教学[J].1982(11)：60-61.

‘朕’”等说辞。可见,“天子”一词也为秦朝人所惯用。雷晓鹏认为秦始皇“敬天又祭天”,但不迷信“天命”[①]。他进一步认为“皇帝”是名号,而“天子”则不是名号。他力图说明秦始皇尽管非常推崇“天子”称谓,但有意识地区分了皇帝与天子两个身份。他补充道:刘邦在登基称皇帝之后强化了“天子”观念,他的一些重臣把汉朝的建立归结为“沛公殆天授”“此非人力,天之所建也”的“天命”。历代皇帝都未能对“天子”有所定义,未能把“天子”正式化、制度化。但这不妨碍历代儒者以天子指称皇帝。董仲舒对秦始皇评价道:“故立为天子十四岁而国破亡矣。”《仁义法》一篇提出:“独身者,虽立天子诸侯之位,一夫之人耳,无臣民之用矣。”[②]董仲舒采用了“天子”与“独夫”这种“正名实”的办法解释了“天命转移”。董仲舒提出:“王者亦天之子也。”[③]这是根据以德而称王或天子,而非以位而称王或天子。由此可见,董仲舒沿承了先秦“以天子指代帝王”的书写传统。董仲舒的天子概念比起“皇帝”一词更具有德性内涵。董仲舒以“天子”为关键点建构起差等伦理秩序。《春秋繁露·为人者天》:“传曰:唯天子受命于天,天下受命于天子,一国则受命于君。”[④]董仲舒以“天子”的核心地位来解释“一人有庆,兆民赖之”。他说:“百姓不安,则力其孝弟。”[⑤]这里的孝悌强调“虽天子必有尊也,教以孝也;必有先也,教以弟也”。“天子”必须学会尊敬父母、尊重年长者,进而以自己的孝悌之道作为天下百姓的表率。《春秋繁露·顺命》提出:“天子受命于天,诸侯受命于天子,子受命于父,臣妾受命于君,妻受命于夫。诸所受命者,其尊皆天也,虽谓受命于天亦可。”[⑥]这种受命过程好比一种授权过程。天子拥有治理天下的主权,然而却需要把治权分给百官与万民。百官与万民通过服从天子,进而实现了“受命于天”的正义性与合法性,从而建构起了一个以“天子”为核心、以天为极点的社会伦理网络,把天下所有人都纳入“天道”之中。《春秋繁露·奉本》提出:“人之得天得众者,莫如受命之天子。下至公、侯、伯、子、男,海内之心悬于天子。”[⑦]董仲舒建构了一个“天—天子—百官—万民”的等级序

① 雷晓鹏.秦始皇为何不自称“天子”?[J].唐都学刊,2015(4):91-95.
② 苏舆.春秋繁露义证[M].北京:中华书局,1992:252.
③ 苏舆.春秋繁露义证[M].北京:中华书局,1992:219.
④ 苏舆.春秋繁露义证[M].北京:中华书局,1992:319.
⑤ 苏舆.春秋繁露义证[M].北京:中华书局,1992:319.
⑥ 苏舆.春秋繁露义证[M].北京:中华书局,1992:412.
⑦ 苏舆.春秋繁露义证[M].北京:中华书局,1992:278.

列。《春秋繁露·为人者天》还提出:“天亦人之曾祖父也。”[1]我们从这个序列可以看出:百官可以看作民人之父母,天子可以看作民人之祖父,“天”就成了民人的曾祖父。这是以代际差别表达以天子为核心的差等伦理秩序。

董仲舒要求皇帝宜“视天如父”。《春秋繁露·深察名号》提出:“故号为天子者,宜视天如父,事天以孝道也。”这里的“视天如父”已经接近于“以天为父”。《春秋繁露·郊语》提出:“以身度天,独何为不欲其子之有子礼也。”[2]董仲舒要求皇帝把天当作父亲一样,进而以子道事天。但这并不是直接把天与父相等同。夏朝开始了君主世袭制后,只有开国之君需要以天命转移、五德终始、受命于天等说法来说明自身的合法性。而后世帝王都清楚君权是依据血缘继承得自父亲,并且已经获得了传统合法性。基督教文化则形成了“圣父、圣子、圣灵”三位一体的神学体系。相较而言,董仲舒提出的“视天如父”具有“天、子、道”三位一体的意蕴。但董仲舒思想中的“天”依然被看作一种神秘的“天意”,而非人格化的具象。天虽然具有赏善惩恶、灾异遣告的功能,但其人格形象始终没有完成,这导致以孝道事天最终无法落实。《春秋繁露·郊祀》中提出:“立为天子者,天予是家。”[3]董仲舒强调皇帝祭天,以此增强皇室与天的联系。但是,“天子”与“天”之间缺乏了中间的生育环节,“视天如父”无法得到合理的解释。总之,“视天如父”更多的类似于一种想象与建构。皇帝在虚拟伦理与现实伦理的选择上更倾向于现实伦理。

“视天如父”必然推导出皇帝要以子道、孝道事天。董仲舒提出:“天子父母事天,而子孙畜万民。”[4]这是主张皇帝要把“天”作为父母,而把“万民”视作子孙。为了维护这种大一统的差等伦理秩序,皇帝最重要的任务就是“以子道事天”。他认为皇帝不祭天就好比是“无用食父母也”,进而引起整个伦理秩序的崩塌。皇帝因此要自觉降低高贵的身份以实现对天道的崇奉。董仲舒提出:“先贵而后贱,孰贵于天子?天子号天之子也。奈何受为天子之号,而无天子之礼?天子不可不祭天也,无异人之不可以不食父。为人子而不事父者,天下莫能以为可。今为天之子而不事天,何以异是?”[5]董仲舒这里的诘问语气非常强烈,在意识深处实际认为皇帝

① 苏舆.春秋繁露义证[M].北京:中华书局,1992:318.
② 苏舆.春秋繁露义证[M].北京:中华书局,1992:399.
③ 苏舆.春秋繁露义证[M].北京:中华书局,1992:409.
④ 苏舆.春秋繁露义证[M].北京:中华书局,1992:404.
⑤ 苏舆.春秋繁露义证[M].北京:中华书局,1992:404-405.

背离了天道,成为天的“逆子”。他以父子关系比拟天与皇帝的关系,意味着一种孝道的扩大化。然而后世皇帝只是接受了受命于天的概念,并未能接受“视天如父”的观念,更难以子道、孝道事天。

而且,董仲舒强调天子祭天的优先性。他指出:“今为其天子,而阙然无祭于天,天何必善之?”[①]天子不祭天所导致的后果就是“上天”无法善待帝王,进而可能降罪于天下,产生各种灾异。董仲舒认为:“天下所未和平者,天子之教化不行也。”他把事天作为皇帝最重要的责任。廷尉张汤向董仲舒请教“郊祭”,董仲舒提出:“古者天子之礼,莫重于郊”,“天子祭天”,“周公,圣人也,有祭于天道”。[②]在他看来,郊祭是最尊贵的礼制,皇帝祭天的重要性高于皇帝居父母之丧,这是其“屈君而伸天”思想的自然反映。他重视“郊祭”“祭天”的思想被后世历代皇帝所认同与坚持。《郊义》提出:“天者,百神之君也,王者之所最尊也。”[③]

二、天子思想与皇帝制度相冲突

建元六年(前135年),窦太后去世,汉武帝刚刚掌握实权。此年先后发生了“辽东高庙灾”与“高便殿灾”。《汉书·董仲舒传》记载:“仲舒居家推说其意,草稿未上,主父偃候仲舒,私见,嫉之,窃其书而奏焉。……于是下仲舒吏,当死,诏赦之。仲舒遂不敢复言灾异。”[④]董仲舒结束外任王相的经历之后回到长安任“中大夫”,于是依据“天人感应”理论撰写了该草稿,想建议汉武帝惩罚不守法的“近臣”与“藩王”。这个对策也包含了董仲舒对藩王骄奢淫逸的深刻体察与不满。主父偃窃取了这个草稿,上奏汉武帝。汉武帝让群臣讨论此对策。董仲舒的弟子吕步舒不知道是自己老师的草稿,而认为其中的观点属于“下愚”。于是就有“下仲舒吏”之事。董仲舒最后得到了汉武帝的赦免,但此后“竟不敢复言灾异”,严格遵循君臣之义。此事件是儒家与皇帝的一次典型冲突。

第一,此事件反映了汉武帝对“灾异谴告”的忌讳。皇帝们普遍喜好祥瑞,而对灾异则缺乏兴趣,更缺乏接受的勇气。汉武帝只是欣赏“天命”赋予的特权,而不愿

---

① 苏舆.春秋繁露义证[M].北京:中华书局,1992:399.

② 苏舆.春秋繁露义证[M].北京:中华书局,1992:414-417.

③ 苏舆.春秋繁露义证[M].北京:中华书局,1992:402.

④ [汉]班固.汉书[M].北京:中华书局,1962:2524.

接受儒家通过解释天命对皇权形成的制约。这种责任与义务的不对等性是皇帝制度的重大缺陷。儒者更多地倾向于保持皇帝权力与天道约束之间的平衡。这必然造成皇权与儒者之间的冲突。汉武帝已经养成了“拒谏”的习气,在具体政事上倾向于独断,不喜欢儒者参议,更不喜欢被儒家诠释的天意所左右。

第二,汉武帝缺乏以天子身份“奉行天命”的自觉意识,而执念于皇权的无限性。董仲舒根据《春秋公羊传》的精神提出了相关的设想,但不经意间引发了皇帝制度与天子思想之间的激烈碰撞。根据天意来处罚不守规矩的近臣与藩王,不仅容易导致与法律讲证据的冲突,而且容易造成人人自危的一种局面。天意往往容易成为一种舆论借口。后世谶纬之学就遇到了这方面的难题。

第三,董仲舒的“天子思想”必然拉近皇帝与上天的距离,存在疏离皇帝与皇族宗室的倾向。董仲舒把天作为最高主宰,在某种程度上削弱了父、夫、君的崇高地位,因为他的对策实际上有干涉皇权乃至皇族内部事务的嫌疑,构成了一种对皇权的制约与挑战。

因此,笔者认为董仲舒的天子思想也是此事件的一个潜在因素。董仲舒的天子思想受到了皇帝制度与政治权威的冲击。董仲舒所设想的天子崇天、以天道规约天子的思路被皇帝轻易搁置。尽管董仲舒刻意要把皇权纳入“天道”的伦理体系,但皇帝制度并不会无条件地服从这种设计。皇帝如果服从了这种“天子思想”,就会意味着中国古代社会走向教权高于皇权的政教二元模式。然而,皇帝制度是实在的、具体的,而“天子”是一种美化皇权的说法,停留在理想与儒家话语体系之中。董仲舒以儒学思维思考问题,进而有了以经学干政经世的热情。

这对汉武帝的政治权威构成了严重挑战。汉武帝需要用儒学统一人们的思想,但其目的是让人们接受汉皇室“受命于天”的事实,并不是要制造一个高于皇权的教权。汉武帝不仅要通过“大一统”政策强化皇帝制度的政治权威,也要强化自身的精神权威属性。汉元帝当太子的时候,“柔仁好儒”,曾提过“陛下持刑太深,宜用儒生”的建议,汉宣帝就此批评道:“汉家自有制度,本以霸王道杂之,奈何纯任德教,用周政乎!且俗儒不达时宜,好是古非今,使人眩于名实,不知所守,何足委任!”这体现了皇帝出于现实政治的考虑而任用儒术收揽人心,并不真心信奉儒道的实情。

三、天子思想与皇帝制度相融合

“下吏”事件发生后，汉武帝赦免董仲舒，之后依然信赖他。董仲舒也更加谨言慎行，表现了“忠君”的思想特质。儒家与皇帝之间产生了一种微妙的平衡。董仲舒的天子思想尽管不能得到全面贯彻，但实现了与皇帝制度的协调与融合。东汉的《白虎通义》更使“天子”具有了“法典”性质。按照今文经学精神写成的《白虎通义》中提出：“天子者，爵称也。爵所以称天子者何？王者父天母地，为天之子也。”[①]东汉儒者继承董仲舒“深察名号”的思想，把“天子”安排在卷首，取其“王天下”之意。而东汉许慎在解“姓”字时提出：“古之神圣母，感天而生子，故称天子。”[②]这就肯定了天子具有“天之子”的神圣寓意，是一种神圣性存在，不宜作为批评的对象。而真正需要被批评的是皇帝制度，皇帝占据了“天子”称号，从而也试图变成一种神圣存在。圣王与俗王的区别恰恰是“天子”理想与皇帝制度的区别。所以，古文经学与今文经学争论了“天子一爵”的观点，并注意到了“天子”与“帝王”的双重角色冲突。天子是儒家设定的政治理想。而皇帝制度则是现实政治的真正产物。后世君主利用人们不严格区分“皇帝”制度与儒家“天子”思想的思维混乱，不仅僭越了天道的神圣存在（“天子僭天”），更僭越了儒家“圣人”的位格，最终把儒学作为加强自身合法性与精神权威的工具。笔者认为董仲舒的天子思想实质性地改善并提升了秦始皇创立的皇帝制度。其对皇帝制度的贡献在于有利于合理地设定天道、皇帝、儒者、民众四者在政治权威与精神权威方面的伦理关系。但值得注意的是二者相融合却有着深刻的复杂性，二者是有条件的融合。

第一，“天子”意味着“天道”具有终极超越性，是最高的政治权威、精神权威的最终来源与依据。所谓“独尊儒术”是要求皇帝带领民众一同独尊儒术，一同崇奉天道。历代皇帝都不得僭越天道的绝对权威。董仲舒以父子伦理的方式理解天与皇帝的关系，从而确立了天道的超越性以及绝对权威。需要说明的是，天道超越性权威离不开“君父”的现实权威。“以君为天”“以父为天”就是把天道权威变为现实的中介。“父、君、夫”构成了儒家的现实权威。董仲舒在处理天与天子的伦理规范时候并不否认现实性权威，但更强调天道的超越性权威。老子直接强调王者要“法

① [汉]班固.白虎通义[M].北京：中华书局，1994：1.

② 许慎.说文解字[M].北京：中华书局，1963：258.

地”“法天””法道”“法自然”。董仲舒的“奉天”就如同“法天”之意,包含了“以天正王”的思想。他多次评述“唯天为大,唯尧则之”中的尧作为圣王依然要以天为大,而不是替代天。强调超越性权威是原始儒家的基本立场,宋明理学提出的“天理”只是重构超越性权威。后世皇帝依然要通过祭天、奉天等说法获得自身的合法性。后世皇帝也绝不敢提出“反天、乱道、悖理、逆伦”的主张。董仲舒的天子思想极好地诠释了天道的超越性存在与绝对性权威。

第二,“天子”意味着“皇帝”只具有现实中最高的政治权威,而不具有最高的精神权威。“皇帝”与“天子”,分别代表着现实制度与理想人格。“皇帝”象征着政治权威。现实的皇帝制度是政治权威的载体。“天子”则象征着“天道”是最高的精神权威,皇帝要像儿子一样受上天所命。这就使得后世君主具有“天子”与“皇帝”的身份二重性。天子相当于“圣王”,而皇帝则是“俗王”。俗王要效法圣王,皇帝要努力按照“天子”的规范行事。儒家的“大一统”是以天、元为极点。皇帝处于这个统一体的核心与关键的位置,但并不代表着制高点。制高点只能是“天命”。沈才彬从“天子思想”的兴起,讨论了孔子、墨子、孟子直到董仲舒的天子思想,并且把“天子思想”与改朝换代的革命论联系起来,解释了在经历了多次革命之后的皇帝制度为何依然具有宗教权威的现象。他指出:“中国的皇帝制始于秦始皇,及汉形成比较完备的封建体制。这一体制贯穿于中国封建社会的始终。皇帝制的核心是皇帝个人集宗教权威与世俗权力于一身,推行‘朕即国家’的封建专制统治。”[①]这个判断较为允当。普通民众往往把历史上的皇帝制度看作至高无上、不受制约的政治权威与精神权威的复合体。皇帝本人也往往以“圣”自居,圣旨、圣上、神圣更是为皇帝专用。而中国政治学者认为中国古代是政教合一的国家,其中的教是儒教,然而它却属于皇帝制度的一部分。皇帝是儒教当中的“天子”,尽管不具有理想中的精神权威,但事实上拥有着精神权威。

第三,“天子”是儒家对帝王的人格设定,体现着儒家制约皇权、主持教化的精神权威。儒家的大一统理论也被分为政治大一统与文化大一统。政治大一统主要维护以皇帝为核心的郡县制度,关注如何“削藩”等形而下的问题;而文化大一统则统一于“儒家”。儒家以天子指称皇帝,并不是剥夺皇帝的精神权威属性,而只是要

① 沈才彬.日本天皇与中国皇帝的比较研究——以“天子思想”为中心[J].日本学刊,1992(2):107-124.

求皇帝必须承认天道、天命的超越性存在，进而承认儒家在诠释天道、天命、天意方面所拥有的精神权威。儒家尽管不拥有受命于天的政治权威，却拥有解释天命的精神权威。孔子说："赐不受命，而货殖焉。"这是对儒者是否"受命"的说辞。但孔子也自信地宣称："文王既没，文不在兹乎？天之将丧斯文也，后死者不得与于斯文也；天之未丧斯文也，匡人其如予何？"（《论语·子罕》）这里的"文"就是诠释天命的精神权威。《论语》中的"天将以夫子为木铎"，更是表达了儒家执掌精神权威的思想。《春秋》学所提倡的"素王"说精确表达了精神权威与政治权威的二分。儒家具有"以天正君"的精神权威，拥有解释天意的权力，从而以经书为依据，对皇帝的行为与政令提出指导性建议。董仲舒正是根据这一精神设计了这样的建议。他的天子思想必然要求皇帝"尊天法道"，对精神权威保持敬畏。皇帝需要通过祭天敬天、向天行孝道、服从天意，才能成为儒家所认同的天子。所以，天子思想在抬高皇帝相对于民众与诸侯藩王的精神权威与政治权威的同时，更抬升了儒家经学的精神权威地位。"屈君而伸天"的精神权威最终落实到儒家今文经学与师道上。圣人是表达儒家精神权威的实体。孔子被儒家看作唯一的圣人，是最高的精神权威。孟子强调："自生民以来，未有盛于孔子也。"（《孟子·公孙丑上》）司马迁也认为："自天子王侯，中国言六艺者折中于夫子，可谓至圣矣！"（《史记·孔子世家》）就此而言，儒家实际形成了"圣高于王"的一种共识。需要说明的是，公羊学家所言的"王道"不是帝王之道，而是"圣王"之道。康熙皇帝向孔子圣像行三跪九叩大礼，就表达了这种文化认同。但是，圣人已经作古，在世的儒家只能是以臣子的身份从属于皇帝制度。所以，这种精神权威只能用于敬奉，而无法演变为一种现实性的制衡。儒者只能以劝谏的方式施加影响，而不能真正有效地制约皇权。

第四，"天子"意味着民众必须服从皇帝的现实权威，是"屈民而伸君"的重要说辞。王灿认为："天子"在《尚书》中是"天的元子"的意思，不是"天唯一的儿子"之意。他还认为董仲舒提出的"天佑而子之，号称天子""天子者，则天之子也""天子，号天之子也"等说法消除了"天之元子"的含义，是中国专制制度逐渐强化的反映。[1]笔者认为董仲舒同时提出了"人受命于天"与"天子受命于天"两个概念。按照普遍人性而言，人人皆可为尧舜，人人皆为天之子。而后世皇帝专享"天子"之称，排除了普通人作为"天之子"的"天赋"内含。皇帝拥有天命是"屈民而伸君"的

① 王灿."天子"新考[J].文化学刊,2011(1):140-145.

真实写照。但是,笔者认为,天子思想的重心不在于“屈民而伸君”,而在于“屈君而伸天”。人们对“天子”的第一印象往往是“天子受命于天”。但对于儒者而言,“天子”首先要奉天法古,进而获得文化认同,才能最终形成至高的政治权威与一定的精神权威。

四、小结

董仲舒开创了皇帝“独尊儒术”的历史传统,实现了儒学与皇权的结合。这种结合体现为“天子思想”与“皇帝制度”既相冲突又相融合的关系二重性。第一,从儒家角度而言,皇帝要遵从天命、奉天法古,做儒家式样的“天子”。儒家则以皇帝为中心建构大一统伦理秩序并把“忠君”作为重要的教化任务。第二,从皇帝的角度而言,皇帝并不能完全按照儒家所设计的“天子”角色来“纯任德政”,后世皇帝依然是以皇帝制度为最主要的认同。而“天子”一说只是皇帝增加自身合法性与权威性的重要手段。第三,民众往往把“天子”与“皇帝”混淆起来。后世学者也往往不自觉地把儒学与皇帝制度简单等同起来,看不到天子思想与皇帝制度既相融合又相对立的二重性,这进而使得“五四”新文化运动时期的人们难以对此进行区分,而一并予以打倒。因此,研究董仲舒的天子思想是正确认识儒学与皇帝制度关系的重要环节与途径。

董仲舒五行关系论中的多重模式及其对生克模式的超越

崔锁江

引　言

学界大多把相生相克奉为五行关系论的圭臬。尤其是中医学者更是把“生克”作为其重要的理论基础，提出五行生克制化律是保持生命整体稳定有序的唯一的独特模式的观点。[①]但是，有的学者已经开始认为：“就‘五行’学说所揭示的‘相胜’和‘相生’的事物运行模式而言，它本身还有着不可克服的局限性。”[②]有的学者提出了“促进相生，减少相克，人类社会才能实现和谐有序的发展”[③]的命题。与此不同的是董学研究者已经注意到了董仲舒开创五行关系多重模式这一重大思想进展。周桂钿先生总结董仲舒五行关系中的“相胜相生的循环系统”[④]，而且认为：“《洪范》只讲五行，没有讲它们之间的关系。”[⑤]周先生把董仲舒五行论概括为四个要点，认为董仲舒对五行相生进行了创新，以相生的次序排列五行；五行土为贵说；用五行相胜来说明封建政府内部权力互相制约；用五行相克来充实天人感应的内容。周先生认为五行在运行过程中会出现“五行顺逆”的情况，这就需要君主通过修养自身道德进行“变救”，进而实现天人之间感应与互动。余志平教授指出：“现存文献

① 俞天印，李国春．论五行之不可废[J]．南京中医药大学学报（社会科学版），2015（3）：146–150.

② 赵润琦．“五行”学说是朴素的系统论——兼论“五行”学说的基本内容[J]．西北大学学报（哲学社会科学版），1998(2)：44–48.

③ 王锟．从分到合：五行学说的系统结构及其现代启示[J]．人文杂志，2017(3)：16–20.

④ 周桂钿．董学探微[M]．北京：北京师范大学出版社，1989：61.

⑤ 周桂钿．董学续探[M]．福州：福建教育出版社，2015：31.

中,《春秋繁露》第一次详尽阐述出木、火、土、金、水五行的位次、相互关系及其推演的逻辑与过程。”[①]他在肯定传统的相胜相生之后,把“一旦五行没有按照序次运行,就会产生‘逆’‘乱’或‘干’”的情况称之为董仲舒的“五行有变”思想,这就需要人君以相应的政事调整与道德修养进行相应的“救助”。

一、五行关系模式不断丰富的发展过程

《尚书·洪范》提出:“五行:一曰水,二曰火,三曰木,四曰金,五曰土。水曰润下,火曰炎上,木曰曲直,金曰从革,土爰稼穑。润下作咸,炎上作苦,曲直作酸,从革作辛,稼穑作甘。”[②]这里只是列出五种元素及其各自的属性,尚未对五行关系做出论述。最早出现的五行关系论是西周末年的“五行相和”。《国语·郑语·史伯为桓公论兴衰》提出“和实生物,同则不继”的时候就以五行作为说明。他提出:“以他平他谓之和,故能丰长而物归之;若以同裨同,尽乃弃矣。故先王以土与金木水火杂,以成百物,是以和五味以调口,刚四肢以卫体,和六律以聪耳,正七体以役心,平八索以成人,建九纪以立纯德,合十数以训百体。”[③]这里的“以土与金木水火杂”是以土为主的相杂相和。五行相和也并不是如同化学上的“化合反应”产生了新事物。而且史伯在这里言说的重点是“和实生物”的思想,而不是五行思想。以土杂和其他四行仅仅是他所举出的例子。这说明五行论与中和论二者存在一个此消彼长的过程。

春秋战国时代的“五行相胜”大大流行起来。《左传》提出了“火胜金”[④]“水胜火”[⑤]的说法。《管子·四时》与《礼记·月令》更是强调了五行依据四时的更替而“主运”。邹衍提出了“五德终始”的说法。五行之所以更替,其背后的动力就是五行相胜。《吕氏春秋·有始览·应同》依次提出了“土气胜”“木气胜”“金气胜”“火气胜”“水气胜”的说法。这种“某气胜”的说法使得五行之间缺乏强烈联系而显得较为孤立。但其顺序暗合了“五行相胜”的思想。

---

① 余治平.董仲舒五行学说论[J].衡水学院学报,2009(5):20-24.

② 尚书[M].王世舜,王翠叶,译注.北京:中华书局,2012:145.

③ 国语.[M].陈桐生,译.北京:中华书局,2014:318.

④ 左传[M].北京:中华书局,2014:974.

⑤ 左传[M].北京:中华书局,2014:1078.

董仲舒提出:“五行者,五官也,比相生而间相胜也。”[①]这构成了对五行关系最为经典的描述。他的《五行相胜》与《五行相生》两篇文章使得相生相胜成为传统五行关系论的主干。五行相胜最终演化成“五行相克”。董仲舒就提出:“以子而迎成养,如火之乐木也;丧父,如水之克金也;事君,若土之敬天也。可谓有行人矣。”[②]董仲舒最早使用了“五行相克”的方法。此后,五行相克成为最重要的五行关系,与五行相生结合在一起最终成为相生相克模式,居于五行关系论的主流地位。更值得注意的是董仲舒在中国哲学史上最早开创了五行关系的多重模式。

伴随着五行思想广泛地被运用于政治、军事、命理、堪舆、中医、建筑、养生等各个方面,五行关系论也大大丰富起来。比如古代中医学者就不断探究五行关系的复杂性,提出了一系列新模式。比如,“五行相乘”就是指某一行对其所胜一行的过度克制,而“五行相侮”则是指某一行对其所不胜一行的反向克制。这都是对“五行相克”模式的创新。隋朝萧吉系统地写出了《五行大义》一书。该书第二卷在五行配干支的基础上谈了五行之间的复杂关系。其中提到了“论相生”“论配支干”“论五行相杂”“论德”“论合”“论扶抑”“论相克”“论刑”“论害”“论冲破”[③]等内容。其中的“相克”“刑”“害”“冲破”就相当于“相胜”。“相杂”“德”“合”则包含了五行相和的思想。“扶”相当于相助。“抑”则相当于相干。董仲舒开创的五行关系的多重模式又一次实现了系统化的整理。

二、董仲舒首创五行关系的多重模式

为了破除人们对相生相克的执着与束缚,笔者以董仲舒为逻辑起点研讨了五行关系的多重模式。《春秋繁露》中有九篇文章是分析董仲舒五行论的基础。其中的《五行对》《五行之义》《五行相生》都阐释了五行相生。除了五行相生之外,这几篇还包含了“五行授受”“五行主四季之气”等思想。这几篇描述了五行的正常运作。而接下来的《五行顺逆》则描述了五行功能紊乱的现象。其内在根据原理则是《治水五行》里五行依据四时分别用事的思想。五行功能紊乱进一步引发五行相干。《治乱五行》就分析了五行之间相互干扰的现象。两种情况进行“救助”与干

① [汉]董仲舒.春秋繁露[M].张世亮、钟肇鹏、周桂钿,译注.北京:中华书局,2012:487.
② [汉]董仲舒.春秋繁露[M].张世亮、钟肇鹏、周桂钿,译注.北京:中华书局,2012:405.
③ 刘国忠.《五行大义》研究[M].沈阳:辽宁教育出版社,1999:146-147.

预。接下来的《五行变救》主要是从政事角度进行救助,而《五行五事》则从修养角度进行了救助。应该说,董仲舒的五行论是一个既包含着世界观又包含着方法论的完整思想体系。董仲舒分析五行现象、进行五行变救已经触及五行关系论的多重模式与复杂性。笔者总结为五行相胜、五行相生、五行相干、五行相和、五行相助等几个方面。

1.五行相胜

董仲舒在《五行相胜》当中是以人事说明五行相胜。其中包括:以司农为木、以司徒为金,用"司徒诛杀司农"说明"金胜木";以司马为火、司寇为水,用"司寇诛杀司马"说明"水胜火";以君为土,以民为木,用"民叛君穷"说明"木胜土";以"司徒"为金,认为司徒骄傲,最终被"军士"(司马)所杀,进而以此说明火胜金;以"司寇"为水,认为"司寇为乱,足恭不谨,巧言令色,阿党不平,慢令争诛,诛杀无罪"①,这个时候"营荡"(君)就出来诛杀司寇,进而以此说明"土胜水"。董仲舒在论证"五行相胜"的时候,采取了不同于《管子·四时》或者《礼记·月令》以自然变化之理说明人事行为的次序,而是直接以社会历史为材料说明自然之理。他把"司农、司徒、司寇、司马、司营"等五种社会职能比喻为"木、金、水、火、土"。这完全不同于"水曰润下,火曰炎上,木曰曲直,金曰从革,土爰稼穑"的形象思维。司农、司徒、司寇、司马、司营五个职位之间的相杀已经带有了很强的"五行相克"的意味。这种"相杀""相害""相克"甚至成为一种真实的政治斗争场景,让中国古代历史充满了血腥味道。因此,五行相胜背后就存在着五行相克、五行相害的"恶"的一面。

2.五行相生

董仲舒在《五行相生》当中列举了东、西、南、北、中五种方位,司农、司徒、司寇、司马、司营五种官职,仁、义、礼、智、信五种德目与五行相配,进而按照东、南、中、西、北的顺序,论述了木、火、土、金、水的相生次序。董仲舒以"召公入南亩"说明"木生火",以"周公辅成王"说明"火生土",以"太公威武强御"说明"土生金",以"子胥执权而伐"说明"金生水",以"孔子折旋中矩、无有所阿"说明"水生木"。《五行之义》当中也同样表达了五行相生的思想,把火受木、土受火、金受土、水受金看作"子继父"的差异性秩序。他认为"诸授之者,皆其父也;受之者,皆其子也",这就意味

---

① 苏舆.春秋繁露义证[M].北京:中华书局,1992.370.

着五行相生的关系恰如父子相传。五行的关系并不是平行并列的平等关系，而是一种上下相传承的等级关系。而如果要论述五行的平等性伦理则需要借助于五行相和、五行相助、五行相干的思想。

董仲舒使用五行相生论证汉朝属“火德”[①]，而没有使用五行相胜。他在《五行相生》当中说：“本朝者火也，故曰木生火。南方者火也，本朝。”[②]他因汉朝起源于南方汉水而认为汉朝属于“火德”，而没有从汉秦关系而论。针对汉朝的“五行属性”却有着一个历史的发展过程。汉高祖依据汉承秦制认为自己属于水德，汉武帝依据五行相胜理论改属土德。董仲舒提议的“火德”后为刘歆所采用，进而为王莽受禅服务。后世则把革命看作相克、把禅让看作相生。董仲舒的“五行相生”是其中重要的理论支点。

3.五行相干

董仲舒创造性地提出“五行相干”的思想，为五行关系向复杂性演变提供了基本依据。他的《治乱五行》篇就提出：“火干木，蛰虫蚤出，蚿雷蚤行。土干木，胎夭卵毈，鸟虫多伤。金干木，有兵。水干木，春下霜。土干火，则多雷。金干火，草木夷。水干火，夏雹。木干火，则地动。金干土，则五谷伤，有殃。水干土，夏寒雨霜。木干土，倮虫不为。火干土，则大旱。水干金，则鱼不为。木干金，则草木再生。火干金，则草木秋荣。土干金，五谷不成。木干水，冬蛰不藏。土干水，则蛰虫冬出。火干水，则星坠。金干水，则冬大寒。”[③]董仲舒看到了五行相干造成的混乱，然后为了救治这种混乱，提出了自己的干预措施。这种“救治”包含了“五行相助”的思想。他认为五行之间的相互干犯是绝对的、充分的。五行之间一共有20种干犯关系，分别是：火干木、土干木、金干木、水干木；土干火、金干火、木干火、水干火；金干土、水干土、木干土、火干土；水干金、木干金、火干金、土干金；木干水、土干水、火干水、金干水。五行相干既不同于相生，也不同于相胜，而具有复杂性与不确定性。其中，最为极端的归纳就是阻碍与促进两种作用。阻碍就相当于相胜相克，而促进则相当于相生相助。五行相互干扰就意味着五行关系的复杂化，而不再是单

---

① 黄朴民先生根据董仲舒以土为贵的主张，认为董仲舒倾向于“土德”说。（见《两汉五德终始说种种及其实质》，《历史教学》1989年第4期。）

② [汉]董仲舒.春秋繁露[M].张世亮、钟肇鹏、周桂钿，译注.北京：中华书局，2012：490.

③ [汉]董仲舒.春秋繁露[M].张世亮、钟肇鹏、周桂钿，译注.北京：中华书局，2012：516.

纯的相生相克模式,进而使得多重模式成为必然。

4.五行相和

董仲舒在《五行之义》中提出:“土兼之也。金木水火虽各职,不因土,方不立,若酸咸辛苦之不因甘肥不能成味也。”[①]五行之中的“金木水火”并不是孤立存在的,而是以“土”为基础。在现实生活中,金木水火都需要大地的承载,都是大地的组成部分。由此可见,土的重要性与尊贵性。董仲舒就以土为贵,在《五行之义》的最后提出:“是故圣人之行,莫贵于忠,土德之谓也。”这说明董仲舒已经继承了《国语》里史伯“以土与金木水火杂,以成百物”的思想。他的五行之和是合于“中土”。土代表着“五行之和”,五行在中央土的位置上实现了融合。董仲舒的“以土兼金木水火”与史伯的“以土与金木水火杂”当中都包含了“五行相和”的思想。任何二行都能相和,从而把“土兼四行”扩大到五行之间。

5.五行相助

董仲舒在论述“王道三纲可求于天”的时候,采用了“天地阴阳春夏秋冬”来说明君臣、夫妇、父子的关系。其中就提到了“阳为夫而生之,阴为妇而助之”[②]。五行相助类似于这种阴阳互助。董仲舒又在《天辨在人》中提到了“以阴阳助推五行”的思想,如:“如金木水火,各奉其所主以从阴阳,相与一力而并功。其实非独阴阳也,然而阴阳因之以起,助其所主。故少阳因木而起,助春之生也;太阳因火而起,助夏之养也;少阴因金而起,助秋之成也;太阳因水而起,助冬之藏也。”[③]董仲舒在这里宣扬了以阴阳助四时的思想。四时是五行的理论基础。所以,这里实际存在着一个以阴阳变化助推五行的内涵。尽管这还不是五行之间的相互助推,但是“五行相助”是五行相生、五行相和、以阴阳助推五行的应有之义。此外,董仲舒的“五行授受”思想可以被理解为五行相助的一个层面。董仲舒在《五行相生》里提到:“木生火,火生土,土生金,金生水,水生木,此其父子也。木居左,金居右,火居前,水居后,土居中央,此其父子之序,相受而布。是故木受水而火受木,土受火,金受土,水受金也。诸授之者,皆其父也;受之者,皆其子也;常因其父以使其子,天之道也。”[④]

① [汉]董仲舒.春秋繁露[M].张世亮、钟肇鹏、周桂钿,译注.北京:中华书局,2012:408.
② [汉]董仲舒.春秋繁露[M].张世亮、钟肇鹏、周桂钿,译注.北京:中华书局,2012:465.
③ [汉]董仲舒.春秋繁露[M].张世亮、钟肇鹏、周桂钿,译注.北京:中华书局,2012:433.
④ [汉]董仲舒.春秋繁露[M].张世亮、钟肇鹏、周桂钿,译注.北京:中华书局,2012:490.

其中的“授”与“受”分别指称相生关系当中的“生”与“所生”。五行授受属于五行相生模式的一个内容。通俗意义的相生本身就意味着相助。但是,相生更类似于母子关系,而相助则更类似于平等的“相与辅相”关系。因此,笔者认为五行相助可以从五行相生当中独立出来成为一种重要的模式。

三、五行关系多重模式的多重维度比较

相生相胜在董仲舒五行关系论当中占据着重要地位,在后世逐渐发展成相生相克。笔者把相生相克作为通俗模式。该模式尽管具有巨大的优越性,却存在着自身局限。与之相反,相和相助尽管在董仲舒五行关系论当中处于次要地位并且古已有之,但更符合现代社会公民社会的需要。这两种模式值得在多重维度上进行比较分析。

1. 从善恶的视角进行分析

从伦理学角度而言,任何两个主体之间的关系都具有价值属性。其中包括正价值、负价值以及价值中立等三种情况。价值中立往往很难长时间保持,有时候会趋向正价值的相和、相助,有时候会趋向于负价值的相克。五行相干尽管在表面上属于“可善可恶”,是多重模式的总根源,但就本质而论则属于“干扰”“干犯”“相害”的负价值成分居多。所以,从善恶的视角进行分析,相生、相助、相和属于善的模式,相克、相害、相干、相胜属于恶的模式。但是,按照辩证法的观点来看,五行关系的善恶属性是会转换的,是有条件的。首先,相克、相害、相干、相胜并不是绝对的恶。正如伦理学上讨论“必要的恶”一样,五行之间的相克、相害、相干、相胜并不是绝对恶,在某种程度上甚至形成一种“手段恶、结果善”的复杂态势。比如,中医上讲以毒攻毒就是以“相克相胜”来调节人体平衡。“相克”尽管代表着矛盾的斗争性,但并不走向“相害”“相胜”这种斗争的绝对性。相克甚至代表着一种有效的制衡作用,为人类社会所不可或缺。但是,这个时候的“相克”作为善的工具,已经接近于“相助”。其次,相生并不是绝对的善。相生相当于“毫不利已,专门利人”或者是“付出自我牺牲,成就他人幸福”的“至善”。但是,这种至善并不能为民众所普遍奉行。此外,相生造成了五行之间的服从、依赖与权威的关系。这种关系如果以社会关系呈现就必然导致严重的后果。因此,笔者最后认为相和相助尽管只是一种为

己利他的、有限度的"中等之善",却具有更广泛的应用价值。因此,从善恶的视角进行分析的结论就是相和相助优越于相生相克。

2. 从差异性与平等性的视角进行分析

董仲舒就以"父子"关系比喻"五行相生",也以五行相生说明孝道的形上根据。这往往意味着权威主义,而不如相和相助更加柔和、平等、民主。与之相反,五行的相和相助模式是一种更为温和的"伙伴"关系,而不是父子相生般的权威与服从的关系,因此更接近于一种纯粹的善,而没有相克所带有的斗争性与相害的可能性。五行相胜产生了权力制衡形态的差异秩序。其中,作为"司营"的土占据君位,能够制裁司寇,只有代表民的"木"能够克制君权。木的克制在于革命与反抗,而君权制衡臣民则是历史常态。从总体而言,董仲舒的伦理思想与其大一统思想相适应,呈现出注重差异秩序的特点。董仲舒还设计了"天—天子—百官—万民"的伦理秩序。董仲舒的阴阳论思想同样存在贵阳贱阴、阳尊阴卑的倾向。这种差异秩序反映在董仲舒五行思想当中就是以土为贵、五行差等的思想。五行相和相助在董学体系当中无法与五行相生相胜相抗衡。五行平等的模式极难展开,成了一种理论空白。这往往造成人们对五行关系的理解不是生就是克,时刻存在着比权量力的心态。与上述情况不同的是,五行之间的两两相和、两两相助具有普遍性与平等性。在现代化过程中,相和相助的平等性更符合现代公民社会伦理的主体维度与诉求。因此,从平等性伦理维度而言,相和相助的现代模式比起相生相克的通俗模式更为优越。

3. 从单向性与双向性视角进行分析

相生相克的通俗模式具有强烈的单向性特点。相生容易造成前一元素灭亡转化为后一元素,也就是说"相生"也意味着"死亡"。木生火之后,木化为灰烬。火生土之后,火也不存在了。土生金之后,土丧失了存在价值。金生水之后,金也不存在了。水生木之后,水被木所吸收,进而也丧失了自性。同样地,木克土、土克水、水克火、火克金、金克木尽管在一定程度上认可了对方存在的合理性,但指向了消灭对方。与之相反,相和、相助、相干都是两两相和、两两相助、两两相干的双向度模式。相助、相干、相和因为是双向度的关系模式,总共有五十组关系。在排除五行相干这种特殊情况之后,相和相助的双向度关系使得以五行组成的结构更为平衡、稳定。

4. 从生化性与稳定性视角进行分析

相生相克的通俗模式强调了"生化性",更在意于新事物的诞生与旧事物的灭亡,因而难以保持稳定性与独立性。与此相反,五行相助相和并不强调斗争性,更淡化了生化性。相和相助的优越模式能够更多地承担事物的独立性、稳定性与自足性,符合现代的和谐共生的理念。按照"和实生物"的观点,五行相杂自会生物,五行相和就会导致生生不息。而五行相助也是助其生生不息。五行相和相助并不意味着丧失了生化性,更避免了单纯陷入事物生灭链条之中。而相生相克则较多地陷入其中,对同时存在的事物之间的平衡互动缺乏足够的说明。通过对比可以发现稳定性是五行相和相助的优势所在。

5. 从同一性与斗争性视角进行分析

矛盾的斗争性是绝对的,矛盾的同一性是相对的。相克是斗争性的重要体现。尽管相生可以说明同一性,但恰如前面分析的那样,相生却带有了生化性,进而在说明两事物和谐相处方面远逊于相和相助。在处理社会关系的时候,人与人之间的关系很难说是"相生"关系,而只能说是"相和相助"关系。中国哲学发明"中和"说明事物之间最佳关系状态。五行相和代表了相生、相助、相救等一切有关"善"与"同一性"的内容,具有与"相生"比较而言更大的包容性。相生则仅仅是一种极其密切的生成关系,而不是同时存在的和谐关系。相和的生化性远远小于相生。因此,相和比相生更能代表矛盾的同一性一面。"相和"是事物和谐相处。而相助则是事物在"和谐"的基础上更进一步有了相互协助之意。相助比相和更带有价值赋予的现实性,而相和则更多是一种关系上的默契,远远超越了现实功利意义的付出与收获。总之,人在社会关系方面更多地倾向于"和谐",而非"克敌制胜"。战争与和平相比,和平永远是人类的最终诉求。五行相和相助比起五行相克相生更适合于说明现代社会关系。

6. 从自由性与约束性视角进行分析

相和、相干、相助的模式为自由度提供了空间与可能。而相生对于独立个体而言是不自由的。"相生"导致强大的依赖心理与权威心理。万物都处在一个新陈代谢的过程之中,相生是一个纵向的、历史的、普遍的历史形态。而相助相和则是横向的、同期的考察结果。相和相助更能显示出自由的状态。《史记·管晏列传》中提出:“生我者父母,知我者鲍叔也。”在现实生活中,人们往往把知遇之恩与养育之恩等同起来,进而形成了人身依附性。这种人身依附性往往意味着一种私人关系上的愚忠。相克则往往发展为一种权力斗争,进而把人与人的关系当作绝对的斗争关系,进而无限扩大斗争性,引起普遍的动荡与不安。无论是相生的权威性与依附性,还是相克的斗争性都意味着自由度的降低与约束成分的增加。这种约束是实现人自由而全面发展的障碍。因此,现代社会更应当提倡相和相助的五行关系模式。

四、相和相助模式的当代价值

相和相助的现代模式是对相生相克通俗模式的颠覆、超越与辩证否定,是实现五行关系现代化的前提条件。相和相助模式的优点有如下几点。

1.相和相助更符合儒家的仁爱精神

相生尽管符合古代“大德曰生”的理念,但并不是持续的相和相助,而是“一时生”。一旦双方都已经存在,彼此的利害关系更加现实,竞争性的相克关系更为突出。相生相克因为偏重于斗争性,而最终成为仁爱的对立面。仁爱早已成为现代公民社会所接受的儒家核心价值观,充分体现在五行相和相助之中。倡导相和相助的现代模式更有利于弘扬儒家的仁爱精神。所以,笔者在不否定相生相克的真理性与合理性的前提下更加推崇相和相助的现代模式。

2.相和相助更符合马克思主义有关人类解放的学说

相生相克更多地应该属于一种自然哲学。董仲舒的《五行相胜》与《五行相生》尽管同样不排除自然哲学的内涵,但是更关注了社会历史领域与历史哲学。就其源流而言,《尚书·洪范》与史伯论“和实生物”主要还停留在自然哲学领域,而自《左传》开始,《吕氏春秋》《管子》《礼记》、五德终始都把五行关系作为朝代更替合法性的证明方式。五行相克与五行相生先后成为最主流的两个解释模式。按照马克思主义原理而言,人类社会最终要走向共产主义与人类解放。这个时候就消除了战争与阶级分化,国家开始消亡。恩格斯曾经精彩地论述道:“人们自身的社会结合一直是作为自然界和历史强加于他们的东西而同他们相对立的,现在则变成他们自己的自由行动了。至今一直统治着历史的客观的异己的力量,现在处于人们自己的控制之下了。……这是人类从必然王国进入自由王国的飞跃。”[①]这必然导致“五行相生相克”的阶级斗争历史的终结。每个人的自由而全面的发展成为一切人自由而全面发展的前提。就此而言,相和相助将成为人类的主流价值,相和相助的无阶级社会必然取代相生相克的阶级社会。

3.相和相助更符合建设社会主义和谐社会的需要

马克思在《〈政治经济学批判〉序言》中提出:“无论哪一个社会形态,在它所能容纳的全部生产力发挥出来以前,是决不会灭亡的;而新的更高的生产关系,在它的物质存在条件在旧社会的胎胞里成熟以前,是决不会出现的。”[②]马克思生动地把旧的社会形态比喻为新社会形态的胎胞,实际蕴含了五行相生的思想。每个社会形态内部的社会主要矛盾与阶级矛盾以及人类历史上的战争状态与阶级斗争状态都可以形象地以五行相克做比喻。马克思认为:“资产阶级的灭亡和无产阶级的胜利是同样不可避免的。”[③]这被归结为“两个必然”的思想。社会主义必然最终战胜资本主义是马克思主义的坚定理想信念。人类社会从低级社会形态向高级社会形态发展的进化过程可以形象地以五行相胜做比喻。因此,我们可以说五行相胜是中国朴素唯物主义在社会历史领域的一种大胆猜测。尽管有上述合理性,相生相克却不利于形成多元包容的现代伦理思维,而会使人们陷入非善即恶、非黑即白的简单粗暴之中,从而导致严重的零和游戏,而缺乏足够的弹性,阻碍了辩证、对立统一的运用,完全忽视了现代化建设的复杂性、长期性,而走向了教条主义与形式主义。与此相反,相和相助在社会主义建设过程中具有独特的作用。社会和谐的思想就可以用五行相和做比喻。而有关于统一战线的思想则可以用五行相助做比喻。五行相助类似于一个社会之中的各种阶级、各种社会组织能够相互协助,共同维护整体利益。每一种社会存在都在发挥自己的应有作用。资本、劳动、权力、文化、暴力都能够促进彼此的发展,进而促进社会的繁荣。在此基础上,一个社会实现了深度的和谐,实现了一种和谐发展的美好局面。

---

① 中共中央马克思恩格斯列宁斯大林著作编译局.马克思恩格斯选集(第3卷)[M].北京:人民出版社,2012:671.

② 中共中央马克思恩格斯列宁斯大林著作编译局.马克思恩格斯选集(第2卷)[M].北京:人民出版社,2012:3.

③ 中共中央马克思恩格斯列宁斯大林著作编译局.马克思恩格斯选集(第1卷)[M].北京:人民出版社,2012:413.

4.相和相助更符合建设人类命运共同体的需要

除了五行相克象征着事物之间的斗争性,五行相干也意味着事物之间相互干犯。这种干犯虽然没有达到相克、相胜、相害的地步,但已经影响了五行各自的独立性与圆满性。这种相互干扰在国际政治上极其有害。人类近现代史上的帝国主义列强往往粗暴地打断广大亚非拉地区的社会演变进程,强行介入其他国家的内部事务,甚至发动战争消灭其他文明形态,乃至于掠夺殖民地的各种资源为己所用。这种帝国主义姿态阻碍了后发国家的现代化进程,是五行相干的典型例证。

与此相反,相和相助更符合中国人倡导的"和平共处五项原则",与中国人民的和平外交宗旨具有强烈的一致性。中国人民在中国共产党带领下正在通过经济、政治、文化的交流交往,为各国人民谋福祉,进而以合作共赢的模式推动人类命运共同体与"一带一路"建设。从人类命运共同体与帝国主义的对比来看,相和相助的现代模式远远比相干、相克的斗争模式更符合道义,更有利于中国人民在全球化过程当中实现和平与发展的共同福祉。

结语:相和相助是处理多元复杂关系的中国智慧

倡导五行相和相助的现代模式并不是要简单地否定相生相克的通俗模式,而是在承认相生相克通俗模式具有存在合理性的前提下真正把五行关系论推向前进,从而使得中国朴素唯物主义实现现代化,获得新生命,进而有利于增强文化自信,在处理诸如国际交往、社会存在等领域的多元复杂关系之时,能够从中华优秀传统文化之中汲取智慧,避免陷入非此即彼的乱争之中。

董仲舒五行思想的创新

崔锁江

引　言

董仲舒提出了“天、地、阴、阳、木、火、土、金、水、人”的宇宙模式。他以“天人感应”建构了一套政治哲学。在天地与人之间则是“阴阳五行”在作为演绎的工具。周桂钿先生在《董学续探》当中提出:“我们从董仲舒的《春秋繁露》和‘天人三策’中可以看到,董仲舒探讨的都是政治问题,虽然有时也讲到天、气、阴阳、五行,但也都是围绕着政治讲的……董仲舒常讲阴阳五行,也都是为政治服务的。”[①]“大一统”是董仲舒政治哲学的核心。董仲舒用《春秋公羊传》中的“元年,春,王正月”来阐释“大一统”这个核心思想。周桂钿先生认为:“为了实现大一统论,就要树立皇帝的权威,又要限制皇帝的私欲。董仲舒采取了天人感应的理论形式,来实现这两方面的功能。”[②]这里的“天人感应”则通过“人副天数”“同气相求”实现自然与人事的感应。而要说明“气”就必须借助于“阴阳五行”思想。周桂钿在《董仲舒五行论》中认为董仲舒的五行论主要有三个特点:第一,重新排列五行顺序并构建相生相克的体系;第二,在原先并列的五行中突出“土”的角色;第三,将五行生克关系牵强附会于政权机构内部的权力制衡。[③]笔者认为,五行的政治化不应当局限于政权机构内部的权力制衡,而应该有更深入的解释。

① 周桂钿.董学续探[M].福州:福建教育出版社,2015:15.
② 周桂钿.董学续探[M].福州:福建教育出版社,2015:18.
③ 周桂钿.董学续探[M].福州:福建教育出版社,2015:35.

一、对五行相胜的发微

1.董仲舒的五行相胜论的政治色彩

《五行相胜》是《春秋繁露》中的一篇,其中的"相胜"相当于"相克"。笔者认为,相胜与相克尽管具有相似性,却也有很大的不同。董仲舒从"相胜"的视角看待五行所代表的社会职能,与后世的阶级斗争、社会矛盾的思想颇有相合之处。董仲舒以司农为木、以司徒为金,用"司徒诛杀司农"说明"金胜木"。董仲舒以司马为火、司寇为水,用"司寇诛杀司马"说明"水胜火"。董仲舒以君为土,以民为木,用"民叛君穷"说明"木胜土"。董仲舒以司徒为金,认为司徒骄傲,最终被"军士"(司马)所杀,进而说明"火胜金"。董仲舒以"司寇"为水,认为"司寇为乱,足恭不谨,巧言令色,阿党不平,慢令争诛,诛杀无罪,则司营诛之"[①],这个时候"营荡"(君)就出来诛杀司寇,进而说明"土胜水"。董仲舒在论证"五行相胜"的时候,采取了不同于《尚书·洪范》的自然科学的道路,而采取了社会科学的道路。他把"司农、司马、司营、司徒、司寇"等五种社会职能比喻为"木、火、土、金、水"。这完全不同于"水曰润下,火曰炎上,木曰曲直,金曰从革,土爰稼穑"的形象思维。

2.从董仲舒的五行相胜论到现代五行论

虽然社会结构是非常复杂的,但是社会结构必须举其大要。马克思主义认为,社会结构由经济基础和上层建筑构成。上层建筑又分为意识形态和政治设施两大内容。

首先,在经济基础当中,劳动和资本构成了对立的二元结构。一个社会的政治结构应该是阶级关系,对一个社会进行阶级分析。马克思主义提到现代社会愈发划分为两大阶级阵营,即资产阶级与无产阶级。而在资本主义社会之前,在经济基础领域依然存在着地主阶级与农民阶级、奴隶主阶级与奴隶阶级、领主阶级与农奴阶级的二分化,乃至存在着一个所有者阶层与劳动阶层。所有者最重要的是掌握土地、生产资料,乃至于劳动阶级对其的依附。这是建立在马克思主义政治经济学上的分析。

其次,在政治设施当中,政府自上而下的管理秩序、由国家暴力机关强制实施

---

① 苏舆.春秋繁露义证[M].北京:中华书局,1992:370.

的统治秩序、维护这种社会结构的意识形态等三个内容构成了上层建筑最重要的部分。首要的是政府,也就是权力机关的存在。其次,军队是最重要的上层建筑之一,代表着国家的最终强制力量。最后是上层建筑中的意识形态,包括科学、艺术、文学、哲学、宗教等内容。

最后,笔者把现代社会存在划分为五种基本元素,即劳动者、资产者、行政者、军事组织、文化者,这是最基本的社会存在,可以被抽象化为资本、劳动、权力、暴力、文化等五种社会结构要素,而这五种社会结构可以分别以木、水、土、金、火加以抽象概括。

二、现代五行论的具体落实

权力代表的是负责管理,保障社会正常运行的行政组织,与“土”相对应。暴力代表的是社会的强制系统,与“金”相对应。文化代表的是社会的文教系统,与“火”相对应。资本代表的是社会财富的管理者与所有者,与“水”相对应。劳动代表的是财富的创造者并且是一切社会职能的担当者,与“木”相对应。

1.劳动与木相对应

木的特点是生长,而且非常固定。劳动者往往固定在自己的位置上。木的生长代表着人的物质生产活动。木除了有固定的性质之外,还有容易折断,相对于金而言更柔弱的性质。人类的大多数财富不是以天然的物品形式直接为人所使用,而是以劳动结果的产品形式乃至于商品形式通过生产和交换才能被人消费的。产品、商品的历史前提是人类的无差别的劳动时间。劳动创造价值,是人类社会的前提。在金、木、水、火、土的五行当中,只有木具有这种生发性。木的生长特性与劳动创造新价值的特点具有相似性。在人类社会历史发展中,承担劳动尤其是体力劳动这一历史实践活动的阶级,先是奴隶阶级,然后是农民阶级,最后是工人阶级。而脱离了体力劳动的统治阶级,发展并承担了人类的文化、教育、统治等政治、文化、经济以及管理等实践活动。他们的劳动,更多具有了理性的意义。理性的象征物就是火。木能生火,所以,劳动阶级承担劳动的同时,使得人类中的一部分可以脱离为获得食物而必要付出的时间,进而获得了自由时间。自由时间使得人类的进步获得了技术、教育、管理等多种要素的支持,进而使人类的社会历史进步,逐渐脱离低级的形式,并且把劳动阶级带到了分享一部分剩余产品的境地,为最终的人类解放提供了物质前提。

2.资本与水相对应

水具有流动性,资产也具有流动性,财富具有水的属性。资金流就好比流水,有时候丰富,有时候就会干涸。资本需要得到运用,就好比水需要流动一样。能够组织生产的是所有权,即产权。资本化是产权的市场化形式。马克思论述了工人的劳动也被市场化了,构成了人力资本,称之为可变资本,是资本得以获得剩余价值的基础。笔者认为,地主阶级的土地,也具有资本的性质。乃至于奴隶主对奴隶的占有,也是一种资本的形式。因为很多的奴隶是以债务和购买形式形成了人身被占有。奴隶主阶级、封建地主阶级、资产阶级他们之间并没有不可逾越的界限。马克思曾经评论说"雇佣"是现代的奴隶制度。那么资本家与地主、奴隶主之间在占有剩余价值上没有本质的区别,只是他们的剥削形式有所改变。

3.权力与土相对应

行政者最重要的就是主权。土地最重要的性质不是生长,而是承载,是社会结构本身,是社会秩序的控制者。通过暴力建立的秩序是比较短暂的。一个良好的政治秩序是建立在人们对权威的自觉服从的基础之上。当人们自觉服从政府的管理和统治秩序的时候,权力开始代替暴力成为整个社会运作的最重要的规则。这样革命型的政体也变成了具有传统合法性的政体。当人们习惯了过有秩序的政治社会生活的时候,如果这个时候经济基础能够保障人们享受和平红利的话,那么社会结构就会稳定下来。而对权力社会,或者政体的最佳比附物就是五行当中的土。土具有深厚稳定的特点,象征着政体的稳固和秩序。土能克水,这象征着政治高于经济。政治是一种强制性的利益分配。法律逐渐成了调节人们之间各种矛盾的总办法。土还具有垄断性,因为土地对人而言是最重要的资源。土的垄断性也是权力的垄断性和集中性。人们通过私有制或者政府对社会逐步授权的形式获得了公民权利以及各种人身自由。在一定限度内,社会成员都享受到了政府对自己赋予的权利以及对各种经济政治文化权利的保障。这与土的厚德载物精神非常一致。土的颜色是黄色。黄色是中国古代皇权的重要象征。在《诗经》中有"普天之下，莫非王土，率土之滨，莫非王臣”的句子，体现了土对于一个政权的重要性。领土历来是政权统治的根本基础和象征物。

4. 军队与金相对应

金的特点是锋利。军队也具有伤害同类、以强力改造社会的能力。而且军队自身的武器也体现为金属。所谓金戈铁马、钢铁洪流，军队一刻都离不开武器。而武器往往都必须是金属制造的工具。暴力是生产力的一种变种。甚至在人类社会早期，暴力本身就是生产力。食肉动物的暴力，就是其种族维持自身存在的生产力。只有人类因为智能的发展，逐渐开发工具，学会了使用工具，进而征服了自然。而征服自然的过程本身就具有暴力性质。暴力不仅仅以生产力的形式征服自然，而且以强制服从的模式建立了人类社会的秩序，进而设立了各种征服设施，建立了国家。暴力是国家的绝对支柱。马克思主义国家学说认为国家是阶级统治的工具，是一个社会陷入不可调和的阶级矛盾时唯一的办法，这就是暴力强制性。金象征着军队的暴力性，也象征着军队的可塑造性。军队都是通过锻炼，才能成为一支强大的军队的。

5. 文化与火相对应

火的性质就是温暖、光明，它能使食物成熟，进而以知识、科技的力量改造世界，劳动者、行政者、资产者也需要有文化的锤炼。人类的权威可以分为政治权威与精神权威两种。政府是政治权威的代表，而宗教、文化教育等事业则是精神权威的拥有者。文化是一个社会结构的最高层次。文化本身也非常丰富。意识形态、艺术、思想、哲学、宗教、科学、教育等都表现为文化，甚至经济活动中也有物质文化。人类社会的管理活动中也有政治文化、企业文化。整个人类世界就是一个自然界的人化过程。整个世界分为自然世界和人造世界两个部分。文化是整个人类社会的代表。马克思主义认为人类社会与自然界分化和再统一的基础是实践。东西方哲学则认为，人类的精神和理性，造就了人类世界。实践论与唯心主义都看到了人的主体性，也就是文化在整个唯物史观上的重要性。马克思主义也强调了实践的能动方面。这种能动性，不同于“木”的生发性，只有“火”才能加以表征。水的流动性体现为顺从，火的流动性则体现为能动性。马克思主义也被喻为“永恒的活火”。人类的文明、文化与人类使用火有着内在的关系。人类最早用火，使得人类学会了做熟食,熟食使得人类更充分地获得动植物作为食物的能量。人类使用火作为驱赶动物的武器。当然,火也使得人类能够冶炼金属,从而获得更多的工具。火在人类历史上后来成为制作陶器、铁器的必要物质。火后来也成为人类的热动力。比如,蒸汽机以及后来的内燃机,都是借助于火的动力特征。火甚至创造了火药等热兵器。火造就了人类的电气时代。电气电子最终促使人类的文明、文化走入信息时代、太空时代。火还是人类核武器的表征。火作为能量、动力,对人类文明、文化的发展具有决定意义。就其哲学含义而言,火的光明代表着理性。这种理性是人类文化的源泉。中国哲学以“明理”为最重要的教化。火的光明也象征人类脱离蒙昧,达到了对事物本质,也就是事物的内在规律的认识。这种理性认识,是人类驾驭自然的前提。马克思说:“人不是像动物一样匍匐于自然界面前,而是改造自然和利用自然。”从而可见,火确实象征着文明、文化。火还象征教化。中国古代的摩尼教、祆教,埃及的宗教,希腊的宗教,都有太阳神崇拜。犹太教、基督教的《圣经》也是以“要有光”开始了创世纪的过程。中国的《易经》《易传》中也有对太阳的崇拜,提出了“大明终始,六位时成”的宇宙决定论。中国古代崇尚天命,就是一种太阳崇拜的变体。中国人喜好红色,也是火崇拜、光明崇拜、太阳崇拜的模仿。火的传递还象征文化的传递。佛教也以光明来形容佛的形象,称之为“无量光佛”。可见,火对人类文明具有多么重要的意义。火还象征着南方和圣人。《中庸》记载:子曰:“南方之强与?北方之强与?抑而强与?宽柔以教,不报无道,南方之强也,君子居之。……北方之强也,而强者居之。”这里的南方、君子就是圣人之道。中国古代,君主坐北朝南,就是对南方的尊崇,对圣人之道的尊崇。有人以为北方尊贵,这是一种权力崇拜,是对南面圣人教化之道的忽略。中国在北半球,进而以向阳为尊,以向阴向北为卑。而北与卑,具有同音同义的可能性。火确实代表着文明、文化及教化,代表着人类社会的科学、理性等重要因素。如果把生产力系统算作文化的内容,那么文化在某种程度上决定着社会发展速度、政治形态,甚至决定着人类社会的根本面貌。在《周易》中,风代表着教化。风助火势、火助风势,二者实际上对教化民众有着重要的帮助。

三、现代五行关系的三重模式

资本、劳动、权力、暴力、文化构成了社会五行，形成了复杂的相互制衡的结构。此五种社会结构要素可以分别由中国传统的五行(水、木、土、金、火)加以比附，进而可以建构起一个相生、相克、相助的复杂社会结构模式。本文分为五行相生、五行相克、五行相助三种关系。

1.现代五行的相生模式

第一，劳动之木生文化之火。火代表着社会的意识形态、政党、教育等各种具有理念的组织。

第二，文化之火生权力之土。文明的火，使得人类形成了普遍遵守的道德与伦理秩序，进而以和平的状态，从事生产建设，避免了暴力侵夺。而这种文明状态，就是一种权力的制衡、分配以及授予。

第三，权力之土生暴力之金。政府掌握着合法的暴力，管控社会秩序。最终用暴力方式实现了阶级统治，调和了阶级矛盾。防止人们私自使用暴力的违法犯罪活动。

第四，暴力之金生资本之水。生产力是一种特殊的暴力，是一种指向自然界的暴力。生产力首先是劳动力，最终完成了资本的保值增值。进而以暴力获得了财富。而暴力之金，却只能通过获得权力之土实现对资源的垄断，才能生成资本。

第五，资本之水生劳动之木。投资活动必然带动劳动力的就业，从而使得人们获得收入，进而得以生存。

2.现代社会五行的相克模式

按照相克的关系，社会五行也可以组织起来。相克有时并不是坏事，恰好通过克制，实现了事物的稳定发展，而不是过度发展。

第一，劳动之木克权力之土。劳动人民在一些情况下会揭竿而起，付诸革命行动，其后果是对权力秩序的反抗。所以权力在制造军事强制服从的同时，对于劳动者的自愿服从无能为力。消极懈怠是政治学长久以来无法克服的难题。相反，劳动人民却可以通过各种方式对权力和权威进行侵蚀。

第二，权力之土克资本之水。政府具有抑制资本的天然需要和职能，并且从经济活动中获得税收,进而汲取维持政权运行的资金。

第三,资本之水克文明之火。资本主义要扩大财富与利益,必然有损害正义的情况发生。殖民主义者就曾破坏了大量的文物古迹,乃至于采取野蛮的手段驱使人们获得财富,最终损害了人类的公平正义。资本领导劳动,这仿佛成为市场规律。劳动的产品只有经过商品化之后的交换才能实现价值。资本作为工具,乃至于对整个人类社会化起到了效率调节的作用,也起到了资源分配的作用。所以资本领导劳动是一种现实。而无产阶级的解放,在于消除剥削者,从而实现整个人类的资本化。每个人都成为社会资本的拥有者,才能最终消灭资本主义。劳动阶级的资本化过程也是一个持续的过程。资本的重要属性就是积累,可以使得人类的物质和精神财富得到交换和保值升值。劳动无法摆脱资本对自身的驾驭。资本属于社会精英,而社会精英具有号召民众的破坏性。广义上的资本就是各种割据势力容易容纳民众,从而具有政府权力性质,与正统的政治中心发生对抗关系。人民具有功利主义倾向,容易被各种势力所收买。这就使人们容易追逐资本之金,进而被各种政治势力利用。

第四,文明之火克暴力之金。文化造就了财富和社会文明。然而社会动荡和战乱却一次次使得社会失去秩序,进而一切文化成就都会付之一炬。乃至于理性思考在面对暴力统治的时候,也只能贡献出自己的“脑袋”。文化之火克资本之金。各种所有制及其利益关系,在文化分析的过程中,逐渐成为一种私有制的罪恶。人类的原罪就是一种占有的贪欲。而文化恰恰是以道德义务去除人类的欲望。这种去欲追求是世界各种文化的共同特征。

第五,暴力之金克劳动之木。在阶级矛盾不可调和的国家之中,统治阶级采取暴力的手段,使得民众服从统治阶级的意志,进而为统治阶级服劳役并且提供各种税收。

3.现代五行的相助模式

第一,“四行助土”。首先是水助土。政府权力最大的担忧就是没有人为之效力。一旦权力失去了财富,进而失去给予被统治者、被领导者以利益的能力,那么附着在政府身上的个体,就会给自己安排后路,纷纷懈怠,从而使得权力丧失了指挥能力和战斗效能。其次是木助土。劳动之木虽然会克土,但是会使得土壤更有肥力，使得土壤更加牢固，从而有利于实现“水土保持”。劳动民众能够成为政府无穷无尽的力量源泉。再次是火助土。文明之火有助于权力的理性运行。文明之火产生了大量的优秀人才，这些人才可以进入政府，从而提高政府的治理能力。而且文明之火使大地避免了黑暗笼罩。最后是金助土。军事之金能够捍卫土的垄断性地位。土生了金之后，金可以包住土，从而使得土地得到了保护。

第二，“四行助木”。首先是土助木。政府虽然需要征税，但是同时也给社会提供公共产品与秩序，甚至具有一定的养老职能，进而承担起社会保障的义务。其次是金助木。劳动之木需要加上暴力之金，才能够更加锋利。这就好比金属工具的作用：农业上需要铁犁、铁铧等工具，工业更是离不开金属机器，从而提升劳动生产力。可以说，暴力是最典型的生产力，生产力也最终促进了暴力的发展与跃升。再次是火助木。在现实生活中则是万物生长靠太阳。文明之火，可以提升民众的智慧，进而有利于他们的发展，使得他们享受文明的生活。最后是水助木。水肯定助木，因为植物的生长都离不开水源的滋润。劳动人民需要获得一定的价值。

第三，“四行助火”。首先是水助火。尽管在一般意义上是水灭火，然而，如果是火上浇油，那么火势就会更旺。而这种水就是一种资源。任何一种文明、文化都需要消耗资源。而资源、财富都有助于文明的传承与发展。其次是土助火。政府可以组织文教事业，从而使得文明得以更好地生成。再次是金助火。与土助火是一个原理。暴力可以摧毁文明，但同时又可以捍卫文明。最后是木助火。劳动人民的木不仅为文明、文化、文教提供了基本的素材，也提供了广大的受众，进而使得文明不断扩大影响力。

第四，“四行助金”。首先是木助金，劳动人民孕育着强大的兵源。兵、民是胜利之本。其次是火助金。文明之火能够不断推动军事变革，甚至能够培育文明之师。再次是水助金。资源同样会有助于军队优化自身的资本构成，提高自身的战斗力。最后土能助金。政府能够动员更多的力量，能够管控军事力量，最终有助于军事力量的长期发展。

结语：对董仲舒五行思想进行创造性转化的理论价值

《共产党宣言》提出：“至今一切社会的历史都是阶级斗争的历史。”阶级分析法构成了马克思主义的基本方法与基本观点。《共产党宣言》认为:“我们的时代,资产阶级时代,却有一个特点:它使阶级对立简单化了。整个社会日益分裂为两大敌对的阵营,分裂为两大相互直接对立的阶级:资产阶级和无产阶级。”据此可以说,现代五行论已经包含了资产者与无产者这两大元素。而在政治领域,权力、暴力、文化是建立权威与秩序的基础。由此而言,现代五行论实现了对经济基础与上层建筑的统合。这种统合有助于我们借助董仲舒的五行思想来分析社会主要矛盾,进而把马克思主义这种现代政治哲学与中国传统哲学统一起来。

董仲舒自然哲学的构成及其评价

崔锁江

中国古代的自然哲学深受周易、阴阳五行等内容的影响，并且在“人”与“自然界”的关系论上形成了“天人感应”的主流思潮。其中的代表人物就是汉代大儒董仲舒。董仲舒把儒家的政治观、伦理观与其自然观结合起来，使得儒家思想获得了本体论的根据。这种自然观经受住了佛教、道教兴起的冲击，一方面构成了中医、堪舆、天文历法乃至对整个客观世界进行解释的理论基础，另一方面却没有诞生出现代科学。因此，中国近现代思想者从民主与科学两个方面进行了“反传统”的颠覆工作。本文旨在厘清董仲舒的自然观，进而探讨其对接现代科学的可能性。

一、董仲舒的“自然”本义

在中国传统哲学当中，“自然”并不是现代而言的“自然界”。相反，“天地”则是对自然界的实体性称谓。孔子虽然没有提到自然，然而其所论的“天”，排除了私意，具有客观性。荀子不仅持有性恶论，而且提出“制天命而用之”的思想，强调了天人相分的一面。“自然”在老子、庄子与董仲舒思想当中都代表着“客观性”维度与“天道”之中非人为干预的内容。但是，自然与天、天道的关系是有区别的。天地代表的是“实体”，天道代表的是规律。而自然代表的是规律的自主性、客观性，而非人为。所以，后世用自然代表整个客观世界，而非人为的形而上学的世界。自然与天道的结合，构成了天道自然论。宋明儒者所言天理，就是认为这些道理并不是出于人欲与私意，而是具有普遍的真理性、客观性。而董仲舒同样使用“自然”一词表达这种客观性。以下就董仲舒的具体文字进行分析。

(1)推恩者远之而大,为仁者自然而美。(《春秋繁露·竹林第三》)

(2)天生之,地养之,人成之。……如此,其君枕块而僵,莫之危而自危,莫之丧而自亡,是谓自然之罚。(《春秋繁露·立元神第十九》)

(3)是以君臣分职而治,各敬而事,争进其功,显广其名,而人君得载其中,此自然致力之术也。(《春秋繁露·保位权第二十》)

(4)先王显德以示民,民乐而歌之以为诗,说而化之以为欲。故不令而自行,不禁而自止,从上之意,不待使之,若自然矣。(《春秋繁露·身之养重于义第三十一》)

(5)性之名非生与?如其生之自然之资谓之性。(《春秋繁露·深察名号第三十五》)

(6)今谓性已善,不几于无教而如其自然!(《春秋繁露·实性第三十六》)

(7)故琴瑟报弹其宫,他宫自鸣而应之,此物之以类动者也。其动以声而无形,人不见其动之形,则谓之自鸣也。又相动无形,则谓之自然,其实非自然也,有使之然者矣。(《春秋繁露·同类相动第五十七》)

(8)不谨事主,其祸来至显,不畏敬天,其殃来至暗。暗者不见其端,若自然也。(《春秋繁露·郊语第六十五》)

(9)其祭社稷、宗庙、山川、鬼神,不以其道,无灾无害。至于祭天不享,……见百事之变之所不知而自然者,胜言与?以此见其可畏。(《春秋繁露·顺命第七十》)

(1)中的“为仁者自然而美”,是在说司马子反直接以仁爱为根据,当机立断地决定大事,虽然违背了礼制,却成就了美德,符合了更高的义利。这里的“自然”是根据内在的道德情感而获得“仁者境界”。(2)中“自然之罚”就是指人们不能按照仁义、孝悌、礼乐行事,进而人类社会在没有明显征兆的情况下走向解体,最终趋向于野蛮状态。“自然”之罚强调的是一种机理。(3)中的“自然致力”更多是“一种不以人的意志为转移”的客观性,带有客观规律的必然性,相当于“有是因,必有是果”的决定论。这种“推理”构成了人类最重要的可靠知识,接近于真理的“绝对性”。(4)中的“若自然矣”是先王靠显德进而实现了一种教化,而不是一味要求民众怎么办。这显然带有一种“不令而行”的意思。就此而言,董仲舒在政治领域上继承了汉初黄老道家的“无为”思想。(5)中的“如其生之自然之资谓之性”相当于接受了“生之谓性”的古老传统。董仲舒的人性论不是单纯的性善论,而是复杂的性三品论,对先秦儒家的人性论具有一种总结作用。逮及北宋,儒学者也都承认“天命之性”“气质之性”。二者都是自然本性的组成部分。(6)中的“不几于无教而如其自然”是反对自然本性,强调教化。自然本性必须有待于教化而成为善性。强调教化是董仲舒的特色。这一点与荀子的“化性”之说有着极大的相似性。而按照孟子的学说,性不待教而善。人人皆有这种“良知”。(7)中的“其实非自然也,有使之然者矣”,强调了事物的发动在于“同类感应”,而不在于其自身。这就把“动”的终极根据引向“天”。亚里士多德也是把“物体的动”归结为“第一推动力”,最终确立其“形而上学”。(8)中的“暗者不见其端,若自然也”就是对感应背后的主动力量进行了推测,而否认了事物的“自然”之动。人们可以看到明显的意图,而对于默潜的则看不到意图,而当作自然。(9)中的“见百事之变之所不知而自然者”相当于物自体,人无法进行更多的干涉,只能接受灾变的结果。这个时候就是自然。这个自然非常神秘,乃至于超出人意地降下灾殃,所以要敬畏这个自然。

总之,董仲舒坚持自然本义,必然解构“天命”的人格神形态。尽管董仲舒大谈天人感应,其所谓的“天”具有神秘性质,然而其机理——“感应”则是按照“规律”来运行的。这就符合了孔子“天道远、人道迩”的状态,坚持儒家的人文主义、人本主义传统。董仲舒哲学虽然有神秘主义成分,然而最终依然要被纳入天道自然论之中。董仲舒使用“自然”符合先秦的本义,就是自然而然,非人意所能干预。

二、董仲舒天论所蕴含的自然哲学

讨论儒家的“自然观”必然要与“天论”发生直接的联系。在基督教文化之中,上帝就高居万物之上,被称为“造物主”。而儒家的天有自然之天与神明之天双重含义。天既不脱离万物,也不等于万物。“天”具有自然属性,就存在于万物之中。同时,天又具有“神灵”属性,高居万物之上。本文正是要从董仲舒天论之中析出其“自然之天”。

韩国的孙兴彻先生认为:“将中国哲学史上随时代发展而含义有所不同的自然、宗教、政治、伦理道德等范畴,以人类的存在和道德关系为标准,区分为自然天、主宰天和形而上学的天。揭示出'天'向形而上学演化的过程，阐明了东方宇宙观、自然观、世界观与'天'的密切联系，探索以'天'思想解决现代环境与人类关系问题的途径。"[①]孙教授把董仲舒的天归结为"主宰之天""上帝天"。

藏明则列举了"道德之天""神灵之天""自然之天""多种属性的结合体""以一种属性统摄其他属性的综合体"等观点。他的结论是:董仲舒哲学之"天"的属性并不是单一的神圣性或自然性,而是由道德之天、自然之天、神灵之天三者相结合的混合体。但是,该文更看重"道德之天",并称之为"道德实体",还认为"道德之天"是"董仲舒哲学之'天'最重要和最根本的属性"。[②]

李佳哲在《董仲舒宇宙本体思想探析》中提到"自然之天"与"义理之天"的区别。其根据是具有"十端"的天是"本体意义"的"义理之天",而作为其中一端的"天",是与地、人相对的自然之天。然后认为"天"的本体性在于万物由天而生、万物恃天而长、万物顺天而行三个层次。[③]

刘明菊也把董仲舒的天论分为自然之天、神灵之天和义理之天三个层次。任密林也认为董仲舒的天论有"主宰之天、物质之天和自然之天"等含义。他区别了物质之天与自然之天,认为阴阳五行的"天道运行"是自然之天。他认为主宰之天是其天论的最重要的部分。路高学的《董仲舒神学化自然观的逻辑进程》从"同类相动""天人同类""天人感应"等三个层面说明"董仲舒把阴阳四时五行等关于自然界认识的学说纳入他的理论中"。他最后的结论是董仲舒形成了"神学化的自然观",在自然知识的基础上论证了儒家的王道与仁学。

1.董仲舒"神灵之天"的思想

《春秋繁露·玉杯第二》中提出的"以君随天""人受命于天"[④]的说法里的"天"更多意味着神明之义,带有强烈的人格神的性质。应该说在董氏春秋学的部分,"天"往往意味着"神明"。《春秋繁露·竹林第三》提出:"今善善恶恶,好荣憎辱,非人能自生,此天施之在人者也。君子以天施之在人者听之,则丑父弗忠也。天施之在人

---

① 孙兴彻."天"思想的类型与哲学的展开[J].河南科技大学学报(社会科学版),2003(1):27-34.

② 藏明."自然""神灵"映衬下的道德实体——再论董仲舒的哲学之天[J].衡水学院学报(社会科学版),2014(5):19-25.

③ 李佳哲.董仲舒宇宙本体思想探析[J].衡水学院学报,2012(2):10.

④ 袁长江.董仲舒集[M].北京:学苑出版社,2003:50.

者，使人有廉耻。"[1]董仲舒认为"天施"就是"上天"加给个人的各种命运。这种天命"非人能自生"，进而只能是敬畏天命。《春秋繁露·随本消息第九》提出："颜渊死，子曰：'天丧予。'子路死，子曰：'天祝予。'西狩获麟，曰：'吾道穷，吾道穷。'三年，身随而卒。天命成败，圣人知之，有所不能救，命矣夫。"[2]这里的"天"带有强烈的神性，而不是自然之天。如此，董仲舒增加了天的神秘性，天的如影随形的赏善罚恶的能力，进而有力地实现了天人感应机制对皇帝的约束。自然界的巨大灾异展示给当时的人们一种超级力量，农业社会的脆弱很大程度上都依赖天时地利。这为人们迷信天命提供了环境与基础。皇帝崇奉天道，这本身就会给人民带去一种信号，就是有所敬畏，从而确立一种政治秩序。以自身对神明之天的敬畏让民众仿效，就此而言，现代社会则普遍不再采取这种办法，而是更多地宣扬人道主义以及科技至上主义，乃至于人们对于超越性维度上的神圣内容不再有任何感情，进而每个人都不再有任何约束。这固然是解放，同时也使得人们缺乏了敬畏之心，而变得无法无天。

即使是"神明之天""形上之天"，最终依然是按照其内在机理运行，而具有自然性。这种"自然之天"解构了人格神理论的最终实现，而保持了先秦开创的人本主义文化传统。董仲舒的自然哲学最终诉诸阴阳五行这种臆想性的、貌似客观的存在物，实现了自身的建构。这种自然哲学模型虽然具有提供系统化、科学化的合理解释客观世界的能力与冲动，然而对输入真正的自然科学造成了障碍，并最终为历史与人们所抛弃。

2.董仲舒"自然之天"的思想

董仲舒论"天有十端"最能体现天的二重含义。《春秋繁露·官制象天第二十四》里提出："天有十端，十端而止已。天为一端，地为一端，阴为一端，阳为一端，火为一端，金为一端，木为一端，水为一端，土为一端，人为一端，凡十端而毕，天之数也。"[3]这里的第一个"天有十端"的"天"是全体，相当于形上之天，与自然之天一同组成"天"的形上形下两个部分。"天为一端"的"天"是具体的，是包含万物的"自然之天"。《春秋繁露·天地阴阳第八十一》再一次论述到了十端，提出："天、地、阴、阳、

---

① 袁长江.董仲舒集[M].北京：学苑出版社，2003:65.
② 袁长江.董仲舒集[M].北京：学苑出版社，2003:119.
③ 袁长江.董仲舒集[M].北京：学苑出版社，2003:172.

木、火、土、金、水,九,与人而十者,天之数毕也……以此见人之超然万物之上,而最为天下贵也。人,下长万物,上参天地。”[①]人超然位于万物之上。董仲舒在论述人与自然万物的关系时持有一种最为朴素的人本主义情怀。

总之,天的二重属性,也使得人们在讨论中国传统哲学时产生了“唯心”与“唯物”的纠纷。董仲舒的天道论同样存在着这种二重属性。董仲舒天人感应理论的发生机制在这二重性上有不同的理论倾向。针对自然之天,董仲舒哲学当中存在着“阴阳五行”的思想。阴阳五行相当于近代的唯物主义倾向。阴阳五行对自然灾异具有一定的解释功能。而针对神明之天,董仲舒认为则不能应用“阴阳五行”进行猜度,而必须以敬畏的心态进行郊祭。

三、具象与抽象双重视角下的天人感应论与自然哲学

本文把天人感应理论分为两个视角。第一个是从外在的现象的视角看天人合一,以及天与人感应。具象意义的自然现象是天人感应论的外在表现。第二个是从内在的机理的视角看天人感应。抽象意义的阴阳五行是天人感应论的内在机制。进而董仲舒的自然哲学最终归结于以阴阳五行为主体的解释系统。这个系统最终损害了自然科学的诞生。

1.具象视角的自然现象与天人感应

天人合一更多地具有神秘性,但是依然是把自然界与人类进行了比附。这种比附更多地借助于外在的自然现象,其次才是阴阳五行的内在机制。“天人合一”是强调人类社会与自然界、主观世界与客观世界存在同一性。等到北宋时期,“天人合一”理论逐渐丧失丰富的内涵,二程说:“天人本无二,不必言合。”而天人感应则是说明天道与人事之间存在着相互作用的情形,相互影响,进而人世间的社会历史发展能够上达天道。而神秘的天命则干预人世间的事情,并以各种现象加以显现。

人类还从自然界当中学会了自然秩序。自然秩序在西方就是黑格尔、康德的“自然法”,在董仲舒哲学里面则是“三统”“官制象天”等。在《春秋繁露·三代改制质文第二十三》里,则以自然为依据说明“三统”的合理性。在《春秋繁露·官制象天第二十四》里,董仲舒把“三本”(天、地、人)作为设立“三公”的根据。董仲舒接着提

① 袁长江.董仲舒集[M].北京:学苑出版社,2003:376.

出:“天子积四十慎以为四选,选一慎三臣,皆天数也……求天数之微,莫若于人。从之身有四肢,每肢有三节,三四十二,十二节相持而形体立矣。天有四时,每一时有三月,三四十二,十二月相受而岁数终矣。官有四选,每一选有三人,三四十二,十二臣相参而事治行矣。以此见天之数,人之形,官之制,相参相得也。”[①]这就是董仲舒“人副天数”的思想,进而根据出于自然的“天数”进行制度设计。而自然界是人事、天道之间的一种重要中介。如图所示:

在董仲舒的思想当中,天道、自然与人事之间相互影响,自然界是天道与人事相互感应的中介,也是天道的显示,进而成为人类社会进行制度安排的根据。比如,董仲舒在《春秋繁露·天地阴阳第八十一》中就提出:“世治而民和,志平而气正,则天地之化精,而万物之美起。世乱而民乖,志僻而气逆,则天地之化伤,气生灾害起。是故治世之德,润草木,泽流四海,功过神明。乱世之所起亦博。”[②]董仲舒把天道、自然、人事三者完全地联系起来,并且最终把“人主之心”作为自然灾异的终极根据。

《春秋繁露·如天之为第八十》中提出:“阴阳之气,在上天,亦在人……其在人者,亦宜行而无留,若四时之条条然也。夫喜怒哀乐之止动也,此天之所为人性命者。临其时而欲发其应,亦天应也,与暖清寒暑之至其时而欲发无异。”[③]这实际上淡化了以阴阳五行为主体的自然哲学,而突出了天道与人事的决定性作用。在天道与人事的比较之中,董仲舒虽然推崇天道与神明之天,但是其最终的落脚点是人事。这和西方基督教哲学里的“一切在主”的思想很不一样。在《旧约》的《约伯记》当中,约伯作为一个义人,却处在撒旦与上帝的赌约之中。约伯无端地遭受了各种灾异的考验,然而却坚信“无论是赏赐还是惩罚都出于上帝”,都能接受,并不产生任何抱怨。这只是“一切在主”的侧面显示。在基督教哲学当中,一切都为上帝的意志所命定。就此而言,董仲舒最终的解释方向是人事能够干预天道,进而影响自然界是灾异还是祥瑞。依然存在着极大的自信。但即使如此,董仲舒依然强调天命可畏,强调天命的神秘性质,其作用的时间、方式难以预测。尽管任何宗教都强

① 袁长江.董仲舒集[M].北京:学苑出版社,2003:172.
② 袁长江.董仲舒集[M].北京:学苑出版社,2003:376.
③ 袁长江.董仲舒集[M].北京:学苑出版社,2003:373.

调了祈祷、祭祀能够改变上天的意志,甚至能够获得上天更好的安排。但是,这种情形只能是出于"请求"状态,而不是必然。但是,董仲舒直接强调了"天人感应"的直接性,并认为其机制存在"自然性",而存在一种对人事努力的自信。这种"自信"出自天道自然。人的努力在绝大多数情况下是能够实现的。因此,这种强调了人事努力的董仲舒哲学有了一种内倾性的心性化的趋势,进而可以忽略其内在机制。

董仲舒也创造出了一个"同类相推"的理论模式。所以,董仲舒自然哲学停留在阴阳五行的预测方面,虽然他努力研究并解释自然现象,但是无法形成这种自然哲学的理论形态。而西方基督教哲学当中,科学的兴起就是源于要在自然界里寻找上帝存在的证明。认为上帝创造世界及其存在的秘密就在于自然界当中。但是不同于西方对自然从哲学到科学的追寻,董仲舒直接宣布了天人合一,把神秘主义与理性主义糅合在一起,进而只能落实为"阴阳五行"的理论形态。这种阴阳五行的理论形态在中国传统自然哲学中存在了相当长的时间。

第一,主宰之天通过自然界报以灾异与祥瑞。主宰之天给人间带去的是灾异与祥瑞两种信息。这两种信息都是通过自然现象展示给世人的。董仲舒在《天人三策》中就提到了这样的一个信息过程:"国家将有失道之败,而天乃先出灾害以谴告之;不知自省,又出怪异以警惧之;尚不知变,而伤败乃至。"[①]这个过程并不是"灾难"一步到位地降临,而是先有"怪异"。学者们注意到了董仲舒的灾异理论是为其政治目的服务。牛秋实认为:"董仲舒是祥瑞说和谴告说的集大成者,这两大武器,一为政权更替寻找王权合法性的根据,一为限制王权的无限膨胀。"然而,笔者要注意的是自然界是灾异的载体,是灾异的渊薮。《春秋繁露·必仁且智第三十》再一次论述了在《天人三策》中的灾异谴告理论。其中提出:"其大略之类,天地之物有不常之变者,谓之异,小者谓之灾。灾常先至而异乃随之。灾者,天之谴也;异者,天之威也。谴之而不知,乃畏之以威。"[②]按照现代科学的观点,其中有些灾异是纯自然的,不存在人类的影响。董仲舒把自然现象与社会政治联系起来,是一种无内在必然联系的附会。灾异的发生带有强烈的随机性与必然性。汉朝作为一个拥有巨大疆域的国家,各地的灾异必然数量巨大。"自然之天"的这种灾异频发的特性也被儒生们用作向皇帝提建议的借口。同时,自然灾异的报告与预警有助于提醒皇帝

① 袁长江.董仲舒集[M].北京:学苑出版社,2003:6.
② 袁长江.董仲舒集[M].北京:学苑出版社,2003:203.

关注农业生产。对灾异的重视也使得统治阶级十分注意体察民情、体恤民情，进而能够做到爱民如子、视民如伤。在生产力落后的情况下，皇帝也会认识到自身权力的有限性，进而接受天命、天道的约束，按照儒家设计的伦理、纲常、礼法的要求行事。

天意降下祥瑞也是一种特殊的自然现象。自然是祥瑞的载体。非常有趣的是儒家不直接描述社会治理的成功，而是以自然界出现了“祥瑞”进行论述。在《春秋繁露》当中就多有这样的联系。比如《春秋繁露·王道第六》中提出：“王者，人之始也。王正则元气和顺、风雨时、景星见、黄龙下……五帝三王之治天下，……毒虫不螫，猛兽不搏，抵虫不触。故天为之下甘露，朱草生，醴泉出，风雨时，嘉禾兴，凤凰麒麟游于郊。……德恩之报，奉先之应也。”①这里的“毒虫不螫，猛兽不搏，抵虫不触。故天为之下甘露，朱草生，醴泉出，风雨时，嘉禾兴，凤凰麒麟游于郊”就是五帝三王之治的祥瑞。而《春秋繁露·符瑞第十六》则提到了《春秋》中最重要的一个异象——“西狩获麟”。具体文字是：“有非力之所能致而自至者，西狩获麟，受命之符是也。然后托乎《春秋》正不正之间，而明改制之义。”麒麟出现本来是祥瑞，却被猎人射死。这象征着孔子之道在乱世之中无法实现。

第二，人间通过祭祀、祈求等一系列方法与主宰之天进行沟通。人类通过祭天或者祭祀山川进而感动主宰之天，获得相应的恩惠与福报。董仲舒甚至发明了一些求雨、止雨的做法，近乎巫术。

首先，人类对自然界进行祭祀与以自然产物进行祭祀。在董仲舒时代，人们对天道的敬畏之心及其祭祀之礼只有通过“自然界”加以实现。祭天要通过祭祀山川加以实现，这就把神明与自然结合起来。中国早在《尚书》中就记载着封禅、祭泰山等。同样如此，董仲舒也特别强调祭祀，在强调“郊祭”的同时，也并没有否定对山川的祭祀。这也是董仲舒自然观的一个重要内容。

董仲舒作过《山川颂》，是一位对自然环境有着真挚感情的哲学家。祭山川次于郊祭。郊祭是天子之事，而祭山川则是诸侯之事。《春秋繁露·郊祀第六十九》中就提出：“故《春秋》凡讥郊，未尝讥君德不成于郊也。乃不郊而祭山川，失祭之叙，逆于礼，故必讥之。”②秦始皇之后，祭天也与泰山封禅结合起来。封泰山、禅梁父成

① 袁长江.董仲舒集[M].北京:学苑出版社,2003:92.

② 袁长江.董仲舒集[M].北京:学苑出版社,2003:327.

为中国皇帝的标准动作。董仲舒根据春秋学认为皇帝要先郊祭才能祭山川。《春秋繁露·王道第六》中提出:“郊天祀地,秩山川,以时到,封于泰山,禅于梁父。立明堂,宗祀先帝。以祖配天,天下诸侯各以其职来祭。贡土地所有,先以入宗庙,端冕盛服而后见先。德恩之报,奉先之应也。”[①]这就把天地、山川、祖先的祭祀并提。

儒家祭祀天地祖先就以粮食为道具。《春秋繁露·四祭第六十八》中提出:“孝子孝妇,缘天之时,因地之利。地之菜茹瓜果,艺之稻麦黍稷,菜生谷熟,永思吉日,供具祭物,斋戒沐浴,洁清致敬,祀其先祖父母。”[②]可见,在对先祖父母的祭祀当中也要以果蔬、粮食作为祭物。《春秋繁露·祭义第七十六》中提出:“五谷,食物之牲也,天之所以为人赐也。宗庙上四时之所成,受赐而荐之宗庙,敬之性也,于祭之而宜矣。宗庙之祭,物之厚无上也。春上豆实……”[③]董仲舒认为粮食来自上天的赐予,所以就以粮食为祭品。

其次,董仲舒以求雨、止雨为例子说明人与主宰之天的沟通。这主要体现在《春秋繁露·求雨第七十四》《春秋繁露·止雨第七十五》两篇之中。董仲舒写道:“春旱求雨。令县邑以水日祷社稷山川,家人祀户……祝斋三日,服苍衣,先再拜,乃跪陈,陈已,复再拜,乃起。祝曰……”[④]“止雨”,董仲舒提出:“雨太多,令县邑以土日,塞水渎,绝道,盖井,禁妇人不得行入市……祝一人,皆斋三日,各衣时衣。具豚一,黍盐美酒财足,祭社。击鼓三日,而祝……祝曰……”[⑤]上述内容含有大量的封建迷信的内容。这就好比人们日常依然使用“祝福”等做法,尽管知道不见得一定会得到“福运”,然而人们依然要对未来有一个好的预期。所以,董仲舒的求雨、止雨做法虽然荒诞,却能够充分地宣泄情绪,表达主观美好意愿。这对于意识形态工作而言具有一定的“安抚人心”的功能。但就其内在过程而言,自然界又扮演了人与天的某种中介与回馈。人们期待通过祈求改变天意,进而使得自然现象按照人们的预期进行发展与运动。

2.抽象视角的阴阳五行与天人感应

董仲舒把认识“天意”作为其自然哲学的重要目的。其途径是主要有认识“灾

---

① 袁长江.董仲舒集[M].北京:学苑出版社,2003:92.
② 袁长江.董仲舒集[M].北京:学苑出版社,2003:325.
③ 袁长江.董仲舒集[M].北京:学苑出版社,2003:353.
④ 袁长江.董仲舒集[M].北京:学苑出版社,2003:344.
⑤ 袁长江.董仲舒集[M].北京:学苑出版社,2003:350.

异”、深察名号、辨明阴阳五行等手段。灾异的产生最终也是要用阴阳五行加以解释。具体论据如下:

《春秋繁露·必仁且智第三十》:“天意有欲也,有不欲也。所欲所不欲者,人内以自省,宜有惩于心;外以观其事,宜有验于国。故见天意者之于灾异也,畏之而不恶也,以为天欲振吾过,救吾失,故以此报我也。”[①]《春秋繁露·深察名号第三十五》:“名号异声而同本,皆鸣号而达天意者也。天不言,使人发其意;弗为,使人行其中。名则圣人所发天意,不可不深观也。”[②]《春秋繁露·天地阴阳第八十一》中提出:“天意难见也,其道难理。是故明阳阴、入出、实虚之处,所以观天之志。辨五行之本末逆顺、小大广狭,所以观天道也。”[③]阴阳五行是具有唯物主义色彩的理论形态,而天人感应则更多具有唯心主义色彩。阴阳五行为主体内容的自然哲学最终服务于天人感应理论。上述引文仅仅是说明董仲舒要以阴阳五行说明天道。

以阴阳五行说明天人感应的内在机制则落实在《春秋繁露·人副天数第五十六》《春秋繁露·同类相动第五十七》等为主的篇章之中。同时,天人感应理论的文字也都散见在其他篇章之中,其中也都涉及人、自然与天道三者之间的动态联系。

余治平教授在其《天人感应的发生机理与运行过程》的论文中也特别关注了《同类相动》的真伪性,并且提出:“《同类相动》一篇专门阐述怎样通过‘类’而实现感应。”[④]他同时引述桂思卓《从编年史到经典:董仲舒的春秋诠释学》(Sarah A. Queen, *From Chronicle to Canon: The Hermeneutics of the Spring and Autumn, According to Tung Chung-shu*)中不同意该篇为董仲舒本人所做的观点。桂思卓以该篇与其他篇在有关“阴阳与季节运行”存在着“相互矛盾”的文字记载而认为阴阳编各篇可能出自多个作者。余治平教授把“天人感应”的发生机理概括为四个层次,分别是:“天道各以其类动”是感应的前提与条件,“由阴阳性情而感通”是感应的路径与机理,“人副天数”是感应的表象与结果,“求雨、止雨之术”是感应的检验与运行。

笔者认为《人副天数》与《同类相动》的篇章顺序不知道是有意为之,还是无意为之,但是表明“人副天数”是天人感应的前提条件。天、地、人三者之间存在着数

---

① 袁长江.董仲舒集[M].北京:学苑出版社,2003:202.

② 袁长江.董仲舒集[M].北京:学苑出版社,2003:227.

③ 袁长江.董仲舒集[M].北京:学苑出版社,2003:377.

④ 余治平.天人感应的发生机理与运行过程——以《春秋繁露》、“天人三策”为文本依据[J].衡水学院学报,2018(5):21-32.

理上的一致性。《春秋繁露·人副天数第五十六》中提出："天德施，地德化，人德义。天气上，地气下，人气在其间。春生夏长，百物以兴；秋杀冬收，百物以藏。"[①]其中的天，更多是形上之天、神明之天，而地则包含万物，与狭义的"天空之天"(宇宙)组合为天地，代表真正的自然之天。日月星辰、风雨霜雾、山川动植都在此列。

这里的"天、地、人"体现了董仲舒的三本思想。三本思想出现在《春秋繁露·立元神第十九》之中。其中写道："天生之，地养之，人成之。天生之以孝悌，地养之以衣食，人成之以礼乐，三者相为手足，合以成礼，不可一无也。……如此，其君枕块而僵，莫之危而自危，莫之丧而自亡，是谓自然之罚。自然之罚至，裹袭石室，分障险阻，犹不能逃之也。明主贤君必于其信，是故肃慎三本。"[②]在这三本之中，董仲舒认为人君是"国之元""国之本"，进而是人间的代表。董仲舒要求人们"崇本"。所崇之本是"天地人，万物之本也"。而崇本最终落实为"人君"这个关键点。董仲舒提出："崇本则君化若神，不崇本则君无以兼人。"人君要"奉天本"(郊祀致敬，共事祖祢，举显孝悌，表异孝行)、"奉地本"(秉耒躬耕，采桑亲蚕，垦草殖谷，开辟以足衣食)、"奉人本"(立辟雍庠序，修孝悌敬让，明以教化，感以礼乐)，进而通过崇本就能够"化若神"，就能够与形上之天、自然之天相互感应。当然，这并不排除普通人与作为整体的人民具有引发天地有所反应的能力。

回到《人副天数》之中，董仲舒提出"唯人独能偶天地"的思想。并且列举了人与自然之天、形上之天的"相副"之处。比如：

人(三百六十节)——天之数(周天之数、周年之数)

人(形体骨肉)——地之厚(厚土)

人(耳目聪明)——日月之象(自然之天、狭义之天)

人(体有空窍理脉)——川谷之象(地)

人(心有哀乐喜怒)——神气之类(神明之天)

此外，《人副天数》还提到了"人之身，首妎而员，象天容也；发，象星辰也；耳目戾戾，象日月也；鼻口呼吸，象风气也；胸中达知，象神明也；腹胞实虚，象百物也。百物者最近地，故要以下，地也。天地之象，以要为带。颈以上者，精神尊严，明天

① 袁长江.董仲舒集[M].北京：学苑出版社，2003：282.

② 袁长江.董仲舒集[M].北京：学苑出版社，2003：146.

类之状也;颈而下者,丰厚卑辱,土壤之比也。足布而方,地形之象也。"把人与天地(自然之天、神明之天)进行了比附。天人感应理论里的"天"包含了"神明"与"自然"二意,而神明之天、形上之天则最占主导位置。自然之天则是天意、天道的映像,进而是人副天数的一个基础。董仲舒举了一个天人感应的例子——"阳,天气也;阴,地气也。故阴阳之动,使人足病"。他最后的结论则是——"天地之符,阴阳之副,常设于身,身犹天也,数与之相参,故命与之相连也。"天(地)与人(身)之间就建立了密切而又必然的联系。这种联系被称之为"副"。该篇最后提出:"以此言道之,亦宜以类相应,犹其形也,以数相中也。"这就是说,人与天的相"副"必然带来"同类相动"的重要机制。

《同类相动》列举了音乐中的共振现象,提出"气同则会,声比则应",进而把"感应"作为天地与人世之间的必然联系方式。《同类相动》提出:"天将欲阴雨,又使人欲睡卧者,阴气也。有忧亦使人卧者,是阴相求也;有喜者,使人不欲卧者,是阴相索也。"[①]因为事物具有阴阳五行之性,而其同类则相互感应,如同阴阳相感一样。《同类相动》中提出:"天有阴阳,人亦有阴阳。天地之阴气起,而人之阴气应之而起,人之阴气起,而天地之阴气亦宜应之而起,其道一也。"天与人在相似的部分有着十分神秘的感应性。他提出:"故琴瑟报弹其宫,他宫自鸣而应之,此物之以类动者也。其动以声而无形,人不见其动之形,则谓之自鸣也。又相动无形,则谓之自然,其实非自然也,有使之然者矣。物固有实使之,其使之无形。"董仲舒对这种奇妙的感应难以解释,于是归结为神秘的物之"自然"。由此而言,自然、人、形上之天都可以归纳为阴阳五行,进而因为同属于阴阳五行的某一属性而产生了"天人感应"。这仅仅是说明原理。而对于天地阴阳五行各自在人间的对应则需要一番说明。比如,君主法天、臣子法地。然后木、火、土、金、水都象征着各种官职。"天有十端"组成一个初步的解释系统,对灾异背后的天意能够进行解读。而"自然之天"则是这个解释的对象。

四、对董仲舒自然哲学的两种态度

李宗桂的《董仲舒哲学思想研究三十年》针对董仲舒自然观是唯心主义还是唯

① 袁长江.董仲舒集[M].北京:学苑出版社,2003:286.

物主义的争论进行了综述[①]。其中提到李民的观点——“在董氏哲学体系中,似乎还包含有素朴的唯物主义和自发的辩证法因素”。而张岂之则认为:“对阴阳、四时、五行的古代宇宙图式加以唯心主义的、神学的歪曲,将封建的等级制和道德律渲染为支配整个自然界和人类社会的绝对法则,这是董氏唯心主义自然观的本质所在。”冯友兰也认为董仲舒哲学的出现,是对战国以来唯物主义和无神论的否定,其自然观是神学目的论的、唯心主义的。此外有更多的学者都基本同意把董仲舒自然哲学归属为唯心主义的观点。金春峰认为:“不能简单地把他的‘天论’归之为神学目的论。董氏思想充满着神学和非神论的矛盾。他的‘天人感应’在理论上的积极意义表现 为:(1) 在承认天为主宰的情况下,充分重视和强调了人的主观能动作用。(2)以非神论的天人感应思想为武器,反对了方士迷信活动。在董氏的著作中,到处是对人的力量、作用、地位的重视与强调,是对人的‘参天’之力的极大的信任。”也有人认为不能“把董氏唯心主义哲学体系人为地割裂为神学和‘非神论’两部分”。其中还提到李泽厚的观点——在董氏那里,人格的天(天志、天意)是依赖自然的天(阴阳、四时、五行)来呈现自己的。“天”的意志力量和主宰作用在这里是与客观现实规律(阴阳、四时、五行)相合一。董氏的贡献就在于,最明确地把儒家的基本理论(孔孟的仁义等)与阴阳家的五行宇宙论具体地配置起来。

1.持否定态度的哲学思潮

针对董仲舒的自然哲学,早在汉代就已经开始了批判工作。王充的“疾虚妄”、“天在人外”、论“气”等观点,实际上颠覆了董仲舒自然哲学。宋志明认为:“对于先秦哲学家的理性主义哲学精神,他显然不是发展了,而是倒退了。董仲舒思想的恶性发展,导致谶纬思潮的泛滥。这时,理性精神彻底失落,哲学实际上已经被放逐了。”[②]

严复追求的富强,建立在对西方输入的现代科学基础之上,他对中国传统自然哲学进行了无情的批判,认为它们是阻碍富强的重要因素。他说:“五行者,言理之大诟也,所据既非道之真,以言万物之变,乌由诚乎……实为厉阶。”“五四”新文化运动倡导民主与科学,把中国传统学术看作“玄学”,进而以科学埋葬玄学,使得中

① 李宗桂.董仲舒哲学思想研究三十年[J].哲学动态,1986(8):40-44.

② 宋志明.批判思潮中的天人学——王充哲学话题刍议[J].徐州师范大学学报(哲学社会科学版),2011(6):93-97+110.

国传统文化的断裂不仅表现在“政治领域”，更深深地存在于自然科学领域。儒学无法对接科学的难题使得现代儒学的发展更偏向于心性本体论。而当代新儒家的崛起也不过是出现在政治儒学领域。儒学研究在自然哲学领域里的创新依然没有提出新的理论，进而完全超越董仲舒自然哲学对中国社会历史的笼罩与影响。

刘敏认为：“自然是董仲舒新儒教神学的基础。”他把见辞求指、深察名号、伍偶物类等三个方法作为视角，“使自然不仅仅是客观物质的存在，而且是人的情感意志的体现，象征王道政治的祥瑞与灾异、天道秩序的浓缩”①。他认为董仲舒的自然哲学不是对客观自然的认知。笔者认为这个观点非常深刻。他所提炼的三个方法中的两个涉及的都是辞指、名号这类逻辑、语言分析方法，而不是对自然属性的客观描述。而“伍偶物类”更多运用了比附的方法。这种比附，并不是对自然事物的合理归类，其归类出的金、木、水、火、土五行，与亚里士多德的自然哲学(《物理学》)相比存在着较大差距。他的结论是：“董仲舒的天人相与的系统化宇宙图式并非事实上的真实，而是他为了整顿世界、提升精神而塑造的‘假想的宇宙秩序’，并且他努力将这种秩序体现于自然事物，成为具体的生活方式，克服了先秦儒学缺乏形而上的终极追问和道家抽象空疏的弊病，焕发出巨大的精神力量，成为时代的最强音。”由此可见，董仲舒的自然哲学满足了那个时代的人们系统整合政治、文化、自然科学、社会生活的理论需要。然而这种成功同时也蕴含着比附、臆测等非科学的成分，并制约了自然科学在中国的发展。

2.持有限肯定态度的哲学思潮

胡义成的《董仲舒“天人感应论”的现代确立——论钱学森院士对中国古代“天人感应论”的证明》认为董仲舒的“天人感应论”一方面具有“巫味”，其简单比附的论据不能成立，但是其大胆猜测又符合现代自然科学技术。他从量子科学、暗物质与反物质、系统科学三个视角对天人感应论加以回味。他认为近代以来主流意见是对董仲舒的天人感应论持否定态度，然而现代新儒家则“举孔”必“挺董”，对董仲舒的天人感应论持肯定态度。第三种态度就是现代儒学研究者认为董仲舒自然哲学存在着混乱性、二重性。他最后以李约瑟、钱学森为例子说明董仲舒天人感应理论，也就是其自然哲学的存在合理性。

---

① 刘敏.阐释的自然——论董仲舒的儒教自然观[J].四川师范大学学报(社会科学版)，2013(4):22-26.

李约瑟认为:“在中国思想里的关键字是‘秩序’和(尤其是)‘图样’。符号间之关联或对应,都是一个大‘图样’中的一部分。万物之活动皆以一特殊的方式进行,它们不必是因为此前的行为如何,或由于他物之影响;而是由于其在循环不已之宇宙中的地位,被赋予某种内在的性质,使它们的行为身不由己。如果它们不按这些特殊的方式进行,便会失去其在整体中之相关地位(此种地位乃使它们所以成为它们的要素),而变成另外一种东西。所以万物之存在,皆须依赖于整个‘宇宙有机体’而为其构成之一部分。”①董仲舒以阴阳五行为主体架构自然哲学,其目的是以此为中介论述天人感应理论,以天道为证据进行人世间的制度设计,以帝王对天道的皈依,来制约皇权,进而保证儒家仁政的实施。其理论的落脚点是人世间的治道,表现出对政治儒学的极大关切,进而抽象地认识自然,由于倡导阴阳五行,进而使得中国自然哲学具有强烈的思辨性,而缺乏足够细致的观察、测量、分析与实验。董仲舒对儒学的巨大贡献在于以阴阳五行为主体,对自然世界给予合理的解释,形成其自然哲学,并为政治儒学与道德伦理提供终极根据。但是,应当看到这种成功的背后存在着对真实自然的背离,进而影响了自然科学的发展。这个问题到了中国近代以来就成了严重问题。

牛秋实认为:“董仲舒的灾异论也不是空穴来风。通过自然对我们的报复,我们也学会了人性化的自然知识。人与自然的关系迄今并没有得到科学的对待,只有人性化地对待自然,才能学会与自然相处,从自然中吸取教训,善待自然,获得人类最佳的生存空间,避免自然灾害的报复。”②董仲舒的灾异谴告之说必须借助于自然界才能实现。离开了自然界,天意无法得以显现。这是从另外一个视角对董仲舒自然哲学的一种变相肯定。

结语:董仲舒自然哲学的理论兴趣与最终归宿

董仲舒自然哲学首先是把人放在自然界之上,具有一定的人本主义色彩。而人对自然界的认识主要是通过阴阳五行的理论模型,进而认识天道、天命。董仲舒的自然哲学并不是要为信仰服务,而是要为政治服务。在为政治服务过程中,董仲

①(英)李约瑟.中国古代科学思想史[M].陈立夫,主译.南昌:江西人民出版社,2006:347-348.

② 牛秋实.董仲舒灾异说对后世的影响[J].衡水学院学报,2014(6):26-29.

舒的理论兴趣也不同于早期阴阳家以“五德终始”来探索朝代兴旺更替，而是论证儒家仁政德治、大一统等方面的具体治道。这必然也导致对科学、技术的某种忽视。中国汉朝人已经把阴阳五行融入中医、农业、天文等方面，但在董仲舒这里却很少能显示出来。董仲舒大讲阴阳五行，在儒学历史上建构了比荀子更为精致的自然哲学，但是其理论兴趣依然要回到王道政治，回到伦理规范上来。这必然阻碍了自然科学的诞生。儒学与科学的对接直到近现代依然是一个未能实现的任务。而人们更多注意了儒学与民主政治的对接，进而有意保留了儒家的神秘主义心学立场。这更使得儒学与自然科学的结合面临着巨大的困难。而马克思主义以其特有的唯物主义以及完全支持自然科学的立场，在中国进行现代化过程中的优越性就赢得20世纪中国人的认同。

董仲舒的重贤思想

刘贵生

自古及今,人才都是时代发展的领军人物,是推动社会变革的重要力量。传说中的黄帝会造指南车,并利用指南车打败了南方的蚩尤,为华夏民族的融合奠定了基础;神农氏遍尝百草,学会用草药给人治病的同时也开启了中华民族农耕的历史;伏羲氏教人结网捕鱼,极大地改善了人们的生活;此后的尧、舜、禹等莫不是以某一方面的特长而成为众人的首领。社会的发展在很大程度上是与这些杰出人才的贡献分不开的,所以很早以来,人们就形成了重贤的思想。春秋战国时期,百家争鸣,思想活跃,但无论哪家思想,都无一例外地将重视人才放到了重要的位置。儒家的孔子一生办学收徒,据说有弟子三千,贤人七十二,而这七十二贤人正是孔子为社会培养的精英人才;墨家的墨子在《墨子》中专门有"尚贤"一章,鲜明地提出"尚贤者,政之本也"①,认为重视贤才是治国的根本。战国时期著名的四公子以及秦国的国相吕不韦等人都大量地招揽门客,特别是到了后期,提出"横则秦帝,纵则楚王"策略的苏秦、张仪等纵横家更是几乎成了天下大势的决定力量:"故苏秦相于赵而关不通。当此之时,天下之大,万民之众,王侯之威,谋臣之权,皆欲决苏秦之策。不费斗粮,未烦一兵,未战一士,未绝一弦,未折一矢,诸侯相亲,贤于兄弟。夫贤人在而天下服,一人用而天下从,故曰:式于政不式于勇,式于廊庙之内,不式于四境之外。当秦之隆,黄金万溢为用,转毂连骑,炫熿于道,山东之国从风而服,使赵大重。且夫苏秦,特穷巷掘门桑户棬枢之士耳,伏轼撙衔,横历天下,廷说诸侯之王,杜左右之口,天下莫之能伉。"②刘邦能在风起云涌的秦末大起义中最后打败强大的项羽建立汉室基业,其高明之处就在于善于吸纳和运用人才,最有名的"汉初

① 孙诒让.墨子间诂[M].北京:中华书局,2001:49.

② 朱东润.中国历代文学作品选(上编):第一册[M].上海:上海古籍出版社,2002:112—113.

三杰”就是其中的代表，出自韩信口中的“善将将”正好说明了刘邦会重用人才的高明之处。鉴于对《春秋》及前代史实的谙熟，董仲舒在其主要代表性著作《春秋繁露》和《天人三策》中，就君王的治国之道，特别突出地强调了重贤的思想。

首先，董仲舒对历史上重贤的现象给予了充分的关注。在《天人三策》第二策中，董仲舒说尧受命以来，“诛逐乱臣，务求贤圣，是以得舜、禹、稷、卨、咎繇”[①]，周文王“顺天理物，师用贤圣，是以闳夭、大颠、散宜生等亦聚于朝廷。爱施兆民，天下归之，故太公起海滨而即三公也”[②]。司马迁在《史记·五帝本纪》中记载尧重用的贤臣主要有舜、禹、皋陶、契、后稷、伯夷、夔、龙、倕、益、彭祖等人[③]，关于周文王用贤的史实在《史记·周本纪》中是这样记载的：“(文王)礼下贤者，日中不暇食以待士，士以此多归之。伯夷、叔齐在孤竹，闻西伯(即文王)善养老，盍往归之。太颠、闳夭、散宜生、鬻子、辛甲大夫之徒皆往归之。”[④]在《春秋繁露·玉英第四》中，董仲舒对齐桓公“知恐惧，敬举贤人，而以自覆盖”[⑤]的行为表示极大的肯定。齐桓公重用贤人的事例当以管仲为典型。据史载，管仲原本是齐桓公的哥哥公子纠的辅佐，在齐桓公与公子纠争夺君位的过程中，管仲一箭射中齐桓公的衣带钩，幸亏齐桓公乘机装死躲过一劫，否则春秋的历史恐怕要重新改写，故此齐桓公和管仲之间可谓积怨颇深。但后来为了王霸大业，齐桓公还是虚心听取了鲍叔牙的建议，对管仲不仅不计前嫌，反而拜他为相。在管仲任相期间，齐桓公还积极采纳他的建议，重用了史称“桓管五杰”的隰朋、宁戚、王子成父、宾胥无、东郭牙，这五人分别在外交、农业、军事、司法、进谏等方面具有卓越的才能。在《春秋繁露·俞序第十七》中，董仲舒认为孔子作《春秋》的目的就是“上探天端，正王公之位，万民之所欲，下明得失，起贤才，以待后圣”[⑥]，将发现贤才并重用贤才看作孔子作《春秋》的主要目的。孔子“举贤才”的思想不仅在《春秋》中有明确的交代，在《礼记·中庸》里也有类似的表达，即“为政在人……文武之政，布在方策”[⑦]，认为为政的根本就在于“人”，而这“人”并

① 安平秋，张传玺．二十四史全译·汉书[M]．上海：汉语大词典出版社，2004:1198-1199.
② 安平秋，张传玺．二十四史全译·汉书[M]．上海：汉语大词典出版社，2004:1199.
③ 杨燕起．史记全译[M]．贵阳：贵州人民出版社，2001:128.
④ 杨燕起．史记全译[M]．贵阳：贵州人民出版社，2001:105.
⑤ 张世亮，钟肇鹏，周桂钿．春秋繁露译注[M]．北京：中华书局，2012:73.
⑥ 张世亮，钟肇鹏，周桂钿．春秋繁露译注[M]．北京：中华书局，2012:183.
⑦ 朱熹．四书章句集注·中庸章句[M]．北京：中华书局，1983:28.

不是普通的平民百姓,而是文能经邦、武能定国的治世良才。

其次,董仲舒结合史实充分肯定了贤才的重要作用。“任贤臣者,国家之兴也”[①](《春秋繁露·精华第五》),董仲舒认为,只有重用贤臣,国家才能兴旺发达,对此,董仲舒举了鲁僖公的例子。鲁僖公虽然在混乱中即位,但是他亲近重用季友,因而在季友辅政的二十多年间,鲁国内无臣子作乱,外无诸侯侵凌,国家一片安宁的景象。在《春秋繁露·立元神第十九》中,董仲舒进一步从统治者的角度阐述了重贤的意义。“体国之道,在于尊神。尊者,所以奉其政也;神者,所以就其化也,故不尊不畏,不神不化。夫欲为尊者,在于任贤;欲为神者,在于同心。贤者备股肱,则君尊严而国安;同心相承,则变化若神;莫见其所为而功德成,是谓尊神也。”[②]作为一国的君主,要想顺利地施政,首先要使自己具有尊贵和神圣的地位,而尊贵和神圣地位的确立,离不开重用贤人且君臣上下同心;重用贤人且上下同心,不是信口开河,而是建立在深厚的理论基础上。对此,董仲舒从天人感应的角度做了类比论证:“天积众精以自刚,圣人积众贤以自强;天序日月星辰以自光,圣人序爵禄以自明。天所以刚者,非一精之力;圣人所以强者,非一贤之德也。故天道务盛其精,圣人务众其贤,盛其精而壹其阳,众其贤而同其心。壹其阳,然后可以致其神。同齐心,然后可以致其功。是以建治之术,贵得贤而同心。”[③]从天的角度来看,天之所以刚健有力,是因为积聚了众多的精气,天之所以光芒万丈,是因为合理排列日月星辰的顺序;天既如此,则人事亦不例外。故此,圣人(亦即君主)亦须积聚众多贤才以使自己变得强大,合理安排众多贤才的爵禄等级以使自己变得明智。这里,董仲舒特别强调了众贤的力量,只有广泛地延揽和积聚贤才,且上下团结一心,才能取得应有的成效。为了证明这个道理,在《天人三策》第二策中,董仲舒列举了尧的例子。在众多贤人的辅佐之下,尧治理下的社会是“教化大行,天下和洽,万民皆安仁乐谊,各得其宜,动作应礼,从容中道”[④],一片太平祥和的景象。

在肯定重用贤才的积极作用时,董仲舒也从反面论述了不重用贤才的后果。在《春秋繁露·精华第五》中,董仲舒说:“所任非其人,谓之主卑国危。万世必然,无

---

① 张世亮,钟肇鹏,周桂钿.春秋繁露译注[M].北京:中华书局,2012:99.

② 张世亮,钟肇鹏,周桂钿.春秋繁露译注[M].北京:中华书局,2012:198.

③ 张世亮,钟肇鹏,周桂钿.春秋繁露译注[M].北京:中华书局,2012:199.

④ 安平秋,张传玺.二十四史全译·汉书[M].上海:汉语大词典出版社,2004:1199.

所疑也”[①]，“是故任非其人，而国家不倾者，自古及今，未尝闻也”[②]。在此，董仲舒举了鲁庄公和宋殇公的例子。鲁庄公因为没有早用季友，而使国家陷于危难，“庆父不死，鲁难未已”说的就是鲁庄公所用非贤导致的严重后果。宋殇公因为没有一直重用孔父，结果落得个自身被华督残杀的下场。不重用贤人，不仅会陷国君自身于可悲的结局，而且更主要的是危及国家的命运。在《春秋繁露·王道第六》中，董仲舒说，吴王因为不采纳伍子胥的建议，结果导致了亡国；秦穆公因为刚愎自用，听不进百里奚和蹇叔的忠言，结果秦军大败于崤山；虞公不接受宫之奇的劝谏，结果最后为晋国所灭，留下了“唇亡齿寒”的深刻教训。[③]在《天人三策》第二策中，董仲舒一针见血地揭示了商朝灭亡的根本原因就在于商纣王“逆天暴物，杀戮贤知，残贼百姓。伯夷、太公皆当世贤者，隐处而不为臣。守职之人皆奔走逃亡，入于河海。天下秏乱，万民不安，故天下去殷而从周”[④]。

再次，董仲舒还指出了君主为得到贤才应具备的素养。首先，作为一国之君，必须有崇高的德行才会吸引贤才。“其德足以安乐民者，天予之，其恶足以贼害民者，天夺之。”[⑤]（《春秋繁露·尧舜不擅移汤武不专杀第二十五》）君主具有高尚的德行，上天才会将国家托付于他，否则上天就会将国家从他的手里夺走。“至德以受命，豪英高明之人辐辏归之。”[⑥]（《春秋繁露·观德第三十三》）泰伯有与天地齐等的完美德行，所以天下的人都归附于他；钟离会盟之时，吴国国君没有被以国君的身份安排入席，原因就是他的德行不够。“故德侔天地者，皇天右而子之，号称天子。”[⑦]（《春秋繁露·顺命第七十》）具有天子称号的人，其德行跟天地一样高，上天也帮助他，并且将其当作自己的儿子来看待。其次，国君必须礼贤下士，诚恳待人。“治身者以积精为宝，治国者以积贤为道……夫欲致精者，必虚静其形；欲致贤者，必卑谦其身；形静志虚者，精气之所趣也；谦卑自卑者，仁贤之所事也。故治身者，务执虚静以致精；治国者，务尽谦卑以致贤。能致精，则合明而寿；能致贤，则德

① 张世亮，钟肇鹏，周桂钿.春秋繁露译注[M].北京：中华书局，2012:99.
② 张世亮，钟肇鹏，周桂钿.春秋繁露译注[M].北京：中华书局，2012:99.
③ 张世亮，钟肇鹏，周桂钿.春秋繁露译注[M].北京：中华书局，2012:133.
④ 安平秋，张传玺.二十四史全译·汉书[M].上海：汉语大词典出版社，2004:1199.
⑤ 张世亮，钟肇鹏，周桂钿.春秋繁露译注[M].北京：中华书局，2012:277.
⑥ 张世亮，钟肇鹏，周桂钿.春秋繁露译注[M].北京：中华书局，2012:345.
⑦ 张世亮，钟肇鹏，周桂钿.春秋繁露译注[M].北京：中华书局，2012:557.

泽洽而国太平。”[①]（《春秋繁露·通国身第二十二》）这里，董仲舒以养身来说明治国的道理。要保养好身体，最重要的是积蓄精气，要积蓄精气，必须让身体处于恬淡寡欲的状态，只有形体安宁、内心恬淡的人，精气才会归附于他，有了精气，就会内外通达，延年益寿。治理国家的根本之道是积聚贤人，积聚贤人最好的做法就是君主必须放下架子谦卑待人，贤才才会甘心来为他效劳，有了贤才的帮助，君主的恩泽就会普及天下，那样才会国泰民安。再次，君主对于贤臣必须根据他们各自的才能，给予相应的职位，然后上下同心，各尽其责，才能把国家治理好。“国以君为主……贤积于其主，则上下相制使……则百官各得其所……然后国可得而守也。”[②]（《春秋繁露·通国身第二十二》）“贤者备股肱，则君尊严而国安；同心相承，则变化若神；莫见其所为而功德成。”[③]（《春秋繁露·立元神第十九》）用贤才来做君主的辅佐，才会保证君主自己的尊严和国家的安宁，君臣上下同心协力，国家的治理就会顺风顺水、日见成效。

最后，董仲舒对于如何培养和选拔贤才也提出了具体的措施。“养士之大者，莫大乎太学；太学者，贤士之所关也，教化之本原也。”（《天人三策》第二策），董仲舒认为，要得到贤才，首先要注重培养，培养人才最重要的就是开办学校，学校是推行教化的源头和培养人才的关键所在。因此，董仲舒建议汉武帝首先要兴办太学，且配备高明的老师，学生接受教育后，要通过层层的考核，最后选出杰出的人才。对于如何考核，从哪些方面进行考核，考核中应该注意的事项，董仲舒也给出了明确的建议：“臣愚以为使诸列侯、郡守、二千石各择其吏民之贤者，岁贡各二人以给宿卫，且以观大臣之能；所贡贤者有赏，所贡不肖者有罚。夫如是，诸侯、吏二千石皆尽心于求贤，天下之士可得而官使也。遍得天下之贤人，则三王之盛易为，而尧舜之名可及也。”[④]董仲舒认为，各级官吏是行使考核的主要责任人，君主应该要求他们每年向上推荐二人在朝廷做事，以此观察被推荐之人是否符合贤人的标准，如果被推荐之人确实名副其实，君主对于行使推荐之官员进行相应的奖赏；否则，不仅将被推荐之人斥退，而且行使推荐之人也要相应地受到处罚。这样就在很大程度上避免了各级官员的徇私舞弊，有效地为朝廷选拔到实至名归的贤才。同时，董仲

① 张世亮，钟肇鹏，周桂钿．春秋繁露译注［M］．北京：中华书局，2012:220.
② 张世亮，钟肇鹏，周桂钿．春秋繁露译注［M］．北京：中华书局，2012:220.
③ 张世亮，钟肇鹏，周桂钿．春秋繁露译注［M］．北京：中华书局，2012:198.
④ 安平秋，张传玺．二十四史全译·汉书［M］．上海：汉语大词典出版社，2004:1202.

舒针对考核人才中长期存在的弊端，提出了自己的建议，“毋以日月为功，实试贤能为上，量材而授官，录德而定位”①，即考核不能以做官的时间长短来衡量官员的功绩大小，而是应注重考核其从事实际事务的能力和水平，选拔人才应该根据他的才能大小和品行高低来安排其职位，“故小材虽累日，不离于小官；贤材虽未久，不害为辅佐”②。在《春秋繁露·十指第十二》中，董仲舒对于如何选拔贤才，也给出了明确的说法，“论贤才之义，别所长之能……则百官序矣”③，即选拔贤才，应该区别各自的特长，然后根据其特长，安排相应的官职。

围绕培养人才，董仲舒对于学校的教学内容也提了比较明确的建议。他参照古代的人才培养标准，提出了“以德善化民”④的教学原则，具体做法就是“渐民以仁，摩民以谊，节民以礼”⑤，也就是用儒家传统的仁、义、礼、知、信等来进行施教，“夫仁谊礼知信五常之道”⑥，认为如果全民都从这几个方面做起，那么好的社会风尚就形成了：“教化大行，天下和洽，万民皆安仁乐谊，各得其宜，动作应礼，从容中道。”⑦

综上所述，董仲舒通过对《春秋》治乱之道的深刻体察和分析，充分认识到圣君、贤臣联手治国的重要性，因此，在《春秋繁露》中，他多次提出求贤、用贤、养贤等重要话题，尤其在有幸受到汉武帝的关注后，不失时机地通过《天人三策》向汉武帝灌输这种思想，言辞恳切，态度诚挚，在很大程度上也影响到汉武帝的用人政策。而董仲舒本人也正是通过策对，在众多人才中脱颖而出，被汉武帝先后两次委以诸侯王国相的重职。不仅如此，即便在董仲舒晚年退休回家后，朝廷每当遇到棘手的问题时，总要派出重要官员向其请教，寻求解决措施。史载：“仲舒在家，朝廷如有大议，使使者及廷尉张汤就其家而问之，其对皆有明法。”⑧

纵观历朝历代，我们不难发现一个规律，那就是“得人才者得天下”。东汉后期的群雄逐鹿中，原本弱小的曹操有着唯才是举、求贤若渴的心态，所以手下人才济

---

① 安平秋，张传玺．二十四史全译·汉书[M]．上海：汉语大词典出版社，2004:1202.
② 安平秋，张传玺．二十四史全译·汉书[M]．上海：汉语大词典出版社，2004:1201.
③ 张世亮，钟肇鹏，周桂钿．春秋繁露译注[M]．北京：中华书局，2012:162.
④ 安平秋，张传玺．二十四史全译·汉书[M]．上海：汉语大词典出版社，2004:1203.
⑤ 安平秋，张传玺．二十四史全译·汉书[M]．上海：汉语大词典出版社，2004:1196.
⑥ 安平秋，张传玺．二十四史全译·汉书[M]．上海：汉语大词典出版社，2004:1197.
⑦ 安平秋，张传玺．二十四史全译·汉书[M]．上海：汉语大词典出版社，2004:1199.
⑧ 安平秋，张传玺．二十四史全译·汉书[M]．上海：汉语大词典出版社，2004:1210.

济,在跟其他军阀势力对抗的过程中,曹操总显得游刃有余。唐太宗李世民在隋末大起义中,也是虚怀若谷,不避嫌隙,多方接纳人才。当了皇帝后,他有感而发地提出了自己治国所依赖的三面镜子,其中的"以人为镜,可以明得失"就突出了贤臣在治国中的重要作用。魏征死了,他失去了一个贤臣,从而悲叹自己失去了一面镜子。当今,全国上下都在为实现中华民族伟大复兴的中国梦而日夜奋斗,这就更离不开各类人才的齐心协力,共同奋斗。"国家振兴,人才先行",董仲舒的重贤思想其实早已深入人心,而且随着社会的不断发展和国际竞争的日趋激烈,这种思想将更加持久地闪耀着智慧的光芒,成为推动整个社会发展的强大动力。

董仲舒的民本思想

刘贵生

民本思想是儒家政治哲学中的一个重要内容，在中国最早的史书《尚书》中就有“民惟邦本，本固邦宁”[①]的重要论断。周公归政于成王之时，一再谆谆告诫成王不要贪图安逸，而要时时刻刻将百姓放在心上，并通过列举商代几个有为的君主中宗“严恭寅畏，天命自度，治民祇惧”，高宗“时旧劳于外，爰暨小人”，祖甲“保惠于庶民，弗敢侮鳏寡”以及周文王“怀保小民，惠鲜鳏寡”皆享国多年的事实[②]，充分证明了治理天下的首要任务是保民养民的重要性，否则便福祚浅薄、危国亡身。史载周厉王时，统治残暴，“民不堪命”[③]，且听不进召公的忠言，最终被流放。到了春秋战国时期，以民为本的思想更是为人所共识。齐鲁长勺之战前，曹刿先后多次向鲁庄公询问敢于应战的依据，对于庄公只凭小恩小惠妄图依靠身边近臣和以虔诚的心态祭祀以求得神灵帮助的想法都予以了坚决的反对：“小惠未遍，民弗从也”“小信未孚，神弗福也”，直至鲁庄公说出“小大之狱，虽不能察，必以情”[④]时，曹刿才认为可以凭此一战。在曹刿看来，国君只有做出对人民有益的事情，才会获得人民的支持，才会打胜仗，而战争的结果在很大程度上也证明了曹刿的远见卓识。儒家的代表人物孔子、孟子、荀子等人更是将民本思想置于自己学说的核心。孔子提出“仁”的主要主张，其核心就是爱人，从统治者的角度来说就是爱民：“民以君为心，君以民为体……君以民存，亦以民亡。”[⑤]孔子认为，国君与人民是互相依存的关系，失去了人民的支持，国君也就失去了存在的基础。孟子在继承孔子“仁”说的基础上，

---

① 陈戍国．尚书校注[M]．长沙：岳麓书社，2004:34.

② 朱东润．中国历代文学作品选（上编）：第一册[M]．上海：上海古籍出版社，2002:49.

③ 朱东润．中国历代文学作品选（上编）：第一册[M]．上海：上海古籍出版社，2002:101.

④ 朱东润．中国历代文学作品选（上编）：第一册[M]．上海：上海古籍出版社，2002:58.

⑤ 陈戍国．礼记校注[M]．长沙：岳麓书社，2004:444.

进一步提出了“仁者”“王道”等鲜明的治国理念,“民为贵,社稷次之,君为轻”①,将孔子的君民相互依存关系进而提升为“民贵君轻”的重要论断,这就大大突出了民众的重要地位。此后的荀子更是以舟与水的比喻形象地阐述了君民二者的关系:“君者,舟也;庶人者,水也。水则载舟,水则覆舟。”②

西汉董仲舒在充分吸收先秦儒家民本思想的基础上,又多方借鉴融合了道、法、墨、阴阳五行等各家思想中有关民本思想的成分,形成了更加系统完备的民本学说,尤其是通过天人关系的认识论角度将其提到了自然哲学的层面,这就为现实政治中民本思想的深入推广提供了强有力的理论支撑,体现出自觉的理性精神和实践品格。

首先,董仲舒认为,统治者要想获得民众的支持,首要前提是爱民,这也就是先秦儒家一再强调的“仁”。“仁”是儒家民本思想的出发点,也是儒家思想的核心。董仲舒在《春秋繁露》中,围绕“仁”做了多处阐发:“《春秋》为仁义法,仁之法在爱人”③(《春秋繁露·仁义法第二十九》),“爱在人,谓之仁”④(《春秋繁露·仁义法第二十九》),“君子求仁义之别,以纪人我之间,然后辨乎内外之分,而著于顺逆之处也。是故内治反理以正身,据礼以劝福;外治推恩以广施,宽制以容众”⑤(《春秋繁露·仁义法第二十九》)。很明显,董仲舒这里是继承了孔孟关于“仁”的观点,《论语·颜渊第十二》中记有孔子学生樊迟和孔子的对话,“樊迟问仁。子曰:‘爱人’”⑥。“推恩”的思想则直接来源于孟子,“故推恩足以保四海,不推恩无以保妻子”⑦。从历史来看,“尧受命,以天下为忧,而未以位为乐也,故诛逐乱臣,务求贤圣,是以得舜、禹、稷、卨、咎繇。众圣辅德,贤能佐职,教化大行,天下和洽,万民皆安仁乐谊,各得其宜,动作应礼,从容中道”⑧(《汉书·董仲舒传》),“尧视民如子,民视尧如父母”⑨(《春秋繁露·暖燠常多第五十二》),故尧死后,百姓如丧考妣,天下

---

① 陈戍国.四书校注[M].长沙:岳麓书社,2004:326.
② 章诗同.荀子简注[M].上海:上海人民出版社,1974:79.
③ 张世亮,钟肇鹏,周桂钿.春秋繁露译注[M].北京:中华书局,2012:314.
④ 张世亮,钟肇鹏,周桂钿.春秋繁露译注[M].北京:中华书局,2012:320.
⑤ 张世亮,钟肇鹏,周桂钿.春秋繁露译注[M].北京:中华书局,2012:321.
⑥ 杨伯峻.论语译注[M].北京:中华书局,1980:131.
⑦ 朱东润,中国历代文学作品选(上编):第一册[M].上海:上海古籍出版社,2002:150.
⑧ 安平秋,张传玺.二十四史全译·汉书[M].上海:汉语大词典出版社,2004:1198-1199.
⑨ 张世亮,钟肇鹏,周桂钿.春秋繁露译注[M].北京:中华书局,2012:460.

有三年停止奏乐。相反,桀、纣虽是圣王之后,然皆“骄溢妄行。侈宫室,广苑囿,穷五采之变,极饬材之工,困野兽之足,竭山泽之利,食类恶之兽。夺民财食,高雕文刻镂之观,尽金玉骨象之工,盛羽旄之饰,穷白黑之变。深刑妄杀以陵下,听郑、卫之音,充倾宫之志,灵虎兕文采之兽。以希见之意,赏佞赐谗。以糟为丘,以酒为池。孤贫不养,杀圣贤而剖其心,生燔人闻其臭,剔孕妇见其化,斮朝涉之足察其拇,杀梅伯以为醢,刑鬼侯之女取其环。诛求无已,天下空虚,群臣畏恐,莫敢尽忠,纣愈自贤。周发兵,不期会于孟津者八百诸侯,共诛纣,大亡天下”[①](《春秋繁露·王道第六》)。董仲舒认为,商纣王没有一点爱民之心,跟百姓争利,对于孤苦贫病之人不闻不问,最终导致身死国灭。同样的,还有“楚灵王、晋厉公生弑于位,不仁之所致也”[②](《春秋繁露·俞序第十七》)。不仅如此,而且从礼仪上来讲,有爱民行为的人往往会得到世人的尊重。在邲之战中,楚庄王因为悯念郑国百姓,而放弃对郑国的进攻,因而获“君子”之称。而晋国却“无善善之心,而轻救民之意”,被人视为“夷狄”[③](《春秋繁露·竹林第三》)。因此,董仲舒认为:“《春秋》之法,凶年不修旧,意在无苦民尔;苦民尚恶之,况伤民乎!伤民尚痛之,况杀民乎?故曰:凶年修旧则讥,造邑则讳,是害民之小者,恶之小也;害民之大者,恶之大也,今战伐之于民,其为害几何!考意而观指,则《春秋》之所恶者,不任德而任力,驱民而残贼之;其所好者,设而勿用,仁义以服之也。”[④](《春秋繁露·竹林第三》)。苦民、伤民、杀民等害民行为在董仲舒眼里,都是《春秋》所憎恶的。再者,从天人合一的角度来讲,“春夏之阳,秋冬之阴,不独在天,亦在于人。人无春气,何以博爱而容众”[⑤](《春秋繁露·天辨在人第四十六》),“春,爱志也”[⑥](《春秋繁露·天辨在人第四十六》)。董仲舒认为,四时中的春天体现的是天对万物的关爱,故此君主也应该效天而施行仁爱,这就将爱民的道理提到自然法则的高度。

其次,在爱民的基础上,董仲舒进而提出安民养民的观点:“生育养长,成而更生,终而复始,其事所以利活民者无已。天虽不言,其欲赡足之意可见也。古之圣

① 张世亮,钟肇鹏,周桂钿.春秋繁露译注[M].北京:中华书局,2012:107.
② 张世亮,钟肇鹏,周桂钿.春秋繁露译注[M].北京:中华书局,2012:186.
③ 张世亮,钟肇鹏,周桂钿.春秋繁露译注[M].北京:中华书局,2012:47.
④ 张世亮,钟肇鹏,周桂钿.春秋繁露译注[M].北京:中华书局,2012:47.
⑤ 张世亮,钟肇鹏,周桂钿.春秋繁露译注[M].北京:中华书局,2012:434.
⑥ 张世亮,钟肇鹏,周桂钿.春秋繁露译注[M].北京:中华书局,2012:433.

人见天意之厚于人也,故南面而君天下,必以兼利之”[①](《春秋繁露·诸侯第三十七》),“天常以爱利为意,以养长为事,春秋冬夏皆具用也。王者亦常以爱利天下为意,以安乐一世为事”[②](《春秋繁露·王道通三第四十四》),从自然的角度来看,天总是通过春夏秋冬四季的有序运行来生养万物,故此,统治者也应该效法天意,以抚养人民为主要职责。国以民为本,民以食为天,要使人民安居乐业,首先要解决吃饭问题。传统中国向来是以农立国,很早就形成了以农为本的思想。作为周民族的始祖后稷,他的主要功劳便是教人学会种植庄稼,解决最基本的生存问题,其后继者一贯重视农业,《诗经》中的好多诗歌就是赞美周朝统治者重视农业的盛况的。如《周颂·噫嘻》中,“噫嘻成王,既昭假尔。率时农夫,播厥百谷”即歌颂周成王以身作则亲自带领百姓耕种的情景。在《春秋繁露·五行相生第五十八》中,董仲舒从司农尚仁的角度出发,赞美召公“知地形肥硗美恶,立事生则,因地之宜……亲入南亩之中,观民垦草发淄,耕种五谷。积蓄有余,家给人足”[③]。除了鼓励农业生产之外,统治阶级对农民轻徭薄赋也是休养生息的重要措施。“五帝三王之治天下,不敢有君民之心,什一而税”[④](《春秋繁露·尧舜不擅移汤武不专杀第二十五》),结合史实,董仲舒认为,三皇五帝在位期间,他们丝毫不敢有过分剥削压榨民众的想法,赋税只收取农民收成的十分之一。故此,他肯定汤武为至圣大贤就在于“其德足以安乐民”[⑤](《春秋繁露·尧舜不擅移汤武不专杀第二十五》),在此他引用荀子的话“天之生民,非为王也;而天立王,以为民也”[⑥](《春秋繁露·尧舜不擅移汤武不专杀第二十五》),只是将荀子原话中的“君”替换为“王”。古代社会,由于生产力的落后,粮食等生活资料的生产极为有限,因而,统治阶级往往利用手中的权力盘剥农民,这就很容易导致社会的不公平。所以早在春秋时期,孔子就提出“不患寡而患不均,不患贫而患不安”[⑦](《论语·季氏第十六》)的观点,贫富悬殊太大了,社会就会不安定,“大富则骄,大贫则忧。忧则为盗,骄则为暴,此众人之情也”[⑧](《春秋繁

① 张世亮,钟肇鹏,周桂钿.春秋繁露译注[M].北京:中华书局,2012:392.
② 张世亮,钟肇鹏,周桂钿.春秋繁露译注[M].北京:中华书局,2012:423.
③ 张世亮,钟肇鹏,周桂钿.春秋繁露译注[M].北京:中华书局,2012:488.
④ 张世亮,钟肇鹏,周桂钿.春秋繁露译注[M].北京:中华书局,2012:277.
⑤ 张世亮,钟肇鹏,周桂钿.春秋繁露译注[M].北京:中华书局,2012:277.
⑥ 张世亮,钟肇鹏,周桂钿.春秋繁露译注[M].北京:中华书局,2012:277.
⑦ 杨伯峻.论语译注[M].北京:中华书局,1980:172.
⑧ 张世亮,钟肇鹏,周桂钿.春秋繁露译注[M].北京:中华书局,2012:282.

露·度制第二十七》)。有鉴于此,董仲舒建议统治者“于众人之情,见乱之所从生,故其制人道而差上下也,使富者足以示贵而不至于骄,贫者足以养生而不至于忧,以此为度而调均之。是以财不匮而上下相安,故易治也”[①](《春秋繁露·度制第二十七》),就是在肯定社会等级差别的前提下,尽力调和并缩小贫富差距,以此实现社会的和谐稳定。如果说,前面所言,只是董仲舒从历史和现实的角度提出了均贫富的观点,那么更为有力的是董仲舒还从天人关系的角度论证了均贫富思想的合理性。“天不重与,有角不得有上齿,故已有大者,不得有小者,天数也。夫已有大者,又兼小者,天不能足之,况人乎?故明圣者象天所为为制度,使诸有大奉禄,亦皆不得兼小利、与民争利业,乃天理也。”[②](《春秋繁露·度制第二十七》)董仲舒通过观察动物的形体,发现上天在对动物进行分配的时候,分配了角的就不再分配牙,给了大的就不再给小的,如果重复分配,天就会有所不足。因此,英明的君主就应该效法天的作为,朝廷给发了俸禄的,就不应该再贪图小利,那样就会导致与民争利,是天理难容之事。故此,董仲舒赞美鲁国国相公仪休拔葵出妻的行为,并且说:“吾已食禄,又夺园夫红女利乎”[③],因此公仪休在董仲舒眼里是真正的贤人君子。

再次,董仲舒还特别强调君主要顺应民意正道行事。“故圣人之治国也,因天地之性情、孔窍之所利,以立尊卑之制,以等贵贱之差。设官府爵禄,利五味,盛五色,调五声,以诱其耳目;自令清浊昭然殊体,荣辱踔然相驳,以感动其心。务致民令有所好,有所好,然后可得而劝也,故设赏以劝之;有所好,必有所恶,有所恶,然后可得而畏也,故设罚以畏之。既有所劝,又有所畏,然后可得而制。”[④](《春秋繁露·保位权第二十》)董仲舒认为,圣人治理国家,必须根据天地的性情、民众的喜好来确立尊卑制度和贵贱差别,必须根据民众的喜好和憎恶来培养良好的道德风尚。“亲近来远,同民所欲,则仁恩达矣”[⑤](《春秋繁露·十指第十二》),君主亲近身边的人,招来远方的人,行为做事要顺应百姓的愿望,用现在的话来说就是急人民之所急,想人民之所想,全心全意为人民服务,这样恩德就会遍及天下。舜、禹、汤、文王四

① 张世亮,钟肇鹏,周桂钿.春秋繁露译注[M].北京:中华书局,2012:282.
② 张世亮,钟肇鹏,周桂钿.春秋繁露译注[M].北京:中华书局,2012:286.
③ 袁长江.董仲舒集[M].北京:学苑出版社,2003:28.
④ 张世亮,钟肇鹏,周桂钿.春秋繁露译注[M].北京:中华书局,2012:203.
⑤ 张世亮,钟肇鹏,周桂钿.春秋繁露译注[M].北京:中华书局,2012:163.

个时代,所作之乐各不相同,但作乐之法却同,即“各顺其民始乐于己也”[①](《春秋繁露·楚庄王第一》),也就是他们都顺应了各自时代百姓对他们所行之事的期待。“为政而宜于民者,固当受禄于天”[②],董仲舒认为,如果国君时时刻刻为民众着想,做一切事情都从民众利益的角度出发,那么上天也会照顾他。“至于殷纣,逆天暴物,杀戮贤知,残贼百姓。伯夷、太公皆当世贤者,隐处而不为臣。守职之人皆奔走逃亡,入于河海。天下秏乱,万民不安,故天下去殷而从周。文王顺天理物,师用贤圣,是以闳夭、大颠、散宜生等亦聚于朝廷。爱施兆民,天下归之。”[③]历史上,商纣王倒行逆施残害百姓,所以百姓都远离他;而周文王顺应天意,重用贤臣,安抚百姓,所以天下的人都归附他。在《天人三策》中,董仲舒肯定汉武帝“亲耕籍田以为农先,夙寤晨兴,忧劳万民,思维往古,而务以求贤,此亦尧、舜之用心也”的行为,这些正反两方面的例子都意在强调国君要顺应民意才能使国家长治久安。除了实际事务中的忧劳万民,国君还必须加强自身的道德修养以感化民众。在《春秋繁露·仁义法第二十九》中,董仲舒借用孔子的话说,“治民者,先富之而后加教”[④],认为在解决了基本的物质生活问题后,就应该对百姓进行道德教化,但道德教化的前提是君主首先要做好表率。“君者,民之心也;民者,君之体也。心之所好,体必安之;君之所好,民必从之。故君民者,贵孝弟而好礼义,重仁廉而轻财利。躬亲职此于上,而万民听,生善于下矣”[⑤](《春秋繁露·为人者天数第四十一》),董仲舒用身体来比喻国君和民众的关系,认为如果国君是人的心脏,那么民众就是人的身体,心脏舒适了,身体自然就安康;因此,国君所喜好的事物,民众也乐于随从。进一步推广,如果国君重视孝悌、礼仪、廉耻而轻视金银财宝等物质财富,那么百姓也就乐于学习国君的行为,从而形成良好的社会风气。“夫仁、谊、礼、知、信五常之道,王者所当修饬也;五者修饬,故受天之晁,而享鬼神之灵,德施于方外,延及群生也”[⑥],作为一国之君,凡事都应该遵循仁、义、礼、智、信五常之道,也就是以正道来行事,那么他就会得到上天的帮助,他的恩德也会普及天下万物。“君命顺,则民有顺命;君命

① 张世亮,钟肇鹏,周桂钿.春秋繁露译注[M].北京:中华书局,2012:21.
② 袁长江.董仲舒集[M].北京:学苑出版社,2003:10.
③ 袁长江.董仲舒集[M].北京:学苑出版社,2003:15-16.
④ 张世亮,钟肇鹏,周桂钿.春秋繁露译注[M].北京:中华书局,2012:321.
⑤ 张世亮,钟肇鹏,周桂钿.春秋繁露译注[M].北京:中华书局,2012:403.
⑥ 袁长江.董仲舒集[M].北京:学苑出版社,2003:10.

逆，则民有逆命”[①]（《春秋繁露·为人者天第四十一》），如果君主顺应天意以仁爱来行事，百姓也会行仁爱之事，否则君主倒行逆施，就会招致百姓的反抗。

综上所述，董仲舒的民本思想一方面主要受先秦儒家思想的影响，另一方面又受到阴阳五行等其他学说的影响，进而从天人感应的高度给予了民本思想以坚实的理论支撑，这就使得其民本思想不仅有历史和现实的依据，而且还上升到“圣人法天而立道”[②]的自然之理的高度，这就大大丰富了民本思想的内涵，不仅在实践中对君主推行民本政治有着具体的指导意义，而且从天理上对君主民本政策的施行起着不可取代的规范和制约作用。

① 张世亮，钟肇鹏，周桂钿.春秋繁露译注[M].北京：中华书局，2012:403.

② 董仲舒.董仲舒集[M].北京：学苑出版社，2003:24.

“天”在《春秋繁露》中的重要性

安桂玲

历史给予董仲舒很高的评价，或称他“为儒者宗”，或称他“为群儒首”，或认为他“虽无鼎足之位，知在公卿之上”，或认为他是周文王、孔子学说的正宗传人。种种赞誉源于一个重要的理论依据，那就是董仲舒的代表作《春秋繁露》，它包罗万象，博大精深。然而繁杂中有一条线索，牵一动万，举一反三，那就是“天”。在生产力相对低下的时代，人们对“天”敬畏、恐惧和崇拜，与“天”有关的一切均能直击人心，董仲舒正是看到并利用了这一点。

“天”字及与“天”有关的词语在《春秋繁露》中出现了971次[①]，统计时还发现，全书除了《通国身第二十二》《必仁且智第三十》《五行相生第五十九》《治水五行第六十一》《治乱五行第六十二》《山川颂第七十三》及阙的几个篇章外，其余相关词语均不同频次出现，其中出现频次较多的篇章统计如下表，这在某种程度上给我们读《春秋繁露》提供了一条重要线索，只有读懂“天”意，才能更好地理解董仲舒的思想。

表一 《春秋繁露》中“天”字出现频次统计表

篇章名称	频次	出现较多的词语
循天之道第七十七	65	天、天地、天下、天气、天数、天并、违天、天命
官制象天第二十四	50	天、天数、天子、天下、天地、天制
三代改制质文第二十三	48	天下、天、天子、天地、天法、法天、天文、天光、天道
深察名号第三十五	47	天下、天地、天、天意、天子、事天、天人、天道、天性、真天

① 笔者把电子版《春秋繁露》与中华书局2016年版张世亮、钟肇鹏、周桂钿译注的《春秋繁露》做了比对，除《二端第十五》与《必仁且智第三十》中有一段落更改位置外，其余同。

续表

篇章名称	频次	出现较多的词语
王道第六	40	天、天子、天下、天王、天地
王道通三第四十四	38	天地、天、天仁、参天、天下、天道、天化
天地阴阳第八十一	33	天地、天、天下、知天、天意、天道、天志
郊语第六十五	30	天命、天、敬天、天殃、天地、事天、上天、天福、天子、享天、天下
顺命第七十	29	天、天地、皇天、天子、天命、天伦
尧舜不擅移汤武不专杀第二十五	28	天下、事天、天子、天、天地、天命、天理
阳尊阴卑第四十三	28	天、天地、天数、天道、天雨、事天

表二 《春秋繁露》中几个关键词出现频次统计表

关键词	出现频次
天(涵盖以下词汇)	971
天下	108
天子	84
天道	16
事天	15
天灾	4

从表一可以看出董仲舒对“天”的重视,从表二可以理出一条以“天”为线索的思想体系,借物言志,借天说人。

一、理论基础:天

天是自然可见的,又是神秘无形的,于是人们对天有种种猜测,既直观又抽象,没有一个明确的概念。董仲舒在《春秋繁露·立元神第十九》中拿天与圣人对照解释道:“天积众精以自刚,圣人积众贤以自强;天序日月星辰以自光,圣人序爵禄以自明;天所以刚者,非一精之力,圣人所以强者,非一贤之德也。”原来上天是积聚众多精气以使自己刚健,排列日月星辰的次序以使自己光辉。天之所以刚健,不是靠一种精气的力量;在讲到阴阳出入上下时说,天之意是“并行而不相乱,浇滑而各持分”;重要的是,“天者,万物之祖。万物非天不生。独阴不生,独阳不生,阴阳与天地参,然后生。”(《春秋繁露·顺命第七十》)

《汉书·董仲舒传》中记载:“臣闻天者群物之祖也。故遍覆包函而无所殊,建日月风雨以和之,经阴阳寒暑以成之。”是说天是万物之祖,天对万物普遍地覆盖着、包含着,没有偏颇。天造日、月、风、雨来调和万物,通过阴、阳、寒、暑来生育万物。所以,董仲舒认为天是有意志、有秩序、有力量、有仁爱,至高无上的,天不仅能主宰自然界,而且能主宰人类社会。

余治平认为:“天至少有两层含义,即一方面是作为宇宙总体结构的天,另一方面也是作为‘十端’之一的构成性的、因素式的天。也就是说,天既是整体,又是部分;既是形式,又是内容。”刘光伟认为有“神意之天”“自然之天”“人文之天”,这些都可以帮助我们进一步理解天的含义。

二、范围:天下

“天下”一词在《春秋繁露》中出现108次,不一一列举,书中未做具体讲解,《现代汉语词典》解释为:“有时指中国或世界,有时指国家的统治权。”这里借用《诗经·小雅·谷风之什·北山》中“溥天之下”之义,极言其大。

三、主要人物:天子

“天子”一词在《春秋繁露》中出现84次,有时与“国王”“国君”“君主”“人主”“皇帝”通用。作为书中的重要人物,在董仲舒看来,“天子”至少应具备以下几点:

(一)学识德行

“明此通天地、阴阳、四时、日月、星辰、山川、人伦,德侔天地者称皇帝,天佑而子之,号称天子。”(《春秋繁露·三代改制质文第二十三》)明白了这些通达天地、阴阳、四时、日月、星辰、山川、人伦的道理，德行与天地齐同的人就可以称皇称帝了，上天也会保佑他并把他当儿子看待，他的名号就被称为“天子”。董仲舒还勉励君主发奋努力，“强勉学习，则闻见博而知益明”，发奋努力钻研学问，就会见闻广博使才智更加聪明。

（二）合法性

在《春秋繁露·为人者天第四十一》中，董仲舒指出：“传曰：唯天子受命于天，天下受命于天子，一国则受命于君。”君王执政的合法性来源于天，其传承谱系在天，而不在人。那些“天之所大奉使之王者，必有非人力所能致而自至者，此受命之符也”“天下之人同心归之，若归父母，故天瑞应诚而至”（《汉书·董仲舒传》）。《尚书》中说：白鱼跳进王乘坐的船里，有火覆盖着王屋，变成了乌鸦。这就是承受天命的凭证啊。这些传说真伪难以考证，但目的非常明确，就是确定天子之位的合法性。

（三）有使命

《春秋繁露·深察名号第三十五》篇以为，天子，即“受命之君，天意之所予也。故号为天子者，宜视天为父，事天以孝道也”。把亲情孝道嵌入政治框架，把血缘伦理放大，天子应该孝顺天，对天负责，敬畏天道。天子是没有自我的，他的一切作为都应该无条件遵从天的意志。

（四）能自省

“天子者，则天之子也。以身度天 ，独何为不欲其子之有子礼也？今为其天子，而阙然无祭于天，天何必善之？所闻曰：‘天下和平，则灾害不生。’今灾害生，见天下未和平也。天下所未和平者，天子之教化不行也。”（《春秋繁露·郊语第六十五》）自己的思想意图及执政能力是否与天一致，天子应该能够自我觉察。

（五）被监督

“天若不予是家，是家者安得立为天子？立为天子者，天予是家。天予是家者，天使是家。天使是家者，是家天之所予也，天之所使也。天已予之，天已使之，其家不可以接天何哉?”（《春秋繁露·郊祀第六十九》）这家不能与上天相沟通却又是为什么呢？殊不知，天的慈爱亦如父亲一般，“自非大亡道之世者，天尽欲扶持而全安之”,如果不是非常无道的世代,天还是想扶持和保全他的。

(六)被惩罚

“天子受命于天,诸侯受命于天子,子受命于父,臣妾受命于君,妻受命于夫,诸所受命者,其尊皆天也,虽谓受命于天亦可。天子不能奉天之命,则废而称公,王者之后是也。”(《春秋繁露·顺命第七十》)违背天意,不能做到“奉天之命”是要被降级处分的。

由此可见,天子无我。他是被上天选来祭天事天、治理国家、造福民众的,要有学识德行和自省能力,还时时被监督,履职不当,便要受到惩罚。而且天子之位可不是终身制的,“故其德足以安乐民者,天予之,其恶足以贼害民者,天夺之”(《春秋繁露·尧舜不擅移汤武不专杀第二十五》)。

四、主要工作:事天

以人伦的孝亲来推及天子,那就是以天为父,事天就如同侍奉父亲,从思想意识到言行举止,保持对天的敬畏,以达到德渐天地、泽被四海之效果。

(一)听天的话,认同天子身份。“受命之君,天之所大显也;事父者承意,事君者仪志,事天亦然;今天大显已,物袭所代,而率与同,则不显不明,非天志,故必徒居处,更称号,改正朔,易服色者,无他焉,不敢不顺天志,而明自显也。”(《春秋繁露·楚庄王第一》)这是讲天子要用一系列行动彰显自己的天子身份,表明诚意,公告权威,接受监督。

(二)按事父事君之礼事天,老老实实完成使命,不敢存私心擅自做主。孝经之语曰:“事父孝,故事天明。”“事天与父同礼也。今父有以重予子,子不敢擅予他人,人心皆然;则王者亦天之子也,天以天下予尧舜,尧舜受命于天而王天下,犹子安敢擅以所重受于天者予他人也,天有不予尧舜渐夺之故,明为子道,则尧舜之不私传天下而擅移位也,无所疑也。”(《春秋繁露·尧舜不擅移汤武不专杀第二十五》)尧死后,天下人民没有归心于尧的儿子丹朱,却归心于舜,那么尧就把位子禅让给舜。舜知道不可逃避,于是即位做了天子,用禹做宰相,继续任用尧所任用的人,继承了尧的传统和事业,垂衣拱手没有作为,就使天下太平。

至于天子的日常具体工作，正如张世亮、周桂钿在《春秋繁露》前言中所讲：1.德治；2.调均；3.不与民争利；4.正其谊不谋其利，明其道不计其功；5.实行仁政；等等。

五、具体操作

（一）原则：遵循天道

“天道”一词在《春秋繁露》中出现16次。现代汉语词典解释为：“中国古代哲学术语。唯物主义认为天道是自然界及其发展变化的自然规律。唯心主义认为天道是上帝意志的表现，是吉凶祸福的征兆。”这两种含义在文中没有明显区分，常交替出现。“天道之大者在阴阳。阳为德，阴为刑；刑主杀而德主生。”阳常常处在盛夏，把生育养长作为自己的事；阴经常处在严冬，积聚在空虚不起作用的地方。由此看出，天任用德教，不任用刑罚。天使阳出现，在上面布施，主管一年的收成；使阴入内，在下面藏伏，时常出来帮助阳。所以，一定要明白天这个坚定的立场：佑阳禁阴，大德小刑。书中还有几处明显表述天道：

1.积聚精气。“故天道务盛其精，圣人务众其贤；盛其精而壹其阳，众其贤而同其心；壹其阳，然后可以致其神，同其心，然后可以致其功；是以建治之术，贵得贤而同心。为人君者，其要贵神……”（《春秋繁露·立元神第十九》）“天道积聚众精以为光；圣人积聚众善以为功”（《春秋繁露·考功名第二十一》）。天道致力于使其精气旺盛，精气旺盛而使得阳气专一，使阳气专一，然后才可以达到神妙的地步。

2.专一不二。“天之常道，相反之物也，不得两起，故谓之一；一而不二者，天之行也。是以目不能二视，耳不能二听，手不能二事。一手画方，一手画圆，莫能成。”（《春秋繁露·天道无二第五十一》）

3.无私施予。“天道施，地道化，人道义。”（《春秋繁露·天道施第八十二》）天做出表率，地道化育，人道按义行事，三才备矣。

天道尽管遥远，仍可以通过四时的气象征候体现出来，春生、夏长、秋收、冬藏。王者须承天意以从事，任德教而不任刑。孔子曰：“不教而诛谓之虐。”是有道理的。总之，“人法地，地法天，天法道，道法自然”就是了。

(二)方法:天人感应与天人合一

1.顺天而为:天人感应

在钱学森的人天观思想中,人体是开放、复杂的巨系统,宇宙是更浩瀚、更复杂的巨系统;人体与人体、人体与万物、人体与宇宙之间,信息相通且无限开放,充满无限生机,自然界万物是相互有感应的。这里所讲的"天人感应",反映的就是天地阴阳二气五行生克的根本关系,天体信息对人体有影响,人体对天体运动中各种信息有感应。大自然运行的规律,对世间万物的影响无处不在。

按照董仲舒的观点,天人感应是有现实依据的,董仲舒在《春秋繁露·人副天数第五十六》中讲道:"天地之符,阴阳之副,常设于身。身犹天也,数与之相参,故命与之相连也。"天与人同类相感,同类相动。"从大的角度看,人头圆像天,足方像地,头发像星辰,耳目像日月,鼻口呼吸像风和气。从数的角度看,人有小关节三百六十节,和一年的日数相当,大关节十二节,和一年的月数相当,人身体内有五脏,和五行数相当,外有四肢,和四季数相当。眼睛一开一闭,和昼夜相当;性情有时刚强,有时柔和,和冬季、夏季相当;有时悲哀、有时欢乐,和阴阳之气相当。"这些都说明天与人可以互相感应、互相触动。

"是故人主近天之所近,远天之所远,大天之所大,小天之所小。"(《春秋繁露·阳尊阴卑第四十三》)顺天而行实乃明智之举。比如,日常作息遵循子午流注规律,在各脏腑经络当令的时段,做好养生保健,就可以达到健康长寿之目的。如图:

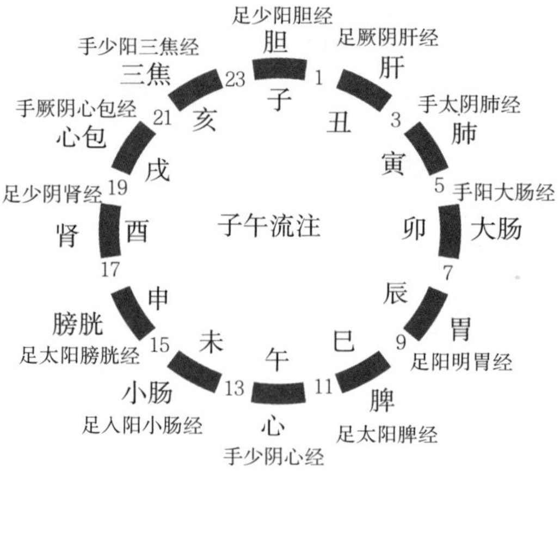

2. 主观能动:天人合一

宇宙万物是客观存在,自然秩序和力量非人力所能左右,自然不仅神秘而且惠及人类,那么天子与臣民以自然为度,顺天立命,尽心知天,融会贯通,从而实现天人合一。《春秋繁露》中很赞同这一点。比如:"是故事各顺于名,名各顺于天,天人之际,合而为一。"(《春秋繁露·深察名号第三十五》)又如:"与天同者大治,与天异者大乱,故为人主之道,莫明于在身之与天同者而用之,使喜怒必当义而出,如寒暑之必当其时乃发也,使德之厚于刑也,如阳之多于阴也。"(《春秋繁露·阴阳义第四十九》)

其实,"天人合一"在今天仍有积极意义:第一,心身健康。看看我们身边的青少年,冷饮冰镇空调,露脐露背露膝,瓜果蔬菜四季混乱,温热寒凉属性不懂,各种奇怪的疾病层出不穷,究其原因就是对自然规律知之甚少。天人合一思想的真谛源于儒家心性修养与外界事物的合一,古圣先贤的人格境界是青少年学习的标杆。第二,环境保护。人类过度征服自然,使环境恶化,出现生态危机,这个赖以生存的"天"已经难以承受。人与自然和谐共存迫在眉睫。

六、惩戒:天灾

董仲舒的思想最关键的是"屈民而伸君,屈君而伸天"(《春秋繁露·玉杯第二》)。老百姓听国君的,不等于中央集权就权力无边了,上天时时在起着监督作用。

董仲舒认为上天会根据皇帝的言行做出表态,并通过自然现象表达出来。"国家将有失道之败,而天乃先出灾害"(旱灾、水灾、虫灾等)、"以谴告之,不知自省,又出怪异"(山崩、地动、母鸡报晓等异常现象)、"以警惧之,尚不知变,而伤败乃至。以此见天心之仁爱人君而欲止其乱也。"《汉书·董仲舒传》也会用祥瑞来表示赞赏,祥瑞包括嘉禾、灵芝、甘露、龙凤、瑞草等。由此可见,天对人君是仁爱的,希望帮助人君消弭祸乱。

天道浩渺,如果天子置之罔顾呢?在董仲舒的思想系统中,天与人又是环头相连的,天、民一体,上天有好生之德,他与民众信息相通,随时都在监督君王的言行举止和治国理政的过程。服务于天下人民的,会被人民拥护,《论语》中说使人民安定,人民就来归顺;使人民得到鼓舞,人民就会同心协力。否则,百姓就会揭竿而起,另立新君。历史上这样的例子举不胜举:纣王沉湎酒色、穷兵黩武、重刑厚敛、拒谏饰非,是一位典型的暴君,终致众叛亲离、身死国灭;秦二世即位后,赵高掌实权,实行残暴的统治,终于激起了陈胜、吴广起义和六国旧贵族复国运动;李世民为帝之后,积极听取群臣的意见,对内以文治天下,虚心纳谏,厉行节约,劝课农桑,使百姓能够休养生息,国泰民安,开创了中国历史上著名的贞观之治。

董仲舒的《春秋繁露》,以"天"为线索,把天、地、人以及阴阳五行做了整合统一,使原本晦涩、枯燥、互不联系的各种事物,有了生机与活力。细细品来,一套成熟的思想体系跃然纸上。他设计出的这一套奖惩机制,实在是用心良苦,看似"伸君""伸天",实则是体会老百姓的疾苦,试图通过儒家思想,通过天人感应系统敦促君王遵循天道,使国家兴旺,百姓受益。

参考文献

[1][汉]董仲舒.春秋繁露[M].张世亮,钟肇鹏,周桂钿,译注.北京:中华书局,2016.

[2][汉]班固.汉书[M].北京:中华书局,1965.

[3]刘光伟."天人合一"及其思想价值略论[J].学理论,2018(3).

[4]杜永伟,崔秀文.董仲舒的天人感应观与传统天人合一思想的比较[J].文化学刊, 2012 (1).

[5]余治平.董仲舒对阴阳五行之学的整合[J]. 衡水学院学报 ,2009 (6).

[6]余治平.董仲舒五行学说论[J].衡水学院学报,2009 (5).

[7]余治平.董仲舒"以人随君,以君随天"思想的局限——在"2018 中国·衡水董仲舒与儒家思想国际学术研讨会"开幕式上的致辞.

[8]韩星.董仲舒天人关系的三维向度及其思想定位[J].哲学研究,2015(9).

董仲舒政治思想微探

李玲

董仲舒的政治思想是中国封建社会里一个较成熟的政治思想形态，它为西汉也为随后的封建王朝设计了一套新的治国方略，产生了深远的影响。

一、大一统思想

“大一统”是中国传统政治的一大特点。从理论上充分论证“大一统”思想的，当属董仲舒。董仲舒大一统思想是对先秦以来要求统一思想的继承和总结。早在春秋战国时期，当要求统一中国的曙光照耀饱受战乱之苦的中国大地之时，孔子提出动乱的根源在于“礼乐征伐自诸侯出”，因此他主张“天下有道，礼乐征伐自天子出”[①]。荀子则认为：“隆一而治，二而乱，自古及今，未有二隆争重而能长久者。”[②]在荀子之后，法家思想的集大成者韩非说：“事在四方，要在中央。圣人执要，四方来效。”[③]儒、法两家的治国理论虽然势如水火，但在强调一元、一统方面却也惊人的一致，无疑为董仲舒的大一统理论提供了思想基础。

为了满足当时加强中央集权及皇权的需要，董仲舒丰富和发展了前人的思想。董仲舒所生活的时代是刚建立的汉朝，这一时期，中央集权同封建割据势力的矛盾比农民和地主阶级间的矛盾更为突出。汉初奉行黄老之学，无为而治，经济发展相当快，出现了文景盛世，然而好景不长，景帝时出现七国之乱，如何防止分裂，巩固集中统一的政权成为急需解决的严峻问题。董仲舒提出大一统思想既可以强化封建政权对农民的统治，又可以反对封建割据斗争，加强以皇帝为代表的中央政

① 杨伯峻.论语译注(简体字本)[M].北京：中华书局，2006：196.

② 王先谦.荀子集解·致仕[M].北京：中华书局，1988：263.

③ 王先慎.韩非子·扬权[M].北京：中华书局，1998：44.

府的权力。

加强中央集权最重要的就是加强封建皇帝的权威。因此,董仲舒政治上的大一统思想,都是为了实现这一目的。董仲舒继承了《春秋公羊传》的大一统思想,认为:"一而不二者,天之行也。"[①]既然"一而不二"是天地万物运行之法则,那么封建社会也应该是统一的。由此,董仲舒得出结论:"大一统者,天地之常经,古今之通谊也。"[②]认为全国政权一统、政治一统是天经地义的。针对当时政治上诸侯势力剧烈膨胀,中央皇权相对衰弱的状况,董仲舒首先强调君主必须在政治上保持"大一统"局面。要"立义以明尊卑之分,强干弱枝以名大小之职"[③],"强干弱枝,大本小末,一指也"[④]。这里的"干"和"本"是指中央、君主,"枝"和"末"是指地方和群臣。政治上的"大一统"就是要加强中央集权的专制统治,维护君主的最高权威。中华民族的历史,虽有暂时的分裂与局部的分裂,但总体上是一条统一的"大一统"的历史主线。这种数千年的"大一统"局面,是有统一的政治思想的理论指导的。统一是历史的需要、社会与经济发展的需要,是人民大众的需要,是封建统治者的需要。

二、德主刑辅

德治教化思想在董仲舒的政治思想中居于核心地位。鉴于秦亡的历史教训,董仲舒反对以法治国,提倡德刑兼备,以德为主。他说:"教,政之本也。狱,政之末也。其事异域,其用一也,不可不以相顺,故君子重之也。"[⑤]在董仲舒看来,教化是政治的根本,审狱是政治的末节,虽然它们不属于一个领域,但功用一致,不能不相顺应,所以君子对此十分重视。他在《春秋繁露·立元神》中说:"以德为国者,甘于饴蜜,固于胶漆。"同时,认为刑罚也不能偏废,《春秋繁露·四时之副》:"庆为春,赏为夏,罚为秋,刑为冬。庆赏刑罚之不可不具也,如春夏秋冬不可不备也。"董仲舒主张以德治教化为主,并不排斥刑罚。他把刑德同阴阳、四时相比附,认为季节不能有夏而无冬,夏不能代冬,德也不能代刑。"国之所以为国者德也,君之所以为君

① 苏舆.春秋繁露义证·天道无二[M].北京:中华书局,1992:345.

② [汉]班固.汉书[M].北京:中华书局,1962:2523.

③ 苏舆.春秋繁露义证·盟会要[M].北京:中华书局,1962:141.

④ 苏舆.春秋繁露义证·十指[M].北京:中华书局,1962:145.

⑤ 苏舆.春秋繁露义证·精华[M].北京:中华书局,1962:94.

者威也，故德不可共，威不可分。德共则失恩，威分则失权。”[①]圣明的君主要把握住德、刑二柄，赏罚分明，有功者赏，有罪者罚。两者共用才是治理国家的有效手段。

三、三纲五常思想

董仲舒构建的封建社会理论大厦最重要的就是具有深远影响的“三纲”“五常”的伦理、道德观念。董仲舒思想中饱受后人指责的三纲五常思想，是董仲舒对儒家思想核心的精炼概括。后人的责难，很大程度上是由于对它的理解不正确，作为后人我们不能再像前人一样陷入对三纲五常责难的旋涡。

董仲舒吸收了先秦及秦汉以来诸子关于君臣、父子、夫妻关系的思想，提出了他的“三纲”思想。“天为君而覆露之，地为臣而持载之；阳为夫而生之，阴为妇而助之；春为父而生之，夏为子而养之；秋为死而棺之，冬为痛而丧之。王道之三纲，可求于天”[②]。董仲舒在中国历史上首次把君臣、父子、夫妻之间的伦理关系看作“王道之三纲”。自此之后，“三纲”成为中国封建社会重要的伦理条规。“三纲”的具体内容就是：君使臣事，夫主妻助、父生子养。其中“君为臣纲”是最重要的一纲。“为人君者，其法取象于天也。”[③]“万物母，臣明其职为一国宰。”[④]这里就把君比作天，臣比作地，为了说明君为臣纲，他还把君臣关系比作人之心体。“一国之君，其犹一体之心也。隐居深宫，若心之藏于胸；至贵无与敌，若心之神无与双也……是故君臣之礼，若心之与体，心不可以不坚，君不可以不贤；体不可以不顺，臣不可以不忠。”[⑤]这就是说，君如心至贵至尊，臣如体至顺至忠，也就是所谓“天制”。“父为子纲”主要目的是宣扬封建孝道。“传曰政有三端：父子不亲，则致其爱慈；大臣不和，则敬顺其礼；百姓不安，则力其孝弟。孝弟者，所以安百姓也。”[⑥]可以看出，董仲舒认为孝悌乃为政三端中的一端。“父为子纲”的思想其实质是为了维护父权在封建社会神圣不可侵犯的尊严地位。“夫为妻纲”是三纲中重要的一环。他指出：“丈夫虽贱皆为

① 苏舆．春秋繁露义证[M].北京：中华书局，1992：174.
② 苏舆．春秋繁露义证[M].北京：中华书局，1992：351.
③ 苏舆．春秋繁露义证[M].北京：中华书局，1992：458.
④ 苏舆．春秋繁露义证[M].北京：中华书局，1992：460.
⑤ 苏舆．春秋繁露义证[M].北京：中华书局，1992：460-461.
⑥ 苏舆．春秋繁露义证[M].北京：中华书局，1992：319.

阳,妇人虽贵皆为阴。”[①]也就是说,无论丈夫地位如何卑贱都属于阳,妻子地位如何高贵都属于阴,夫为阳而贵,妻为阴而贱,是永不改变的。

董仲舒不但提出了封建社会应遵循的伦理关系“三纲”,而且提出了封建社会的主要道德原则“五常”即仁、义、礼、智、信。先秦儒家就有很多关于仁、义、礼、智、信的论述,但没有把五者放在一起做系统的论证。董仲舒继承儒家传统,把这五种道德范畴合并,并对这些传统思想进行了新的阐述和新的发展。他提出了恻怛爱人的观点。“何谓仁?仁者憯怛爱人,谨翕不争,好恶敦伦,无伤恶之心,无隐忌之志,无嫉妒之气,无感愁之欲,无险诐之事,无辟违之行。故其心舒,其志平,其气和,其欲节,其事易,其行道,故能平易和理而无争也。如此者,谓之仁。”[②]董仲舒既强调了爱人的仁行,又注重了爱人之仁心。他把孔孟仁德的行、意集于一身。在对义的理解上,他主张区分仁义。“仁之于人,义之与我者,不可不察也。”[③]可以看出,董仲舒所提的仁、义道德原则,要求统治者应对人民实行仁政,对自身则要严于律己。在礼方面,他强调:“生有轩冕、之服位、贵禄、田宅之分,死有棺椁、绞衾、圹袭之度。”[④]在封建社会中根据自己的等级,服其服、食其禄、用其财,任何人都不得越制,由此形成了一个严格的封建等级制度。关于“智”,董仲舒在继承孔孟思想的基础上,考察了智德的作用。“莫近于仁,莫急于智,不仁而有勇力材能,则狂而操利兵也;不智而辨慧獧给,则迷而乘良马也。”[⑤]在董仲舒看来,做人必须仁智兼备,必仁且智。对于“信”而言,董仲舒是在前人重信基础上,首次把“信”列入“五常”。他指出:“明主贤君必于其信。”[⑥]“竭愚写情,不饰其过,所以为信也。”[⑦]从皇帝到臣民都应讲究诚信,不可言而无信。

四、尊君、抑君思想

董仲舒在政治上是尊君论者。他以“天人合一”的思想加强皇权。战国时期,

① 苏舆.春秋繁露义证[M].北京:中华书局,1992:325.
② 苏舆.春秋繁露义证[M].北京:中华书局,1992:258.
③ 苏舆.春秋繁露义证[M].北京:中华书局,1992:250.
④ 苏舆.春秋繁露义证[M].北京:中华书局,1992:223.
⑤ 苏舆.春秋繁露义证[M].北京:中华书局,1992:257.
⑥ 苏舆.春秋繁露义证[M].北京:中华书局,1992:169.
⑦ 苏舆.春秋繁露义证[M].北京:中华书局,1992:459.

人们普遍认为强者为尊,君主及其尊位并不是神圣不可侵犯的。比如,看到秦始皇出巡,项羽说:“彼可取而代也。”陈胜起义时说:“王侯将相宁有种乎!”虽然他们的出身大不相同,但对于最高统治者的权威都很蔑视,想要取而代之。汉朝时,为了改变这种目无君王的思想,谋士叔孙通制定礼仪,使百官震恐,突显刘邦的尊贵地位。刘邦也自称是龙的后代,赤帝之子。文帝建五帝祠,增诸神祠,上帝与诸神同在,神们的等级尚未确立,帝与皇帝之间的关系还没合一。武帝即位后,上帝与皇帝归于一体的概念,成为主要问题。董仲舒提出:天者,百神之大君也。天者,群物之祖也。“天”为诸神之首,散乱的诸神队伍有了最高的尊者。“天”又是万物的根本,“万物非天不生”。天为人创造万物,“人受命于天,固超然异于群生”,成为万物之灵。人生在世,“承天之所为”,一切活动,天都给安排好了,天是人及万物的最高统治者,人是天的工具,去实现天的目的。因此,天与人是合一的。封建制度本身、阶级间的等级关系,及统治与被统治、剥削与被剥削的关系,都是天定的,不可改变的。就这样,董仲舒确立了天的权威与地位,及其与人间万物的支配关系。

董仲舒一方面以君权神授来宣扬君权至上,但同时也初步认识到,君主的权力如果不受任何制约会导致君主为所欲为,甚至导致政权倾覆。为了维护统治阶级的整体和长远利益,董仲舒又提出“天人感应”论,亦称“天谴”说。意谓君主代天行事,应以仁德治理天下,使百姓安居乐业,这样上天就会呈现“祥瑞”,以示褒奖。反之,如果君主滥用权力,倒行逆施,上天就会通过降灾(如旱灾、水灾、地震、彗星等)以示警告和谴责;皇帝经过灾异的警告仍不悔改,大难便要来临,国家就会败亡。

董仲舒教化思想初探

代春敏

汉代初期,上层统治者以黄老学说为理论基础,用以宽济猛的休养生息政策来治理国家。后来随着黄老之学的衰微,不少学者站在儒家的立场,不断总结秦亡的教训,探讨治国大道和方略。至汉武帝时期,董仲舒"少制春秋",成为研究《公羊春秋》的集大成者,可谓"言《春秋》于赵自董仲舒……黄老、刑名、百家之言,延文学儒者数百人,……天下之学靡然乡风矣"。这一时期,奠定了董仲舒的儒学之宗的历史地位,也为董仲舒提出一系列的治国韬略提供了历史条件。董仲舒总结秦亡的教训,"重禁文学,不得挟书,弃捐礼谊而恶闻之,其心欲尽灭先圣之道","立为天子十四岁而国破亡矣"。董仲舒认为秦朝重刑罚不重教化,是导致国家最终灭亡的主要原因,因此董仲舒重视教化,他以贤良对策,主张实施礼乐教化,更化善治,这是其思想中的重要部分。董仲舒的教化思想是建立在天道人伦和人性论的基础之上的,有完善的教化内容、教化对象和更化举措,对当时的汉代思想文化制度以至后来中国文化的发展产生了重要而深远的影响。

一、基于天道人伦观的教化思想

(一)修道谓教之名

董仲舒继承并发展了孔子的"正名"思想,非常重视名号,他在《春秋繁露·深察名号》中指出:"名者,大理之首章也。……名号之正,取之天地,天地为名号之大义也。"那么,首先从正名角度来看"教化"一词,发现其中蕴含着董仲舒的天道人伦的自然观。

何谓“教”?《中庸》开篇讲道:“天命之谓性,率性之谓道,修道之谓教。”朱熹解释说:“天以阴阳五行化生万物,气以成形,而理亦赋焉,犹命令也。于是人、物之生,因各得其所赋之理,以为健顺五常之德,所谓性也。”朱子认为“性即理也”,人之性与物之性都得自天,万物具有共同的“天命之性”。而人与物由于气禀不同而存在差异,“圣人因人、物之所当行者,而品节之,以为法于天下,则谓之教,若礼乐刑政之属是也。……知圣人之有教,而不知其因吾之所固有者裁之也。……而董子所谓:‘道之大原出于天’,亦此意也”。朱子的这一段话明确地说明了人性即天理,天理即顺应五常之德和礼乐政刑之属。也就是董仲舒所阐发的“三纲五常”,就是人人必须遵循的当然之则,是渗透在人们日常人伦之中的当行之道。由此可以看出,“修道之谓教”是指圣人因循着天道自然,依据人与物的不同品级而做出的节制和约束,制礼作乐,立礼、乐、刑、政之属。董仲舒说:“圣人事明义以照耀其所闇,故民不陷。”(《春秋繁露·身之养重于义》)圣人阐明道,阐明义,使人民了解义利之辨,所以人民才不会犯错。“先王显德以示民,民乐而歌之以为诗,说而化之以为俗。”教以化之,使“万物各得其所”,“不令而自行,不禁而自止。从上之意,不待使之,若自然矣”。此乃圣人基于天命人道之“修道”,基于人伦之“教”。

何谓“化”?从“化”的甲骨文、金文字形来看,左边是一个面向左侧站立的“亻(人)”,右边是一个头朝下脚朝上倒过来的“人”,从二人,像二人相倒背之形,一正一反,以示变化。化的本义是变化、改变。如《礼记·乐记》:“和故百物化焉。”张载在《正蒙神化》中说:“气有阴阳,推行有渐为化,化而载之谓之变,以著显微也。”《礼记·玉篇》里说:“化,易也。”“易”就是“变化”的意思。如《庄子·逍遥游》里说:“北溟有鱼,其名为鲲,……化而为鸟,其名为鹏。”这里的“化”用的就是其本义“变化”的意思。后来由具体的“变化”引申出抽象的“教化”,就是通过教育使人心、风俗得到改变。《周易》:“观乎人文,以化成天下。”“文化”的本义就是以文教化。通过观察人文,可以了解社会风俗,化成社会的风气。王聘珍在《大戴礼记解诂》中说:“化,谓教成于上而易俗于下也。”《增韵》中说:“凡以道业诲人谓之教。躬行于上,风动于下,谓之化。”《说文解字》中解释:“化,教行也。”化有文化和武化之分,武化是用武力强制改变习性风俗;文化则是以礼乐教化,让人自觉地遵守社会的行为规范。最初文化与武化是相对的,后来“化”专指“文化”,《礼记》中有“化民成俗”,因此以德化民曰“化”。

总之,“教化”是圣人以天道人伦修道设教,制礼作乐,并自上而下施行教化,教行于上,化成于下也。董仲舒的教化思想也正是基于天道人伦,既然是基于天道人伦,那么教化的根本精神不会因为时代朝政的更迭而改变。董仲舒在《春秋繁露·楚庄王》中论述道,“今所谓‘新王必改制’者,非改其道,非变其理”,“若夫大纲,人伦道理、政治教化、习俗文义尽如故,亦何改哉！故王者有改制之名,无易道之实”。这也就是董仲舒所主张的“道之大原出于天,天不变,道亦不变”的思想,这是董仲舒教化思想的坚实根基。

(二)待教而善之性

因为教化是基于人伦的,所以谈教化离不开对人性的分析研究。董仲舒有自己的人性观,其教化思想也是建构在人性观之上的。《汉书·董仲舒传》曰:“天令之谓命。”“命者天之令也,性者生之质也,情者人之欲也。或夭或寿,或仁或鄙,陶冶而成之,不能粹美,有治乱之所在,故不齐也。”董仲舒在《春秋繁露·深察名号》中明确地指出:“是正名号者于天地,天地之所生,谓之性、情。”他认为,“情”也是“性”的一部分,性是人的本质,情是人的欲望,一个人身上兼有性和情,就像天兼有阴和阳一样。论人的本质必须把“情”包括在内,否则就违背了“正名”的原则。

同样以“正名”为其理论出发点,董仲舒阐述了他的“性未善”论。“性者,质也。……性之名不得离质,离质如毛,则非性已,不可不察也。”性是人取自天的最质朴的东西,说人性就离不开这个最质朴的东西,否则就不是真正的性。但是董仲舒并不否认“性”有“善”的部分,只是“性”要经过教化后才能成为“善”。董仲舒用形象的比喻来解释这个问题,他把“性”比喻成禾苗,把“性”中的“善”比喻成加工后的“米”,“性比于禾,善比于米”。天赋予民性有“善”的资质却不能说成是“性善”,就像是米由禾加工而成,却不能认为禾就是米,“米出禾中,而禾未可全为米也;善出性中,而性未可全为善也。善与米,人之所继天而成于外,非在天所为之内也”。这可以看作董仲舒的“性未善”论:性有善的资质,但善并非天生之质所能达到的,善是人们秉承天的创造又另外加工而成的,是后天教化使然。“性者,天质之朴也;善者,王教之化也。”

而且,董仲舒不仅继承了孔子“性相近,习相远”的说法,也继承了孔子的“唯上智与下愚不移”的思想,提出“名性不以上,不以下,以其中名之”,也就是说董仲舒的“性未善”论不可以称“圣人之性”，也不称“斗筲之性”，只称那些可以教化为善的“中人”之性。“圣人之性”为“上智”，不用教化，因为圣人是修道设教的；而“斗筲之性”为“下愚”，是不可教化的。只有介于两者之间的“中人”可以称“性”，亦可通过教化成就“性善”。就像是卵要等待孵化后才能成为幼禽，茧要等待用沸水缫丝后才能成为丝一样，“中人”之“性”要待教化浸染，才能变为“善”。

“民者，瞑也”，万民之性，待外教然后能善，需要圣人修道设教，化民成俗，成就性善。董仲舒认为善不应当与性不可分，而是与教化不可分，因此，“人性未善”和“名性以中”论，成为董仲舒教化思想重要的理论基础。

二、基于更化的教化思想

虽然基于天道的礼乐精神是不会改变的，但具体的礼乐制度会随历史的演变而不断更化，“殷因于夏礼，所损益可知也；周因于殷礼，所损益可知也；其或继周者，虽百世可知也”（《论语》）。每个时代有每个时代的礼和乐、政和刑。因此，董仲舒教化思想以“更化”为切入点，根据不同的教化对象提出了一系列的教化内容、德治的目标和实施的举措。

（一）教化内容——制礼作乐

礼乐教化对于圣王的功业来说，有着重要的功用。“天人三策”讲道：“故圣王已没，而子孙长久安宁数百岁，此皆礼乐教化之功也。……王者未作乐之时，乃用先王之乐宜于世者，而以深入教化于民。教化之情不得，雅颂之乐不成，故王者功成作乐，乐其德也。”董仲舒认为，圣王之教化可以定邦安民，而当礼乐刑政不能再深入教化当世之民的时候，王者会依其德，据其功而作乐。“舜时，民乐其绍尧之业也，故《韶》，韶者，绍也；禹之时，民乐其三圣相继，故《夏》，夏者，大也；汤之时，民乐其救之于患害也，故《濩》；濩者，救也。”尧、舜、禹、汤都是有德有位的圣人，时代不同，民情不一，他们所制礼乐也不同，“四乐殊名，则各顺其民始乐于已也。见其效矣”。圣人因循的是民之“始乐”，因此，“乐者，所以变民风，化民俗也；其变民也易，其化人也著”。音乐能够反映出社会风气和政治兴衰，圣王依据当时的社会民情，制礼作乐，教化百姓。《论语·八佾》中“子谓《韶》，尽美矣，又尽善也。谓《武》，尽美矣,未尽善也”,对于舜、禹,孔子称其为“巍巍乎”;而对于尧,孔子则连用“巍巍乎”“荡荡乎”“焕乎”等来称颂！舜是以自身的德性受到尧的禅让,这种“公天下以德服人”的至德体现在音乐上,既美且善;而武王伐纣,靠的是武力,虽然也是顺天应人,但以孔子不主张杀伐得天下的主张来看,只能达到“美”,尚不能上升到“善”的境界。这样或美或善的乐教在化民俗方面的功能非常显著。

在儒家看来,诗书礼乐也是人之成为“人”的重要学习内容。孔子重视礼教和乐教,所谓“兴于诗,立于礼,成于乐”,是也。“礼以恭敬辞逊为本,而有节文度数之详,可以固人肌肤之会,筋骸之束。故学者之中,所以能卓然自立,而不为事物之所摇夺者,必于此而得之。”通过礼仪的学习和熏陶,可以培育坚固人的性情、志向、信念,是君子修养的重要内容和阶段。而乐“养人之性情,而荡涤其邪秽,消融其渣滓。故学者之终,所以至于义精仁熟,而自和顺于道德者,必于此而得之,是学之成也”,“立身必须学礼,成性在于学乐”(《论语注疏》)。

董仲舒不仅看到了音乐对于化民风民俗的显著作用,还深入地分析了礼乐教化随时代历史不断变更,变与不变之间的关系,从而论述了礼乐的教化目的。董仲舒认为“正朔服色之改,受命应天,制礼作乐之异,人心之动也,二者离而复合,所为一也”。对于历法、服色的改动,顺应天命制订礼乐的差异,都是源于人心的趋向,这两者有先有后但又殊途同归,因为它们的目的是相同的。这种源于人心的制礼作乐就是教化的重要内容,让人民看到礼乐的根本,从而达到教化的目的。

(二)教化对象——君、官、民

教化是教行于上,化成于下,所以董仲舒认为更为重要的教化对象包括“天子”,也就是“君”,还有治理人民的“百官”。所以董仲舒从天道阴阳观出发,提出“德治”。认为“阳尊阴卑”,旨在强调“天道之大者在阴阳。阳为德,阴为刑”,清明的政治是以德政为主,刑罚为辅。“天之好仁而近,恶戾之变而远,大德而小刑之意也”,所以君主必“承天意以从事,故任德教而不任刑。刑者不可任以治世,犹阴之不可任以成岁也”。否则,“为政而任刑,谓之逆天,非王道也”。因此,想要实现德治,“君德”和“官德”都非常重要,“君子德风,小人德草”,只有顺天命养成君德,重更化培养选拔官员,“为政以德”,“任德不任刑”,才能更好地教化治理万民。

1.顺天命成君之德

董仲舒很重要的一个思想论断是“屈君伸天,屈民伸君”。董仲舒所说的“天”具有无上的权威,可以用灾害或怪异等现象来限制和警示皇权,也可以用祥瑞和和顺来赞扬皇帝。而何谓“灾异”,何谓“祥瑞”,都是以儒家的五常之道义和标准来评判的。皇帝虽“号为天子”,但也不可胡作非为,任意妄为,要“视天如父”。这样就给皇帝戴上了一道精神“紧箍”。在董仲舒看来,“《春秋》深探其本,而反自贵者始。故为人君者,正心以正朝廷,正朝廷以正百官,正百官以正万民,正万民以正四方。四方正,远近莫敢不壹于正,而亡有邪气奸其间者”。“自贵者”是说为君者不仅以位高权重为贵,更要以自身的德行修养为贵。“政者,正也”,君正,则百官正,百官正则万民正,万民正则四方服,从而国治天下平,“受命而海内顺之,犹众星之拱北辰,流水之宗沧海也”。

“君人者,国之元,发言动作,万物之枢机。”枢机是什么?也就是《大学》中所言:“一人贪戾,一国作乱,其机如此。此谓一言偾事,一人定国。”这句话中的“其机如此”之“机”指的是治国的关键所在,而为人君者的德行就显得更为重要。所以董仲舒反复论述君主的德行和君主的教化对于国家政权的重要性。

“天令之谓命,命非圣人不行;质朴之谓性,性非教化不成;人欲之谓情,情非度制不节。是故王者上谨于承天意,以顺命也;下务明教化民,以成性也;正法度之宜,别上下之序,以防欲也;修此三者,而大本举矣。”“仁、义、礼、知、信五常之道,王者所当修饬也;五者修饬,故受天之晁,而享鬼神之灵,德施于方外,延及群生也。”作为王者,君主必须上承天意以顺命,自身也要遵循五常之道,加强道德修养,对下以明教化民为务,成民之性,此乃为政之本。“是故为人君者,固守其德,以附其民;固执其权,以正其臣。”

2.重更化成官之德

“更化”是董仲舒的重要思想。在他的“天人三策”中,强调的是如何通过政治更化重建汉代政权的合法性。“汉得天下以来,常欲善治而至今不可善治者,失之于当更化而不更化也。古人有言曰:‘临渊羡鱼,不如退而结网。’今临政而愿治七十余岁矣,不如退而更化;更化则可善治,善治则灾害日去,福禄日来。”董仲舒不仅从历史的更替兴衰中看到了更化的重要性和必要性,而且站在当时汉代社会历史和政治的现实角度,提出了一系列重要措施:兴太学,建学校,重新塑造君子。这些举措是为国家培养人才,以成为国家政教的核心力量。“养士之大者,莫大乎太学;太学者,贤士之所关也,教化之本原也。”“兴太学,置明师,以养天下之士,数考问以尽其材,则英俊宜可得矣。”立太学、行教化对于实现德治具有重要的作用。

同样,如何选贤任能,如何考核政绩也是实现德治的非常重要的方面。董仲舒认为“阴阳错缪,氛气弃塞,群生寡遂,黎民未济”,都是因为“长吏不明,使至于此也”。因此,董仲舒在考察选拔官吏和奖惩措施方面也提出了具体可行的措施和一系列的“董子方案”,指出“毋以日月为功,实试贤能为上,量材而授官,录德而定位,则廉耻殊路,贤不肖异处矣”。考核官员必以其实绩为依据,而外在的名号(即职位)和取得实绩的手段并不重要,而且董仲舒提出“九品”之说,将考核结果量化,以考核结果来奖惩,赏罚分明。这些举措既有利于选拔人才,又能使官员尽职尽责,建功立业。

3. 立教化民之德

《礼记·学记》中说“君子欲化民成俗,其必由学乎”,意思是君子如果要教化人民,形成良好的社会风俗,一定要从教育入手。“古之王者,建国君民,教学为先”,也是说古代的君王建立国家,治理民众,都把教育当作首要的事情。教育的职能不只是传承文化知识,更为重要的是移风易俗,引领风尚。“子为政,焉用杀?子欲善而民善矣。君子之德风,小人之德草,草上之风,必偃。”《论语·颜渊篇》里,季康子向孔子询问“治理国家的策略”,孔子回答:在上位者用心向善,老百姓也就会跟着向善的。上位者的德行是风,老百姓的德行是草,草上刮风,草必然随风而倒。这既是儒家的教育观,也是以德为政观。“天地之数,不能独以寒暑成岁,必有春夏秋冬;圣人之道,不能独以威势成政,必有教化。”董仲舒提出立太学,设庠序的目的,也是以仁义礼智信,化民成习俗之美,而不是以刑罚为主。“立太学以教于国,设庠序以化于邑,渐民以仁,摩民以谊,节民以礼,故其刑罚甚轻而禁不犯者,教化行而习俗美也。”教化的内容则是仁、义、礼、智、孝、悌、尊、卑。“先之以博爱,教以仁也;难得者,君子不贵,教以义也;虽天子必有尊也,教以孝也;必有先也,教以弟也。”

因此,作为君主,要顺应天命,而刑罚政令只是辅助。“教化立而奸邪皆止者,其堤防完也;教化废而奸邪并出,刑罚不能胜者,其堤防坏也。”通过教化,让人们“明于天性,知自贵于物;知自贵于物,然后知仁谊;知仁谊,然后重礼节;重礼节,然后安处善;安处善,然后乐循理;乐循理,然后谓之君之”。由上而下,为政以德,重视教化,才能实现长治久安。

三、董仲舒教化思想的现实意义和价值

董仲舒的教化思想不仅在当时起到了正本清源、拨乱反正的作用,而且对之后的社会政治制度和文化教育制度也产生了深远的影响。董仲舒教化思想的提出和实施,在提倡大力弘扬优秀中华传统文化的今天,同样具有很重要的现实意义和价值。

今天我们讲"四个自信",讲"复兴中国梦",对于每一个有着历史责任感的人来说,都要自觉担负起知识分子应有的使命和职责。文化自信始终是其根本来源和内在驱动力,没有文化自信,一切都无从谈起。而文化自信的前提是文化自知和文化自觉。这种自觉和自信,从孔子之时,就已经融入儒者的血液中了。《大学》的三纲领:"大学之道,在明明德,在亲民,在止于至善。""大学之道"本是"大人之学",虽非每一个普通人的事,然而对于那些有着道德自觉和精神自觉的人来说,"明德"固然重要,而"亲民"更加体现了一种儒学的使命和担当。就像千年以前的孔子,"述而不作,信而好古""敏以求之",祖述尧舜,宪章文武,孔子在总结三代礼乐制度和文献成果的基础上,"温故而知新","以仁释礼",形成以"仁"为核心的礼乐教化之说,传承文化,弘扬天道。《论语》中记载仪封人只见了孔子一面,就从孔子身上看到一种气象,称道"天将以夫子为木铎"。孔子周游列国时,在匡地被围,孔子说"天之未丧斯文也,匡人其如予何?"文王已经死了,周朝的"道",礼乐制度,不就在我这里吗? 若天意不欲丧斯道,匡人能把我怎样呀? 这是一种怎样坚定的理想信念和文化自信,可以在生命遇到危难时,表现得如此从容不迫而又荡气回肠!

董仲舒作为汉代儒学大家,他不仅学识渊博,行为端方,性情笃厚,"为人廉直",且天然具有一种儒者的担当精神,自觉地担负起历史赋予的文化传承的使命。《汉书·董仲舒传》中记载:"盖三年不窥园,其精如此。进退容止,非礼不行,学士皆师尊之。"称其"为群儒首"。东汉思想家王充说"孔子之文在仲舒"。董仲舒的理论多是依据《春秋》之法。如"《春秋》之道""《春秋》之序道""《春秋》之文""谨案《春秋》"等词多次出现在董仲舒的文章中。他崇道重教,直接继承了儒家重视礼乐教化的思想,并依据当时的社会需求和历史条件,重新进行阐释和构建,为国家为

社会提出一个个“董子方案”,这是一种文化传承,更是一种文化自觉和文化自信。

正因为有这样一代代有智慧、有情怀、有担当的文化传承者,中华民族才可不断向前,文脉不断,即使在最黑暗的长夜,也能照亮前行的方向。如果说“天不生仲尼,万古如长夜”,那么“天若无董子,长夜亦漫漫”!

参考文献

[1][汉]董仲舒.春秋繁露[M].张世亮,钟肇鹏,周桂钿,译注.北京:中华书局,2012.

[2]周桂钿.秦汉思想史(上)[M].福州:福建教育出版社,2015.

[3][汉]班固.汉书[M].北京:中华书局,1999.

[4][宋]朱熹.四书章句集注[M].北京:中华书局,1983.

[5]田海舰.董仲舒教化思想探析[J].河北大学成人教育学院学报,2001(4).

[6]周春兰."性未善":董仲舒教化思想的逻辑起点[J].衡水学院学报,2010(5).

董仲舒历史考证研究

董仲舒与淮南之狱考究

王文书

一、问题的提出

董仲舒是“谜”一样的历史人物，他的生平事迹仰赖《史记》和《汉书》为我们留下了些许记载，但是这些记载并不详尽，影影绰绰，我们看董仲舒就像“隔着纱窗看晓雾”。这就更增加了我们的好奇感。所以，很多学者对董仲舒的生平做过考证，但是至今仍未有一致的定论。董仲舒生活的汉代距离今天已经有两千多年了，随着岁月的流逝，历经世事的变迁，汉代的历史很多已经变得模糊不清了，不光具体的行政区划我们搞不清楚，比如广川国、江都国和胶西国的范围、所辖县域，虽然可以大致做一考证，但是详细的资料我们确实不能知道了，这只能依赖新的出土文献和文物来透露更多的历史细节。即使是一些非常出名的历史事件，也不能尽述，比如说淮南之狱。就连刘安是否真的有反叛中央政府的行为，都有截然不同的看法。当然造成看法对立的原因除了历史记载的缺失外，还与评判者的个人历史观有直接关系。

董仲舒在这一历史事件中扮演了什么样的角色，发挥了怎样的历史作用，学界关注的还不是太多，或者是考证太过简略。鲁惟一在其《董仲舒儒家遗产与〈春秋繁露〉》一书中只提出：“我们只能想象董仲舒可能从别人口中得知这些人的传闻，这些信息可能影响到对诸侯王的看法，有能导致他在公元前134年的火灾发生后提出了如此严厉的建议。”[①]王永祥的《董仲舒评传》中只提出：“自元狩元年至元狩三年，主要是有关淮南、衡山、江都三王的谋逆罪决狱的问对，以及天子的郊祀

① 鲁惟一.董仲舒儒家遗产与《春秋繁露》[M].香港：中华书局，2017：185.

对。"[①]周桂钿的《董学探微》和马勇的《帝国设计师董仲舒传》亦未详细论及董仲舒与淮南之狱的关系。

本文在前人基础上,通过耙梳史料,搜寻历史事件的细节,建立事件前后的逻辑关系,考究董仲舒在汉武帝时期的重大政治事件——淮南之狱中所扮演的角色,论证董仲舒在汉武帝时期对帝国的统一所起的推动作用,从历史细节处补充董仲舒的生平事迹。

二、田蚡和刘安两大政治集团的形成与呼应

汉武帝初年汉廷内外形成了田蚡和刘安两大政治集团,直接威胁着年轻的汉武帝的统治。汉景帝后元三年(前141年),汉景帝驾崩,汉武帝刘彻继位,其母太后王娡称制,王太后的异父弟田蚡受重用,被封为武安侯,"所镇抚多有田蚡宾客计策"。建元元年(前140年),田蚡拜太尉。以田蚡为中心,逐渐形成了一个政治集团。"建元六年,窦太后崩,丞相昌、御史大夫青翟坐丧事不办,免。以武安侯蚡为丞相,以大司农韩安国为御史大夫。天下士郡诸侯愈益附武安。"[②]田蚡曾"荐人或起家至二千石,权移主上。上乃曰:'君除吏已尽未?吾亦欲除吏。'",田蚡"尝请考工地益宅,上怒曰:'君何不遂取武库!'",汉武帝也感到了威胁。

王国问题是文景时期国家的心腹大患。经过七国之乱,第一大诸侯国齐国被瓦解,第二大诸侯国三郡五十三县的吴国被肢解,到汉武帝初年,最大的诸侯国就是淮南国了。因为历史的原因,淮南王刘安之父淮南厉王刘长被汉文帝流放致死,刘安"时时怨望厉王死,时欲畔逆,未有因也"。而且刘安善于收买人心,在百姓中具有一定的威望。"淮南王安为人好读书鼓琴,不喜弋猎狗马驰骋,亦欲以行阴德拊循百姓,流誉天下。"[③]

田蚡和刘安两大政治集团逐渐勾结起来,"及建元二年,淮南王入朝。素善武安侯,武安侯时为太尉,乃逆王霸上,与王语曰:'方今上无太子,大王亲高皇帝孙,行仁义,天下莫不闻。即宫车一日晏驾,非大王当谁立者!'淮南王大喜,厚遗武安

① 王永祥.董仲舒评传[M].南京:南京大学出版社,1995:81.

② 司马迁.史记·魏其武安侯列传[M].北京:中华书局,1982:2843.

③ 司马迁.史记·淮南衡山列传[M].北京:中华书局,1982:3082.

侯金财物。阴结宾客,拊循百姓,为畔逆事"[1]。

西汉南方诸越始终是包括汉王朝在内的多方势力竞相利用的一枚重要棋子,淮南国背靠诸越与西汉中央政府讨价还价,不希望失去诸越的凭依,极力阻止汉廷统一东南诸越。在此问题上田蚡与刘安达成默契。"建元三年,闽越举兵围东瓯,东瓯告急于汉。时武帝年未二十,以问太尉田蚡。蚡以为越人相攻击,其常事,又数反复,不足烦中国往救也,自秦时弃不属。"[2]刘安上《谏伐南越书》,阻止朝廷对闽越用兵,其上书的核心意思是用兵有害无益。汉武帝在征伐闽越取得胜利之后,派严助给刘安一道软中带硬的答复诏书,申明对闽越用兵的意图。而此时汉武帝可能是出于策略上的考虑,并未对刘安采取措施,但刘安的战略意图已暴露无遗。今人邹旻、方胜的文章《〈谏伐闽越书〉意图辨析》一文非常清晰地论述了刘安阻止汉廷用兵闽越的意图。淮南国与诸越之间存在利用关系,淮南国利用闽越,牵制西汉中央政府,维持中央、淮南和诸越的战略平衡,一旦中央王朝完全控制诸越后,战略平衡被打破,淮南国就失去了可以凭借的重要棋子。[3]

王夫之则从地理形势角度论述统一闽越之必要,并指出刘安谏止伐闽越包藏祸心。其文曰:"淮南王安之谏伐南越,不问而知其情也。读其所上书,讦天子之过以摇人心,背汉而德己,岂有忧国恤民仁义之心哉!越之不可不收为中国也,天地固然之形势,即有天下者固然之理也。天地之情形,见于山川而情寓焉。水之所绕,山之所蟠,合为一区,民气即能以相感。中国之形,北阻沙漠,西北界河、湟,西隔大川,南穷炎海,自合浦而北,至于碣石,皆海之所环也。形势合则风气相为嘘吸;风气相为嘘吸,则人之生质相为俦类;生质相为俦类,则性情相属,而感以必通。"[4]

三、董仲舒的《灾异对》矛头直指刘安和田蚡

汉武帝建元六年是汉帝国的多事之秋。建元六年(前135年)"春二月乙未,辽

---

① 司马迁.史记·淮南衡山列传[M].北京:中华书局,1982:3082.

② 班固.汉书·严朱吾丘主父徐严助王贾传[M].北京:中华书局.

③ 邹旻,方胜.淮南王刘安谋反与否的重要文献新解——《谏伐闽越书》意图辨析[J].南昌航空大学学报(社会科学版),2018,20(1):39-43.

④《读通鉴论》卷三《汉武帝》。

东高庙灾。夏四月壬子,高园便殿火,上素服五日”,“秋八月,有星孛于东方,长竟天”[①]。汉代“天人感应”说已经成为人们的共识,天变足以引起人们的重视。建元六年(前135年)彗星出现在东方天空,激起淮南王及其属下的非分之想。“或说王曰:‘先吴军起时,彗星出长数尺,然尚流血千里。今彗星长竟天,天下兵当大起。’王心以为上无太子,天下有变,诸侯并争,愈益治器械攻战具,积金钱赂遗郡国诸侯游士奇材。诸辨士为方略者,妄作妖言,谄谀王,王喜,多赐金钱,而谋反滋甚。”[②]刘安反迹已经非常明显了。

面对汉帝国的政治局势,被罢免江都相后在长安担任中大夫的董仲舒忧心忡忡,做了著名的《灾异对》,其内容如下:

> 《春秋》之道举往以明来,是故天下有物,视《春秋》所举与同比者,精微眇以存其意,通伦类以贯其理,天地之变,国家之事,粲然皆见,亡所疑矣。按《春秋》鲁定公、哀公时,季氏之恶已孰,而孔子之圣方盛。夫以盛圣而易孰恶,季孙虽重,鲁君虽轻,其势可成也。故定公二年五月两观灾。两观,僭礼之物。天灾之者,若曰僭礼之臣可以去。已见罪征,而后告可去,此天意也。定公不知省。至哀公三年五月,桓宫、釐宫灾。二者同事,所为一也,若曰燔贵而去不义云尔。哀公未能见,故四年六月亳社灾。两观、桓、釐庙、亳社,四者皆不当立,天皆燔其不当立者以示鲁,欲其去乱臣而用圣人也。季氏亡道久矣,前是天不见灾者,鲁未有贤圣臣,虽欲去季孙,其力不能,昭公是也。至定、哀乃见之,其时可也。不时不见,天之道也。今高庙不当居辽东,高园殿不当居陵旁,于礼亦不当立,与鲁所灾同,其不当立久矣。至于陛下时天乃灾之者,殆亦其时可也。昔秦受亡周之敝,而亡以化之;汉受亡秦之敝,又亡以化之。夫继二敝之后,承其下流,兼受其猥,难治甚矣。又多兄弟亲戚骨肉之连,骄扬奢侈,恣睢者众,所谓重难之时者也。陛下正当大敝之后,又遭重难之时,甚可忧也。故天灾若语陛下:‘当今之世,虽敝而重难,非以太平至公,不能治出。视亲戚贵属在诸侯远正最甚者,忍而诛之,如吾燔辽东高庙乃可;视近臣在国中处旁仄及贵而不正者,忍而诛之,如吾燔高园殿乃可’云尔。在外而不正者,虽

①《汉书》卷六《武帝纪第六》。

② 司马迁.史记·淮南衡山列传[M].北京:中华书局,1982:3082.

贵如高庙，犹灾燔之，况诸侯乎！在内不正者，虽贵如高园殿，犹燔灾之，况大臣乎！此天意也。罪在外者天灾外，罪在内者天灾内，燔甚罪当重，燔简罪当轻，承天意之道也。

董仲舒以春秋昭公、定公、哀公时期鲁国两观、桓、釐庙、亳社灾异类比辽东高庙灾和高园便殿火。其说可以分三层意思：（一）灾异具有示警的意义，不当立而立者，天会以灾异的手段予以去除；（二）不当立而立者预示着朝廷有不当立而立的大臣贵戚；（三）灾异示警的出现是有条件的，只有圣人出现才可能出现灾异示警。董仲舒强调，当时的形势是"大敝"加"重难"，"大敝"乃汉承秦敝，且无以化解；"重难"乃亲戚、近臣在君侧而不正，因此必须像天焚烧高庙和高园殿一样忍而诛之才能扭转不利的局势。董仲舒把矛头指向田蚡和刘安是再清晰不过了。

从时间节点上看，董仲舒起草《灾异对》是在庙火发生后不久，大概在建元六年（前135年）或元光元年（前134年）。其时武安侯田蚡权势熏天，其与淮南王勾结的事情已经在民间传开，因此在元光年间魏其侯窦婴和武安侯田蚡的斗争中，双方各自紧抓对方的小辫子作为迫使对方让步的理由。元光四年（前131年），"灌夫亦持丞相阴事，为奸利，受淮南王金与语言"[①]。

据《汉书·五行志》载："元光元年二月丙辰晦，日有食之。七月癸未，先晦一日，日有食之，在翼八度。"刘向以为："前年高园便殿灾，与春秋御廪灾后日食于翼、轸同。其占，内有女变，外为诸侯。其后陈皇后废，江都、淮南、衡山王谋反，诛。日中时食从东北，过半，晡时复。"可见古人也是这样看待的。

四、董仲舒的庙火之狱

董仲舒直接得罪了田蚡和刘安两个权势集团，必然遭到他们的仇视和愤恨，他们必欲将其除之而后快。虽史书没有明确记载，但按常理推断，也是必然的情势。董仲舒在《灾异对》中还有一层意思没有言明，就是类似孔子的圣人已经出现，但是还没有受到重用，这个圣人当然不是汉武帝，那究竟是谁？这会引起人们的无限遐想。很明显，董仲舒是以孔子自比。另外，《灾异对》把武帝统治的年代类比春秋的

① 司马迁．史记·魏其武安侯列传[M]．北京：中华书局，1982：3082.

定哀末世,就是把武帝类比鲁定公、鲁哀公末世之主,必定引起汉武帝这位雄心勃勃的少年帝王的不快。于是董仲舒的庙火之狱在所难免。

董仲舒的庙火之狱的关键人物涉及主父偃。主父偃经过长时间的困顿后到元光元年(前134年)骤得起用。元光元年(前134年),主父偃"乃西入关见卫将军。卫将军数言上,上不召。资用乏,留久,诸侯宾客多厌之,乃上书阙下。朝奏,暮召入见。所言九事,其八事为律令"。"是时,徐乐、严安亦俱上书言世务。书奏,上召见三人,谓曰:'公皆安在?何相见之晚也!'乃拜偃、乐、安皆为郎中。偃数上疏言事,迁谒事、中郎、中大夫,岁中四迁。"[①]元光中期主父偃是当红的政治明星。也就是在元光元年(前134年),主父偃到董仲舒家中拜访,窃取了董子的《灾异对》草稿,直报汉武帝。"是时辽东高庙灾,主父偃疾之,取其书奏之天子。天子召诸生示其书,有刺讥。董仲舒弟子吕步舒不知其师书,以为下愚。于是下董仲舒吏,当死,诏赦之。于是董仲舒竟不敢复言灾异。"[②]

方是时,田蚡气焰正盛,刘安贿赂朝中大臣,广布内线,"淮南王有女陵,彗,有口辩。王爱陵,常多予金钱,为中诇长安,约结上左右"[③]。严助就是其中之一。"淮南王来朝,厚赂遗助,交私论议。"[④]虽汉武帝已经对刘安有所芥蒂,但在众位有权势的人物的说服之下,并未对刘安采取措施。况且《灾异对》中不恰当的类比引起了汉武帝的不快,只有牺牲董仲舒才能平息朝中的非议。因此,董仲舒遭遇庙火之狱必不可免。

在吕步舒等人的苦苦哀求之下,也许汉武帝是出于对董仲舒"大一统"的言论的赏识,董仲舒的一统理论符合西汉中央政府的战略布局,更可能是汉武帝故意设置两大集团的对立,其实汉武帝已经对田蚡产生怀疑,只是碍于太后的面子而没有对田蚡下手。"上自魏其时,不直武安,特为太后故耳,及闻淮南王金事,上曰:'使武安侯在者,族矣。'"[⑤]于是汉武帝很快就赦免了董仲舒,并恢复了他江都相的职位,将其调出长安。董仲舒没有像司马迁那样遭受李陵之祸确是不幸中的万幸了。

---

①《汉书》卷六十四上《严朱吾丘主父徐严终王贾传》。

② 司马迁.史记·平津侯主父列传[M].北京:新世界出版社,2007:577.

③《汉书》卷四十四《淮南衡山济北王传》。

④《汉书》卷六十四上《严朱吾丘主父徐严终王贾传》。

⑤ 司马迁.史记·魏其武安侯列传[M].北京:商务印书馆,2018:311.

五、张汤陋巷问策的内容是淮南之狱

董仲舒悬车致仕后，身居陋巷，朝廷每有大事辄遣使者问计于董子。《汉书》记载：

> 仲舒为人廉直，是时方外攘四夷，公孙弘治《春秋》不如仲舒，而弘希世用事，位至公卿。仲舒以弘为从谀，弘嫉之。胶西王亦上兄也，尤纵恣，数害吏二千石。弘乃言于上曰："独董仲舒可使相胶西王。"胶西王闻仲舒大儒，善待之。仲舒恐久获罪，病免。凡相两国，辄事骄王，正身以率下，数上疏谏争，教令国中，所居而治。及去位归居，终不问家产业，以修学著书为事。仲舒在家，朝廷如有大议，使使者及廷尉张汤就其家而问之，其对皆有明法。[①]

问计的内容原文并未直接说明，我们可以通过钩沉史料，排列逻辑顺序，从中发现蛛丝马迹。接上节，董仲舒在元光元年(前134年)庙火之狱后再任江都相。《西京杂记·卷五》载："元光元年七月，京师雨雹，鲍敞问董仲舒曰：'雹何物也，何气而生之？'仲舒曰：'阴气胁阳气，天地之气，阴阳相半，和气周回，朝夕不息。阳德用事，则和气皆阳，建巳之月是也。故谓之正阳之月。'"[②]董仲舒与鲍氏论阴阳，当在离京师再赴江都相任前。董仲舒再任江都相当在此之后。

《春秋繁露》载："二十一年八月甲申，朔。丙午，江都相仲舒告内史中尉：阴雨太久，恐伤五谷，趣止雨。止雨之礼，废阴起阳。"[③]"二十一年"即江都易王刘非在江都国王任上的第二十一年，"吴楚反时，非年十五，有材力，上书原击吴。景帝赐非将军印，击吴。吴已破，二岁，徙为江都王，治吴故国，以军功赐天子旌旗"[④]。七国之乱在景帝前元三年(前154年)，从正月开始只用两个月平定叛乱，景帝前元四年(前153年)刘非开始统治江都国，在位二十一年后是汉武帝元光二年(前133年)，此时董仲舒在江都国相任上。也就是说董仲舒再任江都相是在元光元年(前134年)或元光二年(前133年)。

从《汉书·百官公卿表下》中可知，元朔三年(前126年)，左内史公孙弘为御史

①《汉书》卷五十六《董仲舒传》。

②《全汉文》卷二十四《董仲舒三》。

③ 苏舆.春秋繁露义证[M].北京：中华书局，2019：389.

④《汉书》卷五十三《景十三王传》。

大夫,二年迁丞相。……中大夫张汤为廷尉,五年迁。另,《史记》载:“元朔三年,张欧免,以弘为御史大夫。”御史大夫位列三公,可以向皇帝推荐诸侯国相。所以,大概在元朔三年(前126年),公孙弘陷害董仲舒,推荐董仲舒转任胶西相。可知,董仲舒再任江都相大约从元光元年(前134年)或元光二年(前133年)到元朔三年(前126年),共计八九年的时间。

为了避祸保身,董仲舒很快就提出辞呈。时间必在张汤任御史大夫之前的廷尉任上。张汤任御史大夫是执行汉武帝意图严厉打击淮南王刘安之后因功提升,淮南之狱从元朔五年(前124年)到元狩元年(前122年)大约三年时间。可知,董仲舒在元狩元年(前122年)之前已经致仕。从元朔三年(前126年)到元狩元年(前122年)共计五年时间,结合上文,董仲舒在胶西相任职不过一年半载,最多不过两年,大概在元朔四年(前125年)致仕,元朔五年(前126年)淮南王案发,汉武帝忆起董仲舒的《灾异对》和元光元年(前134年)的庙火之狱,派遣廷尉张汤就淮南案问计董仲舒,董仲舒推荐了学生吕步舒。《汉书·五行志上》:“上思仲舒前言,使仲舒弟子吕步舒持斧钺治淮南狱,以《春秋》谊颛断于外,不请。既还奏事,上皆是之。”

六、结论

董仲舒在建元六年(前135年)辽东高庙火、高园便殿灾后作《灾异对》,矛头直指田蚡和刘安两大政治集团,因此遭到权贵集团的仇视;因《灾异对》的措辞不当,引起汉武帝的不快,所以在几方的夹击之下,元光元年(前134年)董仲舒遭庙火之狱。后被特赦,再任江都相八九年。大概在元朔四年(前125年)致仕居家后,元朔五年(前124年)淮南之狱案发,张汤赴陋巷就淮南王谋反一事咨询董仲舒,董子推荐吕步舒严治淮南之狱。董仲舒在整个淮南之狱中,虽不是直接执行者,但他始终是一个重要的幕后推手。

秦汉广川国考

王文书

2018年解放军出版社的董保存先生为写作中国百名哲学家传记之一的《董仲舒传》来衡水考察，与董子学院老师座谈，问及关于董仲舒故里的一些情况，也问及《史记》《汉书》中记载董子的故里“广川”的沿革，这非一两句话能够说得清晰，或许是根本不可能完全说明白的。本文先就秦汉时期至汉武帝之后的广川国的一些情况做一简略探讨。

一、秦时河北地区郡级行政单位之变迁

秦朝初并天下为三十六郡，但没有列举三十六郡的名目。《史记》载：秦始皇在统一六国初期，“分天下以为三十六郡，郡置守、尉、监”[①]。自古而今很多学者都对此进行了考证，[②]但是在统一过程中郡县的设置要比三十六郡复杂得多。最新研究成果显示，秦朝在大河以西以北、渤海以西、太行山以东故赵国土地设置了河间郡、清河郡、巨鹿郡与邯郸郡、恒山郡。[③]

1. 邯郸郡和恒山郡。《汉书》载：“赵国，故秦邯郸郡，高帝四年为赵国。”[④]并且，出土的秦封泥也有“邯郸造工”“邯郸工丞”“邯郸库印”等名称[⑤]，证明秦时确有邯郸郡；《史记·张耳陈余列传》记载：秦二世元年（前209年），赵王武臣“使李良略常（恒）山”。不久，秦将王离围巨鹿，陈余“北收常（恒）山兵，得数万人”。次年，楚汉

① 司马迁.史记·秦始皇本纪第六[M].北京：中华书局，1999：170.

② 王国维的《秦郡考》、谭其骧的《秦郡新考》、钱穆的《秦三十六郡考》等等。

③ 可参考周振鹤，李晓杰，张莉：《中国行政区划通史（秦汉卷）》第一编秦代政区之第二章《山东北部诸郡》第二节《故赵地区》，复旦大学出版社，2015年版。

④《汉书》卷二十八《地理志》。

⑤ 周晓陆，路东之.秦封泥集[M].三秦出版社，2000.

大军破秦,“乃分赵立张耳为常(恒)山王”[①]。《史记·张丞相列传》明确记载:“耳归汉,汉乃以张苍为常(恒)山守。”[②]既然有恒山守,必然就有恒山郡。恒山郡的设立与广川关系不大,故不详述。

2.清河郡和河间郡。据《岳麓书院藏秦简所见秦郡名称补正》考证:除《考略》所举《齐鲁封泥集存》所收的“清河太守”封泥外,尚可举出上海博物馆所藏的另一枚“清河太守”封泥。秦封泥另有“清河水印”[③]。《汉书》所载“清河郡,高帝置”是有问题的。岳麓书院所藏的编号为864的秦简,其简文曰:“罪?人而当戍请(清)河、河间、恒山者,尽遣戍地。清河、河间当戍者,各戍……”[④]《秦封泥汇考》有“河间尉印”[⑤],河间尉即河间都尉的简称,河间都尉是河间郡的最高军事长官。《二十世纪出土玺印集成》有“河间太守”,其断代为秦代,这些都说明秦已置河间郡。岳麓书院藏秦简记载的内容是始皇二十五年,可知,清河郡、河间郡为秦统一之前所置郡。[⑥]

3.巨鹿郡。《汉书》载:“巨鹿郡,秦置。”[⑦]《水经注》云:“衡水又北径巨鹿县故城东……秦始皇二十五年灭赵以为巨鹿郡。”[⑧]但是,《中国行政区划通史(秦汉卷)》通过考察岳麓书院所藏的秦简发现,清河郡已经囊括了巨鹿郡的区域,说明至少在秦汉之际有一段时间没有巨鹿郡的存在,至于其历史沿革已经不能尽知。

二、秦汉之际与汉初的信都与广川郡的出现

到现在为止,尚未发现秦代河间郡有广川地名,但是在清河郡有信都县的存在。秦灭赵,于赵国别都信都之地置信都县,后属清河郡。岳麓书院所藏的编号为

---

① 司马迁.史记·张耳陈余列传第二十九[M].北京:中华书局,1999:2005.

② 司马迁.史记·张耳陈余列传第二十九[M].北京:中华书局,1999:2069.

③ 王伟.岳麓书院藏秦简所见秦郡名称补正[J].考古与文物,2010(5):97-101.

④ 转引自陈松长.岳麓书院藏秦简中的郡名考略[J].湖南大学学报(社会科学版),2009,23(2):5-10.

⑤ 傅嘉仪.秦封泥汇考[M].上海:上海书店出版社,2007.

⑥ 王国维《秦郡考》认为:甘罗之使赵,求割地广河间,由吕不韦使之。不韦得罪免相在始皇十年,死在十二年,则河间之立郡,虽不能确指何年,然必在不韦免相之前可决也。可备一说。

⑦《汉书》卷二十八《地理志》。

⑧ 水经注[M]:北京:商务印书馆,155.

374的秦简,其简文曰:“清河假守上信都言……”[①]意思是清河郡代理太守向上级转报信都县的汇报材料。秦二世二年(前208年)正月,张耳“乃求得赵歇,立为赵王,居信都”[②]。后为章邯所败,离开信都。巨鹿之战后,“赵王歇复居信都。张耳从项羽诸侯入关”。灭秦之后,项羽主持分封,封赵歇为代王,张耳为常山王。“汉元年二月,项羽立诸侯王,张耳雅游,人多为之言,项羽亦素数闻张耳贤,乃分赵立张耳为常山王,治信都。信都更名襄国。”[③]此时的信都不是今之衡水市冀州区,乃为邢台市邢台县地。

楚汉战争时期张耳追随刘邦,刘邦立张耳为赵王。“汉三年,韩信已定魏地,遣张耳与韩信击破赵井陉,斩陈馀泜水上,追杀赵王歇襄国。汉立张耳为赵王。汉五年,张耳薨,谥为景王。子敖嗣立为赵王。”[④]高帝九年,贯高等谋逆被捕,事涉及赵王张敖,“春正月,废赵王敖为宣平侯。徙代王如意为赵王,王赵国”[⑤]。“张敖,高后六年薨。子偃为鲁元王。以母吕后女故,吕后封为鲁元王。元王弱,兄弟少,乃封张敖他姬子二人:寿为乐昌侯,侈为信都侯。高后崩,诸吕无道,大臣诛之,而废鲁元王及乐昌侯、信都侯。孝文帝即位,复封故鲁元王偃为南宫侯,续张氏。”[⑥]此时的信都侯国在今衡水冀州了。

西汉初年继承了秦在赵地的行政区划,故赵国在太行山以东大河以北以西的区域仍分为恒山郡(常山郡)、邯郸郡、河间郡、清河郡。吕后去世后,功臣系与刘氏宗亲联合诛灭诸吕,迎立了代王刘恒。《资治通鉴》记载:高后八年九月庚申日晨,诸吕之难爆发;九月辛酉日,诸吕被剪灭:九月戊辰日,立赵幽王子遂为赵王。闰九月晦日己酉,代王至长安舍于代邸,即日夜入未央宫即皇帝位。可见,赵王的封爵只是汉文帝事后的确认。出于制衡对继承帝位有所觊觎的齐王系统的目的,也是为了分减赵王刘遂的势力,文帝元年(前179年),从赵国分出河间郡、清河郡,置河间国,封赵王遂之弟刘辟疆为河间王,都洛城(即乐成)。[⑦]在齐国的西邻安插了赵王

① 转引自陈松长.岳麓书院藏秦简中的郡名考略[J].湖南大学学报(社会科学版),2009,23(2):5-10.

②《史记》卷八十九《张耳陈余列传第二十九》。

③ 司马迁.史记·张耳陈余列传第二十九[M].北京:中华书局,1999:2580.

④ 司马迁.史记·张耳陈余列传第二十九[M].北京:中华书局,1999:2582.

⑤《汉书》卷一《高帝纪第一下》。

⑥ 司马迁.史记·张耳陈余列传第二十九[M].北京:中华书局,1999:2586.

⑦《史记》卷十七《汉兴以来诸侯王表》。

系的河间国。《汉书·地理志》仅仅记载河间国四县之地，包括乐成、候井、武隧、弓高。据考证，《汉书·地理志》是按照汉成帝元延三年(前10年)的各个郡国的行政版籍而写成的，不能反映河间国建国初期的情况，据马孟龙的观点，河间国包括河间郡、清河郡两郡之地。[①]文帝十五年(前165年)，河间王刘辟疆薨，无嗣，河间国除为郡。同时，将河间国分置广川郡、渤海郡、河间郡、清河郡，广川郡始现史籍。如河间国为河间一郡，那么无法辟出广川一郡，因为河间国并无广川县，广川县在清河郡域内。

三、广川国的演变过程

汉景帝即位后，继承文帝"众建诸侯少其力"的策略，分封自己的皇子为诸侯，以制约其他诸侯王的势力，将收回赵王系列的河间国四郡中的二郡广川郡、河间郡，分封给自己的儿子刘彭祖和刘德，设置广川国和河间国。景帝子刘彭祖在孝景帝前元二年(前155年)以皇子的身份受封为广川王，"赵敬肃王彭祖以孝景前二年立为广川王"[②]。这是广川国第一次出现。

景帝前元三年(前154年)，汉景帝采用晁错的"削藩策"，先后下诏削夺楚、赵等诸侯国的封地。"赵王遂立二十六年，孝景时晁错以过削赵常山郡，诸侯怨，吴、楚反，遂与合谋起兵。其相建德、内史王悍谏，不听。遂烧杀德、悍，兵发住其西界，欲待吴、楚俱进，北使匈奴与连和。""栾布自破齐还，并兵引水灌赵城。城坏，王遂自杀，国除。"[③]七国之乱被平定后，赵王遂反叛被击败后，彭祖由广川王，改封为赵王，广川国被收回，二变为信都郡。这里需要注意的是从七国之乱被平定后，诸侯国的支郡被收回，再分封的诸侯国除了江都国之外都是一郡之地了，诸侯国基本等同于汉郡了。

汉景帝中元元年(前149年)，分清河和信都部分地区始设广平郡。汉景帝中元二年(前148年)复立广川国，因信都郡分出部分区域建立广平郡，所以广川国面积进一步缩小。"广川惠王越以孝景中二年立，十三年薨。"[④]广川惠王越卒于汉武帝

---

① 参见马孟龙.西汉侯国地理.上海:上海古籍出版社,2013:161.周振鹤认为，河间国只涵盖原来的河间郡一郡之地。参见周振鹤.西汉政区地理.北京:人民出版社,1987:85.

②《史记》卷五十三《景十三王传第二十三》。

③《汉书》卷三十八《高五王传第八》。

④《史记》卷五十三《景十三王传第二十三》。

建元四年(前137年)。广川惠王越母王儿姁,为汉武帝之母王娡的亲妹。因此,与汉武帝血缘关系较其他皇子更近一些。

汉武帝建元五年(前136年),惠王子刘齐嗣位,为广川缪王。刘齐谥号为“缪”,足见其荒淫无道。“齐有幸臣乘距,已而有罪,欲诛距。距亡,齐因禽其宗族。距怨王,乃上书告齐与同产奸。是后,齐数告言汉公卿及幸臣所忠等,又告中尉蔡彭祖捕子明,骂曰:‘吾尽汝种矣!’有司案验,不如王言,劾齐诬罔,大不敬,请系治。齐恐,上书愿与广川勇士奋击匈奴,上许之,未发,病薨。”[①]缪王在位44年,有司奏请除广川国,武帝同意。本阶段广川国存在了57年,第三次被废为郡。

此次广川国改信都郡仅仅数月,汉武帝便下诏曰:“广川惠王与朕为兄,朕不忍绝其宗庙,其以惠王孙去为广川王。”刘去比其父刘齐更加荒淫变态,听信昭平、地余两姬妾的谗言,用无比残酷的手段残害其他姬妾;据《西京杂记》载,刘去的另一大爱好是盗掘古墓。汉宣帝本始三年(前71年)相、内史将罪行告奏朝廷,次年(前70年)刘去被削去王爵放逐到上庸,于途中自杀,广川国撤除。这是广川国第四次被废为信都郡。

元朔二年(前127年),主父偃上书武帝,建议令诸侯推私恩分封子弟为列侯。名义上施德惠,实际上剖分其国以削弱诸侯王的势力。这一建议既符合了汉武帝巩固专制主义中央集权的需要,又避免激起诸侯王武装反抗的可能,因此立即为武帝所采纳。同年正月,武帝颁布推恩令。在此背景下,广川国被进一步肢解分割。推恩令的基本原则是允许诸侯王推“私恩”把王国土地的一部分分给子弟为列侯,由皇帝制定这些侯国的名号。按照汉制,推恩所分侯国从母国中分离出来,别属于其他汉郡,地位与县相当,这样使原来的诸侯国面积变小,汉郡面积扩大,所隶属的汉郡必是原来母国相邻的汉郡。元朔三年(前126年)十月,封广川惠王子刘晏为枣强侯,设置枣强侯国,时间当在清河国设置之前。根据推恩令,枣强侯国别属相邻之清河郡,故此枣强侯国划归清河郡必在复置清河国的武帝元鼎三年(前114年)之前。同时分封的广川惠王王子侯国还有蒲领侯国、必梁侯国、西熊侯国。[②]可见,推恩令导致广川国面积进一步缩小,枣强侯国等侯国从广川国中剥离

①《史记》卷五十三《景十三王传第二十三》。

② 按照推恩令的原则此三个侯国应原属于广川国的区域内,分封后属于相邻的汉郡,西熊地望不明,蒲领别属清河,但必梁有些问题,汉书王子侯表列出必梁属魏郡,魏郡与广川国并不相邻,原因为何,并不清楚。

出来。后附从广川国推恩分封的王子侯表,本表据《汉书》之《王子侯表》整理。

从广川国推恩分封的王子侯表

号谥名	属	始封位次	子	孙	曾孙	玄孙
广川惠王越	景帝子	中二年四月乙巳立,十二年薨	建元五年,缪王齐嗣,四十五年薨	征和二年,王去嗣,二十二年,本始四年,坐亨姬不道,废徙上庸,予邑百户		
				地节四年五月庚午,戴王文以缪王子绍封,二年薨	元康二年,王汝阳嗣,十五年,甘露四年,杀人,废徙房陵	
					广德 元始二年四月丁酉,静王榆以惠王曾孙戴王子绍封,四年薨	居摄元年,王赤嗣,三年,王莽篡位,贬为公,明年废
蒲领侯嘉	广川惠王子	元朔三年十月癸酉封,有罪,绝				东海
西熊侯明	广川惠王子	元朔三年十月癸酉封,薨,亡后				
枣强侯晏	广川惠王子	元朔三年十月癸酉封,薨,亡后				
毕梁侯婴	广川惠王子	元朔三年十月癸酉封,十九年,元封四年,坐首匿罪人,为鬼薪				魏

续表

号谥名	属	始封位次	子	孙	曾孙	玄孙
参酀侯则	广川惠王子	不得封年，坐酎金免				东海
沂陵侯喜	广川惠王子	不得封年，坐酎金免				东海
甘井侯光	广川缪王子	（元鼎元年）七月乙酉封，二十五年，征和二年，坐杀人弃市				钜鹿
襄隄侯圣	广川缪王子	（元鼎元年）七月辛卯封，五十年，地节四年，坐奉酎金斤八两少四两，免	元始二年，圣子伦以曾祖广川惠王曾孙为广德王			钜鹿
新市康侯吉	广川缪王子	（元凤五年）十一月庚子封，二十五年薨	甘露三年，顷侯义嗣	侯钦嗣		堂阳
东襄爰侯宽	广川缪王子	（本始元年）三年四月壬申封	侯使亲嗣，建昭元年薨，亡后			信都
乐信顷侯强	广川缪王子	（神爵元年）三年四月戊戌封	孝侯何嗣	节侯贺嗣	侯涉嗣，免	钜鹿
昌成节侯元	广川缪王子	（神爵）四月戊戌封，四年薨	五凤三年，顷侯齿嗣	釐侯应嗣	质侯江嗣，建平三年薨，亡后	信都
历乡康侯必胜	广川缪王子	（神爵）七月壬子封，五年薨	甘露元年，顷侯长寿嗣	缪侯宫嗣	侯东之嗣，免	钜鹿

续表

号谥名	属	始封位次	子	孙	曾孙	玄孙
桃炀侯良	广川缪王子	(初元元年)三月封	共侯敞嗣	侯狗嗣,免		钜鹿
方乐侯嘉	广陵缪王子	元寿元年五月乙卯封,十一年免				
西梁节侯辟兵	广川戴王子	神爵四年三年乙亥封,七年薨	甘露三年,孝侯广嗣	哀侯宫嗣	侯敞嗣,免	钜鹿

四、初步结论

秦代太行山以东、大河以北以西、渤海以西原来赵国的区域分为邯郸郡、巨鹿郡、恒山郡、清河郡、河间郡五郡;西汉高祖继承了秦代的区划,将故赵地分封给张耳;文帝时期,从赵国分出河间郡与清河郡给刘辟疆置河间国,国除后裂为四郡:河间郡、清河郡、广川郡、渤海郡;汉景帝分封其子刘彭祖于广川郡置广川国,彭祖改封赵国后收为信都郡;七国之乱后,又封其子刘越复置广川国;汉武帝时期两度短暂废广川国为郡,同时以推恩令,不断从广川国分出小的侯国,使之隶属于相邻汉郡之中,广川国面积不断缩小。广川县何时设置已经不能考证了,但其始终在广川国内,县级行政区划在汉代,尤其是汉武帝以前比较稳定,但是其具体区域也是基本无法考证的。所以从文献角度考察董子故里大体区域可以确定为今景县、枣强、故城三县交界的区域,具体到乡里层级基本无法断定。

(本文为2019年衡水学院校园文化精品项目培育活动成果)

君子文化研究

董仲舒论君子

——以《春秋繁露》为中心

魏可音　魏彦红

君子是儒家思想中一个重要的关键词，是儒家思想倡导的人的努力方向和标准形象，随着儒家思想的发展，不同时代的儒者和思想家可能会对君子的认识有着时代性和个人认识的倾向性，这对当时社会的君子观会有一定的导向作用，并对君子行为规范的形成产生潜移默化的影响。那么，当儒家思想发展到西汉时期，倡导“罢黜百家，独尊儒术”，肇基新儒学的董仲舒又是如何界定和认识君子的呢？笔者从《春秋繁露》做一管窥。董仲舒在《春秋繁露》中并没有给君子一个明确的概念界定，他对君子的阐释是在孔子对君子阐释的基础上的发展，孔子最初认为，君子指君主和贵族，后来把具有高贵品德的人也称为君子。董仲舒在《春秋繁露》中多次提及“君子”一词，结合社会现实和《春秋》之辞对君子进行了阐明和论述，我们从中不难理解董仲舒眼中君子的形象。

一、君子观当合《春秋》之辞旨：移其辞以从其事

（一）董仲舒君子观的原则

董仲舒认为君子的行为规范应该与《春秋》所倡导的旨意保持一致，即《春秋》文辞中表达出的意向可作为君子行为的出发点和行为规范。“问者曰：‘晋恶而不可亲，公往而不敢至，乃人情耳。君子何耻而称公有疾也？’曰：‘恶无故自来，君子不耻，内省不疚，何忧何惧是已矣。今春秋耻之者，昭公有以取之也。’”（《春秋繁露·楚庄王》）这句话具有典型的代表性。当时晋国名声很臭，到晋国去会有被杀头的危险，不敢去晋国是人之常情，所以鲁昭公有顾虑并没有去晋国。没有去是事实，

怕遇到危险也是可以理解的,为什么《春秋》中却不进行真实描述,说君子以赴晋为耻辱,而称昭公有病而没有去呢?这里就反映了《春秋》之意在于表达这样一种观点,鲁昭公赴晋是有求于晋国,是当时他遇到的困境导致的,鲁昭公因为自己没有正确地管理鲁国,而且犯了娶同姓女子为妻的违礼的错误,导致“季孙专其位”“而大国莫之正”,致使自己流亡八年以致终老国外。董仲舒引用《春秋》之辞表达了自己的看法,即如果鲁昭公没有犯以上错误,用儒者的智慧指导国家的管理,就不会出现亡国之困境。恶果如果不是自己的错误导致的,作为君子是不应该有愧疚感的,心里是坦荡的。董仲舒又进一步进行了总结说明:“君子不耻其困,而耻其所以穷。昭公虽逢此时,苟不取同姓,讵至于是。”(《春秋繁露·楚庄王》)国君与君子,采取的治理策略和行动的出发点及动机意向是最重要的,这是评价是否为君子的重要标准。

那么,依《春秋》之辞,如何评价执政者才称得上君子呢?董仲舒给予了具体的答复。“春秋分十二世以为三等:有见,有闻,有传闻;有见三世,有闻四世,有传闻五世。故哀、定、昭,君子之所见也;襄、成、文、宣,君子之所闻也;僖、闵、庄、桓、隐,君子之所传闻也。所见六十一年,所闻八十五年,所传闻九十六年。于所见微其辞,于所闻痛其祸,于传闻杀其恩,与情俱也。”(《春秋繁露·楚庄王》)根据对国君的了解程度以及国君离自己时间的久远程度来进行评判,是一个易于为人接受的原则。这里,君子指《春秋》的作者孔子,孔子经历了鲁哀公14年、鲁定公15年、鲁昭公32年,共三代61年,没有包含孔子十岁前的鲁襄公时代,他切实目睹并感受了鲁国三代君主的政绩表现,所以,在《春秋》中进行表述时应该“微其辞”,即用隐晦的手法进行表述,不用明显的言辞进行批评,既是为了表示为尊者讳,也是为了明哲保身。随着时间的推移,离自己生活的年代越久远就越可以进行大胆真实的表述了。因为时间久远了,与君主的恩情就淡漠了,可以按照自己的观念和真实感受去记录。这是孔子之为,也是君子之为。

“春秋之常辞也,不予夷狄而予中国为礼,至邲之战,偏然反之,何也?曰:‘春秋无通辞,从变而移,今晋变而为夷狄,楚变而为君子,故移其辞以从其事’。”(《春秋繁露·竹林》)在董仲舒看来,《春秋》所秉持的君子观,其依据是“移其辞以从其事”。楚庄王围攻郑国,郑国求和,庄王于是放弃攻打郑国,其手下不解,庄王解释道:“古者杅不穿、皮不蠹,则不出于四方。是以君子笃于礼而薄于利,要其人而不要其土,告从,不赦不详,吾以不详道民,灾及吾身,何日之有?”(《公羊传·宣公十二年》)楚庄王的意愿和行为是善意的,故称之为君子,楚国则被《春秋》称为君子国。君子应秉持的战争观也是要与《春秋》保持一致的,“春秋爱人而战者杀人,君子奚说善杀其所爱哉?”(《春秋繁露·竹林》)。《春秋》珍惜人的存在,君子就应反对杀害他所珍惜的人的行为,即反对战争。

“经曰:宋督弑其君与夷,传言庄公冯杀之。不可及于经,何也?”(《春秋繁露·玉英》)谦让是《春秋》提倡的一种美德。《春秋》之所以不记载真实情况,是为了避讳。“不书其往而有避也。今此传而言庄公冯而于经不书,亦以有避也。是以不书聘乎齐,避所羞也,不书庄公冯杀,避所善也。”(《春秋繁露·玉英》)对此,董仲舒做了进一步的类比说明。比如宣公没有把君主之位传给儿子却传给弟弟,弟弟没有把君王之位传给自己的儿子而传给哥哥的儿子,这虽然不符合常规常礼,但是一种谦让的美德。“是故让者春秋之所善,宣公不与其子而与其弟,其弟亦不与子而反之兄子,虽不中法,皆有让高,不可弃也。故君子为之讳不居正之谓避,其后也乱移之宋督以存善志,此亦春秋之义,善无遗也。”(《春秋繁露·玉英》)所以《春秋》为了避讳这种违背继承王位法则的事实,在记述时采用了避讳手法,目的就是宣扬美德。这是君子之为。

《春秋》笔法多有同例。“难纪季曰:春秋之法,大夫不得用地。又曰:公子无去国之义。又曰:君子不避外难。纪季犯此三者,何以为贤?”(《春秋繁露·玉英》)纪季违反了三条规定,《春秋》仍称其为君子和贤者,其原因在于不是他自己要这样做的,是君主让他这样做的。

(二)董仲舒的君子价值观

那么,作为君子应该有怎样的价值观?君子应该以何为贵、以何为贱呢?董仲舒在《春秋繁露·竹林》篇中以逢丑父、齐顷公与祭仲、鲁隐公为例对《春秋》之君子价值观进行了详尽解读。“夫去位而避兄弟者,君子之所甚贵;获虏逃遁者,君子之所甚贱。祭仲措其君于人所甚贵以生其君,故春秋以为知权而贤之;丑父措其君于人所甚贱以生其君,春秋以为不知权而简之。其俱枉正以存君,相似也,其使君荣之与使君辱,不同理。”(《春秋繁露·竹林》)逄丑父和祭仲都救了自己的君主,但《春秋》对其评价不一,其原因在于是否属于知权变。逄丑父救君而致君遭受了被俘虏而逃生的经历,被人谴责,遭受耻辱,是属于不知权变,被《春秋》贬低;而祭仲救君而使君处于被人赞颂和荣耀的地位,是知权变,故被《春秋》赞颂。所以君子不仅应有以上的认识,还应知晓什么是权变。董仲舒对此进行了深入的引导:“故凡人之有为也,前枉而后义者,谓之中权,虽不能成,春秋善之,鲁隐公、郑祭仲是也。前正而后有枉者,谓之邪道,虽能成之,春秋不爱,齐顷公、逄丑父是也。”(《春秋繁露·竹林》)即,逄丑父和祭仲最初的行为都是违背义的,是否知权变主要看结果,结果是“义”的就是知权变。在董仲舒眼里,知权变是《春秋》所倡导的,是君子之为。董仲舒就此对君子所应具有的生死荣辱观进行了深入挖掘:“虽陷其身,尚有廉名,当此之时,死贤于生,故君子生以辱,不如死以荣。”(《春秋繁露·竹林》)即当人遭受奇耻大辱时,生不如死。因为憎恶耻辱、喜爱荣耀是天赋予的,“今善善恶恶,好荣憎辱,非人能自生,此天施之在人者也,君子以天施之在人者听之”(《春秋繁露·竹林》)。董仲舒引用曾子的话:“辱若可避,避之而已;及其不可避,君子视死如归。”(《春秋繁露·竹林》)

二、君子知礼守礼,礼之所重在其志

儒家重礼,《春秋》亦重礼,儒家眼中的君子必定要重礼。《春秋繁露》对此进行了详尽解读。董仲舒引用孔子之言,明确强调礼对于君子的重要性:“故君子非礼而不言,非礼而不动。好色而无礼则流,饮食而无礼则争,流争则乱,夫礼,体情而防乱者也。”董仲舒还进一步论述了无视礼带来的严重后果。他在《春秋繁露·玉杯》中以鲁文公丧娶为例对礼的认识进行了导读。按照当时规定,丧期为三年即25个月,其间不能有任何娱乐活动,娶亲更是不可以的。鲁文公娶亲时虽然已经过了其父鲁僖公去世后的25个月,但仍然定性为丧娶。为何呢?因为纳币(送彩礼、聘金)的时间却在守丧期内,所以仍然定性为丧娶。由此例说明一个问题,提前纳币就反映出了鲁文公在丧期内就存有娶亲动机,礼之不守,在于其志,动机是很重要的。由此董仲舒概括出:“礼之所重者,在其志,志敬而节具,则君子予之知礼;志和而音雅,则君子予之知乐;志哀而居约,则君子予之知丧。”(《春秋繁露·玉杯》)君子非常看重是否尊礼守礼,尊礼守礼的前提是对礼的认识,即思想和动机。所以,在董仲舒看来,君子知礼守礼有两个重要条件,缺一不可,即“志敬而节具”。不仅思想动机要纯正，而且还要有外在的周全的礼节。表里要一致。董仲舒进一步对君子应持有的礼的观念做了阐发，即如何称之为君子“知乐”“知丧”。心志平和，乐音高雅，君子所知乐也；心志悲哀，生活简约，君子所知丧也。真正的君子，或评价一个君子，或作为君子评价他人，所应有的理念应该是不仅观其行，更要视其志。外在的表现只是一方面，内在的心志与动机才是更加重要的。董仲舒对此给予了高度概括：“志为质，物为文，文着于质，质不居文，文安施质；质文两备，然后其礼成；文质偏行，不得有我尔之名；俱不能备，而偏行之，宁有质而无文”（《春秋繁露·玉杯》）。这是君子应有的关于礼的认识。观念、动机是礼之行为的本质，外在表现是形式，形式依从本质，本质包容形式。二者缺一不可，方为礼成。如果对二者的重要性进行比较一下的话，本质比形式更加重要。所以，董仲舒认为，君子之行必礼成，礼之所重在其志。不仅要有对君子与礼的高度认识，更要有切实的行为表现。

《春秋》重礼，君子须知礼守礼。但是不是在任何时候都必须坚持守礼的原则才称为君子呢？不是的。董仲舒引《春秋》一例进行了解释：“今子反往视宋，闻人相食，大惊而哀之，不意之至于此也，是以心骇目动而违常礼。礼者，庶于仁；文，质而成体者也。今使人相食，大失其仁，安著其礼，方救其质，奚恤其文。故曰：‘当仁不让。’此之谓也。《春秋》之辞，有所谓贱者，有贱乎贱者。夫有贱乎贱者，则亦有贵乎贵者矣。今让者《春秋》之所贵。虽然，见人相食，惊人相爨，救之忘其让，君子之道有贵于让者也。故说春秋者，无以平定之常义，疑变故之大义，则几可谕矣。”（《春秋繁露·竹林》）该例很具代表性和说服力。司马子反受命讨伐宋国，但发现宋国已经到了人吃人、烧人骨头做饭的悲惨境地，他动了恻隐之心，没有和国君商议便自作主张和宋国媾和，这是违反常礼之事，按说应该遭到《春秋》的贬低，但是没有，《春秋》反而予以表扬，认为他的做法是正义之举，这说明了有比守礼更重要的事情，就是“仁”与“义”。礼与仁义的形式相结合，其本质还是以仁义为本体，只有做到了仁义，才是礼之根本、礼之大成。看来，《春秋》叙事法则为“移其辞以从其事”。

三、君子修身之要:简六艺以赡养之

(一)“六艺”之于君子养成的重要意义

成就一位君子,首先要修身养智。关于修身之要,董仲舒给予了明确而具体的说明:

> 君子知在位者不能以恶服人也,是故简六艺以赡养之。诗、书序其志,礼、乐纯其美,易、春秋明其知。六学皆大,而各有所长。诗道志,故长于质;礼制节,故长于文;乐咏德,故长于风;书着功,故长于事;易本天地,故长于数;春秋正是非,故长于治人;能兼得其所长,而不能遍举其详也。故人主大节则知暗,大博则业厌,二者异失同贬,其伤必至,不可不察也。(《春秋繁露·玉杯》)

该文虽然是针对如何做君主而言,实为针对君子的见解和主张。君主不能以恶服人,不能以恶服百姓,必须加强自身修养,提升自身综合素质,以便更顺畅地管理国家,以身之养而服其众,则国泰民安。简六艺,即选择六艺。那么六艺对涵养人性具有怎样的作用呢?董仲舒对六艺给予了高度评价:《诗经》《尚书》能抒发人的心志,让人变得有思想、有志向,并保持良好的心境和积极的情绪;《礼经》《乐经》能够净化人的心灵,陶冶人的情操;《易经》探索的是万物的变化规律,《春秋》讲的是社会及人事的是非原则。通晓了《易经》和《春秋》能使人认识自然界和人类社会的运行规律,增长智慧。

“六经”的学问博大精深,各有所长。董仲舒又进一步总结、强调了各经内容的精髓,使人们认识到六经对于人成长、修养的非凡意义。他认为,《诗经》的本质是培养君子的志向;《礼经》注重的是规范人的行为,节制人的欲望;《乐经》是在歌功颂德,传播良好的社会风尚;《尚书》记载了历代的史事和功绩,让人有所借鉴;《周易》探索自然奥秘,教会人做事的方法;《春秋》明确历史是非,教人如何管理国家。董仲舒一再重申“六经”的内容与重要性,是想进一步阐明它对君子、君主成长的重要意义。君主、君子是重要的社会角色,承担着重要的社会责任,他们能否尽职尽责,能否代表天的意志行事,这直接影响到国家的兴衰。“六经”是儒家思想的重要代表,体现了儒家思想的价值观,在一定程度上,“六经”代表了儒家的天道,所以,修“六经”必然成为君子成长、涵养身心之要务。董仲舒还进一步说明，君子、君主学习的内容及爱好的范畴不应太少，也不宜太多。学“六经”不仅不会太劳累，反而还能得到最大的收获。董仲舒把这样的修养方法称为“圣化”。“是故善为师者，既美其道，有慎其行，齐时早晚，任多少，适疾徐，造而勿趋，稽而勿苦，省其所为，而成其所湛，故力不劳，而身大成，此之谓圣化，吾取之。”（《春秋繁露·玉杯》）

（二）君子明《春秋》之智，得国之存亡之道

在“六艺”当中，董仲舒重点阐述了《春秋》对于君子和君主的特殊而重要的价值。董仲舒认为，君子欲得志，人欲喜事临门，必读《春秋》，因为《春秋》蕴含大智慧。“春秋记天下之得失，而见所以然之故，甚幽而明，无传而著，不可不察也。夫泰山之为大，弗察弗见，而况微渺者乎？故按春秋而适往事，穷其端而视其故，得志之君子，有喜之人，不可不慎也。”（《春秋繁露·竹林》）

《春秋》反映的主要是鲁国历史，经孔子删定，取其推崇的史实与事件，期望使人从中获得执政与为人之智。国之君主和君子，汲取《春秋》之智，可得国之存亡之道。“春秋明此，存亡道可观也。”（《春秋繁露·王道》）那么，到底能获得怎样的治国理政的智慧呢？董仲舒举出了系列例证，从正反两面入手，从不同角度切入，可使研读《春秋》者获得多层次的认识和体悟。

> 观乎蒲社，知骄溢之罚；观乎许田，知诸侯不得专封；观乎齐桓、晋文、宋襄、楚庄，知任贤奉上之功；观乎鲁隐、祭仲、叔武、孔父、荀息、仇牧、吴季子、公子目夷，知忠臣之效；观乎楚公子比，知臣子之道，效死之义；观乎潞子，知无辅自诅之败；观乎公在楚，知臣子之恩；观乎漏言，知忠道之绝；观乎献六羽，知上下之差；观乎宋伯姬，知贞妇之信；观乎吴王夫差，知强凌弱；观乎晋献公，知逆理近色之过；观乎楚昭王之伐蔡，知无义之反；观乎晋厉之妄杀无罪，知行暴之报；观乎陈佗、宋闵，知嫉淫之祸；观乎虞公、梁亡，知贪财枉法之穷；观乎楚灵，知苦民之壤；观乎鲁庄之起台，知骄奢淫逸之失；观乎卫侯朔，知不即召之罪；观乎执凡伯，知犯上之法；观乎晋却缺之伐邾娄，知臣下作福之诛；观乎公子翚，知臣窥君之意；观乎世卿，知移权之败。（《春秋繁露·王道》）

这里集中体现了《春秋》的王道思想。从中我们可以看出君主、君子应有的个

人品行,应知晓的治国之策、君臣之道、礼仪规范以及获得的启示和教训。具体的事例还涉及了违反伦理、荒淫奢侈、贪图财货、恃强弄权等带来的严重后果。这里以鲜明的例证、具体的史实总结了"国之存亡之道"。这些都是君子应该注意吸取的。"故君子慎之。"(《春秋繁露·王道》)

四、君子应言不及利,不与民争利

董仲舒明确指出:"仁人者,正其道不谋其利,修其理不急其功。"(《春秋繁露·对胶西王越大夫不得为仁》)在这里董仲舒提出了一个很重要的命题,也是仁人君子的重要人生观。谈到董仲舒的义利观,人们多以为董仲舒强调君子要义不要利,其实这是误解,董仲舒提出了义以养心、利以养身的观点,义和利对于君子都非常重要,只不过相对而言义更重要。董仲舒借鲁庄公捕鱼一事表达了君子以言利为耻的观点。"公观鱼于棠,何恶也?"为什么《春秋》对鲁庄公"观鱼"持讨厌的态度呢? 因为鲁庄公不仅派人去,自己还亲自前往鱼塘捕鱼,这是贪利的表现,是君子所不齿的,《春秋》对他进行了讥讽,以此表达了君子"言不及利"的观点。"凡人之性,莫不善义,然而不能义者,利败之也。故君子终日言不及利,欲以勿言愧之而已,愧之以塞其源也。夫处位动风化者,徒言利之名尔,犹恶之,况求利乎? 故天王使人求赙、求金,皆为大恶而书。今直使人也,亲自求之,是为甚恶,讥何故言观鱼? 犹言观社也,皆讳大恶之辞也。"(《春秋繁露·玉英》)

在董仲舒看来,君主、政府官员,已经享有了国家俸禄,就不能再和百姓争利了,否则会造成贫富悬殊,造成社会动荡不安。他明确指出:"不与民争业。"(《汉书·董仲舒传》)他从孔子的"不患贫而患不均"的重要论述出发,进一步对贫富悬殊的后果做了阐释:"故有所积重,则有所空虚矣。大富则骄,大贫则忧。忧则为盗,骄则为暴,此众人之情也。"(《春秋繁露·度制》)如此严重的后果应该怎样规避呢? 董仲舒提出了著名的"调均"主张:"圣者则于众人之情,见乱之所从生。故其制人道而差上下也,使富者足以示贵而不至于骄,贫者足以养生而不至于忧。以此为度,而调均之,是以财不匮而上下相安,故易治也。"(《春秋繁露·度制》)作为国君官吏,应做君子仁人,把"不与民争利"作为自己为官为人的准则。董仲舒本人也做出了典范,他一生没有置家产,晚年在家著书讲学。他曾大力提倡官员们要学习"拔葵去织”的做法:“故公仪子相鲁,之其家见织帛,怒而出其妻,食于舍而茹葵,愠而拔其葵,曰:‘吾已食禄,又夺园夫红女利乎!’”《汉书·董仲舒传》在董仲舒看来,有了俸禄,家里就不应该再种菜,就不应该再织布,否则就是侵占了菜农和女织工的利益。

董仲舒非常推崇孔子的“君子不争利”思想。他首先引用了孔子之言:“孔子曰:君子不尽利以遗民。”(《春秋繁露·度制》)他又引用《诗经》的内容进一步强调了“君子不尽利以遗民”的观点:“彼其遗秉,此有不敛穧,伊寡妇之利。”(《春秋繁露·度制》)收割庄稼时要给孤寡者留一点儿。对于君子来说,这是仁,是义。为此,董仲舒认为,君子一定要持有的观念是“不与民争利”:“故君子仕则不稼,田则不渔,食时不力珍,大夫不坐羊,士不坐犬。”(《春秋繁露·度制》)你是官员就不能再去种田,你种田就不能再去打鱼,如此,等等。为什么不能与民争利呢?董仲舒从他的天人哲学出发,找出了根本原因:“天不重与,有角不得有上齿。故已有大者,不得有小者,天数也。夫已有大者又兼小者,天不能足之,况人乎?故明圣者象天所为为制度,使诸有大奉禄亦皆不得兼小利,与民争利业,乃天理也。”(《春秋繁露·度制》)在董仲舒看来,官员不与民争利是天道,天不能给你双重的利益,让你长了角就不能再让你长齿,上天是公平的。天道如此,人道亦应如此。

五、君子之责,以天下为忧

在董仲舒看来,《春秋》强调为人君者必须要以天下为重。“圣人者贵除天下之患。贵除天下之患,故春秋重。”(《春秋繁露·盟会要》)他引用《春秋公羊传》的内容进一步阐述君子的责任所在:“传曰:诸侯相聚而盟。”诸侯为什么要聚会结盟呢?“君子修国,曰:‘此将率为也哉!’是以君子以天下为忧也,患乃至于弑君三十六,亡国五十二,细恶不绝之所致也。”(《春秋繁露·盟会要》)诸侯相聚会盟订立盟约,对他们带头修治国家《春秋》予以称赞。这是君子之为、君主之责。君子要把天下事当作自己的忧虑,君子的责任在天下、在百姓。为了使国家平安,百姓安居,必须要提前做好准备,防患于未然。没有远虑,必有近忧。君子要以此为大任。董仲舒引用《春秋》中论述的因祸患导致杀死君主的36件事例、导致国家灭亡的52件事例进行了强调说明。由此看来,防止祸患的发生多么重要,君主、君子的责任多么重大!

君主之责还在于为百姓生活着想,董仲舒引用孔子之言进行了说明:“孔子曰:‘君子为国,必有三年之积,一年不熟,乃请籴,失君之职也。’”(《春秋繁露·王道》)作为君子的国君,囤积粮食必须保证百姓三年之用,否则就是失职。

六、君子承教化之责

一国之君,管理国家必须重视教化。为什么要实施教化?“传曰:政有三端:父子不亲,则致其爱慈;大臣不和,则敬顺其礼;百姓不安,则力其孝弟。孝弟者,所以安百姓也。力者,勉行之身以化之。天地之数,不能独以寒暑成岁,必有春夏秋冬。圣人之道,不能独以威势成政,必有教化。”(《春秋繁露·为人者天》)董仲舒通过类比的方法,从“天地之数,不能独以寒暑成岁,必有春夏秋冬”之理引出“圣人之道,不能独以威势成政,必有教化”。可见,董仲舒认为教化之因源于天道。对百姓教化应实施哪些内容呢?“故曰:先之以博爱,教之以仁也。难得者,君子不贵,教以义也。虽天子必有尊也,教以孝也;必有先也,教以悌也。此威势之不足独恃,而教化之功不大乎。”(《春秋繁露·为人者天》)由此看出,仁、义、孝、悌为教化的重要内容。

董仲舒还认为,教化之道源于《春秋》之理。董仲舒以《春秋》“听狱”为例入手,说明了人行为动机的重要性。动机源于对“理”的认识,对“理”的认识源于教化。“春秋之听狱也,必本其事而原其志。志邪者不待成,首恶者罪特重,本直者其论轻。是故逄丑父当斮,而辕涛涂不宜执,鲁季子追庆父,而吴季子释阖庐,此四者罪同异论,其本殊也。俱欺三军,或死或不死;俱弑君,或诛或不诛。听讼折狱,可无审耶!故折狱而是也,理益明,教益行;折狱而非也,暗理迷众,与教相妨。”(《春秋繁露·精华》)由此,董仲舒总结出:“教,政之本也;狱,政之末也,其事异域,其用一也,不可不以相顺,故君子重之也。”(《春秋繁露·精华》)这里提及的“君子”宜为“君主”。

那么,君子应如果实施教化呢?“能说鸟兽之类者,非圣人所欲说也。圣人所欲说,在于说仁义而理之,知其分科条别,贯所附,明其义之所审,勿使嫌疑,是乃圣人所贵而已矣。不然,传于众辞,观于众物,说不急之言而以惑后进者,君子之所甚恶也。”(《春秋繁露·重政》)在这里,董仲舒讲述了教化的内容和方法。他认为,圣人君子教化百姓以“仁义”之理为重，要对仁义之理进行分类以区分，并条分缕析，联系实际讲明道理，让人豁然开朗，不再疑惑重重。作为君子，为人之师是很不容易的，首先必须自己要刻苦认真研读经传，仁义之理出自经书，有的人会用一生刻苦研读，还觉得自己没有成为合格的老师。这说明掌握仁义之理是不容易的，教化工作是有难度的，也是非常重要的。“奚以为哉？圣人思虑不厌，昼日继之以夜，然后万物察者，仁义矣。由此言之，尚自为得之哉。故曰：於乎，为人师者，可无慎耶！夫义出于经，经传，大本也。弃营劳心也，苦志尽情，头白齿落，尚不合自录也哉。”（《春秋繁露·重政》）

七、君子重形象：容服为上

董仲舒非常强调君子形象的重要性。容貌和服饰是人重要的外在表现，一个君子要有好的形象，就必须要重视容貌服饰，即以容服为上。董仲舒认为容服在礼之所兴中有重要意义：“天地之生万物也以养人，故其可食者以养身体；其可威者以为容服，礼之所为兴也。”（《春秋繁露·服制像》）一个君子应该具有怎样的仪容和服饰呢？“剑之在左，青龙之象也；刀之在右，白虎之象也；钩之在前，赤鸟之象也；冠之在首，玄武之象也。四者，人之盛饰也。夫能通古今，别然不然，乃能服此也。”（《春秋繁露·服制像》）此处“能通古今，别然不然”者当为君子。即只有能博通古今、分别是非的人才能穿戴这样的服饰。

“夫执介胄而后能拒敌者，故非圣人之所贵也。君子显之于服，而勇武者消其志于貌也矣。故文德为贵，而威武为下，此天下之所以永全也。”（《春秋繁露·服制像》）威武的军人形象不是圣人所倡导的，在服饰上表现出来的君子气质可以消弭凶狠的形象。由此可见仪容服饰多么重要！董仲舒又进一步以孔父义、宫之奇、晋厉公、周武王为例说明了容服的重要性：“于春秋何以言之？孔父义形于色，而奸臣不敢容邪；虞有宫之奇，而献公为之不寐；晋厉之强，中国以寝尸流血不已。故武王克殷，裨冕而搢笏，虎贲之士说剑，安在勇猛必任武杀然后威，是以君子所服为上矣，故望之俨然者，亦已至哉，岂可不察乎！”（《春秋繁露·服制像》）

为什么美好的容服会带来如此的效果呢？从人的心理需求的角度看，漂亮的衣服容貌可以使人赏心悦目。衣服得体，合乎礼制，容貌恭敬，让人美在眼里，悦在心中。为此董仲舒进一步提倡“行意可乐,容止可观”。“衣服容貌者,所以说目也;声音应对者,所以说耳也;好恶去就者,所以说心也。故君子衣服中而容貌恭,则目说矣;言理应对逊,则耳说矣;好仁厚而恶浅薄,就善人而远僻鄙,则心说矣。故曰‘行意可乐,容止可观’,此之谓也。”(《春秋繁露·为人者天》)

八、君子德行:恕,仁,义,敬

董仲舒曾明确提出:“夫仁谊礼知信五常之道,王者所当修饬也。”(《汉书·董仲舒传》)这里提出了王者应努力的方向及品质的要求。董仲舒认为,王者形象的塑造首先是做君子,那么君子的形象包含在王者形象之内。在董仲舒的表述中,君子与君主时同时异。但无论怎么,首先是要做君子,君子的品质更多的是在个人品行中表现出来。上文对君子之礼进行了专题论述,此不赘述。董仲舒多次或正面或侧面论述了君子之德,概括起来基本包含恕、仁、义、敬等方面的品行。

仁,是儒家思想的核心价值观。董仲舒把君子应具有的仁的品质放在重要位置。“春秋之道,大得之则以王,小得之则以霸。故曾子、子石盛美齐侯,安诸侯,尊天子,霸王之道,皆本于仁。仁,天心,故次以天心。”(《春秋繁露·俞序》)在董仲舒看来,成王成霸乃国家发展的高境界高追求,必由之路是实施仁政。仁是天心,国君是天子,仁是对国之君个人品行的要求,这是循天之道。如君主无仁爱之心,不实施仁政,其结果如下:“不爱民之渐乃至于死亡,故言楚灵王、晋厉公生弑于位,不仁之所致也。”(《春秋繁露·俞序》)董仲舒又举例进行了说明:“故子池言‘鲁庄筑台,丹楹刻桷,晋厉之刑刻意者,皆不得以寿终。’上奢侈,刑又急,皆不内恕,求备于人,故次以春秋缘人情,赦小过,而传明之曰:君子辞也。”(《春秋繁露·俞序》)鲁庄公、晋厉公“皆不内恕”的做法导致他们不得好死,这里从反面说明了君主仁恕之心的重要性和必要性。

“孔子明得失,见成败,疾时世之不仁,失王道之体,故因行事,赦小过,传又明之曰:君子辞也。”这里也说明了如果“世之不仁”则“失王道之体”。仁是王道之体、王道之本。仁自然也是君主人品之本。此为“君子辞也”。

董仲舒经常强调而且多次阐述“义”的含义以及对于个人修养的重要意义:“义云者,非谓正人,谓正我。”(《春秋繁露·仁义法》)“义在正我,不在正人,此其法也。”

(《春秋繁露·仁义法》)"义者,谓宜在我者。宜在我者,而后可以称义。故言义者,合我与宜,以为一言,以此操之,义之为言我也。故曰:有为而得义者,谓之自得,有为而失义者,谓之自失。人好义者,谓之自好;人不好义者,谓之不自好;以此参之,义,我也,明矣。"(《春秋繁露·仁义法》)

仁、义的含义相近,也很容易被人误读,分清二者的区别对于仁义品德的养成具有至关重要的作用。故此,董仲舒对仁义进行了区分和解读。"以仁安人,以义正我。"(《春秋繁露·仁义法》)"是故春秋为仁义法,仁之法在爱人,不在爱我;义之法在正我,不在正人;我不自正,虽能正人,弗予为义;人不被其爱,虽厚自爱,不予为仁。"(《春秋繁露·仁义法》)"是义与仁殊。仁谓往,义谓来,仁大远,义大近。爱在人,谓之仁,义在我,谓之义。仁主人,义主我也。故曰:仁者人也,义者我也,此之谓也。"(《春秋繁露·仁义法》)"君子求仁义之别,以纪人我之间,然后辨乎内外之分,而著于顺逆之处也。是故内治反理以正身,据礼以劝福。外治推恩以广施,宽制以容众。"(《春秋繁露·仁义法》)以上一系列的论述集中反映了董仲舒对仁义及二者的区别所持有的观点,仁是对别人的爱,义是对自己的正。正,就是按照礼的规定端正自身的行为。

董仲舒对仁义之法进行了详尽的阐述,对于君子来说,不仅要懂得何为仁,何为义,还要懂得二者的不同,更要知道自己应该怎样做,如何贯彻仁义之法。他多次反复进行论述,从不同的角度进行了解读,把道理讲得很透彻。董仲舒对仁义之法的阐述既有广义的普遍指导意义,也有具体的有针对性的指导价值。"以仁治人,义治我,躬自厚而薄责于外,此之谓也。且论已见之,而人不察,曰:君子攻其恶,不攻人之恶。不攻人之恶,非仁之宽与?自攻其恶,非义之全与?"(《春秋繁露·仁义法》)董仲舒认为,君子行仁义应遵循的原则为"躬自厚而薄责于外",责备自身的过错,不责备他人的过错。其重要意义在于:不责备他人的过错,这是广泛地实行仁;责备自身的过错,这是全面地实行义。

胶西王不知道春秋五霸算不算仁人,他认为越王勾践、大夫范蠡、大夫文种是仁人,因为他们洗雪了被困会稽山的耻辱并打败吴国成为新霸主。对此他咨询了董仲舒。董仲舒予以回答并反驳:"仁人者,正其道不谋其利;修其理,不急其功;致无为,而习俗大化。可谓仁圣矣。三王是也。春秋之义,贵信而贱诈。诈人而胜之,虽有功,君子弗为也。是以仲尼之门,五尺童子,言羞称五伯。为其诈以成功,苟为而已矣。故不足称于大君子之门。五伯者,比于他诸侯为贤者;比于仁贤,何贤之有。”(《春秋繁露·对胶西王越大夫不得为仁》)董仲舒认为,所谓的仁人,应是遵循正道行事而不只追求利益,按照道理做事而不急于求功效。这样即使不做什么事情也能使民风美好,就像夏商周三王的做法,这是仁圣之人。董仲舒还认为,《春秋》提倡守信用而反对欺诈行为。而春秋五霸是通过欺诈行为成为霸主的,当然不是仁人。越国同样如此,所以勾践、范蠡、文种都不是仁人。以上这些人的做法都是君子引以为耻的。这也从侧面表达了董仲舒关于君子“贵信而贱诈”的主张。

董仲舒通过对比玉和君子,表达了君子应有的仁、义品质。“玉有似君子。子曰:‘人而不曰如之何、如之何者,吾末如之何也矣。’故匿病者不得良医,羞问者圣人去之,以为远功而近有灾,是则不有。玉至清而不蔽其恶,内有瑕秽,必见之于外,故君子不隐其短。不知则问,不能则学,取之玉也。君子比之玉,玉润而不污,是仁而至清洁也;廉而不杀,是义而不害也;坚而不磬,过而不濡。视之如庸,展之如石,状如石,搔而不可从绕,洁白如素,而不受污,玉类备者,故公侯以为贽。”(《春秋繁露·执贽》)董仲舒在这里把君子和玉的品质进行类比,表达了“玉似君子”“君子似玉”的看法。玉润泽不污秽,玉极其清洁但毫不掩盖自己的瑕疵,君子如玉,君子品行端正也不隐藏自己的短处,这就是仁的品德。玉有棱角但不伤害别人,玉坚硬而不会被磨灭,温润而不柔弱,可以折断但不可以弯曲。玉的这些美德正如君子之“义”的品德。

董仲舒还表达了“君子之德如山”的观点。“山则宠炭嵬崔,摧嵬嶵巍,久不崩阤,似夫仁人志士。孔子曰:‘山川神祇立,宝藏殖,器用资,曲直合,大者可以为宫室台榭,小者可以为舟舆桴楫。大者无不中,小者无不入,持斧则斫,折镰则艾。生人立,禽兽伏,死人入,多其功而不言,是以君子取譬也。’且积土成山,无损也;成其高,无害也,成其大,无亏也。小其上,泰其下,久长安,后世无有去就,俨然独处,惟山之意。”(《春秋繁露·山川颂》)巍峨高耸的山,坚定而久远,如仁人志士。董仲舒又借用孔子之言,说明了大山奉献了一切山,具有博爱之情。但大山从不自夸,从不把功劳揽于一身。董仲舒借山喻君,除了应该具有山的“坚定”的品质外,君子还应该具有博爱的品质,在这里表现为仁与义。

敬,也是董仲舒极力提倡的一种品行。君子之敬源于天道。敬主要是敬天、敬先人、敬宗庙等,即“贵天赐且尊宗庙”。“五谷,食物之性也,天之所以为人赐也。宗庙上四时之所成。受赐而荐之宗庙,敬之性也,于祭之而宜矣。”(《春秋繁露·祭义》)董仲舒首先阐明了敬的本性,因天赐五谷,荐之宗庙成必然。这是遵循天道。董仲舒又对此进行了深入的解读:“奉四时所受于天者而上之,为上祭,贵天赐且尊宗庙也。孔子受君赐则以祭,况受天赐乎！一年之中,天赐四至,至则上之,此宗庙所以岁四祭也。故君子未尝不食新,新天赐至,必先荐之,乃敢食之,尊天敬宗庙之心也。”(《春秋繁露·祭义》)君子应以天赐、君赐为贵,敬之宗庙,以四季之天赐,行宗庙之四祭,此为“上祭”。那么,为什么要敬“尊天敬宗庙之心”呢？董仲舒从君子应具有的品质方面进行了总结:“尊天,美义也;敬宗庙,大礼也。”(《春秋繁露·祭义》)这是义与礼的要求。那么,君子在敬宗庙时如何做才能体现敬之意呢?“圣人之所谨也。不多而欲洁清,不贪数而欲恭敬。君子之祭也,躬亲之,致其中心之诚。”(《春秋繁露·祭义》)董仲舒认为,欲恭敬,必躬亲,亲自前往宗庙祭拜,才能表达心中的诚意和敬意。是不是亲自去拜祭了就是做到敬了呢？还不是,还必须把敬放在心中,要做到心中有敬。要做到心中有敬,就必须“知天命鬼神”“祭神如神在”。“知天命鬼神,然后明祭之意。明祭之意,乃知重祭事。孔子曰:‘吾不与祭,如不祭。祭神如神在。’重祭事,如事生。”(《春秋繁露·祭义》)

九、君子之道,效法天道

董仲舒提倡的君子之道,是循天之道,君子品行,一切源于天。“反天之道,无成者。”(《春秋繁露·天道无二》)董仲舒依据天道规律,强调君子做事一定要一心一意,不要三心二意。“是以目不能二视,耳不能二听,一手不能二事。一手画方,一手画圆,莫能成。人为小易之物,而终不能成,反天之不可行如是。是故古之人物而书文,心止于一中者,谓之忠;持二中者,谓之患。患,人之中不一者也。不一者,故患之所由生也。是故君子贱二而贵一。”(《春秋繁露·天道无二》)人生来的各个器官,其功能也是天定的,目不二视,耳不二听,这是天赋予人的表现,所以君子做事一定要尊重天意,“贱二而贵一”,这里的“二”是三心二意的意思,“一”是专心一意的意思。

董仲舒认为,君子要敬天,敬天会多福。他推崇孔子圣言:“孔子曰:‘君子有三畏:畏天命,畏大人,畏圣人之言。'"(《春秋繁露·郊语》)君子有三种敬畏,排在首位的就是敬天。遵循天命是君子做事的根本法则和不二法则。因为"天者,百神之大君也"(《春秋繁露·郊语》),何况君子呢！敬畏上天。遵循天道者是君子,上天会给他的国家或个人带来很多福报。"多福者,非谓人也,事功也,谓天之所福也。传曰:周国子多贤,蕃至于骈孕男者四,四产而得八男,皆君子俊雄也。此天之所以兴周国也,非周国之所能为也。"(《春秋繁露·郊语》)

董仲舒认为,新君主受天命而为王,必须依据天道要求,改变前代的制度、国号,重新确定正月。"古之王者受命而王,改制称号正月,服色定,然后郊告天地及群神,远追祖祢,然后布天下。"(《春秋繁露·三代改制质文》)目的是通过举行郊祭告知天地和诸神,告知历代祖庙,以布告天下。让大家接受新的正朔,祭告土、谷之神及历代祖先,神、人交互,执行新的历法。"其谓统三正者,曰:正者,正也,统致其气,万物皆应,而正统正,其余皆正,凡岁之要,在正月也。法正之道,正本而末应,正内而外应,动作举错,靡不变化随从,可谓法正也。故君子曰:'武王其似正月矣。'"(《春秋繁露·三代改制质文》)在他看来,君子要有这样的观念,就是敬天的观念,所以,这里借"君子"之口,对武王改制予以赞赏,其实要表达的就是新王要改制的重要意义。

董仲舒认为,选才任职要符合天道。天有四季,人有四选。"人之材固有四选,如天之时固有四变也。圣人为一选,君子为一选,善人为一选,正人为一选,由此而下者,不足选也。四选之中,各有节也。""先王因人之气,而分其变以为四选,是故三公之位,圣人之选也;三卿之位,君子之选也,三大夫之位,善人之选也;三士之位,正直之选也。"(《春秋繁露·官制像天》)君子之选为第二选,排位靠前,也是依天道而定。

董仲舒用较长篇幅强调了君子的日常生活和养生必须循天之道。"是故惟天地之气而精,出入无形,而物莫不应,实之至,君子法乎其所贵。"(《春秋繁露·循天之道》)董仲舒认为:"男女之法,法阴与阳。"根据天地阴阳运行规律,建议"男子不坚牡,不家室;阴不极盛,不相接"。即男女生理必须达到完全成熟之后才能成家。

董仲舒认为,君子要保持健康的身体,必须要达至中和的状态。他总结一年的变化表现为春生、夏长、秋收、冬藏,这一定要符合中。中是天地的最高境界,中的作为一定要归于和。他认为和是天道的核心,和气是最美好的,万物的生长是重视气并接受了气的涵养的。他引用公孙尼子“养气说”的十种身体状态(内脏太实、内脏太虚、热太盛、寒太盛、太劳累、太安逸、发怒、高兴、忧愁、恐惧)来说明君子保持中的重要性。“凡此十者,气之害也,而皆生于不中和。故君子怒则反中,而自说以和。喜则反中,而收之以正;忧则反中,而舒之以意;惧则反中,而实之以精。夫中和之不可不反如此。”(《春秋繁露·循天之道》)以上十种身体状态都不符合中和之道,会损伤身体,所以必须要回到中的状态。

董仲舒指出,气对于君子养生也非常重要。“民皆知爱其衣食,而不爱其天气。天气之于人,重于衣食,衣食尽,尚犹有闲,气尽而立终。故养生之大者,乃在爱气,气从神而成,神从意而出。心之所之谓意,意劳者神扰,神扰者气少,气少者难久矣。故君子闲欲止恶以平意,平意以静神,静神以养气。气多而治,则养身之大者得矣。”(《春秋繁露·循天之道》)他对百姓的错误观念进行了纠正,让人对气的重要价值有了新的认识。

“故君子道至,气则华而上。凡气从心,心,气之君也,何为而气不随也。是以天下之道者,皆言内心其本也。故仁人之所以多寿者,外无贪而内清净,心和平而不失中正,取天地之美,以养其身,是其且多且治。”(《春秋繁露·循天之道》)如果君子修养有道,他的气就会升华,这是气最好的表现。气要保持上升之态,就要有一个好的心态,心态要平和保持中正,加之食用时令物品来保养身体,就会使气充沛有条理。他以鹤和猿为例进行了说明:“鹤之所以寿者,无宛气于中,是故食冰。猿之所以寿者,好引其末,是故气四越。天气常下施于地,是故道者亦引气于足,天之气常动而不滞,是故道者亦不宛气。”(《春秋繁露·循天之道》)鹤和猿之所以长寿是因为它们爱运动,使气通畅。由此董仲舒做出总结并提出了具体的建议:“是故君子养而和之,节而法之,去其群泰,取其众和。高台多阳,广室多阴,远天地之和也,故圣人弗为,适中而已矣。”(《春秋繁露·循天之道》)所以君子要保养体内之气并使之通畅、和顺、有条理、有法度。去掉多余的,保留和谐中正的。为此他建议房子不要建得过高、过大,否则会失去阴阳平衡和中正、和谐。

对于男女婚姻和房事,董仲舒根据天道也给出了建议。“法天者,乃法人之辨。天之道,向秋冬而阴来,向春夏而阴去。是故古之人霜降而迎女,在泮而杀内。与阴俱近,与阳远也,天地之气,不致盛满,不交阴阳。是故君子甚爱气而游于房,以体天也。”(《春秋繁露·循天之道》)人道要效法天道。董仲舒借用古人做法,说明娶亲要符合阴阳运行的规律,如,秋冬季为阴盛,适合娶妻;春夏季则不适合。君子行房事也要符合天道,考虑年龄,以保护精气。“君子治身不敢违天。是故新牡十日而一游于房,中年者倍新牡,始衰者倍中年,中衰者倍始衰,大衰者以月当新牡之日。而上与天地同节矣,此其大略也。然而其要皆期于不极盛不相遇。疏春而旷夏,谓不远天地之数。”(《春秋繁露·循天之道》)

对于养生,董仲舒提出君子要注意日常保养,不以事小而不为,日积月累进行调理,就会有好的身体。“君子慎小物而无大败也。行中正,声向荣,气意和平,居处虞乐,可谓养生矣。”(《春秋繁露·循天之道》)君子要做有心人,常观察不同季节生长什么食物,以体现天的意愿,食用时令食品,才能得天地之美,健康长寿。“四时不同气,气各有所宜,宜之所在,其物代美。视代美而代养之,同时美者杂食之,是皆其所宜也。”(《春秋繁露·循天之道》)“君子察物而成告谨,是以至荠不可食之时,而尽远甘物,至荼成就也。天所独代之成者,君子独代之,是冬夏之所宜也。春秋杂物其和,而冬夏代服其宜,则当得天地之美,四时和矣。”(《春秋繁露·循天之道》)“君子察物之异,以求天意,大可见矣。是故男女体其盛,臭味取其胜,居处就其和,劳佚居其中,寒暖无失适,饥饱无过平,欲恶度理,动静顺性,喜怒止于中,忧惧反之正,此中和常在乎其身,谓之得天地泰。大得天地泰者,其寿引而长;不得天地泰者,其寿伤而短。短长之质,人之所由受于天也。”(《春秋繁露·循天之道》)

董仲舒在此做了总结:君子要通过观察事物的不同来体悟出天道之奥妙。劳逸要适中,寒暖要适度,喜怒、忧惧的心态要归中。此为大得天道,得天道即长寿。人的寿命是由天决定的。

十、君子做学问要严谨

君子之所以为君子,必须要做好学问,“强勉学问,则见闻博而知益明;强勉其道,则德日起而大有功”(《汉书·董仲舒传》)。君子做学问要有虚心的态度:“君子不隐其短,不知则问,不能则学。”(《春秋繁露·执贽》)做学问要有严谨的治学态度。董仲舒对此也有所强调。在《深察名号》篇中,以“名号”为例进行了说明。“名生于真,非其真,弗以为名。名者,圣人之所以真物也,名之为言真也。”(《春秋繁露·深察名号》)“名”产生于客观存在,不是真实的客观存在就不能命名。“名”是圣人用来表述真实情况的，所以，不真实的现实或事物绝对不能命名。这是做学问的一种态度。“春秋辨物之理，以正其名，名物如其真，不失秋毫之末，故名陨石，则后其五，言退鹢，则先其六。圣人之谨于正名如此。君子于其言，无所苟而已，五石、六鹢之辞是也。”（《春秋繁露·深察名号》）董仲舒认为，《春秋》在命名事物时非常严谨，是通过辩明事理来正确地命名的，在命名事物时不能有一点儿差错，他以“陨石”和“退鹢”为例进行了说明。同时引用《论语》中“君子于其言，无所苟而已”是想强调君子对于自己的言行必须认真对待，决不能苟且，不能有一丝一毫的马虎。

董仲舒还进一步阐明了君子应有的严谨治学态度。“天生民性有善质而未能善，于是为之立王以善之，此天意也。民受未能善之性于天，而退受成性之教于王，王承天意以成民之性为任者也；今案其真质而谓民性已善者，是失天意而去王任也。万民之性苟已善，则王者受命尚何任也？其设名不正，故弃重任而违大命，非法言也。春秋之辞，内事之待外者，从外言之。今万民之性，待外教然后能善，善当与教，不当与性，与性则多累而不精，自成功而无贤圣，此世长者之所误出也，非春秋为辞之术也。不法之言，无验之说，君子之所外，何以为哉！”（《春秋繁露·深察名号》）董仲舒在《深察名号》篇中对孟子性善论做了批评，并提出了“性三品”说，在这里他结合《春秋》的论述，通过对“善”与“教化”和“性”的关系的分析，认为老先生们（主要指孟子）在命名上有很多毛病，不准确，是不符合《春秋》撰写原则的。由此，董仲舒建议，君子做学问一定要吸取教训，对不正确的言论、经不起验证的说法，一定要排斥。

玉与君子

——兼谈董仲舒的“玉德”思想

曹迎春

玉文化是中国传统文化的重要组成部分。中国人对玉有着特殊的感情,自古以来就以玉喻美,以玉载礼,以玉比德,形成了独具特色的玉文化。玉是德、礼的载体,成了君子的象征,“君子无故,玉不去身”。因此,本文将从治玉与君子之学、用玉与君子之礼、玉质与君子之德三个方面对中国传统文化中的玉与君子进行分析。

一、治玉与君子之学

“他山之石,可以攻玉”,这句话确实道出了治玉的真谛。那些精美的、巧夺天工的玉器,不是雕刻出来的,而是利用硬度高于玉的金刚砂、石英、石榴石等“解玉砂”,辅以水来研磨玉石,琢制而成的。所以,制玉不叫雕玉,而称治玉、琢玉。

许慎的《说文解字》中收录了多达142个玉部字,其中训为“治玉”之意的有“琢”“琱”“理”三个字。“琢”“琱”谓镌刻之事,“理”谓分析之事。《战国策》:“郑人谓玉之未理者为璞,是理为剖析也。玉虽至坚,而治之得其?理以成器不难,谓之理。”[①]“理”的本义为治玉,即玉石匠人按照玉石的纹理加以雕琢。玉器之美需要工匠小心翼翼地不断打磨。这便和君子之学有了共通之处。

孔子所讲的“君子之学”,要因材施教,与治玉必须依顺玉石自然纹路相通;孔子主张的学问思辨行结合的学习方法,与治玉需要经过不断地打磨是相通的;孔子主张君子之学乃“为己之学”,根本目的是促进人的修养日益完善,以此尽显人格之美,这也与治玉的目的是要显现玉器本身之美有着异曲同工之妙。

① 许慎.说文解字[M].段玉裁,注.北京:中国戏剧出版社,2008:40.

很多古籍中提到“治玉”之处，都是用来比喻增进学识修养，完善自身的君子之学。《诗经·卫风·淇奥》：“有匪君子，如切如磋，如琢如磨。”[①]文采秀美的好君子，如切如磋要求己严，如琢如磨品行良善。《毛传》：“玉曰琢，石曰磨。”朱熹《诗集传》：“治玉石者，既琢以槌凿，而复磨以沙石。”[②]《诗经·大雅·抑》：“白圭之玷，尚可磨也。”[③]《毛传》：“玷，缺也。”《郑笺》：“玉之缺，尚可磨鑢而平。”玉上有了斑点或瑕疵，玉人用工具将其打磨光滑平整。这与君子治学不断改过迁善，提升自身素养是一致的。《论衡·量知篇》中说：“人之学问知能成就，犹骨象玉石切磋琢磨也。”[④]所表达的无疑是人之成就如同骨像玉石的加工一样，都要经过切、磋、琢、磨才能成器。

二、用玉与君子之礼

君子佩玉，温文尔雅，姿态雍容。《诗经》中描写周人佩玉仪容的诗有三首。《卫风·竹竿》：“佩玉之傩。”[⑤]《郑风·有女同车》：“将翱将翔，佩玉琼琚。……将翱将翔，佩玉将将。”[⑥]《秦风·终南》：“佩玉将将，寿考不忘。”[⑦]三首诗展现了佩玉之人身佩美玉、进退有度的美好仪容。随着人的行止，玉佩发出悦耳的叮当鸾鸣之声，为佩玉之人的仪容增添了魅力。周人佩玉不仅为表明“有德”，还为修饰自身，这与孔子“文质彬彬”的思想相契合。

《说文解字》中解释“珩”：“佩上玉也。从王行，所以节行止也。”[⑧]珩，是一组玉佩中横在最上面的玉器，是用来节制佩玉者行步的。

西周时期，组玉佩十分抢眼。在考古中，组玉佩主要见于第一、二等级贵族墓，而第三、四等级墓则罕见或不见，这是一种代表身份等级的礼仪玉器。《礼记·玉藻》：“古之君子必佩玉，……行则鸣佩玉。”[⑨]贵族佩带组玉佩，一走路玉佩之间互相

---

① 李家声.诗经全译全评[M].北京：华文出版社，2002:94-95.
② 朱熹.诗集传[M].上海：上海古籍出版社，1987.
③ 李家声.诗经全译全评[M].北京：华文出版社，2002:540.
④ 王充.论衡[M].上海：上海人民出版社，1974:194.
⑤ 李家声.诗经全译全评[M].北京：华文出版社，2002:106.
⑥ 李家声.诗经全译全评[M].北京：华文出版社，2002:142.
⑦ 李家声.诗经全译全评[M].北京：华文出版社，2002:219.
⑧ 许慎.说文解字[M].段玉裁，注.北京：中国戏剧出版社，2008:33.
⑨ 王文锦.礼记译解[M].北京：中华书局，2001:423.

碰撞,发出叮叮当当的声音,很好听。那么,佩者就要注意自己的仪表和风范,动作稍微一大,声音就会变得特别响,不雅。所以这种组玉佩是起“节步”作用的,要你注意礼仪规范。周代不同等级之贵族其步履的缓急各不相同,《国语·周语》中说“改玉改行”,改变佩玉就要改变步伐。

越是尊贵之人步行越慢,组玉佩越长。山西曲沃晋侯墓地M31出土的六璜联珠组玉佩,由绿色料珠和红色玛瑙串联6件玉璜,组玉佩玉件共有408件。河南三门峡虢国墓地M2001出土的七璜联珠组玉佩,由红玛瑙和绿松石珠串联7件玉璜,并与由红玛瑙珠及玉管组成的项饰相连接,最上部是一件人龙纹玉佩,组玉佩玉件共有374件,通长126厘米,现藏于河南省博物院。璜佩越多,主人地位越高。

三、玉质与君子之德

春秋时期,孔子将“君子”和“玉”都进行了“德化”。

“君子”,最初的意思是指有位者。孔子推陈出新,提出君子人格的新概念,认为君子属性的根本在“德”。因此,春秋时代,贵族阶层虽然在整体上衰落了,但君子人格“德”的属性则由此向社会普及开来,这是新的人文道德思潮兴起的一个条件。

“玉”的“德化”也赖孔子之功。孔子将玉的特性与人的品德联系起来,提出了“玉之十一德”说。

《礼记·聘义》里记载了一段对话:

> 子贡问于孔子曰:“敢问君子贵玉而贱珉者何也?为玉之寡而珉之多与?”孔子曰:“非为珉之多故贱之也、玉之寡故贵之也。夫昔者君子比德于玉焉:温润而泽,仁也。缜密以栗,知也。廉而不刿,义也。垂之如队,礼也。叩之,其声清越以长,其终诎然,乐也。瑕不掩瑜,瑜不掩瑕,忠也。孚尹旁达,信也。气如白虹,天也。精神见于山川,地也。圭璋特达,德也。天下莫不贵者,道也。诗云:‘言念君子,温其如玉’,故君子贵之也。”[①]

孔子认为玉比珉贵重,不是因为数量多寡,而是因为玉有德,而珉无德。“温润

① 王文锦.礼记译解[M].北京:中华书局,2001:948-949.

而泽,仁也”,温润而光泽,类似“仁”。儒家关于玉德的理论是从和田玉概括出来的,因为和田玉最符合温润而泽的特点,而这种温润而光泽,就类似儒家的君子所具有的仁德,低调、内敛、含蓄。玉的性格就是中国人的性格,而西方人最爱的是宝石,尤其是耀眼夺目的钻石,这也是西方人个性张扬的表现。

宗白华先生说过:“中国向来把玉作为美的理想。玉的美,即‘绚烂之极归于平淡’的美。可以说,一切艺术的美,以至于人格的美,都趋向于玉的美:内部有光彩,但是含蓄的光彩,这种光彩是极绚烂,又极平淡。”①这符合中国传统文化含蓄的审美观念。

“缜密以栗,知也”,缜密而坚定,类似“智”。玉的质地致密,坚韧,像有智慧的人谨慎周密一样。“廉而不刿,义也”,有棱角而不伤人,类似“义”。玉摔碎后不会割伤人,虽然它有很高的硬度、很强的韧性,但是不锋利。“垂之如坠,礼也”,玉的比重大,沉重压手,悬垂就下坠,像人谦恭有礼。“叩之其声清越以长,其终诎然,乐也”,敲打它,声音清脆悠长,最后戛然而止,类似“乐”。“瑕不掩瑜、瑜不掩瑕,忠也”,玉的瑕疵不掩盖美质,美质不掩盖瑕疵,其坦诚类似“忠”。“孚尹旁达,信也”,晶莹透体,光彩旁达,类似“信”。“气如白虹,天也”,玉的光气有如白虹,类似天象。“精神见于山川,地也”,玉在山川之中,其精气呈现于外,类似地气。“圭璋特达,德也”,朝聘时,先用玉圭玉璋单独通达情意,不用余币,其无待于外,类似“德”。“天下莫不贵者,道也”,天下没有不珍视玉的,类似普受尊重的道。

正是因为孔子将玉的品行与君子的德性相类比,才有了后世爱玉崇玉的情结。继孔子之后,荀子、管子、刘向、许慎等人也分别在各自的著作中对玉德进行了描述。

荀子提出玉有“七德”:“夫玉者,君子比德焉。温润而泽,仁也;栗而理,知也;坚刚而不屈,义也;廉而不刿,行也;折而不挠,勇也;瑕适并见,情也;扣之,其声清扬而远闻,其止辍然,辞也。”②

管子提出玉有“九德”:“夫玉之所贵者,九德出焉。夫玉温润以泽,仁也。邻以理者,知也。坚而不蹙,义也。廉而不刿,行也。鲜而不垢,洁也。折而不挠,勇也。瑕适皆见,精也。茂华光泽,并通而不相陵,容也。叩之,其音清搏彻远,纯而

① 宗白华.美学原理[M].北京:北京大学出版社,2009.

② 王先谦.荀子集解[M].北京:中华书局,1988:535.

不杀,辞也。”①

刘向提出玉有“六美”:“玉有六美,君子贵之。……望之温润者,君子比德焉;近之栗理者,君子比智焉;声近徐而闻远者,君子比义焉;折而不挠,阙而不荏者,君子比勇焉;廉而不刿者,君子比仁焉;有瑕必见于外者,君子比情焉。”②

许慎提出玉有“五德”。《说文解字》中是这样解释“玉”的:“玉,石之美者有五德。”一是外观之美,二是内在之德,缺一不可。哪“五德”呢?“润泽以温,仁之方也;理自外,可以知中,义之方也;其声舒扬,专以远闻,智之方也;不桡而折,勇之方也;锐廉而不忮,絜之方也。”③温润光泽,好比是仁;纹理不乱,从外部就可以知道其内部,好比是义;其声音清亮,传播得远,好比是智;宁折不弯,好比是勇;边缘有棱角但不锋利,好比是圆活,容易相处。“絜”,很多书中都认为是“洁”,甚至直接将玉的五德写作:仁义智勇洁,认为是洁白的意思。然结合前面的“锐廉而不技”,应该理解为儒家的“絜矩之道”,内心公平中正,做事中庸合德。实际上指的是玉的色泽、纹理、质地、硬度、韧性五个特性,把外在美和内在美统一起来,既反映了玉的自然属性,更反映了玉的社会属性。

西方学者因为不了解中国的用玉历史,只注重玉的自然属性,忽略了其社会属性。第二次鸦片战争中,中国宫廷珍藏的玉器被盗往欧洲。西方学者遂对这些玉器进行了矿物学分析,他们将中国玉分为软玉、硬玉两种。软玉的矿物成分是透闪石、阳起石,属于角闪石类,化学成分主要是硅酸钙,硬度6~6.5,比重2.8~3.1;硬玉的矿物成分是辉石类,化学成分主要是硅酸钠、硅酸铝,硬度6.5~7,比重3.2~3.3。因为当时西方人检测的主要是和田玉和翡翠,所以软玉就是指和田玉,硬玉就是翡翠。西方人从矿物学的角度给中国玉命名、分类,看似科学,其实却是井底之蛙之见。

中国文化上的玉,内涵较宽,并不只限于矿物学意义上的玉。凡具坚韧的质地,晶润的光泽,绚丽的色彩,致密而透明的组织,舒扬致远的声音的美石,都被认为是玉。按此标准,玉不仅包括和田玉、翡翠,像绿松石、孔雀石、玛瑙、水晶、琥珀等也都包含在内。因此,在鉴赏古玉时,我们不能只用现代科学知识来甄别优劣,

① 黎翔凤.管子校注[M].北京:中华书局,2004:815.

②王锳,王天海.说苑全译[M].贵阳:贵州人民出版社,1992:751.

③ 许慎.说文解字[M].段玉裁,注.北京:中国戏剧出版社,2008:24.

还必须要有历史的眼光。

玉,以有形之器,载无形之道。春秋时期孔子关于玉德的理论,成为玉器发展的精神支柱,许慎在《说文解字》中提出的“五德”说代表了“玉德”理论的最终完善。

西汉大儒董仲舒在《春秋繁露·执贽》中讲与人初次见面时所持礼物的象征意义。具体论述了畅、玉、羔、雁这四种礼物:天子用畅,也就是一种香酒;公侯用玉;卿用羔羊;大夫用雁。董仲舒赋予这些自然物以各种美好的品德,他认为天子、公侯、卿大夫分别要具有这些美德。其中吸取了孔子论玉的观点,也对玉有一段论述:

> 玉至清而不蔽其恶,内有瑕秽,必见之于外,故君子不隐其短。不知则问,不能则学,取之玉也。君子比之玉,玉润而不污,是仁而至清洁也;廉而不杀,是义而不害也;坚而不磬(磨),过(温)而不濡,视之如庸,展之如石,状如石,搔而不可从绕,洁白如素,而不受污,玉类备者,故公侯以为贽。[①]

玉极其清洁而不遮蔽自己的缺陷,里面有瑕疵污秽,那么一定会在外面表露出来,所以君子不隐蔽自己的短处,不知道的事情就向别人请教,不会做的事情就去学习,这些都是效仿了玉的品德。君子的品德可以和玉相类比,玉润泽而不污秽,这就像是具有“仁”的品德而极其清洁一样;有棱角而不伤人,这就像具有“义”的品德而不伤害人一样;坚硬而不会被磨灭,温润而不柔弱。乍一看上去很平常,仔细观察像石头,可以折断却不可以被弯曲,像没有染色的绢一样洁白而不被污染。玉具有以上各种美德,所以公侯用它作为见面时的礼物。

董仲舒认为公侯们所执的瑞玉,都很温润,不受污染,非常清洁,所以人们以玉来比喻君子的道德情操;如果一块玉有瑕疵,必定显露在外面。所以君子们都像玉一样光明磊落,绝不隐藏自己的缺点。

在中国的传统文化中,玉文化的核心是“德”,君子文化的精髓也是“德”,二者以“德”为纽带联系起来,所以“君子比德于玉”“君子无故玉不去身”。君子与玉,在历史的长河中相互辉映,光彩夺目。

(本文为2019年衡水学院校园文化精品项目培育活动成果)

---

① 苏舆.春秋繁露义证[M].北京:中华书局,1992:420-421.

论董仲舒思想中的君子概念

代春敏

先秦典籍中广泛出现“君子”一词,最早是指上位者或社会地位的尊贵者,后来赋予“君子”道德方面的含义。孔子心目中理想的人格标准就是“君子”,是具有伟大的思想和完善人格的人。汉代的思想家董仲舒对“君子”这个概念既有继承,又有发展,“君子”在董仲舒思想中是很重要的一部分。

一、董仲舒思想体系中的君子概念

笔者认为,在董仲舒的思想体系中,“君子”的概念有三层含义:

一是特指孔子。如在《春秋繁露·楚庄王》中:“故哀、定、昭,君子之所见也。……君子之所闻也……君子之所传闻也。”①这里董仲舒直称《春秋》的作者孔子为“君子”,可见孔子在董仲舒心目中的地位之高,“君子”在董仲舒看来相当于圣人的最高道德标准。

二是道德教化的理想目标。在董仲舒的思想中,君子同样是理想的道德标准。董仲舒从多个角度论述了君子的修养和道德标准。

三是指有位的君王,与道德层面的“君子”几乎等同。《汉书·董仲舒传》中的《天人三策》里董仲舒说:“是故王者上谨于承天意,以顺命也;下务明教化民,以成性也;正法度之宜,别上下之序,以防欲也;修此三者,而大本举矣。”②君王上承天意以授命,君王必须顺应天命,董仲舒接着引用孔子的“不知命,无以为君子”来进一步说明,君德几乎等同于君子的道德标准,否则会遭祸患,受天谴,“王者欲有所为,

①苏舆.春秋繁露义证[M].北京:中华书局,1992:9-10.

②班固.汉书[M].北京:中华书局,1999.

宜求其端于天"[①]。董仲舒从为君的根本意义上提出"伸天屈君"的重要观点。正因为君王承担治理天下、教化民众的责任,所以董仲舒对君德的要求等同于"君子"。董仲舒说:"明于天性,知自贵于物;知自贵于物,然后知仁谊;知仁谊,然后重礼节;重礼节,然后安处善;安处善,然后乐循理;乐循理,然后谓之君子。"[②]人贵于万物,但只有能达到明于天性的高度,懂得仁义礼节,能安处善、乐循理的才可称之为"君"。

所以在董仲舒看来,君子不只是一种理想的人格标准,而是同社会政治需求紧密联系,无论是从个人修身还是从国家长治久安的角度来说,君子的道德要求都很重要。董仲舒的君子概念在《春秋繁露》和《天人三策》中都有详细的阐述。本文将从君子的第二层和第三层含义进行论述。

二、君子的道德修养

孔子将君子作为一种理想人格典范,标准很严格,内涵也极其丰富。董仲舒立足儒家,不仅从君子的日常行为,也从内在修养的角度阐明了君子概念的第二层含义——何谓"君子"?

(一)博学慎微

好学博学是对君子的基本要求。《论语》以"学"开篇,"学而时习之,不亦说乎?"[③]君子首先要有正确的学习态度及严谨的学风。《论语》中有许多关于学而不厌、安贫乐道的思想。"君子食无求饱,居无求安,敏于事而慎于言,就有道而正焉,可谓好学也已。"[④]孔子告诫弟子在学习上要勤奋刻苦,生活上不追求安逸,以实现仁德为己任。而且既要好学还要乐学,"知之者不如好之者,好之者不如乐之者"[⑤]。这是一种学习品质,更是一种学习智慧。

董仲舒是汉代经学博士,"少制春秋",是研究《公羊春秋》的集大成者,《汉书·

①班固.汉书[M].北京:中华书局,1999.
②班固.汉书[M].北京:中华书局,1999.
③朱熹.四书章句集注[M].北京:中华书局,1983:47.
④朱熹.四书章句集注[M].北京:中华书局,1983:52.
⑤朱熹.四书章句集注[M].北京:中华书局,1983:89.

董仲舒传》中说董仲舒“三年不窥园”,虽然有些专家质疑这种说法,但从中可见董仲舒好学笃行的精神。他说:“强勉学习,则闻见博而知益明;强勉行道,则德日起而大有功:此皆可使还至而有效者也。”①学习是一个日渐积累的过程,董仲舒认为,君子必须好学博学,“君子知在位者之不能以恶服人也,是故简六艺以赡养之”②。在位的君子,更要注重学习修身,董仲舒尤其重视“六艺”的学习,“六艺”是儒家的经典,学问都很重要,是修身育人的教材,“六学皆大,而各有所长……《春秋》正是非,故长于治人”。董仲舒专治《春秋》,《春秋》明确本末的关系,端正事物的是非,阐释生死的意义,达到道德的最高精神境界,所以君子要学“六艺”之学,培养德性,也可以用来指导政治活动。

君子在学问上勤勉精进,在日常言行中要谨小慎微,“慎”是君子的人格修养。“言出于己,不可塞也;行发于身,不可掩也。言行,治之大者,君子之所以动天地也。故尽小者大,慎微者著。”③董仲舒认为,君子的一言一行,关乎国之治乱,君子的言行可以感天动地,所以要严格要求自己。君子的言行光明磊落,需要谨慎地对待每一件细微的事情,这样一件一件积累起来,才能成就高尚的德行。尤其是施行教化的师者,更要注意谨慎,“善为师者,既美其道,有慎其行”④“圣人思虑不厌,昼日继之以夜,然后万物察者,仁义矣。……为人师者,可无慎邪!”⑤“君子终日乾乾,夕惕若厉”,时刻提防外物的习染和浸润。在《春秋繁露·天道施》中董仲舒指出:“外物之动性,若神之不守也。积习渐靡,物之微者也。其入人不知,习忘乃为,常然若性,不可不察也。”⑥外物的诱惑是无穷无尽的,如果不懂得以礼节制,人早晚沦为外物的奴隶。董仲舒告诉我们,这些变化不是突变、瞬变,而是如“浸润之谮”般,渐渍而不骤,不觉其入,就像温水煮青蛙,在无影无声、不知不觉中“积习渐靡”,渐行渐远,“常然若性”。《中庸》中说:“君子戒慎乎其所不睹,恐惧乎其所不闻。莫见乎隐,莫显乎微,故君子慎其独也。”⑦此处“独”不只是空间和时间上的独处,而是

①班固.汉书[M].北京:中华书局,1999.
②苏舆.春秋繁露义证[M].北京:中华书局,1992:35.
③班固.汉书[M].北京:中华书局,1999.
④苏舆.春秋繁露义证[M].北京:中华书局,1992:37.
⑤苏舆.春秋繁露义证[M].北京:中华书局,1992:148-149.
⑥苏舆.春秋繁露义证[M].北京:中华书局,1992:470.
⑦朱熹.四书章句集注[M].北京:中华书局,1983:17.

“人所不知而己所独知之地也”,即“内心”。意思是说哪怕在幽暗之中或细微的小事,虽未显示出形迹,而己心已动,这时,别人虽然不知而自己最清楚,最显而易见。因此,君子必须戒惧戒慎,常存敬畏,在听不到看不见处,也“不可不察”,不可不谨慎啊!

(二)仪容风度

君子的外在仪容风度不只是外在着装,还包括言行举止和由内而外表现的气度。“君子坦荡荡,小人长戚戚”[①],儒家培养的是从容自在、文而化之的君子,所以君子气质应该是“文质彬彬”“泰而不骄”。“质”是指人的本性正直、善良、淳朴,有着丰沛真实的情感,明辨是非,品行端正,光明磊落,胸怀坦荡,这样自然会散发一种高尚的人格魅力,赢得他人的信赖与尊敬。如果一个人内心不端正、不诚敬,不管他外表多么斯文,举止多么文雅,态度多么从容不迫,那也不能被称为真正的君子。

董仲舒认为人着衣裳是为了蔽体取暖,而衣裳装饰文采是为了表明不同的身份地位。《春秋繁露·度制》中:“凡衣裳之生也,为盖形暖身也。然而染五采,饰文章者……将以贵贵尊贤,而明别上下之伦,使教亟行,使化易成,为治为之也。”[②]以衣裳明上下之伦,让人们懂得尊重尊贵者和贤者,不能放纵欲望,想穿什么就穿什么,否则就丧失了衣服装饰文采的本来意义,造成人伦大乱和社会财富的无端浪费。“君子衣服中而容貌恭,则目说也;言理应对逊,则耳说矣;好仁厚而恶浅薄,就善人而远僻鄙,则心说矣。”君子外在着装合适,内在谦恭诚敬,内外相称,方是君子风度。董仲舒又引用《孝经·圣治章》中的“言思可道,行思可乐,德义可尊,作事可法,容止可观,进退可度”进一步说明:外在的衣服容止与君子内在的德行修养是一体的,君子着装要符合身份地位,要得体,看君子的容止,包括衣着、言谈,举手投足间就可猜度君子的进退取舍。“可威者以为容服,礼之所为兴也。……君子显之于服,而勇武者消其志于貌也矣。故文德为贵,而威武为下……孔父义形于色,而奸臣不敢容邪。”[③]一切显示威严的服饰,只有通达古今、分别是非的君子才可穿戴在身,而君子的内在文德是最为可贵的,威武却在其次。孔父嘉大义凛然,一身正气表现在

①朱熹.四书章句集注[M].北京:中华书局,1983:102.
②苏舆.春秋繁露义证[M].北京:中华书局,1992:232.
③苏舆.春秋繁露义证[M].北京:中华书局,1992:151-154.

形色上,只要他坐在堂上,奸佞小人就不敢胡作非为。这也说明君子保有内在的浩然正气,外在的仪容威严自然就表现出来了。

(三)忧患意识

对待他人、社会和人生,儒家历来表现出强烈的忧患意识。孔子的"君子忧道不忧贫",孟子的"生于忧患,死于安乐",都是将忧患意识直接与人事成败和国家兴亡联系起来。而且民本思想是儒家的忧患意识的基础,"乐民之乐者,民亦乐其乐;忧民之忧者,民亦忧其忧。乐以天下,忧以天下,然而不王者,未之有也"①。这就是儒家与民同乐同忧的思想。

董仲舒从现实政治需求的角度,也表现出强烈的忧患意识。董仲舒认为君子必须具备对国家、对社会、对人民的深切的忧患意识。《春秋繁露·竹林》中记载:齐顷公因乘着地势便利、霸主权位的余尊而变得骄奢,引起了其他诸侯不满。在鞍之战中齐顷公虽未被杀身,却遭到擒获。《春秋》认为齐顷公"大辱身",为天下人讥笑。究其原因是其得志而骄,心无忧患意识。后来齐顷公心怀百姓,内修政德,外敬诸侯,最终家国安宁。所以"福之本生于忧,而祸起于喜也"②。此福此祸,与百姓喜忧息息相关。董仲舒提醒"凡人有忧而不知忧者凶,有忧而深忧之者吉"③。

(四)生命价值观

儒家重生死,更重生命的价值和意义。古人在思考人的生命价值和意义的问题时,总是离不开天地万物,把人与自然天地联系在一起。荀子把万物分为四类:水火、草木、禽兽和人,而人与其他物类相比,是为最贵,且贵在有"义"。孟子曰:"人之所以异于禽兽者几希,庶民去之,君子存之。"④孟子认为,人和禽兽的差异也是微乎其微,即人能行仁义、察人伦。所以说儒家特别重视人的道德价值,人之所以为人,主要是因为人具有自觉的道德意识。

董仲舒重视人的生命价值。《春秋繁露·竹林》中说:"天之为人性命,使行仁义

①朱熹.四书章句集注[M].北京:中华书局,1983:216.
②苏舆.春秋繁露义证[M].北京:中华书局,1992:58.
③苏舆.春秋繁露义证[M].北京:中华书局,1992:72.
④朱熹.四书章句集注[M].北京:中华书局,1983:293.

而羞可耻，非若鸟兽然，苟为生，苟为利而已。”[①]上天赋予人生命，让人奉行仁义而羞做可耻的事，不像鸟兽那样，只是苟且偷生，只图财利而已。人不能满足于像鸟兽一样生存，人必须有人的担当和生存价值，这是人与他物的根本区别。

董仲舒固然很重视人的生命，重视养生，但“利以养其体，义以养其心。……体莫贵于心，故养莫重于义……夫人有义者，虽贫能自乐也。而大无义者，虽富莫能自存”[②]。在人的生命之上，还有更重要的价值和意义，即仁义道德高于人的性命。“天道施，地道化，人道义”[③]，这是天地人之本，是儒家一脉相承的生命价值观念。前面说的齐顷公，遭擒获后苟且偷生，董仲舒认为“君子生以辱，不如死以荣”[④]，说这样活着，就不如当时荣耀地死去，必要时，君子“视死如归”，用生命换取尊严。

（五）君子比德

玉不是无生命的物品，而是有品德的，董仲舒极力赞美君子修身如玉。“玉有似君子……君子比之玉，玉润而不污，是仁而至清洁也；廉而不杀，是义而不害也；坚而不磨，过而不濡。”[⑤]君子的仁义之德有如玉之温润清廉。“玉至清而不蔽其恶，内有瑕秽，必见之于外，故君子不隐其短。不知则问，不能则学，取之玉也。”[⑥]君子的品德可以和玉相类比，玉润泽而不污秽，这就像是具有“仁”的品德而极其清洁一样；有棱角但不伤害人，这就像是具有“义”的品德而不伤害人一样；坚硬而不会被磨灭，湿润而不柔弱。

在《春秋繁露·山川颂》中，董仲舒把君子的德行操守与自然山水进行比附，歌颂了山水本身具有的一些品性和君子的崇高品德。董仲舒发挥了孔子“仁者乐山，智者乐水”的思想，说：“山则宠炭嵬崔，摧嵬巢巍，久不崩陁，似夫仁人志士。”[⑦]山高大雄伟，是人类生存的家园，山无私心、无私藏，默默奉献一切产出而不索取任何补偿，“是以君子取譬也”。而且“小其上，泰其下，久长安，后世无有去就，俨然独处，惟山之意”，山安宁平静，庄重威严，就像是有仁德的君子一般。水“盈科而后

①苏舆.春秋繁露义证[M].北京:中华书局,1992:61.
②苏舆.春秋繁露义证[M].北京:中华书局,1992:263-264.
③苏舆.春秋繁露义证[M].北京:中华书局,1992:468.
④苏舆.春秋繁露义证[M].北京:中华书局,1992:62.
⑤苏舆.春秋繁露义证[M].北京:中华书局,1992:420-421.
⑥苏舆.春秋繁露义证[M].北京:中华书局,1992:420-421.
⑦苏舆.春秋繁露义证[M].北京:中华书局,1992:423.

行……既似察者,循豁谷不迷,或奏万里而必至,既似知者……不清而入,洁清而出,既似善化者;赴千仞之壑,入而不疑,既似勇者……”[①]董仲舒赞美水明察有智慧,清洁万物,似善于教化之人,又奔流向前,不为万物所困,像有勇之德,而万物唯有水方能生存,如有德的君子一样。

三、君子德位相配

董仲舒思想中“君子”概念的第三个层次是有位的君王。高居皇位的君的道德修养与君子的道德要求和标准有着密切的关系,有时在论述时两者几乎等同。董仲舒用君子的道德标准来要求君王,不仅仅因为君王是修养道德的对象,同时君王又是施行教化、施行仁政的主体。“天子大夫者,下民之所视效,远方之所四面而内望也。近者视而放之,远者望而效之,岂可以居贤人之位而为庶人行哉!”[②]君王的特殊性决定了他上承天命,下施礼乐教化,在国家政权中具有极为重要的地位。在其位,就要修其德,谋其政。《天人三策》中说:“夫皇皇求财利,常恐乏匮者,庶人之意也;皇皇求仁义,常恐不能化民者,大夫之意也。”[③]不管是天子还是大夫,有位者不能等同于庶人百姓,否则会给国家和社会带来祸患。《易》曰:“负且乘,致寇至。”负,是负担者,是百姓该做的事;乘,乘车者,居君子之位者该做的事。这句话是说居于君子之位,却做着庶人的事,那么祸患必至也,这就是“若居君子之位,当君子之行”。

董仲舒认为君王上承天命,下施德政,从为君的根本意义上他提出“屈民而伸君,屈君而伸天”的观点,“《春秋》之法,以人随君,以君随天。……故屈民而伸君,屈君而伸天,《春秋》之大义也。”[④]什么叫“天子”?天子即天的儿子,受命于天,其位至尊。德者,得也,能够以道德得民心,得天下,以德配其位者,才可称其为天子。什么是以德配位?董仲舒认为,只有则天而行,才是至王,才能称得上真正的君子。“三代圣人不则天地,不能至王。”[⑤]尧继受天命,效法天道治理天下百姓,德位相

①苏舆.春秋繁露义证[M].北京:中华书局,1992:424-425.

②班固.汉书[M].北京:中华书局,1999.

③班固.汉书[M].北京:中华书局,1999.

④苏舆.春秋繁露义证[M].北京:中华书局,1992:31-32.

⑤苏舆.春秋繁露义证[M].北京:中华书局,1992:278.

配，其德行和功业得到了孔子的赞美："大哉，尧之为君也！巍巍乎！唯天为大，唯尧则之。"[①]

在董仲舒看来，君处于天、民之间，既要则天而行，又要做万民之表率。而且董仲舒所论述的天人之间、君民之间有着内在的相互关系，而不是外在的相互对立、对抗和割裂的关系。看似神秘的天人关系，实际上却是天人同构，以人为贵，以君德为贵；看似上下有别的君民关系，实际却是君民一体，君臣一体，家国同构。下面分别从承天命和施德政两个维度来论述"君子"的德位相配。

（一）从承天命的角度：伸天屈君，君德为贵

董仲舒"屈君伸天"，所说的"天"具有无上的权威，天有立场、有思想、有个性意志，天不只是天子的父亲，也是天下人的父亲，替天下百姓监督天子。皇帝虽然号为"天子"，但也不可胡作非为，任意妄为，要"视天如父"。这样就给皇帝戴上了一道精神"紧箍"。天用灾害或怪异等现象来限制和警示皇权，也可以用祥瑞、和顺来赞扬皇帝。而何谓"灾异"？何谓"祥瑞"？董仲舒是以儒家的五常之道义和标准来要求和评判的。

虽然董仲舒主张"伸天屈君"，用所谓的天之灾异来警示君的德行和作为，但在《天人三策》中，董仲舒也明确地说明："治乱废兴在于己，非天降命不得可反，其所操持悖谬失其统也。"[②]作为一国之君，从根本上来讲，个人的德行修养是非常重要的。"《春秋》深探其本，而反自贵者始。故为人君者，正心以正朝廷，正朝廷以正百官，正百官以正万民，正万民以正四方。四方正，远近莫敢不壹于正，而亡有邪气奸其间者。"[③]"自贵者"是说为君者不仅以位高权重为贵，更要以自身的德行修养为贵。"政者，正也。"君正，则百官正，百官正则万民正，万民正则四方服，从而国治天下平，"受命而海内顺之，犹众星之共北辰，流水之宗沧海也"[④]。所谓正，首先是心正，"我虽有所愉而喜，必先和心以求其当，然后发庆赏以立其德。虽有所忿而怒，必先平心以求其政，然后发刑罚以立其威"[⑤]。不管是内心欢愉喜悦还是愤恨有怒

①朱熹．四书章句集注[M].北京：中华书局，1983:107.
②班固．汉书[M].北京：中华书局，1999.
③班固．汉书[M].北京：中华书局，1999.
④苏舆．春秋繁露义证[M].北京：中华书局，1992:270.
⑤苏舆．春秋繁露义证[M].北京：中华书局，1992:462.

气,不管是颁发庆赏还是用刑罚,一定要先平其心,静其气,才能真正求得公正,树立威德。人不能随心所欲地任由情绪的发泄,《大学》中说:“所谓修身在正其心者,身有所忿懥,则不得其正;有所恐惧,则不得其正;有所好乐,则不得其正;有所忧患,则不得其正。”①如果心不得其正,则不仅会直接影响到个人身心和谐以及人际关系,而且还会影响到工作和生活,假如身居国家要位,后果会更加严重。

“仁、谊、礼、知、信五常之道,王者所当修饬也;五者修饬,故受天之祐,而享鬼神之灵,德施于方外,延及群生也。”②五常之德是君王的修身之道,董仲舒又从五件事上对君王的修身提出具体要求:“五事:一曰貌,二曰言,三曰视,四曰听,五曰思。何谓也?夫五事者,从之所受命于天也,而王者所修而治民也。”③这五件事情,是君王顺应天命,修养身心并用于治理百姓的,涵盖了视、听、言、动的各个方面。儒家之学,实即人需之学,所讲的道、德、礼乐、诗书无不落实于人之身心、容貌、言谈、举止之上,无不体现在日用伦常中,只有在这些日常言行中严格要求,不断反省,善于学习,才能成就君子人格。《论语》中曾子说,君子所贵乎道者三:动容貌,正颜色,出辞气。这些看似外在仪表的修养,却正是源于内心端正的情感。《论语》中孔子还说:“君子有九思:视思明,听思聪,色思温,貌思恭,言思忠,事思敬,疑思部,忿思难,见得思义。”④这些对于君王来说,就更为重要了。

(二)从施政角度:屈民伸君,君民一体

“君人者,国之元,发言动作,万物之枢机。”⑤枢机就是指为人君者之言、之德。董仲舒反复论述君主的德行教化对于国家政权的重要性。“根伤则亡其枝叶,君危则亡其国。”⑥虽然君王的地位和作用如此重要,但在董仲舒看来,君民关系从来都不是对立的,而是君民一体,家国同构。

董仲舒是这样来论述君民关系以及君德对百姓的影响的:“君者,民之心也;民者,君之体也。心之所好,体必安之;君之所好,民必从之。故君民者,贵孝弟而好

①朱熹.四书章句集注[M].北京:中华书局,1983:8.
②班固.汉书[M].北京:中华书局,1999.
③苏舆.春秋繁露义证[M].北京:中华书局,1992:389.
④朱熹.四书章句集注[M].北京:中华书局,1983:173.
⑤苏舆.春秋繁露义证[M].北京:中华书局,1992:166.
⑥苏舆.春秋繁露义证[M].北京:中华书局,1992:460.

礼义,重仁廉而轻财利。”①“一国之君,其犹一体之心也。……心不可以不坚,君不可以不贤。”②身为君主,更要注重修身,所谓上行而下效,可见君民一体,君为心,百姓从君之好恶,君的德行直接影响万民的教化风俗,关系到国家的治乱。“义则世治,不义则世乱。”③

在《春秋繁露·五行顺逆》篇中,董仲舒认为五行中木、火、土、金、水各有其德行,并且推及人君的德行。如果人君能顺应时节则“顺”,悖逆时节则“逆”,并有相应的祥瑞和灾异,而且这些都会反应到百姓身上。“恩及于土,则五谷成,而嘉禾兴。恩及倮虫,则百姓亲附,城郭充实,贤圣皆迁。”如果人君“逆”,“则民病心腹宛黄,舌烂痛……则民病流肿,水张,痿痺,孔窍不通……”“此王者不明,善者不赏,恶者不绌,不肖在位,贤者伏匿,则寒暑失序,而民疾疫。”④如果出现这种情况,君主必须施行德政以救治乱政,消除灾变。虽然君王受命于天,其修身崇德最终是为治理天下,为天下百姓。这也就是“君民一体”。

君民关系如此,君臣关系亦如此。董仲舒认为只有君臣和合,国家才能得治,人民才能安定,君臣之道也应该效法天地之道,并以心和身的关系进一步说明:“一国之君,其犹一体之心也。”⑤国君就像是身体的心脏一样,“君臣之礼,若心之与体,心不可以不坚,君不可以不贤;体不可以不顺,臣不可以不忠。心所以全者,体之力也;君所以安者,臣之功也”⑥。只有君臣和合,国家才能得治,人民才能安定。董仲舒表面上是在阐述君臣之礼,实则更是在阐述君民之礼。《礼记·缁衣》中说:“民以君为心,君以民为体。”汉武元狩元年诏:“君者心也,民犹支体。支体伤则心憯怛。”⑦

另外,董仲舒认为君不但是教化的对象,而且是施行教化的主体。“君子德风,小人德草”,“常玉不琢,不成文章;君子不学,不成其德。……圣王之治天下也,少则习之学,长则材诸位,爵禄以养其德,刑罚以威其恶,故民晓于礼谊而耻犯其

①苏舆.春秋繁露义证[M].北京:中华书局,1992:320.
②苏舆.春秋繁露义证[M].北京:中华书局,1992:460-461.
③苏舆.春秋繁露义证[M].北京:中华书局,1992:330.
④苏舆.春秋繁露义证[M].北京:中华书局,1992:375-385.
⑤苏舆.春秋繁露义证[M].北京:中华书局,1992:460.
⑥苏舆.春秋繁露义证[M].北京:中华书局,1992:461.
⑦苏舆.春秋繁露义证[M].北京:中华书局,1992:460.

上”[①]。董仲舒在《天人三策》中由君主的德行修养，到施行教化于民，选拔人才，培养君子，提出了具体可行的教化方案。“养士之大者，莫大乎太学；太学者，贤士之所关也，教化之本原也。”即设立太学。“兴太学，置明师，以养天下之士，数考问以尽其材，则英俊宜可得矣。”“立太学以教于国，设庠序以化于邑，渐民以仁，摩民以谊，节民以礼，故其刑罚甚轻而禁不犯者，教化行而习俗美也。”[②]

因此，“天志仁，其道也义。为人主者，予夺生杀，各当其义，若四时；列官置吏，必以其能，若五行；好仁恶戾，任德远刑，若阴阳。此之谓能配天”[③]。上天的心意是仁爱的，所行天道是正义的，所谓“屈君伸天”，是说做君王的，生杀予夺都要符合天地道义，如四时应天一样；所谓“屈民伸君”，是要求做君主的，一定要按照才能选拔官吏，治理国家，实行德政而避免刑戮。一句“天心，仁也”，一句“君为民之体，民为君之心”足以道破其背后蕴含着的董仲舒深厚的儒家思想根基，真切笃实的儒家信仰和家国同构的儒家情怀。

总之，透过董仲舒的君子思想，我们看到了一名汉代儒者应有的情怀和担当。无论是从君子的道德标准和养成方面，还是从治国理政方面，董仲舒都给予“君子”这个概念丰富的内涵，既体现了他天人同构的哲学思维，又有家国同构的儒家情怀，这是一种文化传承，更是一种文化自觉和文化自信。

（本文为2019年衡水学院校园文化精品项目培育活动成果）

①班固.汉书[M].北京：中华书局，1999.
②班固.汉书[M].北京：中华书局，1999.
③苏舆.春秋繁露义证[M].北京：中华书局，1992:467-468.

《道德经》中的君子之德

耿春红

君子,是中国传统文化中的重要概念,尤其被儒家推崇为理想人格的典范,兼具人生表率和价值追求于一体,对中国历史和文化产生了深远影响。两千多年来,玉成君子成为中国知识分子孜孜以求的人生理想和目标方向。"君子"一词最早出现在《尚书·虞书·大禹谟第三》中,此后,在儒家经典里频频出现。《诗经》中共有62首诗中出现"君子"183次;在《周易》中,"君子"一词反复出现20多次;在《论语》中,"君子"一词出现过107次。更重要的是,"君子"一词的含义在儒家经典中逐渐由"职位君子"向"德位君子"转换,即由身份地位是官位的君子向品行端正、德行高尚的人转换。而其一旦转换,就产生了不可逆性,在《论语》及以后的经典中基本上就固定在"德位君子"的含义上了。为了突出君子的德性品格,甚至拿出小人来与君子做对比。如《论语》中,"小人"一词出现过24次,其中有18处与君子做对比。在对比中,君子的含义及人格修养更加突出。以至于我们现在谈到"君子"一词,基本上就认为是指一种充满人格和德性魅力的人,君子所具有的品德或精神成为一代代中国人修身养性乃至于安顿灵魂的道德规范,在任何时代都历久弥新,永不过时。

尽管儒家对君子做了那么多的规定,讲了很多,但总结起来,君子所具有的最主要的品德或者说精神有五点:温和、善良、恭敬、俭朴和谦让,简称"温、良、恭、俭、让"。儒家有君子文化,那么道家有没有呢? 或者说道家创始人老子的《道德经》里有没有君子精神呢? 答案是肯定的。而且,其君子精神毫不逊色,老子对君子精神概括得反而更形象和到位。

应该承认,在《道德经》中,"君子"一词,出现的次数很有限。只出现在如下几章:第26章:"是以君子终日行不离辎重";第31章"君子居则贵左,用兵则贵右""兵者不祥之器,非君子之器,不得已而用之"。而且,这两章中出现的君子,都不是指称德位上的君子。如第26章,陈鼓应在《老子今注今译》一书中这样注解:

君子:王弼本原作"圣人"。景龙本、傅奕本、苏辙本、林希逸本、范应元本及多种唐宋古本均作"君子"。《韩非子·喻老篇》亦作"君子",与帛书甲本正同。奚侗说:"'君子'谓卿大夫士也,说见《礼记·乡饮酒义》注,对下'万乘之主'言。"蒋锡昌说:"'圣人'乃理想之主,应深居简出,以'无为'化民,不当终日行道,常在军中管理辎重之事,谊作'君子'为是,当据诸本改正。"蒋说有理,因据韩非子及帛书本改为"君子"。

据此,第26章的"君子"应解释成"君主"或"侯王"①或"王公"②。第31章中的"君子"也应当是居高位的人。这样说来,《道德经》就没有君子主张、君子文化或君子精神了?

其实不然。《道德经》所体现出来的君子精神丝毫不逊于儒家。若从君子所具有的品德方面,即温和、善良、恭敬、俭朴、谦让来看,颇符合《道德经》所提倡的道德精神。

所谓温和,就是温文尔雅,不事张扬。基本释义有二:一是不严厉、不粗暴,平和不猛烈,如态度温和;二是冷热适中,不冷不热。老子是反对暴烈的,如《道德经》第23章"故飘风不终朝,骤雨不终日"。飘风,意思是强风、大风;骤雨,意思是急雨、暴雨。用自然界中的狂风暴雨比喻以暴政号令天下,用暴政鞭策百姓,终不可长久。因为这样做,失道失德,所以不会长久。

良,良善、善良。《道德经》中第8章就讲的是"上善若水"。还有什么比水更善良的呢?因为"水善利万物而不争"。"处众人之所恶""居善地,心善渊,与善仁,言善信,政善治,事善能,动善时",从方方面面讲到了良善的品质。

而且,良善的人,"常善救人,故无弃人,常善救物,故无弃物""善者,吾善之,不善者,吾亦善之,德善"。也就是说,老子在《道德经》中将良善人的品质,发挥到

① 老子在《道德经》中一般用"侯王"一词称呼诸侯王,见《道德经》第32章"侯王若能守之,万物将自宾";第37章"侯王若能守之,万物将自化";第39章"侯王得一以为天下贞""侯王无以正,将恐蹶""是以侯王自称孤、寡、不谷"。

②《道德经》第42章:"人之所恶,唯孤寡不谷,而王公以为称。"

了极致，到了“无弃人”“无弃物”的程度。但这不是无原则的老好人，因为他认为“善人者，不善人之师，不善人者，善人之资。不贵其师，不爱其资，虽智大迷，是谓要妙”，这才是精要玄妙的大道。

恭敬：重在一个敬字上，敬天、敬地、敬鬼、敬神、敬尊长、敬父母，也就是尊敬地对待一切。但是，人最大的尊敬，莫过于效法之、学习之。老子就提出了“人法地，地法天，天法道，道法自然”。对一切最大的尊敬，就是不干预、不妄为，任其本然地成长。

俭朴：两个字可以分开说。俭，是老子的“三宝”之一，《道德经》第67章“我有三宝，持而保之，一曰慈，二曰俭，三曰不敢为天下先”。俭，是有而不尽用。老子在第59章也用到了一个词“啬”：“治人事天，莫若啬。”陈鼓应解释说：“啬，爱惜、保养的意思。”俭和啬，除了物质方面的节俭外，更注重精神心理方面戒除更多欲望的意思，即培蓄能量，厚藏根基，充实生命力。这比单纯的物质节俭，道理说得更渗透。所以老子说“夫唯啬，是谓早服。早服谓之重积德，重积德则无不克”（《道德经》第59章），这一切最终“是谓深根固柢，长生久视之道”（《道德经》第59章）。“俭，故能广”，胸怀广大。老子是反对奢侈的。他说“是以圣人去甚，去奢，去泰”（《道德经》第29章）。河上公注曰：“甚，谓贪淫声音；奢，谓服饰饮食，泰，谓宫室台榭。”皆指物质方面的奢费行径。另外，老子认为“金玉满堂，莫之能守”。过多的富贵是守藏不住的，他还说：“五色令人目盲，五音令人耳聋，五味令人口爽，驰骋田猎，令人心发狂，难得之货，令人心发狂。”（《道德经》第12章）这句话指出了奢靡的物质生活的弊害，“是以圣人为腹不为目”，从另一方面说明俭的重要性。所以，老子提出“不贵难得之货，使民不为盗”。“俭”一般与“朴”相连。朴，更是老子所推崇的一个字，或者是一种状态。“敦兮其若朴”（《道德经》第15章），“见素抱朴，少私寡欲”（《道德经》第19章），“知其荣，守其辱，为天下谷。为天下谷，常德乃足，复归于朴。朴散则为器”（《道德经》第28章），“道常无名，朴虽小，天下莫能臣”（《道德经》第32章），“化而欲作，吾将镇之以无名之朴。镇之以无名之朴，夫将不欲”（《道德经》第37章）。在惜言如金的《道德经》中，有7次用到了“朴”这个字，可见老子很看重它。朴，是没有雕琢的木。引申为质朴、敦厚，甚至就是“道”的别称。这里就涉及质和文的问题，在儒家那里，强调“文质彬彬，然后君子”。这和儒家主张的“性善论”有关，既然人性可以向善，那么就要通过教化使人习文、知礼，也就是有一定的文化涵养,然后再加上朴实的本性,就可以做君子了。有人说老子与之相反,理由是《道德经》第18章“大道废,有仁义;慧智出,有大伪;六亲不和,有孝慈;国家昏乱,有忠臣”。其实老子不反对孝慈,《道德经》第67章中的“我有三宝”,第一个宝就是“慈”。慈就是慈爱,爱心加上同情心,这是人类友好相处的基本动力,老子的慈爱尚且对敌方有悲悯之心,如他说“杀人之众,以悲哀泣之”(《道德经》第31章),意思是:杀人众多,带着哀痛的心情去对待;“故抗兵相加,哀者胜矣”(《道德经》第69章),意思是:两军相当的时候,有慈悲心的一方可获得胜利。对敌打仗尚且有慈爱,对家对国就没有爱了吗?这不符合逻辑。所以老子的“绝圣弃智”等说法,是认为某种德性的表彰,正是由于它们特别欠缺的缘故,在动荡不安的社会中,仁义、孝慈、忠臣等美德,就显得更难能可贵了。

让,是谦让的意思,谦虚、忍让、不争、低调、涵容,这是一种非常美好的品德。《道德经》一书中多有提倡和表述。第7章的“圣人后起身而身先,外其身而身存”,第8章“上善若水”的不争,第9章的“功遂身退”,第10章的“生而不有,为而不恃,长而不宰”,第22章的“不自现,故明;不自是,故彰;不自伐,故有功;不自矜,故长”,第24章的“企者不立,跨者不行。自见者不明,自是者不彰;自伐者无功,自矜者不长”,第28章全文都在表达“谦下涵容”的主张。自然、无为、虚、静、柔弱、不争,是老子哲学中最重要的几个概念,这些概念里面就含有谦让的内容。老子认为小到为人处事,大到国家治理,都应该有谦让之风。前面列举了为人方面,再如治国方面,老子说“大国者下流……故大国以下小国,则取小国;小国以下大国,则取大国。故或下以取,或下而取”,人类能否和平相处,取决于大国的态度,所以大国对小国要谦下,才能和平共处,所以“大者宜为下”。大国应该谦下包容,不可恃强凌弱。老子的谦让,来自《易经》中的坤卦系列。

孔子、老子作为儒、道两家的开创者,客观地说他们都是中华文化之源和众经之首《易经》的学生。孔子读的是《易经》的乾卦精神,天行健,君子以自强不息;而老子继承的是《易经》的坤卦精神。坤卦代表大地,讲究承载、忍让,代表女性,讲究以柔克刚。和坤卦含义很接近的一卦是第15卦“谦卦”,谦卦对道家影响也非常大。

《易经》共60多卦,哪个卦都有好的地方,也都有不好的地方,也就是哪个卦都有它吉和凶两个方面,只有一卦是全吉的,那就是15卦谦卦。爻辞全是吉利。上卦为坤为地，下卦为艮为山，坤上艮下，山本高大，但处于地下，高大而不显示出来，此在人则象征人德行很高，但又自觉地不显摆自己。“谦谦君子，用涉大川，吉”，意思是：谦虚的人可以任用于像涉越大江大河这样重要的事务，吉利。谦卦告诉我们一个道理：上面是大地，下面是高山，表示谦逊、内敛。什么样的人才能顺利走过漫长的人生之路呢？谦谦君子。人生之路充满坎坷，只有谦虚谨慎的人才能学到更多智慧，避免更多麻烦，较顺利地走完人生长远的道路。

通过分析看出，老子的很多主张接近谦卦精神，反言之，谦卦包含了老子的很多理念，自然、无为、虚、静、柔弱、不争，也暗合了谦卦精神。所以说，谦卦对道家影响很大。但是“谦谦君子”一词恰来自《易经》。儒、道两家都继承了这种君子精神，所以两家学说殊途而同归，都主张君子文化。

我们常用“温润如玉”来形容君子，这个词一般认为出自《国风·秦风·小戎》“言念君子，温其如玉”，形容女子的丈夫性情温润，如玉一样光滑而不耀眼。其实在《道德经》中也有一句话非常适合用来形容君子，那就是第58章最后一句话，四个字可用来概括君子形象：“光而不耀。”这章是写为政之道的，内容为：

> 其政闷闷，其民淳淳；其政察察，其民缺缺。祸兮，福之所倚；福兮，祸之所伏。孰知其极？其无正也。正复为奇，善复为妖。人之迷，其日固久。是以圣人方而不割，廉而不刿，直而不肆，光而不耀。

意思是：政治宽厚，人民就淳朴；政治严苛，人民就狡黠。灾祸啊，幸运倚傍在它里面；幸运啊，灾祸藏伏在它之中。谁知道什么时候是个头呢？它们并没有一个定准。正的忽而转变为邪的，善的忽而转变为恶的。人们的迷惑，已经很久了。所以有道的人方正而不割人，直率而不放肆，光亮而不刺目。

这一章，历来为人们所称道的一句话是：祸兮，福之所倚；福兮，祸之所伏。它告诉我们一个道理：对立事物之间是相互对立、相互转化的。这是老子思想中很重要的一个思想，即《道德经》第40章所说的“反者道之动”。祸福相依存的思想又和人们的日常生活密切相关，所以更为人们所关注。其实这一章的最后一句话也非常重要。先看它的意思。要做有道的人①,首先你要有光,即有智慧、有品德,但是不管你有什么,不能去炫耀。有光,但是要内敛,就像月光一样,月光是皎洁明亮的,但是不刺眼、不炫目。月光的"光而不耀",完全可以媲美温润如玉的君子,儒家在谈到君子品德时一般是直来直去的直白话语,如"君子周而不比,小人比而不周"(《论语·为政第二》)、"君子怀德,小人怀土;君子怀刑,小人怀惠"(《论语·里仁第四》)、"君子坦荡荡,小人长戚戚"《论语·述而第七》等,缺乏一种形象感,给人直筒筒、硬邦邦讲道理的感觉,但是如同温润如玉一样,老子用月光的"光而不耀"来形容君子,是非常形象而深刻的一个词语。

老子的这个比喻来自他的故国文化崇拜,老子出生于楚(原为陈)国苦县,在现在的鹿邑县。陈国国家不大,但地位高。周朝统治中国近800年间,分封了三四百个诸侯国,但最早分封的诸侯国只有十个,其中就有陈国。它对扶持周王朝很有功劳,可惜后来被楚国给灭了。楚国发源于汉水的丹江口,沿长江东下,先后兼并长江南北100多个诸侯国,其中就包括陈国。一个国家可以被灭了,可是它的文化是灭不掉的。陈国的文化传统对老子的影响很大。陈国文化中其中之一就是对月亮近乎宗教般的尊重和崇拜。陈国文化对月亮的尊重和推崇,可以从《诗经》里找到。有十几首陈风,开头就是歌唱月亮的,如《诗经·陈风·月出》:"月出皎兮,佼人僚兮。舒窈纠兮,劳心悄兮。月出皓兮,佼人懰兮。舒忧受兮,劳心慅兮。月出照兮,佼人燎兮。舒夭绍兮,劳心惨兮。"

所以,老子的"光而不耀"有着深厚的文化传统,又暗合君子的品德,用这句话来概括君子形象既深刻形象,又有文化内涵,完全可以成为君子的又一概括语。

(本文为2019年衡水学院校园文化精品项目培育活动成果)

① 圣人,在《道德经》中出现在很多章里,一般翻译成"有道的人",也就相当于君子,这里的君子是指在高位的有德行的执政者。当然《道德经》中的圣人是体任自然、拓展内在的生命世界,扬弃一切影响身心自由活动的束缚。此说法见陈鼓应《老子今注今译》,商务印书馆2016年版,第82页。

仁义思想研究

从民本思想看董仲舒的仁义观

代春敏

民本思想历来是儒家思想的重要基础和内容，董仲舒是西汉时期儒学的集大成者和最重要的政治哲学家，他继承了儒家思想的精华，民本思想也是董仲舒思想的重要组成部分。周桂钿先生称董仲舒的思想体系是“求善的政治哲学思想体系”[①]，董仲舒的民本思想不仅体现出了这种“善”，而且透过天人关系、礼乐教化及德主刑辅三个方面的民本思想体现出了董仲舒更深层意义上的仁义观。

一、天人关系之民本思想

董仲舒有个非常著名的论断：“《春秋》之法：以人随君，以君随天。……故屈民而伸君，屈君而伸天，《春秋》之大义也。”[②]天在董仲舒的思想体系中有多层次的含义，他认为天是道的本源，“道之大原出于天，天不变道亦不变”。天也是生发出“仁”的本源，“天，仁也”。在董仲舒看来，天至高无上，是万物之本，是一种有立场、有思想、有个性、有意志的存在。人是天地间最可贵的，“天人之际，甚可畏也”。对于天人关系，尽管董仲舒说“伸天屈君”，但他认为天与人是内在的相互关系，而不是外在的对立的关系。“甚可畏也”表明董仲舒的思想既不是以“天”为中心的神学主义，也不是以“人”为中心的人类中心论，他探究天人关系，目的是认识、解释外在的世界，更好地指导人事。

对于君民关系，董仲舒说“伸君屈民”，君权至尊，号称“天子”的君王是天的儿子，承受天命治理天下。然而，天不只是天子的父亲，也是天下人的父亲，替天下百

① [汉]董仲舒.春秋繁露[M].张世亮，钟肇鹏，周桂钿，译注.北京：中华书局，2012.

② 苏舆.春秋繁露义证[M].北京：中华书局，1992：31-32.

姓监督天子,治理国家。因此,君民关系也是内在相互的关系,而不是外在分离、割裂的关系。下面从天人合一、君民一体的角度来进一步分析。

(一)天人合一,以人为贵

首先来看董仲舒的天人关系论述。在《春秋繁露·立元神》中:“何谓本?曰:天地人。万物之本也。天生之,地养之,人成之。”[①]人与天地同为万物之根本,这是儒家在自然“生命”基础上的“与天地万物一体”的生命观,认为天地生养万物,就要珍惜、善待生命。人是天地自然的产物,当然也是自然的一部分,和自然有着内在的生命联系,而天地万物中人是最宝贵的。“三者相为手足,合以成体,不可一无也。”[②]

从人的自然生命来看,董仲舒认为人的生命是至贵的。《春秋繁露·天地阴阳》中:“天、地、阴、阳、木、火、土、金、水,九,与人而十者,天之数毕也。故数者至十而止,书者以十为终,皆取之此。”[③]董仲舒认为天数为十,而人是其一。且“圣人何其贵者?起于天,至于人而毕。毕之外,谓之物。物者投所贵之端,而不在其中。以此见人之超然万物之上,而最为天下贵也”[④]。

在《春秋繁露·人副天数》中,董仲舒从人的生理结构方面分析,认为人与天地相类,由此说明人的生命之宝贵。“人有三百六十节,偶天之数也;形体骨肉,偶地之厚也。上有耳目聪明,日月之象也;体有空窍理脉,川谷之象也;心有哀乐喜怒,神气之类也。观人之体一,何高物之甚,而类于天也。”[⑤]不仅人身体的生理结构类于天,董仲舒在分析人性时,也指出“身之有性情也,若天之有阴阳也”[⑥]。人的性情也是与天相类。所以人作为天地间重要的一部分,不仅与天相类,且同类相动,天与人之间有阴阳感应。能够这样与天地相偶相合,是其他物种不能比拟的,其生命是最可宝贵的。

人与天、地相类相副,且相感相动,这是董仲舒的天人关系论述。而号为“天

---

① 苏舆.春秋繁露义证[M].北京:中华书局,1992:168.
② 苏舆.春秋繁露义证[M].北京:中华书局,1992:168.
③ 苏舆.春秋繁露义证[M].北京:中华书局,1992:465.
④ 苏舆.春秋繁露义证[M].北京:中华书局,1992:465-466.
⑤ 苏舆.春秋繁露义证[M].北京:中华书局,1992:354-355.
⑥ 苏舆.春秋繁露义证[M].北京:中华书局,1992:299.

子”的君王，要顺天应民，则天而行，不可胡作非为，任意妄为，作为天的儿子，要“视天如父”。这样就给皇帝戴上了一道精神“紧箍”，天会用灾害或怪异等现象来限制和警示皇权，也可以用祥瑞、和顺来赞扬君王。“天之生民，非为王也，而天立王以为民也。故其德足以安乐民者，天予之；其恶足以贼害民者，天夺之。”君王虽然承受天命，只是代替天来看护治理百姓，如果君王逆天而行，违背天理，戕害百姓，那么天就会剥夺君王的天命，就像商纣王大行威虐，是百姓的大仇敌，虽高居天子之位，却只能被称为独夫，最终自取灭亡。“天之所弃，天下弗祐。”苏舆作注，认为这就是“屈君伸天”的旨意。因此，董仲舒强调的“屈民伸君，屈君伸天”的思想，不是为了伸天而伸天，为了君权而君权，最终还是以人为本，体现了对人生命的尊重和民本思想。

在极具神学意味的《春秋繁露·求雨》和《春秋繁露·止雨》中，我们既可以看到古代祭祀时的仪式，又能在祷告的祝词中看到董仲舒那颗爱民之心。其中止雨的祝词这样说：“嗟！天生五谷以养人，今淫雨太多，五谷不和。敬进肥牲清酒，以请社灵，幸为止雨，除民所苦，无使阴灭阳。阴灭阳，不顺于天。天之常意，在于利人，人愿止雨，敢告于社。”[①]由此可以看出，虽然止雨的祭祀仪式充满了浓厚的神学意味，但董仲舒在阴阳五行、天人相应的理论基础上，其祭祀的目的是“除民所苦”，并且“天之意，常在于利人”，是人想要止雨，所以才进行祷告。整个祭祀紧紧围绕人的需要、人的请求，表现出来的是儒家的顺天应民、重农爱民的思想。所以，不管是祈雨还是止雨，不为神，亦不为君，其最终目的还是怜惜广大民众，安抚百姓，为民请祷。

董仲舒主张的调均思想源于孔子的“不患寡而患不均，不患贫而患不安”。调均不是平均，而是各安其分，均衡分配。《春秋繁露·度制》对此有充分的论述。“度制”即“制度”，建立一套完整的制度，来保障社会资源和财富实现调均，“使富者足以示贵而不至于骄，贫者足以养生而不至于忧”。《易》曰：“节以制度，不伤财，不害民。”孔子曰：“君子不尽利以遗民。”董仲舒认为调均也要符合天道：“天不重与，有角不得有上齿。故已有大者，不得有小者，天数也。”[②]他认为，动物有四条腿的就不长翅膀，有翅膀的就只有两条腿。长有上齿的就不长角，长角的就没有上齿。“故明

① 苏舆.春秋繁露义证[M].北京：中华书局，1992：438.

② 苏舆.春秋繁露义证[M].北京：中华书局，1992：229-230.

圣者象天所为,为制度,使诸有大奉禄亦皆不得兼小利,与民争利业,乃天理也。”[①]天生万物时都不能兼给万物两方面的条件,人自然也不能兼利。《天人三策》中也指出:“受禄之家,食禄而已,不与民争业,然后利可均布,而民可家足。此上天之理,而亦太古之道。”[②]天之仁,在于长养万物,而不是相互争夺利益,所以君王必须遵天理而行,不能与民争利,保障老百姓的生活富足、安定。

(二)君民一体,以民为本

“君人者,国之元,发言动作,万物之枢机。”[③]枢机就是指为人君者之言、之德。董仲舒反复论述作为君主的德行教化对于国家政权的重要性。“根伤则亡其枝叶,君危则亡其国。”[④]虽然君王的地位和作用如此重要,但在董仲舒看来,君民关系从来都不是对立的,而是君民一体,家国同构。

董仲舒是这样来论述君民关系以及君德对百姓的影响的:“五帝三王之治天下,不敢有君民之心。”王者拥有天下,身居高位,却不敢自谓“君民”,是敬畏之至。程子曾经说过:“人主所以有崇高之位者,盖得之于天,与天下之人共戴也,必思所以报民,古之人君,视民如伤,若保赤子,皆是报民也。”君王不以位重权贵,而是以民为贵,怀着报民之心,爱民之心,体恤百姓,君民一体,上下一心,才可得治世。董仲舒说:“君者,民之心也;民者,君之体也。心之所好,体必安之;君之所好,民必从之。故君民者,贵孝弟而好礼义,重仁廉而轻财利。”[⑤]“一国之君,其犹一体之心也……心不可以不坚,君不可以不贤。”[⑥]身为君主,要“思不出其位”,君是一国之主,民心所向,民为国之体,百姓跟从君王的好恶,君的德行直接影响万民的教化风俗,关系到国家的治乱,“义则世治,不义则世乱”[⑦],可见君民一体。

《春秋繁露·五行顺逆》中,董仲舒以五行比附五德,认为五行中木、火、土、金、水各有其德行,并且推及人君的德行。如果人君能顺应时节则“顺”,悖逆时节则“逆”,并有相应的祥瑞和灾异,而且这些都会反映到百姓身上。“恩及于土,则五谷

---

① 苏舆.春秋繁露义证[M].北京:中华书局,1992:230.
② 班固.汉书[M].北京:中华书局,1999.
③ 苏舆.春秋繁露义证[M].北京:中华书局,1992:166.
④ 苏舆.春秋繁露义证[M].北京:中华书局,1992:460.
⑤ 苏舆.春秋繁露义证[M].北京:中华书局,1992:320.
⑥ 苏舆.春秋繁露义证[M].北京:中华书局,1992:460-461.
⑦ 苏舆.春秋繁露义证[M].北京:中华书局,1992:330.

成，而嘉禾兴。恩及倮虫，则百姓亲附，城郭充实，贤圣皆迁。”如果人君“逆”，“则民病心腹宛黄，舌烂痛……则民病流肿，水张，痿痺，孔窍不通……”[①]“此王者不明，善者不赏，恶者不绌，不肖在位，贤者伏匿，则寒暑失序，而民疾疫。”如果出现这种情况，君主必须施行德政以救治乱政，消除灾变。“夫五事者，人之所受命于天也，而王者所修而治民也，故王者为民，治则不可以不明，准绳不可以不正。”五事之正，指的是貌曰恭、言曰从、视曰明、听曰聪、思曰容，五者视听言动，动容貌，出辞气，皆日常人伦之礼，为君者不可不慎，因为虽然君王受命于天，其修身崇德最终是为治理天下，为天下百姓，这也就是“君民一体”。

《春秋》中记载最多的是战争，有战争，必有伤亡。通过对战争问题用词方面的辨析，也可以看出董仲舒对人生命的重视，对百姓疾苦的同情。“且《春秋》之法，凶年不修旧，意在无苦民尔；苦民尚恶之，况伤民乎？伤民尚痛之，况杀民乎？……今战伐之于民，其为害几何？”[②]让人民受苦受难，受到伤害，为君之心尚且感到厌恶和悲痛，更何况战争带给人民的是杀戮和死亡，所以“断断以战伐为之者，此固《春秋》之所甚疾已，皆非义也”。战争“非义”，战争带给人民的伤害是最大的，所以对于那些不顾百姓生死，想要通过战争来获取土地财富、满足私心的君王，《春秋》中的态度是疾恶如仇。

君民关系如此，君臣关系亦如此。董仲舒认为君臣之道也应该效法天地之道，并以心和身的关系进一步说明：“一国之君，其犹一体之心也。”[③]国君就像是身体中的心脏一样，“君臣之礼，若心之与体，心不可以不坚，君不可以不贤；体不可以不顺，臣不可以不忠。心所以全者，体之力也；君所以安者，臣之功也”[④]。只有君臣和合，国家才能得治，人民才能安定。董仲舒表面在阐述君臣之礼，实则更是在说君民之礼。《礼记·缁衣》中说：“民以君为心，君以民为体。”汉武元狩元年（前122年）诏：“君者心也，民犹支体。支体伤则心憯怛。”[⑤]

① 苏舆.春秋繁露义证[M].北京：中华书局，1992:375.
② 苏舆.春秋繁露义证[M].北京：中华书局，1992:48.
③ 苏舆.春秋繁露义证[M].北京：中华书局，1992:460.
④ 苏舆.春秋繁露义证[M].北京：中华书局，1992:461.
⑤ 苏舆.春秋繁露义证[M].北京：中华书局，1992:460.

二、礼乐教化之民本思想

“教化”是圣人以天道人伦修道设教，制礼作乐，并通过上行而化成以下。教行于上，化成于下也。董仲舒认为：“圣人之道，不能独以威势成政，必有教化。”[①]礼乐不只是教化的内容和途径，更是推行王道的重要载体。“礼以道其志，乐以和其声，政以一其行，刑以防其奸。礼乐刑政其极一也，所以同民心而出治道也。”

首先，教化是为了化民成俗，成就性善。董仲舒认为“人性未善”，必须通过教化才得以性善。“民之为言，固犹瞑也”，瞑，就是闭眼睛、昏暗的意思，指的是民未善，需要圣人修道设教，即“先王见教之可以化民也”，化民成俗，成就性善。且董仲舒的人性论不是涵盖所有人，而是“名性不以上，不以下，以其中名之”。上指的是“圣人之性”，为“上智”，不用教化，因为圣人是修道设教的；下指的是“斗筲之性”，为“下愚”，是不可教化的，只有介于两者之间的“中人”可以称“性”，亦可通过教化为“善”。在某种程度上，中人指一般人或万民。

其次，礼乐教化本于人心，本于民情，因此董仲舒说“《礼》《乐》纯其美”，至纯至美的礼乐虽是国家层面的制度，但主要是起到化民成俗的作用，“乐也者，圣人之所乐也，而可以善民心。其感人深，其移风易俗，故先王着其教焉”。孔子称赞：“安上治民莫善于礼，移风易俗莫善于乐。”

礼的核心是仁，“人而不仁，如礼何？人而不仁，如乐何？”[②]仁源于人内心的真情真意，表达出来则是礼乐，以礼乐节之。假如失去了内在的真情，那么徒有外在形式的礼乐又有什么意义呢？《春秋》中批评鲁文公“以丧取”，虽然娶亲不在丧期内，但送聘金的日期却在丧期内。《春秋》认为，鲁文公的做法表面看是不符合礼制的规定，实际是因为从心里没有一点儿悼念的意思，只想着娶亲的事情，“不别先后，贱其无人心也”。无人心，即没有“仁心”，就是不按照礼的规定和约束去做，所以才会受到《春秋》的讽刺，是《春秋》“所甚疾已”。

同样，《春秋》中还记录了一种破坏礼制的做法，这种做法却得到《春秋》的赞美。宣公十五年(前594年)时，楚庄王围宋，尚有七日余粮，而被围的宋国城中困厄，以至于易子而食，析骸而炊。宋国的将军华元夜见楚国的将领司马子反。司马

---

① 苏舆.春秋繁露义证[M].北京：中华书局，1992:319.

② 朱熹.四书章句集注[M].北京：中华书局，1983.

子反惊闻此况,随即以楚军实情相告,双方订立盟约退军。按《春秋》之法,“卿不忧诸侯,政不在大夫”[①],也就是大夫不可擅名专政而轻君,但对于司马子反的这次行动,《春秋》中却大加赞美,只因“为其有惨怛之恩,不忍饿一国之民,使之相食。推恩者远之而大,为仁者自然而美”[②]。为什么称司马子反为仁呢?“礼者,庶于仁、文,质而成礼者也”,礼是由仁德、文采和本质等共同构成的体系,但仁为礼之体,是礼之本。只是因为司马子反同情宋国百姓,在生命面前,宋人与楚人没有差别,战争的得失又何足挂齿,所以《春秋》对其大为褒扬。

这两件看似同样违礼的事,只因其心志不同,得到的评价却截然相反。所以礼不单单是外在形式的规范,更重要的是出于本心的对于生命的仁爱和珍视。

乐教亦是如此,音乐能够反映出社会风气和政治兴衰,“情发于声,声成文谓之音,治世之音安以乐,其政和;乱世之音怨以怒,其政乖;亡国之音哀以思,其民困”。董仲舒说,乐是应天而作的,其目的是表现民心民情。在《天人三策》中,董仲舒说:“乐者,所以变民风,化民俗也。其变民也易,故其化人也著。故声发于和而本于情,接于肌肤,藏于骨髓。”“乐异乎是,制为应天改之,乐为应人作之,彼之所受命者,必民之所同乐也。”受天命者,必制礼于初,作乐以终。天下还未完全和谐安定时,王者不会妄自作乐,“乐由心生”,“乐者,盈于内而动发于外者也,应其治时,制礼作乐以成之”,只有政通人和时,涌动于人内心的快乐需要表现出来时,才会应时而作。“舜作《韶》而禹作《夏》,汤作《頀》而文王作《武》,四乐殊名,则各顺其民始乐于己也。”制定礼乐,是要顺乎天下人民的快乐根源,才会应人作之,目的是与民同乐。只有顺民心民情的音乐,才能具有化民俗的功效。

最后,君王不但是教化的对象,而且是施行教化的主体。“王者,民之所往。”[③]从正名角度,董仲舒说,所谓王,就是天下民所归往。君王不是以自我为中心,站在人民头上作威作福,而是要了解民情,顺应民意,从民之所好,“所好多则作福,所恶多则作威”。如果“作威则君亡权,天下相怨;作福则君亡德,天下相贼”。“仁、谊、礼、知、信五常之道,王者所当修饬也;五者修饬,故受天之晁,而享鬼神之灵,德施于方外,延及群生也。”王者必须上承天意以顺命,自身也要遵循五常之道,加强道德修

① 苏舆.春秋繁露义证[M].北京:中华书局,1992:52.
② 苏舆.春秋繁露义证[M].北京:中华书局,1992:52.
③ 苏舆.春秋繁露义证[M].北京:中华书局,1992:133.

养,对下以明教化民为务,成民之性,此乃为政之本。

董仲舒在《天人三策》中由君主的德行修养,到施行教化于民,选拔人才,培养君子,提出了具体可行的教化方案,即设立太学,“养士之大者,莫大乎太学;太学者,贤士之所关也,教化之本原也”,“立太学以教于国,设庠序以化于邑,渐民以仁,摩民以谊,节民以礼,故其刑罚甚轻而禁不犯者,教化行而习俗美也”①。

三、德主刑辅之民本思想

董仲舒认为要治理国家,不能只有礼乐教化,还必须有政令刑罚,“礼乐刑政四达而不悖,则王道备矣!”②礼乐刑政四者有主有辅,孔子主张为政以德,“导之以德,齐之以礼”,同样董仲舒也认为好的政治是以德政为主,刑罚为辅。董仲舒用天之阴阳五行学说来反复论证:“王者承天意以从事,故任德教而不任刑。刑者不可任以治世,犹阴之不可任以成岁也。为政而任刑,不顺于天,故先王莫之肯为。”董仲舒以天道比附人事,一年中既有温暖的日子(阳气)养育万物,又有寒冷的时节(阴气)帮助万物成熟,阴阳之气都是天地的精华,是天道运行不可缺少的。而温暖的日子多于寒冷的日子,这样就要求统治者承天意,多施仁政而不是暴政,“天之任阳不任阴,好德不好刑”,这样才能彰显天地正道。董仲舒这样的思想主张不仅适应了当时的社会政治需求,而且从根本上也代表了百姓的利益。

在具体措施上,董仲舒也提出了一系列可行的切合人民利益的主张。首先,针对当时社会较为严重的土地兼并问题,董仲舒主张“限民名田,以澹不足,塞并兼之路”,董仲舒反对土地兼并,主张限制个人尤其是豪族占有土地的数量,不允许个人占有过多的土地,为当时的国家和人民保障重要的土地资源;其次,董仲舒提出“盐铁皆归于民”,反对由政府垄断经营;第三,董仲舒主张“薄赋敛,省徭役,以宽民力”等政策,目的是节约民力,减轻农民的负担。董仲舒爱民惜民力,主张“无夺民时,使民不过岁三日”,“劝农事,无夺民时,使民,岁不过三日,行什一之税,进经术之士。”③孔子也说:“道千乘之国,敬事而信,节用而爱人,使民以时。”时,就是指农时,官府使民当不扰民,要顾及他们的生产劳作时间;进经术之士,就是主张选拔人才,

① 班固.汉书[M].北京:中华书局,1999.

② 朱熹.四书章句集注[M].北京:中华书局,1983.

③ 苏舆.春秋繁露义证[M].北京:中华书局,1992:371.

任用贤人。另外,董仲舒还从尊重个人生命尊严和价值的角度出发,提出去除专杀奴隶的特权,维护社会最底层人民的利益等。

虽然这些主张在当时并没有被统治阶级完全采纳,但对于当时西汉社会以及以后的中国社会政治体系的构建起到了一定的积极作用。通过这些主张我们可以看到,董仲舒不仅是一位具有伟大魄力的思想家和政治家,更是一位有着深深民本情怀的真正儒者,不愧是西汉时期的“群儒首”“儒者宗”。

四、透过民本思想看董仲舒仁义观

透过以上分析的董仲舒的以人为本、以民为本的思想,可以看到其更深层次的仁义观。

“仁义制度之数,尽取之天。”①董仲舒崇尚天道:“天地之行美也……高其位所以为尊也,下其施所以为仁也。”天地的运行有秩序、有规律、有恒常,化育生长万物,是最完善美好的。治国之道也要取法天地。“天志仁,其道也义。为人主者,予夺生杀,各当其义,若四时;列官置吏,必以其能,若五行;好仁恶戾,任德远刑,若阴阳。此之谓能配天。”(《春秋繁露·天地阴阳》)董仲舒以天道之四时五行说明上天的心意是仁爱的,天之道是公正的,人道必须与天道相配。“天何言哉? 四时行焉,万物生焉。”天最大的德就是生,有了天地星辰,有了四时冷暖,才有了天下万物生生不息,有了这个精彩的世界。中国文化中,把人力无法预知、无法把控、无法到达的领域,都归结为天道、天意,认为天有权威,有意志,是至仁至义的。

董仲舒虽然强调君权神授,但“天子”是天的儿子,子承受父命,治理国家,受命于天,也要受命于天的仁。君主治理国家要施行仁政,只有君主的政令符合天道,施行仁政,以仁治理天下,才能得到天的认可和赞美。这种仁政要求君主在政治上要以民为本,这一主张与董仲舒的仁义思想有直接关系。“天志仁,其道也义。为人主者,予夺生杀,各其义,若四时;列官置吏,必以其能,若五行;好仁恶戾,任德远刑,若阴阳。此之谓能配天。”②上天的心意是仁爱的,所行天道是正义的,所谓“屈君伸天”,是说做君王的,生杀予夺都要符合天地道义,如四时应天一样。实行德政

① 苏舆.春秋繁露义证[M].北京:中华书局,1992:351.

② 苏舆.春秋繁露义证[M].北京:中华书局,1992:467-468.

而避免刑戮。“正其谊不谋其利，明其道不计其功”，董仲舒强调天道义理，为君为官，无论做什么事都应该首先想到“义”，“君子义以为质”。

董仲舒以天道论证其仁义观，绝不是神秘的神学主义，更不是迷信，而是中国人切切实实的天道观。所谓“切切实实”，是说无论是人与人相处，还是治理天下，人道都要效仿天道，以天相配才能带来治世美世，像天的四时、五行、阴阳一样，仁以爱人，以义当先等。

看似神秘的天人关系，实际上却是以人为贵，天人合一；看似对立的君民关系，实际却是以民为本，君民一体；看似冷冰冰的礼乐政刑，却饱含温暖的仁心仁德。一句“天心，仁也”，一句“民以君为心，君以民为体”，足以道破其背后蕴含的董仲舒深厚的儒家思想根基、真切笃实的儒家信仰和悲悯的儒家情怀。因此，董仲舒的民本思想，源于其更为深厚的仁义思想。

从正名思想看董仲舒的仁义观

代春敏

作为西汉时期最重要的政治哲学家,董仲舒是儒学发展中的关键人物,他继承发展了孔子以来的正名思想,并且从正名角度系统阐发了他的仁义思想,他的思想学说成为构建汉代社会政治制度,维护和完善社会秩序的重要理论基础和组成部分。

“名”,许慎《说文解字》解释:“自命也。从口,从夕。夕者冥也。冥不相见,故以口自名。”①命,是命名、自命的意思,就是自己称呼自己的名字。夕就是晚上的意思。《礼记·内则》记载:“夜行以烛,无烛则止。”②夜晚是禁止出行的,即禁冥行。夜晚彼此看不见,所以自己称呼自己的名来表明身份,区分你我。《管子》中说:“物固有形,形固有名。”名就是指事物的名物。由此可见,名虽然只是一种符号,但从其产生时就赋予了一定的实质意义,其最本质的作用是在社会交往中用以指称和区分人、物等,达到交流的目的。

在中国古代社会,非常重视名的地位和作用。《左传》中有这样一段话:“唯器与名,不可以假人,君之司也,名以出信;信以守器,器以至礼,礼以行义,义以生利,利以平民,政之大节也。”作为君子,必须信守名器、礼义,这是国家政权的大节所在。名与实是一体的,不能分离,必须名实相副。

一、孔子及先秦正名思想

孔子生活在礼崩乐坏的春秋时期,社会动荡不安,王室衰微,国君失权,周代以

---

① [汉]许慎.说文解字注[M].段玉裁,注.上海:上海古籍出版社,1988:56.

② [清]孙希旦.礼记集解[M].北京:中华书局,1989:736.

来建立的宗法制和政治伦理秩序遭到严重破坏。所谓的“礼崩乐坏”,并不是礼乐的缺失,从表面上看,礼乐反而更加繁复兴盛,如“八佾舞于庭”,“三家者以雍彻”,“季氏旅于泰山”等僭越诸侯、国君甚至天子之礼成为普遍现象。但这些实质上是“名不副实”,所以孔子才提出要正名。

孔子所说的正名,其核心意义就是名实相副,名实一体。《论语·颜渊篇第十二》中记载,齐景公问政于孔子,孔子对曰:“君君,臣臣,父父,子子。”[①]孔子提出这八字箴言来警示齐景公。后来朱熹做注解时,认为这是“人道之大经,政事之根本”[②],而当时的齐景公却未能听出孔子正名的深意。在《论语》的另一章中,孔子向学生子路明确表明了“正名”思想:“名不正,则言不顺;言不顺,则事不成;事不成,则礼乐不兴;礼乐不兴,则刑罚不中;刑罚不中,则民无所措手足。”[③]孔子非常郑重地说为政之先,“必也正名”,指的是君君臣臣父父子子。一名一言,都不可忽视,不可苟且,否则牵连一切皆名不正,名不正则国不可治。孔子的如此心迹,子路最终也未能明白。因此,名、器、礼、义等名实一体,源于内在的仁心仁德。孔子想要践行的正名思想,未能成功,所以转而修订《春秋》,以口诛笔伐的形式来体现正名思想。

孔子的正名思想是在当时礼崩乐坏的大背景下提出的,不同于一般名辨意义上的正名,而是一种政治哲学思想,目的是为了恢复和重建安定和谐的社会秩序,核心意义就是名实相副,并且提出了名、实、礼、义背后“仁”的核心概念。

自孔子之后,正名思想成为春秋战国中后期一个重要的论题,进而形成一个诸子学派——名家学派。名家的思想特点是注重辩论“名”与“实”之间的关系,所谓“苛察缴绕”“专决于名”,循名责实,或强调以名学或逻辑学的方法来考察和处理事物。而辩的内容,又往往与政治实际无关,如公孙龙的坚白离、合异同等名学命题,转而陷于纯粹的名实之辨和逻辑推理。值得注意的是战国后期荀子的正名思想,内容十分复杂且具有综合性,既包括认识论层面的思想,又包含政治伦理层面的思想。他提出了共名与别名的概念以及共名、别名之间的种属关系,并且提出了一系列正名的原则和方法等,这些对于后世的正名思想产生了重要的影响。

---

① [宋]朱熹.四书章句集注.[M].北京:中华书局,1983:136.
② [宋]朱熹.四书章句集注.[M].北京:中华书局,1983:136.
③ [宋]朱熹.四书章句集注.[M].北京:中华书局,1983:136:142.

二、董仲舒正名思想的特点

董仲舒继承并发展了孔子及先秦的正名思想,集中体现在《春秋繁露·深察名号》一篇中。

(一)重视考察名号

董仲舒正名思想的特点是重视考察名号,因为名号与实际事物相关,与治理国政相关。

董仲舒指出:“治天下之端,在审辨大;辨大之端,在深察名号。”[①]和孔子一样,董仲舒认为治理天下最为重要的就是要考察名号,名号是“大理之首章也”。名号非常重要,是辨别是非逆顺的关键所在,“欲审曲直,莫如引绳;欲审是非,莫如引名”[②]。就像是工匠所用的绳墨,想要辨别事物的是非曲直,必须用名做判断标准。名号之所以能够正是非曲直,是因为“名号之正,取之天地,天地为名号之大义也”。《释名》中解释天地:“天,显也,在上高显也。地,底也,其体底下,载万物也。”[③]天地之名也蕴含着名号的大义。无论是名号的发声,还是含义,都取自天地的大节大义。“名者,所以别物也。亲者重,疏者轻,尊者文,卑者质,近者详,远者略,文辞不陷情,明情不遗文。人心从之而不逆,古今通贯而不乱,名之义也。”[④]《春秋》正名,以其名寓褒贬。“《春秋》慎辞,谨于名伦等物者也。”[⑤]包括器之名、地之名、征伐之名、人之名、华夷之名、祭祀之名等,各有其辞,非常谨慎,“顺其志而一其辞,章其义而褒其美”[⑥]。

董仲舒一再强调名号的重要性,认为“名生于真,非其真,弗以为名”,名产生于真实,即名和实相副,如果不真实,就不能用来命名。“名”是圣人用来表现事物的真实情况和状态的,因此回归事物的本真,从名号上就可以勘察,“黮黮然还昭昭耳”[⑦]。那些暗昧不清的事物就可一目了然。

---

① [汉]董仲舒.春秋繁露[M].张世亮,钟肇鹏,周桂钿,译注.北京:中华书局,2012:366.
② [汉]董仲舒.春秋繁露[M].张世亮,钟肇鹏,周桂钿,译注.北京:中华书局,2012:374.
③ 苏舆.春秋繁露义证[M].北京:中华书局,1992:285.
④ [汉]董仲舒.春秋繁露[M].张世亮,钟肇鹏,周桂钿,译注.北京:中华书局,2012:657.
⑤ [汉]董仲舒.春秋繁露[M].张世亮,钟肇鹏,周桂钿,译注.北京:中华书局,2012:88.
⑥ [汉]董仲舒.春秋繁露[M].张世亮,钟肇鹏,周桂钿,译注.北京:中华书局,2012:84.
⑦ [汉]董仲舒.春秋繁露[M].张世亮,钟肇鹏,周桂钿,译注.北京:中华书局,2012:374.

(二)音、义、形同本而达天意

董仲舒正名思想的另一个重要特点，是把事物的名号与天相联系，认为名号是天意的表达，圣人仿效天地之义定名号。

“古之圣人，謞而效天地谓之号，鸣而施命谓之名。名之为言鸣与命也，号之为言謞而效也。謞而效天地者为号，鸣而命者为名。”[①]“謞”“效”“号”与“鸣”“命”“名”两组字，字义相近，字音押韵，使得这段话读起来如诗文一般抑扬顿挫、朗朗上口。董仲舒用这样的两组字来阐发名号的意思，“名号异声而同本，皆鸣号而达天意者也”[②]。天本身并不发声，天地通过人发出声音来体现和传达天意，那么这个能够体现天意的人声自然就格外重要了，这个人声即“名号”。

董仲舒除了在字的发声上显示名号的重要性和体现一定的内涵外，还从字形、字义上来分析其与名号的关系。如：“心止于一中者，谓之忠；持二中者，谓之患。患，人之中不一者也。”[③]苏舆认为，董仲舒这样分析“忠”和“患”字，包括他的“释仁为人，义为我，性为生”等，都是一样的体例。

董仲舒还以名号阐释了“天子”“诸侯”“大夫”“士”“民”五者的含义，从名号上将其加以区分，“天子”就是天的儿子，事天以孝道；“诸侯”就是侯奉天子；“大夫”就是在忠信、礼义方面大于匹夫之义；“士”即事也，“民”即瞑也。以此进一步说明各自的职分：“五号自赞各有分，分中委曲，各有名。”[④]“王”号之大意，董仲舒就以“皇”“方”“匡”“黄”“往”五科来说明；“君”号之大意，以“元”“原”“权”“温”“群”五科说明，选用韵脚相同或相近的字，以字义表达名号之意义。

(三)名、号的区别

详细区分了名与号，是董仲舒正名思想的特点。

所谓名号，都是人、物、事的指称，但名和号又有区别。“名众于号，号其大全。”名比号要多，要详细，号指称事物的大类，少而略。“名也者，名其别离分散也。号凡而略，名详而目。”董仲舒谨慎区别了名和号的不同，认为所有的事物都有其凡号，

① [汉]董仲舒.春秋繁露[M].张世亮，钟肇鹏，周桂钿，译注.北京：中华书局，2012：367.
② [汉]董仲舒.春秋繁露[M].张世亮，钟肇鹏，周桂钿，译注.北京：中华书局，2012：367.
③ 苏舆.春秋繁露义证[M].北京：中华书局，1992：346.
④ [汉]董仲舒.春秋繁露[M].张世亮，钟肇鹏，周桂钿，译注.北京：中华书局，2012：369.

号之下也都有其散名。名,是为了能详细列举并分辨万事万物,而凡号是举其大纲。如号为“祭”,一年四季不同时节的祭祀则有不同的散名:“春曰祠,夏曰礿,秋曰尝,冬曰烝”[①];号为“田”,按照季节的狩猎散名也不一样,“春苗,秋蒐,冬狩,夏狝”[②]。这些号和名都来自天意,暗合人类的生产和生活行为顺从天意,“是故事各顺于名,名各大顺于天”。秋天的祭祀曰“尝”,《大传》里记载:“鲜者,何也? 秋取尝也。”[③]鲜、狝字同,所以秋天的田猎曰“狝”。春天的田猎曰“春苗”,指春天植物刚刚萌芽,动物尚且幼小。所以,圣人因天意天时来制名,循名求实,通达天意,顺乎人情,董仲舒说“天人之际,合而为一”,从名和号中完全体现出来了。

董仲舒的其他很多思想都与正名思想紧密联系,而仁义思想是其重要的阐发。

三、正名角度看仁、义

董仲舒在《春秋繁露·仁义法》这一篇中系统地阐发了他的仁义观。徐复观指出:“仲舒发挥《春秋》仁义之旨,而参以己意,用心恳笃,切近政治人生,欲有以求救《春秋》偏弊。即在现在,仍富有极大启发性,而又未尝违反先秦儒家本义的,莫要于以《仁义法第二十九》。但在他的整个思想中,发生影响最小,甚至不曾发生影响的,也是这一篇。”除此之外,董仲舒还从正名思想出发,从更广阔的思维角度阐发了他的仁义思想。

“《春秋》之所治,人与我也。所以治人与我者,仁与义也。”[④]董仲舒治《公羊春秋》,认为《春秋》所研究的,无非是别人与自我的关系,用来研究别人与自我关系的范畴,是仁与义。“以仁安人,以义正我,故仁之为言人也,义之为言我也,言名以别矣。”[⑤]董仲舒从正名的角度定义什么是“仁”,什么是“义”。“言名以别”是指一说出名称,就已经把事物的真实情况辨别出来了:仁,就是表述怎样对待别人;义,就是用来表述怎样对待自我。以仁义之“名”来指出仁义的基本内容和范畴。那么,我们就先从“仁”“义”之名来分析一下。

---

① 苏舆.春秋繁露义证[M].北京:中华书局,1992:287.
② 苏舆.春秋繁露义证[M].北京:中华书局,1992:287.
③ 苏舆.春秋繁露义证[M].北京:中华书局,1992:288.
④ [汉]董仲舒.春秋繁露[M].张世亮,钟肇鹏,周桂钿,译注.北京:中华书局,2012:314.
⑤ [汉]董仲舒.春秋繁露[M].张世亮,钟肇鹏,周桂钿,译注.北京:中华书局,2012:314.

(一)仁

《说文解字》解释:"仁,亲也,从人二。"①

首先,从字音看,仁者,亲也。"仁""人""亲""群"在音韵表中同属"痕部"。"仁者,人也。"只要说出这个"仁",就同"人""亲爱人""人群"不可分离。《周易·说卦》中说,天之道在阴阳,地之道在柔刚,强调"立人之道曰仁与义",仁和义是人之为人最根本的法则,天、地、人三者合而称为"三才",这是天、地、人之道的根基所在。董仲舒所说的:"仁之为言人也,义之为言我也,言名以别矣。"非常明显,作为名,一说出"仁"这个字,就是在说"人"而不是在说"我"。

其次,从字形看,仁,从人二,"人二"也就是二人,段玉裁注:"以相人耦为敬也。……耦犹言尔我亲密之词,独则无耦,耦则相亲。故其字从人二。"②意思是一个人无法体现"仁",仁是人与人之间关系的体现,必须在人群交往中才能呈现出来。钱穆先生说:"仁即人群相处之大道。"③人在天地间之所以称为"人",在于人有父子、兄弟、君臣、长幼之伦,也就是说,人必须在伦理关系之中才可成其为人,生在人伦中,死亦在人伦中。董仲舒说:"何谓本?曰:天地人,万物之本也。天生之,地养之,人成人。天生之以孝悌,地养之以衣食,人成之以礼乐,三者相为手足,合以成体,不可一无也。"④天、地、人是万物的根本,天用孝悌生长成物,地用衣食养育万物,人用礼乐成就万物。三者合为整体,缺一不可。人是天地所生,"人为天下贵"。人既自知其贵,就不能把自己等同于无知的动物,而应该有一定的道德自觉,通过学习和教化,追求人之所以成为人的德性,修仁德以成人。

最后,从字义来看,仁有亲爱、爱人的意思。董仲舒所说的爱"人",突破或弱化了先秦儒学以宗法制为基础的血缘亲情的限制,扩大到"我"之外的所有"他人","人不被其爱,虽厚自爱,不予为仁"。如果人只是爱自己,别的人感受不到他的爱,那么也不能称为"仁"。董仲舒认为,"仁者所爱,人类也",仁爱之爱,遍及群生万物,以至"鸟兽昆虫莫不爱。不管,奚足谓仁?"真正的仁爱,所爱至深,恩及至广。董仲舒还详细阐述了何谓仁者的道德修养:"何谓仁?仁者,憯怛爱人,谨翕不争,

---

①[汉]许慎.说文解字注[M].段玉裁,注.上海:上海古籍出版社,1988:365.
②[汉]许慎.说文解字注[M].段玉裁,注.上海:上海古籍出版社,1988:365.
③钱穆.论语新解[M].北京:九州出版社,2011:6.
④[汉]董仲舒.春秋繁露[M].张世亮,钟肇鹏,周桂钿,译注.北京:中华书局,2012:193.

好德敦伦,无伤恶之心,无隐忌之志,无嫉妬(妒)之气,无感愁之欲,无险诐之事,无辟违之行。故其心舒,其志平,其气和,其欲节,其事易,其行道,故能平易和理而无争也,如此者,谓之仁。”①

“仁”还有另外一个含义:果核的最内部分或其他硬壳中可以吃的部分。这个含义代表“生”,生生不息之“生”。《释名》:“人,仁也。仁生物也。”仁自然有一种生长的力量,可以萌生长育万物的德行。“仁者何也?活者为仁,死者为不仁。今人身体麻痹不知痛痒,谓之不仁。桃杏之核可种而生者谓之桃仁杏仁,言有生之意。”(《上蔡语录》)也正是在这个意义上,董仲舒指出,“天,仁也”,从天人关系的角度给“仁”正名。

(二)义

第一,从字形看,甲骨文“义”是会意字,从羊,从我。“我”代表刀锯,表示用刀锯屠宰牛羊以祭祀。杀牲以祭祀,是古代非常重要不可废弃的大事,后引申为正当、公正、公正合宜的事或举动,合乎伦理道德的原则。《说文解字·我部》:“义,己之威仪也,从我从羊。”这里是引申义。董仲舒从“义”的字形上分析,“义”之名一说出来就是言“我”,而不是在说“别人”,“有为而得义者,谓之自得;有为而失义者,谓之自失;人好义者,谓之自好;人不好义者,谓之不自好。以此参之,义,我也,明矣”。就是说,人的一切行为,不管是合乎义还是不合乎义的,都是自我的得与失,所以董仲舒认为,义就是表明“我”。

第二,从字音分析,《中庸》中说:“义者,宜也。”②朱熹注:“宜者,分别事理,各有所宜也。”③“宜”通“仪”和“谊”。《汉书·董仲舒传》中用到“义”字,有的地方用“义”字,多处用“谊”字,《春秋繁露》全部用“义”字。“义”“宜”“仪”“谊”三者音韵相近,“仪”是己之威仪。

第三,从字义来看,“义”具有正当、合适、公正的含义。《论语》:“子曰:‘君子之于天下也,无适也,无莫也,义之于比。’”④《孟子·离娄下》:“大人者,言不必信,行不

---

① [汉]董仲舒.春秋繁露[M].张世亮,钟肇鹏,周桂钿,译注.北京:中华书局,2012:327.
② [宋]朱熹.四书章句集注.[M].北京:中华书局,1983:136:128.
③ [宋]朱熹.四书章句集注.[M].北京:中华书局,1983:136:29.
④ [宋]朱熹.四书章句集注.[M].北京:中华书局,1983:136:71.

必果,惟义所在。"①"义"是儒家的核心思想之一,如同"一切价值及德性的调节器和安全阀"。孔子的"杀身成仁",孟子的"舍生取义",无不蕴含着儒家对于"仁义"这一最高道德标准的追求,"仁"可谓儒家之大慈大悲,"义"可谓儒家之大智大勇。董仲舒说的"义在正我",强调的是以正当合宜的道德标准来端正自己,而不是端正别人,自己的心正了,行为自然也就端正了,与"子帅以正,孰敢不正?"的思想一脉相承。

(三)仁、义之名号

1.仁、义之散名

董仲舒的仁义观中,仁和义是两种不同的名,是对待他人和自己时不同的指称,由此引申出仁和义的深层区别,即人、我、内、外的区别。"名号之由人事起也,不顺天道,谓之不义。"②可以说,董仲舒对"仁""义"思想的本质和原则明确清晰地进行了阐述和分析,并加以区别。仁者爱人:怎样爱?爱的对象是谁?爱有差别,怎么区别?义在正我:何为正?以何正我?

董仲舒说:"是义与仁殊:仁谓往,义谓来;仁大远,义大近;爱在人,谓之仁;义在我,谓之义。仁主人,义主我也。故曰:仁者,人也;义者,我也。此之谓也。君子求仁义之别,以纪人我之间,然后辨乎内外之分,而著于顺逆之处也。是故内治反理以正身,据礼以劝福;外治推恩以广施,宽制以容众。"③董仲舒指出仁与义在主体、对象、范畴、作用、效果等方面完全不同甚至相互对应。"仁"之人、往、远、外分别对应"义"之我、来、近、内。仁爱的主体和所施及的对象,是他人而不是自己,仁爱所施及的范畴是向外、向远,向更广大的他人推广;相反,义的主体和所施及的对象是自己,以道德准则和社会规范来端正自己,是切近、向内,向自己内心来反思、省察。

孔子对冉有说:"治理人民,要先使人民富裕,然后再进行教化。"对樊迟说:"端正自身,要先事后食。"《诗经》曰:"彼君子兮,不素餐兮。"是也。《春秋》记事笔法也是对于上位者的过错,就毫不留情地指出来,对下层人的痛苦却百般怜惜;对于鲁

① [宋]朱熹.四书章句集注[M].北京:中华书局,1983:136.
② [汉]董仲舒.春秋繁露[M].张世亮,钟肇鹏,周桂钿,译注.北京:中华书局,2012:658.
③ [汉]董仲舒.春秋繁露[M].张世亮,钟肇鹏,周桂钿,译注.北京:中华书局,2012:320-321.

国之外的国家的小错就忽略不计，而本国的小过错则记下来给予批评。所有这些都说明一个道理："躬自厚而薄责于人。""仁"是造福别人，"义"是成就自我。而且居于上位的君主更应该清楚治人与自治的标准，在施政中宽待厚爱别人，苛责端正自己，才能得到民众的拥护和尊重。

2."天仁"之凡号

天，在董仲舒看来，具有神圣性、绝对性和权威意志的不可超越性。回到董仲舒的"天人之际，合而为一"的思维，董仲舒提出了"以仁释天，以天为仁"的思想。从名和号的角度看，"仁"和"仁、义"并举时的含义有所区分，董仲舒进行了深入的阐述。

首先，董仲舒肯定了天有"仁"德。"为生不能为人，为人者天也。人之为人本于天。"董仲舒认为人能生育，但人所以成为"人"，在于禀受上天，能够造就人的是天。也正是"仁"有"生物"的含义，董仲舒认为："仁之美者在于天，仁也。天覆育万物，既化而生之，有养而成之，事功无已，终而复始，凡举归之以奉人。察于天之意，无穷极之仁也。人之受命于天也，取仁于天而仁也。"[①]《易·系辞下》中说："天地之大德曰生。"生，就是指化生万物，天地的弘大德泽在于使万物生生不息，不相侵害。其次，人效法天并从天那里获取仁德。人生天地之间，遵循天道、地道而行事，效法天地而归于仁德，"人之血气，化天志而仁"。董仲舒认为，美好的仁德在天，天是仁爱的，庇护化育万物，造就培养万物，周而复始，没有止境。人，也只有人从天那里获取仁道仁德，因此表现为"仁"。

"仁"就是生生不息的生命和精神成长的力量。什么叫生？什么叫死？唯有肉体存在就是活着吗？这里体现着儒家的生死观，如果没有仁，就不能称之为活着，只能叫作"行尸走肉"。当代诗人臧克家的一首诗《有的人》："有的人活着 他已经死了；有的人死了 他还活着。"就是在相互对照中呈现两种截然不同的人生方式和生命状态。"天行健，君子以自强不息"说的就是人要保持精神和生命的生生不息，并且是自我的成长和强大，只有这样，才可达到仁的境界。

董仲舒突破了人与人之间对待意义上的"仁、义"之名分，以更高的天人关系角度"以天释仁"，赋予了"仁"更广泛、更深远的"号"的意义。

---

①［汉］董仲舒．春秋繁露［M］．张世亮，钟肇鹏，周桂钿，译注．北京：中华书局，2012：421．

结语

总之,董仲舒通过对《春秋》大义的阐发,从正名角度表明了他的仁义观:名号得于天意,名、号又有区分。从天与人的关系看,“仁”统“仁、义”,董仲舒认为天是仁爱的,“天人合一”,在这个意义上,“仁”可以看作是凡号;在人与人相处,如何对待自我与他人时,仁、义又是不同的散名。

“仁”作为凡号,告诉人们要遵循天道,学习和效法天的仁爱之德。

“仁、义”作为散名,其区别是:“仁”之名,广、远、厚、大、深,仁注重的是如何对待别人,是外治,强调的是推广恩泽;义之名,是内治,对待自我,注重的是如何规范自己。因此,在人与人相处之际,对待自己以“义”,以义正我,以理正身,依礼行事,只有这样端正自己,才能表现为对别人的“仁”,才能把爱广泛地施予他人。

作为散名,仁、义并举时,虽存在这些区别,但并不是截然分开的两码事,又回到这一句,“《春秋》之所治,人与我也。所以治人与我者,仁与义也”。董仲舒的仁义观是仁义一体,在我是义,表现出来对别人就是仁,否则就是不仁不义。

董仲舒说:“仁之于人,义之于我者,不可不察也。”[①]从正名的角度来看,对于“仁”和“仁、义”的内在含义和区别,君子必须要用眼睛看,用心思考,反复琢磨,深切体察仁义之分、人我之别。只有看到了天心之仁,体察到仁与义的不同,彻底辨别其中的分别所在,才可以在顺逆之时正确处理我与外部世界,我与他人、他事、他物的关系,表现出正确的进退取舍之态度,才可真正明白圣人最高明的道理。

---

① [汉]董仲舒.春秋繁露[M].张世亮,钟肇鹏,周桂钿,译注.北京:中华书局,2012:314.

浅论儒家以“仁”为本的生态观

靳晓娜

一、儒家“仁”的含义和价值

(一)“仁”的本质

从“仁”字的写法来看,从人从二:从人,表示一个人;从二,指“我与我以外的很多人相处”,蕴含了处理两人、两者之间关系的方法。这两者之间的关系是靠“爱”来维系的。《论语》有“樊迟问仁,子曰‘爱人’”,“爱”是仁的本质,是处理人与人、人与社会关系的基本准则和主要行为规范。“仁”是一个含义极广的道德范畴,在儒家的思想体系中更是核心的概念范畴。孔子把“仁”作为最高的道德原则、道德标准和道德境界,形成了以“仁”为核心的伦理思想结构,“仁” 在儒家的思想体系中居于十分重要的地位,是儒家思想的基本概念,以至于有人把孔子的思想概括为“仁学”。

(二)儒家以“仁”为基础的生态智慧

“仁”是儒家思想的核心概念,但是儒家讲的“仁”不是遥不可及、高高在上的。孔子说:“我欲仁,斯仁至矣。”同时“仁”的展现是全方位的,涵盖内容是多方面的。儒家的仁爱思想包含三个层次,即以家庭血缘关系的爱为起点,推及社会人与人之间,至整个自然,是推人及物,由爱人到爱物,把“仁”提升到了对人类、自然的普遍仁爱的高度,具有普世价值,承载了中国儒家哲学思想的精髓,也展示了深沉的生态智慧,所以分析儒家的生态观要明确其是以“仁”为基础的,不了解“仁”的内涵,就难以体会儒家尊崇自然,进而与自然合一的生态智慧。

二、"和谐用中、敬天爱物"的循环生态观

(一)"敬天爱物"的智慧

在中国文献中,"仁"并不是儒家独有的概念,儒、道、佛都曾使用"仁"来表达他们的"体",各家思想都有独到之处,但理到深处,又有相通之处。儒家生态观体现了儒家中庸的智慧,一方面,家庭、社会、自然各个成员行事不可过分、过度,不能影响其他成员的存在,即都要保持中庸的立场,以实现个体与整体辩证统一、和谐相处。儒家认为本着中庸之道处理人与人、人与社会、人与自然等诸多关系,以仁爱为出发点和归宿,就会达到"和",达到齐家、治国、平天下的美好愿望,世界就会是一个理想的大同世界,这是孔子,也是儒家终极的政治理想。儒家的"仁"内涵丰富,推己及人、推人及物,拓展为"仁人爱物"的天的情怀,所以强调了我们对自然、对动植物也要尊重、爱护,与之和谐相处,仁爱万物。"骥,不称其力,称其德也。"千里马,能行千里,但孔子不称赞其力而称赞其德。所以,在孔子看来世间万物都可以有德,都值得被尊重、被善待。

(二)"和谐用中",不过分索取的准则

在儒家"敬天爱物"的生态观中,"和谐用中"就是具体的行为准则。孔子认为对自然生物的尊重和爱护,也是仁爱的表现,孔子不反对打猎、钓鱼,但是"子钓而不纲,弋不射宿"。钓鱼而不用网具断流捕鱼,射鸟而不猎击归巢之鸟。孔子曾说:"丘闻之也,刳胎杀夭则麒麟(走兽)不至郊,竭泽涸渔则蛟龙(鱼类)不合阴阳,覆巢毁卵则凤凰(鸟类)不翔。何则君子讳伤其类也。夫鸟兽之于不义也尚知辟之,而况乎丘哉!"麒麟、蛟龙和凤凰是古代人的图腾,亵渎它们是要受到天谴的,孔子将剖腹取胎、竭泽而渔和覆巢毁卵视为不义之举,这种不尽物取之的生态伦理意识值得今人体会学习,有利于维护自然生态的平衡和正常的循环,也就是今天提倡的可持续发展。

(三)尊重自然万物

孔子还主张要多了解动植物,多亲近自然,与自然融为一体。孔子主张"学诗"。《季氏》中有:"不学诗,无以言。"此处"诗"应是指《诗经》,除了应对交谈之外,

学诗还可以“多识草木鸟兽之名”。

特别值得一提的是，儒家认为人的德性之所以尊贵，不在于凌驾于其他生命之上，任意支配和施暴，而在于同情和爱护一切生命，这是仁爱思想的最高境界，所谓“仁人爱物”，要恪守“敬”的准则，而不是高高在上地主宰自然万物。这种认知的确难能可贵，放在今日也意义非常。

三、“万物一体、天人合一”的全局生态观

（一）天人合一的生态境界

儒家用“敬天爱物”的姿态对待自然万物，以“和谐用中”的标准取用自然、善待万物，这一点是很值得现代人体会学习的。但儒家对自然的认知与重视还不仅于此，而是更进一步提出了“万物一体、天人合一”。当然“天人合一”是中国古代哲学一个复杂高深的论题，其意义远不止于今天探讨的生态观，道家老庄对这一命题的探讨更为深刻，而汉代大儒董仲舒便在政治哲学的领域对其进行了更深刻的论述，但本文只从生态观角度进行分析。

儒家倡导对天所生之物，都要有同情和爱，这是“仁”的最本真、最质朴的普遍含义，从生命的意义上说，人与动植物都是自然所生，儒家的仁爱思想从“孝”开始，推到人类及自然界的一切生命，主张要爱自然、尊重自然，与自然和谐相处，对待自然要深怀敬意。“知者乐水，仁者乐山。”这种“乐”是人与自然和谐相处的最高体验和境界，缺乏这种境界的人，只见山是山、见水是水，在仁知之人看来，自然界充满生意，不计利害，与万物融为一体，才能享受到生命最本真的快乐。

孔子赞成并且向往这种“天人合一”的自由境界。孔子曾说：“暮春者，春服既成，冠者五六人，童子六七人，浴乎沂，风乎舞雩，咏而归。”孔子喟然叹曰：“吾与点也。”暮春三月，已经穿上了春天的衣服，我和五六位成年人、六七个少年，去沂河里洗洗澡，在舞雩台上吹吹风，一路唱着歌走回来。孔子感慨地说：我赞同曾点的意见。孔子以点之言为太平社会之缩影也，人与自然的对立消除了，人作为自然界的组成部分，物我两忘，天人合一，达到一种唯美的、真实的境界。所以，儒家所谓敬天爱物、仁爱自然，绝不是刻意的作态，而是出于本性的必然选择。

2. 天人合一的生态观的发展

这种“天人合一”的境界是中国古人智慧的闪光之处，不仅孔子，也不仅儒家，各家对此都倍加推崇。承孔子之说，孟子提出了较为系统的“天人合一”观；至于董子“天人合一”的有机整体论蕴含的生态思想更加丰富而深刻；庄子“万物齐一”论亦蕴含深刻、独到的生态美学思想。当然，他们的理论更多的是政治意味，但其中的生态观也颇值得我们认真体味与领悟。

四、儒家生态观的现实意义

(一)现代生态危机的认知

生态文明是指以人与自然、人与人、人与社会和谐共生、良性循环、全面发展、持续繁荣为基本宗旨的文化伦理形态。现在，环境的污染、生态的破坏已经成为人类日益严重的生存危机，生态危机已成为全球性问题。科技的发展在给人们生活、工作带来巨大便利的同时，也让人类逐渐习惯了对自然的占用和掠夺。当然，科技发展本身无可厚非，但人毕竟依赖自然生存，受到近代西方科学乐观主义的影响，很长时间以来人类似乎沉醉于自己对自然强大的征服力量中，但与之而来的各种环境危机现在已经让每个人有了切肤之痛。

(二)古为今用，建立当代生态文明

今天要解决这个问题，不仅要在技术层面探索更多治理手段，更重要的是解决人们的思想观念问题，生态危机的实质是文化危机，人类要克服生态危机，继续生存下去并进一步繁荣发展，就必须抛弃以人类为中心、人与自然对立二分的观念，反对盲目强调人是自然的主宰，反对为所欲为地征服和掠夺自然。如何重新审视与调整人与自然的关系，如何实现人与自然的和谐相处是亟待探索的问题，在这个问题上，儒家主张的生态思想是可资借鉴的理论资源，“仁”是坚实的理论依据和行为准则，其中“敬天畏命”的思想启示人们应通过合理、有节制地开发和利用自然，与自然界建立一种和谐相处、同步发展的关系；“仁爱万物”的思想有助于人们树立热爱万物和融入自然的观念；“节约资源”的思想有助于人们建立节约型社会；“天人合一”的认知更是深刻说明了人与自然和谐共生、持续发展的重要性。

综上所述,孔子认为“仁”是本,“君子务本,本立而道生”。人首先有爱人之心,才会进一步仁爱自然,直至天人合一,与自然和谐共处。所以,现在在发展经济,提高科技水平的同时,要强调统筹发展和对自然的责任,加强人们保护自然生态的意识,引导人们探索如何形成与自然协调发展的和谐格局。探讨儒家生态观的现实意义不言而喻,有助于我们建立人与人、人与社会、人与自然和谐共生、良性循环、全面发展、持续繁荣的现代生态文明。当然,儒家生态伦理思想要和当代社会相适应,还需与当代生态伦理学和环保理念结合。儒家生态伦理思想包含着诸多超越时空限制的合理内涵,这些符合客观规律的成分不会随时代和地域的变迁而过时。同时,儒家生态伦理思想也存在一些历史局限性,我们要根据当代中国、当今世界发展的实际需要,促进儒家生态伦理思想的创造性转化、创新性发展,使之成为生态文明建设的重要思想资源。

参考文献:

[1] [宋]朱熹.四书集注[M].西安:三秦出版社,1998.

[2] 孟荣荣.天人合一:先秦儒家的生态思想价值解读[J].江苏第二师范学院学报,2016(10).

[3]吉登星,郭起华.儒家生态思想及其当代价值探讨[J].科技经济导刊,2018,26(32).

传统文化教学研究

传统文化视域中人的自由全面发展解读

——兼谈传统文化融入“马克思主义基本原理概论”教学

白立强

中华民族从站起来、富起来到强起来归根结底体现在文化层面。就此而言,文化自信是助力中华民族走向强大的精神支柱。习近平总书记在党的十九大报告中指出:“深入挖掘中华优秀传统文化蕴含的思想观念、人文精神、道德规范,结合时代要求继承创新,让中华文化展现出永久魅力和时代风采。”《关于实施中华优秀传统文化传承发展工程的意见》也强调:“把中华优秀传统文化全方位融入思想道德教育、文化知识教育、艺术体育教育、社会实践教育各环节,贯穿于启蒙教育、基础教育、职业教育、高等教育、继续教育各领域。”“马克思主义基本原理概论”作为高校思想政治教育主要课程,在传播中华优秀传统文化方面担负着不可或缺的责任。这既是经济社会发展的必然趋向,也是马克思主义中国化的内在要求。

有学者认为,马克思主义中国化的一个基本要求就是“通过中国人民喜闻乐见的民族形式来表达马克思主义,不仅在内容上,而且在形式上都要努力实现马克思主义中国化。”[①]马克思主义之所以能够在“内容”方面实现中国化,原因就在于马克思主义与中国,确切而言,与中华优秀传统文化存在着契合点。

文化乃人文之化,本身就与人联系在一起。正如余秋雨所认为的,文化就是“由精神价值、生活方式所构成的集体人格”[②]。显然,相对于西方文化之重视物,中国文化侧重点则为人。[③]“中国文化是‘人本位’的,以‘人文’为中心的,主要在求完

① 李君如.马克思主义中国化若干问题研究[J].中共中央党校学报,2008(1):5-17.
② 余秋雨.中华文化四十七堂课:从北大到台大[M].长沙:岳麓书社,2011:3.
③ 钱穆.中华文化十二讲[M].北京:九州出版社,2012:9.

成一个一个的人。”[①]或者说,“中国文化精神最主要的,乃在‘教人怎样做一个人’”[②]。楼宇烈先生也认为:“以人为本的人文精神是中国文化最根本的精神,也是一个最重要的特征。”“中国传统文化强调人的主体性、独立性、能动性。”[③]

同样,马克思主义理论也将研究的目的锁定在探究人的存在和发展方面。“马克思主义是人的解放学”,其最终目标就是实现人的自由全面发展。[④]由是可见,无论马克思主义还是中华优秀传统文化都将人的存在和发展作为基本关注点。

就人的自由全面发展而言,深入挖掘中华优秀传统文化资源,以中国语境与话语表达阐释之,既有助于理解马克思主义关于人的自由全面发展的内涵,更能够了解中华文化之内在之美与形式之美,从而激发大学生对民族文化的挚爱,进而增强文化自信。

以中华优秀传统文化阐释马克思主义关于人的自由全面发展思想,可以从三个层次依次深入展开:中华优秀传统文化的着眼点是人,中华优秀传统文化的着力点是成人,中华优秀传统文化的价值取向是自由全面发展的人。

一、中华优秀传统文化的着眼点是人

在中国文化之中,人(修身)既是成就事业、治国安邦的起点,也是其归宿;不断提高与完善自己既是实现事业成功的基础和前提,也是事业成功的必然取向。人、事双方在双向互动过程中,相互促进、彼此助益、不断优化、共同提高,从而形成了良性循环模式。正如《大学》所云:“自天子以至于庶人,壹是皆以修身为本。”“身修而后家齐,家齐而后国治,国治而后天下平。”人之为人的第一要务即修身。唯此,方得以实现齐家、治国乃至平天下之作为。如果说修身是走向事业成功的保证,那么,事业成功也同时意味着对于生命自身的进一步促进与完善(修身)。故《大学》有言:“仁者以财发身。”历史上范蠡于财用“三进三出”之事实就是典型例证。

《论语》作为中华优秀传统文化经典之作包含着丰富的人学思想,即处事做人

① 钱穆.中华文化十二讲[M].北京:九州出版社,2012:16.

② 钱穆.中国文化精神[M].北京:九州出版社,2011:20.

③ 楼宇烈.中国文化的根本精神[M].北京:中华书局,2016:46.

④ 高放.马克思主义是人的解放学——对加强马克思主义整体研究的呼唤[J].宁夏党校学报,2005(2):5-9.

之学。[1]

樊迟请学稼。子曰:“吾不如老农。”请学为圃。曰:“吾不如老圃。”樊迟出。子曰:“小人哉,樊须也!上好礼,则民莫敢不敬;上好义,则民莫敢不服;上好信,则民莫敢不用情。夫如是,则四方之民襁负其子而至矣,焉用稼?”(《论语·子路第十三》)

在此,樊迟请教稼穑之事,孔子称之曰“小人”。这当然并不意味着孔子轻贱稼圃,因为孔子也曾自言“吾少也贱,故多能鄙事”(《论语·子罕第九》)。孔子于樊迟所问之断言,实际上表达了面对礼崩乐坏的社会现实寄希望其成为“弘道济众的有位君子”[2]。唯有诸多君子人格式人物,才具有强烈的社会担当意识、责任以及执行力,盖所谓“天下兴亡,匹夫有责”即为此意。正是基于此,《论语》中一再强调君子之气象格调,如君子之言行:

子曰:“君子欲讷于言而敏于行。”(《论语·里仁第四》)

子曰:“君子耻其言而过其行。”(《论语·宪问第十四》)

子贡问君子。子曰:“先行其言,而后从之。”(《论语·为政第二》)

子曰:“君子义以为质,礼以行之,孙以出之,信以成之,君子哉。”(《论语·卫灵公第十五》)

君子之气象:

子曰:“君子坦荡荡,小人长戚戚。”(《论语·述而第七》)

子曰:“君子泰而不骄,小人骄而不泰。”(《论语·子路第十三》)

君子之志趣:

子曰:“君子怀德,小人怀土。君子怀刑,小人怀惠。”(《论语·里仁第四》)

子曰:“君子喻于义,小人喻于利。”(《论语·里仁第四》)

曾子曰:“君子以文会友,以友辅仁。”(《论语·颜渊第十二》)

---

① 南怀瑾.论语别裁(上)[M].上海:复旦大学出版社,2005:11.

② 许仁图.子曰论语(下)[M].上海:上海三联书店,2014:491.

子曰:“君子病无能焉,不病人之不己知也。”(《论语·卫灵公第十五》)

子曰:“君子疾没世而名不称焉。”(《论语·卫灵公第十五》)

子曰:“君子求诸己,小人求诸人。”(《论语·卫灵公第十五》)

子曰:“君子上达,小人下达。”(《论语·宪问第十四》)

君子之品格:

子曰:“君子和而不同,小人同而不和。”(《论语·子路第十三》)

子曰:“君子道者三,我无能焉:仁者不忧,知者不惑,勇者不惧。”(《论语·宪问第十四》)

子曰:“君子矜而不争,群而不党。”(《论语·卫灵公第十五》)

子曰:“君子不以言举人,不以人废言。”(《论语·卫灵公第十五》)

子曰:“君子贞而不谅。”(《论语·卫灵公第十五》)

子曰:“君子周而不比,小人比而不周。”(《论语·为政第二》)

子曰:“君子之于天下也,无适也,无莫也,义之与比。”(《论语·里仁第四》)

君子之操守:

子谓子产:“有君子之道四焉:其行己也恭,其事上也敬,其养民也惠,其使民也义。”(《论语·公冶长第五》)

子曰:“质胜文则野,文胜质则史,文质彬彬,然后君子。”(《论语·雍也第六》)

子曰:“君子博学于文,约之以礼,亦可以弗畔矣夫。”(《论语·雍也第六》)

孔子曰:“君子有三戒:少之时,血气未定,戒之在色;及其壮也,血气方刚,戒之在斗;及其老也,血气既衰,戒之在得。”(《论语·季氏第十六》)

孔子曰:“君子有三畏:畏天命,畏大人,畏圣人之言。小人不知天命而不畏也,狎大人,侮圣人之言。”(《论语·季氏第十六》)

孔子曰:“君子有九思:视思明,听思聪,色思温,貌思恭,言思忠,事思敬,疑思问,忿思难,见得思义。”(《论语·季氏第十六》)

樊迟之关注非孔子之预期,即其属于“小道”范畴。“虽小道,必有可观者焉;致远恐泥，是以君子不为也。”(《论语·子张第十九》)“小道，如农圃医卜之属。”“杨氏曰：‘百家众技，犹耳目鼻口，皆有所明而不能相通，非无可观也，致远则泥矣，故君子不为也。’”[①]稼穑纺织作为谋生技术乃不可或缺的生活手段。然而，对于君子而言，不应局限于此，而应志向高远，心怀经世济民之志，身具治国安邦之才。而不应该成为“见小暗大”“从物如流”的“庸人”之类。

庸人若何？“所谓庸人者，心不存慎终之规，口不吐训格之言，不择贤以托其身，不力行以自定。见小暗大，不知所务；从物如流，不知其所执。此则庸人也。”于此，孔子持批评态度。只有“富贵不足以益，贫贱不足以损”的士人，以及“仁义在身”“笃行信道，自强不息”的君子才是孔子所预期的基本人格。(《孔子家语·五仪解》)故：

子曰：“君子谋道不谋食。耕也，馁在其中矣；学也，禄在其中矣。君子忧道不忧贫。”(《论语·卫灵公第十五》)

“耕所以谋食，而未必得食。学所以谋道，在禄在其中。然其学也，忧不得乎道而已，非为忧贫之故，而欲为是以得禄也。”“尹氏曰：‘君子治其本而不恤其末，岂以在外者为忧乐哉？’”[②]

中华传统文化的着眼点是人——不是物质意义上的人(此无异于其他生命现象)，而是精神意义或者说价值意义上的人。正所谓“君子食无求饱，居无求安，敏于事而慎于言，就有道而正焉”(《论语·学而第一》)，即为此意。

文化就是人文之化，文化与人不可分。“在中国传统文化中，观察、思考问题都是从人入手的。”“看一切问题都和人联系在一起，都要思考它对人有何教益。”[③]由是，“兴于诗，立于礼，成于乐”(《论语·泰伯第八》)就是以“中国传统的思维—语言方式，亦生活—人生方式”，即以非理性的“美学方式”发挥着“以美启真”的作用。[④]如同“诗三百，一言以蔽之，曰：思无邪”(《论语·为政第二》)之内涵一样，“诗三百”的人文意蕴即“无邪”，无邪乃“性之然”“真情、真性流露”[⑤]。总之，就是通过诗书礼

① [宋]朱熹.论语 大学 中庸[M].上海：上海古籍出版社，2013：222.
② [宋]朱熹.论语 大学 中庸[M].上海：上海古籍出版社，2013：191.
③ 楼宇烈.中国文化的根本精神[M].北京：中华书局，2016：78-79.
④ 李泽厚.论语今读[M].南京：江苏文艺出版社，2010：182.
⑤ 许仁图.子曰论语(上)[M].上海：上海三联书店，2014：59.

乐之教化,使人成为具有真、善、美之生命品质的完美之人。

二、中华优秀传统文化的着力点是成人

在天地人三才之中,人之所以取得与天地并列为三的地位,就在于人具有不同于其他生命现象的独特之处。“水火有气而无生,草木有生而无知,禽兽有知而无义,人有气、有生、有知,亦且有义,故最为天下贵也。”(《荀子·王制》)其贵不仅仅表现在“人有气、有生、有知”,尤为重要的是“有义”。义者,宜也。人以内在之义实现着外在之宜,即达到“己欲立而立人,己欲达而达人”,“己所不欲,勿施于人”的情状。这意味着,人首先须自立、自达,即成人(成己),方可成他人与物。在《论语·宪问第十四》中,子路问及“成人”:

> 子路问成人。子曰:“若臧武仲之知,公绰之不欲,卞庄子之勇,冉求之艺,文之以礼乐,亦可以为成人矣。”曰:“今之成人者何必然?见利思义,见危授命,久要不忘平生之言,亦可以为成人矣。”(《论语·宪问第十四》)

何谓成人?“成人,犹言全人。”“言兼此四子之长,则知足以穷理,廉足以养心,勇足以力行,艺足以泛应。而又节之以礼,和之以乐,使德成于内,而文见乎外。则材全德备,浑然不见一善成名之迹;中正和乐,粹然无复偏倚驳杂之蔽,而其为人也亦成矣。”“程子曰:‘知之明,信之笃,行之果,天下之达德也。若孔子所谓成人,亦不出此三者。武仲,知也;公绰,仁也;卞庄子,勇也;冉求,艺也。须是合此四人之能,文之以礼乐,亦可以为成人矣。然而论其大成,则不止于此。’”[①]以当下言之,成人就是“成就人之所以为人者。”[②]“犹完人,谓人格完备之人。”[③]

同样问“成人”,由于问者不同——颜渊与子路,孔子的回答也不同。如果据程子所言,于子路之问而所答为“小成”或“初成”,那么,孔子答颜渊之问则为“大成”。如:

> 颜渊问于仲尼曰:“成人之行何若?”子曰:“成人之行达乎情性之理,通乎

① [宋]朱熹.论语 大学 中庸[M].上海:上海古籍出版社,2013:167.
② 许仁图.子曰论语(下)[M].上海:上海三联书店,2014:537.
③ 钱穆.论语新解[M].北京:生活·读书·新知三联书店,2005:361.

物类之变，知幽明之故，睹游气之源，若此而可谓成人。既知天道，行躬以仁义，饬身以礼乐。夫仁义礼乐成人之行也，穷神知化德之盛也。”（《说苑·辨物》）

“成人之行达乎情性之理，通乎物类之变”，“既知天道，行躬以仁义”等。这正如《中庸》之成己、成物：

是故君子诚之为贵。诚者非自成己而已也，所以成物也。成己，仁也；成物，知也。性之德也，合外内之道也，故时措之宜也。（《中庸》）

“诚虽所以成己，然既有以自成，则自然及物，而道亦行于彼矣。仁者体之存，智者用之发，是皆吾性之固有，而无内外之殊。既得于己，则见于事者以时措之，而皆得其宜也。”[①]一旦人以己之仁度物之义，则意味着人以自身之完美成就万物之性天，即“与天地参”：

唯天下至诚，为能尽其性；能尽其性，则能尽人之性；能尽人之性，则能尽物之性；能尽物之性，则可以赞天地之化育；可以赞天地之化育，则可以与天地参矣。（《中庸》）

“尽其性者，德无不实，故无人欲之私，而天命之在我者，察之由之，巨细精粗，无毫发之不尽也。人物之性，亦我之性，但以所赋形气不同而有异耳。能尽之者，谓知之无不明而处之无不当也。此自诚而明者之事也。”[②]

《道德经》有言：“人法地，地法天，天法道，道法自然。”人以法天则地为圭臬，上达天道，下合地道，中为人道。从而以自身之成实现、助推与成就着天地之间的万事万物达致中和之盛景，正如国学大家杜道生所言：

人为万物灵，灵在能创造。牺皇立卦象。天地人三爻。人与天地参，化工尽微妙。顺应大自然，及时得所好。

鹰击出长空，鱼游乐在藻。春风扬绿柳，细雨润红桃。碧空鸿雁北，屋梁

① [宋]朱熹.论语 大学 中庸[M].上海：上海古籍出版社，2013：288-289.
② [宋]朱熹.论语 大学 中庸[M].上海：上海古籍出版社，2013：287.

紫燕巢。鲲鹏任其徙,蜩鸠听其笑。各乐其性天,斯谓得逍遥。

三、中华优秀传统文化的价值取向是自由全面发展的人

“根据中国哲学的传统,哲学的功能不是为了增进正面的知识(我所说的正面知识是指对客观事物的信息),而是为了提高人的心灵,超越现实世界,体验高于道德的价值。”[①]如:

子曰:“吾十有五而志于学,三十而立,四十而不惑,五十而知天命,六十而耳顺,七十而从心所欲不逾矩。”(《论语·为政第二》)

“从心所欲不逾矩”之状态体现为:孔子“一任己心所欲,可以纵己心之所至,不复检点管束,而自无不合于规矩法度。此乃圣人内心自由之极致,与外界所当然之一切法度规矩自然相洽”[②]。在此,孔子以自身的生命历程为中华文化建构了人之为人至高的价值和目标。正如冯友兰先生指出的,人正是通过心智完成着对现实世界的超越。这意味着,中国传统文化的基本色调就是通过完善人的心灵,型构与塑造其价值意义上的生命,即自由与全面发展。

《论语》有言:

子曰:“君子不器。”(《论语·为政第二》)

所谓“器者,各适其用而不能相通。成德之士,体无不具,故用无不通,非特为一才一艺而已”[③]。不器,“犹今之谓通才”[④]。也就是“人应使自己的潜在才能、个性获得全面发展和实现”[⑤]。此种境况可谓生命活动状态之游刃有余、左右逢源之曼妙。

子曰:“志于道,据于德,依于仁,游于艺。”(《论语·述而第七》)

子曰:“兴于诗,立于礼,成于乐。”(《论语·泰伯第八》)

---

① 冯友兰.中国哲学简史[M].赵复三,译.北京:生活·读书·新知三联书店,2009:5.

② 钱穆.论语新解[M].北京:生活·读书·新知三联书店,2005:29.

③ [宋]朱熹集注.论语 大学 中庸[M].上海:上海古籍出版社,2013:31.

④ 钱穆.论语新解[M].北京:生活·读书·新知三联书店,2005:38.

⑤ 李泽厚.论语今读[M].南京:江苏文艺出版社,2010:57.

此乃“人格的完成”之情状，即“通过修身的方式获得人格享受”[①]。个中缘由为“因熟练掌握礼、乐、射、御、书、数，即六艺，有如鱼之在水，十分自由，即通过技艺之熟练掌握，获得自由，从而愉快也”[②]。

然而，现实的情况是，“当知人类尽向自然科学发展，尽把自然所与的物质条件尽量改进，而人类生活仍可未能获得此一最高之自由。又若人类尽向社会科学发展，尽把社会种种关系尽量改进，而人类生活仍可未能获得此一最高之自由”[③]。

于此，马克思主义也有类似的判断。“自由王国只是在由必需和外在目的规定要做的劳动终止的地方才开始；因而按照事物的本性来说，它存在于真正物质生产领域的彼岸。像野蛮人为了满足自己的需要，为了维持和再生产自己的生命，必须与自然进行斗争一样，文明人也必须这样做；而且在一切社会形态中，在一切可能的生产方式中，他都必须这样做。这个自然必然性的王国会随着人的发展而扩大，因为需要会扩大；但是，满足这种需要的生产力同时也会扩大。这个领域内的自由只能是：社会化的人，联合起来的生产者，将合理地调节他们和自然之间的物质变换，把它置于他们的共同控制之下，而不让它作为盲目的力量来统治自己；靠消耗最小的力量，在最无愧于和最适合他们的人类本性的条件下来进行这种物质变换。但是不管怎样，这个领域始终是一个必然王国。在这个必然王国的彼岸，作为目的本身的人类能力的发展，真正的自由王国，就开始了。但是，这个自由王国只有建立在必然王国的基础上，才能繁荣起来。工作日的缩短是根本条件。”[④]

显然，在马克思主义看来，自由的实现依赖于两个条件：其一，以“必然王国”为基础；其二，自由存在于“真正物质生产领域的彼岸”。由是可以断言：自由的实现源于现实而又超脱于此，即源于物质层面而归结为精神层面。这与中国文化具有异曲同工之妙。

钱穆先生如是说：“儒家种种心性论道德论，正与近代西方思想之重视自由，寻求自由的精神，可说一致而百虑，异途而同归。”[⑤]纵观整个人类社会，其发展的基本

---

① 余秋雨.中华文化四十七堂课：从北大到台大[M].长沙：岳麓书社，2011:8.

② 李泽厚.论语今读[M].南京：江苏文艺出版社，2010:155.

③ 钱穆.人生十论[M].北京：生活·读书·新知三联书店，2009:98.

④ 中共中央马克思恩格斯列宁斯大林著作编译局.马克思恩格斯全集（第25卷）[M].北京：人民出版社，1974:926-927.

⑤ 钱穆.人生十论[M].北京：生活·读书·新知三联书店，2009:98.

路径为由重视物质生产发展到依赖精神、信息生产;由关注外部世界到关注内在生命。其间,就是人类不断追求自由全面发展的过程。这同时表明:“人类之追求自由,则只有逐步向前那一条大路,由肉身我自然情状的生活进一步到达于社会我社会情状的生活,而更进一步,到达于精神我道德情状的生活,才始获得了我之人格的内在德性的真实最高的自由。”①

故《中庸》有言:“君子素其位而行,不愿乎其外。素富贵,行乎富贵;素贫贱,行乎贫贱;素夷狄,行乎夷狄;素患难,行乎患难。君子无入而不自得焉。在上位,不陵下;在下位,不援上。正己而不求于人则无怨。上不怨天,下不尤人。故君子居易以俟命,小人行险以侥幸。”

君子之所以安其位而“不愿乎其外”、谋其事而又“自得”,就在于其完成了“精神道德情状”之生命建构,在此意义上获得了“内在德性”“真实最高的自由”。此时,外在之道德律令与君子之内在心性安守相浸相沁、优游涵泳、浃洽于中,从而达到道妙暗合之境。此正是君子内在修身之工夫,即《大学》之所谓“正心”。

就现实社会而言,“人既才性不同,则分途异趣,断难一致”。但就人之价值生命而言,“人既职分相异,则此时此位,仅惟一我。然论道义,则必有一恰好处。人人各就其位,各有一恰好处,故曰中庸。不偏之谓中,指其恰好。不易之谓庸,指其易地皆然。人来做我,亦只有如此做,应不能再另样做。此我所以为最杰出者,又复为最普通者。尽人皆可为尧舜,并不是说人人皆可如尧舜般做政治领袖、当元首、治国平天下。当换一面看,即如尧舜处我境地,也只能如我般做,这我便与尧舜无异”②。因为“尧舜为中国人理想中最伟大之人格,以其乃一种人人所能到达之人格。圣人乃人性我性各发展到极点,各发展到一理想境界之理想人格之称号。此种人格,为人人所能企及,故为最平等,亦为最自由”③。

在中华文化语境中,人的自由全面发展状态不仅仅期于未来,更是立足当下。在中国特色社会主义新时代,让文化浸润生命,让生命回归文化,体会生命之初心,方得人生之完美。

(本文为2019年衡水学院校园文化精品项目培育活动成果)

① 钱穆.人生十论[M].北京:生活·读书·新知三联书店,2009:96.
② 钱穆.人生十论[M].北京:生活·读书·新知三联书店,2009:61.
③ 钱穆.人生十论[M].北京:生活·读书·新知三联书店,2009:59-60.

《弟子规》进大学班会的教学模式探索

安桂玲

《弟子规》以《礼记》为主要依据,吸收中华优秀传统文化精髓,内容涵盖孝、悌、谨、信、泛爱众、亲仁、余力学文七个方面,包罗了个体在家、出外、待人接物及求学等方方面面应该恪守的道德规范,影响着一代代人的价值观念、道德规范、思维方式、行为准则和个人品位。在高校补上人生启蒙的这一课,有助于大学生塑造人格、提升品性、涵养气质,有助于大学生建立和谐的身心世界,不断完善自己的学识修养,最终趋向臻善完美的理想境界。 为了使大学生能够与古圣先贤更好地进行心灵链接,古为今用,需要精心设计课程教学体系,探索适合当今学情的教学模式。

一、开展概况及效果

从教育系2007年建系开始,由领导每日晨训到今天传统文化教学团队进班会,《弟子规》一直是每级新生入学第一学期的必修课。多年的教学经历,使我深感其开设的必要,也深感《弟子规》不是教的看的背的,而是踏踏实实要去做的。我们的学生以懵懂的面孔进入大学,在文化的熏陶下,他们的笑容灿烂了,言语和善了,懂事明理了,踏踏实实学习,稳稳当当做事。看得见的效果如下:

1.有目标

学生不再迷茫,他们知道前方的目标是什么,也知道了几点该起床去看初升的太阳。

2.爱自己

当明白了"身体发肤,受之父母,不敢毁伤,孝之始也",我们的大学生便不再熬夜,不再赖床,不再饥一顿饱一顿,不再贪凉;不再虚度光阴,不再自怨自伤。

3.重学业

他们知道今天的努力，是明天安身立命之本，所以才有了上课时专注听讲的眼神。

4.强能力

技能课上他们全心地投入，实训室里学生反复地操作，每一个练琴的时段，都能听到悠扬的琴声。

二、教学目标

1.知识方面

(1)了解《弟子规》的常识，通过学习能熟读并理解《弟子规》七部分中的精神内涵，而不是盲目地死搬教条，在目前条件下能做到的，尽量去做，做不到的或不适合做的，要问自己是否用了心。比如“亲有疾，药先尝，昼夜侍，不离床”这句话，不是要求学生，当父母生病时真的“药先尝”，而是要忧心父母健康，端水递药，精心伺候，哪怕不在跟前，也要时时挂在心上，给父母以精神力量。

(2)通过多媒体演示、讲解及提问让大学生感受到古人对父母的孝心、孝行，让大学生明白在家学做人、出门学做事的道理，明白修身、齐家、治国、平天下的顺序。要想改变世界先从改变自己做起。

2.能力方面

(1)通过故事、案例分析和小组讨论及图片展示，初步培养大学生独立思考、解决现实问题的能力。

(2)鼓励学生尝试讲课，尝试用《弟子规》解决自己日常生活学习中遇到的问题。

3.情感、态度、价值观方面

(1)在活动、情景体验中激发和培养大学生学习《弟子规》的兴趣。

(2)鼓励学生独立思考，积极参与交流，大胆发表自己的意见。

(3)通过学习培养大学生对父母及长辈的感恩之情；让大学生理解兄友弟恭的道理，处理好兄弟姐妹之间、同学舍友之间的关系；培养大学生严谨守信的德行；培养大学生爱自己、爱他人、爱自然的情操；让大学生知道只有多亲近仁德的人，才能更好地提升自己的修养；给予大学生“余力学文”的方式方法，促进他们尽快地由高中阶段的学习模式转入大学时期的自主学习模式。

三、学情分析

大一新生天真活泼,喜新好奇,求知欲强,记忆力强。一方面可以把他们看成一张没有经过任何涂抹的白纸。古德云:"教儿婴孩,教妇初来。"在这个时候能够在他们脑海中播撒爱和善的种子,使其树立正确的人生观、世界观和价值观,奠定他们一生为人处世、成家立业、幸福成功的基础。另一方面,正如建构主义心理学派所倡导的学生观一样,他们可不是空着脑袋进教室的。他们有着将近二十年的人生积累,他们接受着来自不同家族遗传因素的影响,自身生理成熟的影响,各自生活的环境和学校教育的影响,还有他们各自的实践经历,凡此种种融合到一个人身上,就形成了他对传统文化、对《弟子规》教学进班会的态度,或欢迎或排斥或麻木,这也倒逼着《弟子规》的教学活动必须直击人心。

实践表明,大多数学生兴趣盎然,乐于读诵,甚至有的学生小时候就背过《弟子规》,如今进入大学重新学习,情感上一下子感到亲切。当然,不可否认,也有学生不感兴趣,甚至抵触,一是误认为《弟子规》的内容不具有现实性,二是觉得大学里应该开设高大上的专业课程。不过没关系,只要一联系实际,立刻有学生感觉相见恨晚,因为通篇讲的都是做人做事的道理。仅举一例,当开课之初点着名字让学生回忆"父母让你最感动的事",许多学生从嘻嘻哈哈一下子变得表情凝重起来,不少学生边讲边流下泪来。每每此时,都会感慨,学生的内心都是纯洁善良的,不管是什么时间什么原因让其蒙尘,在他们进入大学即将开启美好人生时,老师都有义务帮助学生拭去尘埃,打开幸福的大门,这也是传统文化的职责所在。

四、教学过程设计

教学过程	教师活动	学生活动	作业
1.入则孝	1.帮助建立大学生与父母的情感链接,唤起大学生对父母的感恩之情,启动孝爱核能。 2.内容解读。 3.辨析古今,掌握精髓。	1.回忆父母对自己的疼爱。 2.把父母的好讲出来。 3.把听课过程中对自己触动最深的事情记录下来。	1.选择合适的时机,通过电话、微信或面对面的方式,把自己对父母的爱表达出来。 2.把让自己感动的瞬间记录下来。

续表

教学过程	教师活动	学生活动	作业
2.出则悌	1.案例介绍。 2.内容解读。 3.悌道—手足—舍友同学	1.交流经历和体会。 2.谈舍友同学的相互关爱。	1.拍一张舍友微笑时的照片。 2.写一句对同学感激的话。
3.谨	1.提问:为什么要谨言慎行? 2.内容解读。 3.强调“事非宜,勿轻诺”	1.深思谨言慎行的道理。 2.举出正反例。	1.上网选一句自己最喜欢的座右铭。 2.感受一下做决定之前,舌头在嘴里转十圈的时间。
4.信	1.介绍人无信不立的实例。 2.内容解读。 3.讨论大学生讲诚信的意义。	1.现场查找古人诚信案例。 2.谈你对诚信的认识。	访问本系学长、学姐或领导、老师,请他们讲讲本系“无人监考”的故事。
5.泛爱众	1.内容解读。 2.爱己—爱人—爱一切生类—爱自然万物。	1.共享爱自己的案例。 2.谈自爱、爱人、被人爱的体会。	读诗《假如爱》。
6.亲仁	1.说文解字,讲“仁”。 2.内容解读。	交流自己成长过程中所接触的仁者。	给自己最敬佩的人写封信。
7.余力学文	1.讨论自食其力的意义。 2.内容解读。 3.强调“学文”的方法。 4.《弟子规》全文总结。	1.反思自己进入大学后的学习情况。 2.交流自己比较得意的学习方法。	用至少十句话,概括自己学习《弟子规》后的收获。
备注:所有内容,都可以鼓励学生自主讲解,效果甚佳。			

五、存在的问题及应对方法

1.学生基础不一、态度不一,不能操之过急。

2.学生是学习的主体,不能生搿硬灌,不愤不启,不悱不发。

3.打铁还需自身硬,提高自身学识修养,身教胜于言教。

4.尊重信任学生,充分挖掘学生潜能。

值得欣慰的是,多年的教学实践表明,虽然无法进行纸质化教学评价,但教学的效果已很明显。

高校“孝亲”培养的实践性探索

——以衡水学院为例

安桂玲

孝亲美德由来已久,今日旧话重提亦有其诸多现实意义。放眼望去,儿子在爹面前指指画画者有之,娘在女儿面前不敢大声说话者有之,学生对老师的谆谆教导嗤之以鼻者有之,路遇长者不让座、不让道甚至谩骂者亦有之……哪里出了问题呢？那就是缺少“孝亲”意识。试想,如果一个家庭内部父慈子孝,就不会出现亲子颠倒的怪象;如果一个孩子从小知道父子有亲,长大后就会明白长幼有序、朋友有信;如果一个人从小脑子里就没有孝亲概念,谁还敢指望他懂得悌道,懂得忠信礼义廉耻？讲孝亲还有一个更直接的意义,就是人人会老,我们不给孩子心里播种下孝亲的种子,当有一天我们身体不舒服了,或者年老腿脚不灵便了,孩子们能知道给我们倒杯水端碗面吗？我们的老年岂不是很凄惨！以后孩子的孩子又会怎样？整个社会呢？鉴于此,在高校弘扬和传承“孝亲”文化,培养浩然正气势在必行。

一、开展情况

开展情况可以分为两部分。一是教育系的“孝亲”教育始于建系之初,系领导每天早起对大一新生进行晨训,讲解“入则孝,出则悌”等内容,到后来建立“传统文化进班会”教学团队,其中对大一新生分两学期进行《弟子规》《孝经》解读,对本系立德树人、良好系风学风的建立起到了重要的作用。二是全校“孝亲”教育的开展,利用公共限选课“安全教育”“大学生心理健康教育”等课程进行“孝亲”教育,对全校大学生培养安全意识、心理健康调节起到坚实的奠基作用。比如“安全教育”课程,课时有限不可能做到面面俱到,但如果学生明白了“身体发肤,受之父母,不敢毁伤,孝之始也”,就能做到“君子不立于危墙之下”;在“大学生心理健康教育”课上传播“孝亲”理念,学生就能更快地把良好家教与现实心理健康联系起来,能自信、包容、利他,能做到“己所不欲,勿施于人”。

“孝亲”教育形式以课堂讲解为主,辅以课下交流、网络沟通、经典诵读、实践体会共享等。

二、主要内容

“孝亲”教育的内容主要以《弟子规》中的“入则孝”和《孝经》为蓝本,综合优秀传统文化经典,结合当前社会发展和大学生实际,合理解释孝“始于事亲,中于事君,终于立身”,取其精华,古为今用。

《孝经》中《纪孝行章第十》讲道:“孝子之事亲也,居则致其敬,养则致其乐,病则致其忧,丧则致其哀,祭则致其严。”那么就可以引导学生检视自己,在“居”的方面是不是做到了“父母呼,应勿缓,父母命,行勿懒,父母教,须敬听,父母责,须顺承”,在言谈举止中对父母有没有尊敬?在“养”的方面,有没有做到“冬则温,夏则凊,晨则省,昏则定,亲所好,力为具,亲所恶,谨为去,身有伤,贻亲忧,德有伤,贻亲羞”?是否达到让老人快乐之目的?在“病”的方面,不一定“亲有疾,药先尝,昼夜侍,不离床”,但是不是真心地担忧呢?在“丧”方面,现实中没法做到守孝三年,但是否哀常在心?在“祭”方面是否做到“尽诚”“致严”?

懂得事亲,在家父慈子孝,在外就会忠诚爱人,正如《大学》里面提出的:“心正而后身修,身修而后家齐,家齐而后国治,国治而后天下平。”君子知道“有所为”“有所不为”,“毋忝尔所生”,就能终于立身,成就德行。

三、作用

多年来的“孝亲”教育,对大学生来讲,至少有三个方面的作用是看得见的:

1. 悦纳自我。“孝亲”教育,让大学生更好地认识自己,放下自我,谦和进取,积极趋向立身处事的圆满,从而实现人生理想和价值。

2. 包容他人。“孝亲”教育,引领大学生用心体会他人的需求,真诚地尊敬他人,从而为自己营造和谐的人际环境,最终走向成功。

3.爱护环境。“孝亲”教育,让大学生明白只有爱护环境,与自然和谐共处,顺应自然,才能实现人类的持续发展。

四、存在的问题及原因

(一)学生重视不够

在对大学生进行“孝亲”教育的过程中发现,有一定比例的学生属于以下情况:第一,闻所未闻,从没意识到需要“孝亲”。第二,知道“孝亲”一说,但不够重视。第三,认同“孝亲”,但自认为条件不允许。惊讶、着急后,调查发现,真的不该全怪这些孩子。原因列举:

1.“孝子”怪论

百善孝为先。孔子认为,孝是一切道德的基础、至善的美德。一个能侍奉双亲的孝子平时要以最诚挚的心去周到地照顾父母;任劳任怨地服侍父母,精心照料;父母过世时,要以最哀痛的心情来追思父母。现实中我们却看到相反的情况,曾见一例:大家排队买馒头,一个老者买了很多,别人不解地问:“买这么多干啥?”答:“明天周末了,孩子们都过来吃饭,我得准备好了,孝子孝子嘛,就得孝顺儿子!”这就是父母之心吗?

2.陷孩子于不孝

人到中年之后,很多人体会到了上有老下有小,同时还要承担不同社会责任的不易,对孩子就预先心疼起来,生怕自己的孩子将来也这样辛苦,于是能给孩子做的,不遗余力,甚至连孙子成人后的事也帮儿子做到了;很多家长,鉴于独生子女现状,自己开始“早做打算”,留心社会养老,给孩子灌输“不孝”思想:“我们老了不用你管,你自己幸福就行了!”孩子即使有孝心表现,也马上说“不用担心我了,你好好学习吧”……

3.家长的辛劳孩子看不见

20世纪六七十年代出生的人都记忆深刻:家中孩子一大群,父母无论是在城市上班的还是在农村种地的,辛辛苦苦,哪有时间和精力对孩子无微不至地照顾,孩子们还不都是一个个生龙活虎,锻炼出了极强的生存能力?而且在成长的过程中孩子亲眼见到父母的艰辛,孝心也自然形成;而今天的一些家长,唯恐冷落了孩子,影响孩子的“心灵成长”,陪孩子玩、陪孩子学习,深更半夜孩子熟睡之后,爬起来加班加点赶自己的工作。孩子看不到家长的辛劳,还以为你整天活得轻轻松松呢,他们有什么可心疼你的!

(二)教师修养不足

一些授课教师缺少底蕴和修养。主要表现在:一是授课中有时不能理解原文,不能体会作者的本意;二是教师在实践中未必堪称典范,不能以身作则,讲课就缺乏底气。

(三)学习氛围不浓

一直以来的学校教育是和考试分不开的,但知识可以用考试的方式来衡量,做人却无法用考试或测验衡量。不需要提笔作答的学习,在学习氛围方面不够浓厚。常常是讲课时很热闹,下了课就“结束”了;还有个别情况是学生不认可,认为这是封建残余、培养愚民,认为应该张扬个性,自由发展。

五、解决方法

(一)师生共同学习经典

俗话说:活到老,学到老。更何况在文化底蕴和个人修养方面还很欠缺的教师,怎么能擎得起几千年积淀起来的中华优秀传统文化的厚重呢?师生共同学习经典,一来提高教师水平,教学相长;二来对学生也是激励,互动中发现问题,及时解决。亲其师信其道,敬和爱都是积极的非智力因素,有助于激发学习兴趣,提高学习效果。师生在这个过程中明确“孝亲”是人的本性,爱己爱人。

(二)发挥自身的榜样作用

一位热爱中华优秀传统文化的老师曾多次提道:“(20世纪)六七十年代出生的人,要有使命感和责任感。”是的,这个年代的人不仅要学习和传承古圣先贤的智慧文化,更要为后辈做出榜样:小孝孝于庭围,大孝孝于天下。不仅要让后辈看到自己怎样对待家中的长辈,还要让他们看到自己怎样对待周围年长的老人,人人这样做,才能扭转社会风气。

(三)培养大爱精神

记得有个故事里讲某个地方把乞丐撵走后,又敲锣打鼓地把乞丐请回来,因为民众的爱心无处施舍后,社会治安一下变得混乱。这个故事颇具深意:人的爱必须有个可以释放的地方。施永远比受来得舒服,所以人们乐善好施。但是当把爱全部施予自己的孩子时,就把孩子爱坏了。何不把无限大爱服务于他人,泽被苍生。

(四)正确引导,唤醒人的本心本性

每个孩子本性都是好的,就看怎样引导。授课中曾有一例:在讲怎样让学生珍爱自己时,讲到一个人如果有孝心,他就不敢让自己受伤。于是在课堂上举办了一个小活动:让学生回忆自己拉着行李出家门时家长的眼神,谈谈自己当时的感受是什么。此时此刻坐在课堂上,再次回忆那个眼神,当下的感受是什么。什么都不用讲,很多学生流下泪来。有的人事后写道:“老师,我当时想的就是:一旦离开家门,我再也不想他们!再也不回来了!现在我知道我是多么不孝啊!”

我们先别抱怨现在的年轻人不懂事,可以先思考一下:我们传递孝的思想了吗?我们给孩子孝的机会了吗?我们适时地点醒他们了吗?

“孝亲”不仅是连接父代子代之间的桥梁,更关系到国家民族的前途和命运,在高校引领大学生学习优秀传统文化,修身养性,培养浩然正气,便是履行了历史使命。

参考文献

[1]张学强.《弟子规》《孝经》解读[M].天津:天津古籍出版社,2011.

[2]胡平生,陈美兰.礼记·孝经[M].北京:中华书局,2011.

[3]钟茂森.《孝经》研习报告[M].北京:中国华侨出版社,2010.

传统文化进班会的实践性探索

——以2014级学前专接本为例

安桂玲

优秀传统文化彰显着华夏文明古国的历史深蕴，是国家进步的软实力，是一个民族的“根”。多年的弱化，使很多年轻人没有办法吸收“根”的养分而繁荣发展，成了“漂泊的心灵、失根的兰花”。因此，在高校弘扬传统文化，能够增强大学生的民族感召力和文化自信心，拓展践行社会主义核心价值观的教育途径和形式，对完善大学生的人格能起到扎扎实实的促进作用。

一、实施概况及作用

教育学院一向重视传统文化的宣传，由建系之初领导亲自授课发展到组建教学团队，内容方面也从最初讲解《弟子规》，扩展到从低到高在不同年级各专业开设《弟子规》《孝经》》《大学》《论语》《道德经》等经典解读课程，通过班会形式，拉近学生与优秀传统文化的距离，收到了较为满意的效果。以2014级学前专接本为例，从这个班第一次班会开始，以《弟子规》为主线，穿插《孝经》《黄帝内经》等内容，从生活起居到思想意识，从人际交往到心灵成长，授课内容涉及大学生活动的方方面面，这些课程起到了潜移默化的指导作用，师生在共同学习中都得到成长，学生表现优异，在本科评估中曾得到评估专家好评。几年的实践证明，传统文化进班会，至少有如下作用：

（一）开启教育智慧，增强教育效果

传统文化是祖先几千年的智慧积淀，包罗万象，撷取一二，便可使当前的棘手

问题迎刃而解。比如,青年大学生既成熟又幼稚,难免会出现这样那样的问题,教育者既不能像对待儿童那样简单粗暴地批评或惩罚,又不能视若不见听之任之,需要选择适当的沟通方式,既要维护学生的尊严,又要达到有错必纠的目的。某学生未请假擅自离校,用什么样的方法可以教育这个学生,同时给全班提个醒呢?让学生上台讲课!就让这个学生讲《弟子规》里的"出必告,反必面"。大学生是有自我教育能力的,这个学生因为认识深刻,"备课"充分,讲解生动,引起了全班的强烈共鸣。

(二)增进师生感情,畅通交流渠道

传统文化的内容,多来自古圣先贤的生活、实践及对大自然的观察与思考,班会上讲解这些内容,大大缩短了师生的心理距离。所以课堂上是老师,讲尊师重道;课下学生会把老师当"妈妈",畅所欲言。

(三)促进心理健康,增强文化自信

中华文化博大精深,亲近传统文化、学习古圣先贤,满足了学生对本民族的认同和归属的心理需要,激发起作为中华儿女的自豪感、使命感。

(四)注重修身养性,培养道德品质

当传统文化滋养了学生的心灵后,他们的心胸宽阔了,眼界放远了,境界提高了,他们把更多的精力放在内修自我上。最让人感动的是助学金发放过程中出现的"让"的现象。对于家庭并不富裕的学生来讲,国家的这份关爱放到谁的手里都可以很好地缓解困境,但是很多同学却选择了不申请或悄悄撤回贫困证明,他们宁愿课余去打一份工,也要让最需要的同学得到救助。

二、存在的问题及原因分析

传统文化进班会是有效果的,但也存在着以下现实问题。主要体现在:

(一)教师文化底蕴不足

一个老师讲授传统文化,不能照本宣科,这要求老师有良好的古文基础,具备

儒、释、道、易、医等多方面的知识。显然,对于读着白话文长大的我们来讲,是有难度的。就拿笔者来讲,虽然对传统文化感兴趣,利用一切机会看读学习,业余还学习中医身心健康调理技术,但每每遇到问题,常深感文化底蕴不足,不能准确理解古人的深意。

(二)学生基础不一,接受态度存在差异

现在的大学生多为独生子女,从小接受过多的关爱呵护,很多做人做事的道理,不是他们不学,是没人教过他们;或者说他们的父辈就是在传统文化断档的环境下长大的,他们对传统文化感到陌生,甚至排斥,他们在这方面对孩子的积极影响无从谈起。当然,也有学生家学渊源,有个学生六岁起爷爷就让他背诵经典,班会上一提到传统文化,他马上有了浓厚的兴趣,这部分学生在弘扬优秀传统文化活动中起到了模范带头作用。

(三)在教学内容方面

有些内容与现代相距较远,不适合现代社会的发展;有些内容缺乏与现代社会的衔接,需要唤醒和延续,比如孝道。孝亲是中华民族的传统美德,可是有些年轻人脑子里缺少了这种意识。这不能怪孩子们,是他们的家长没有传递孝亲思想,也没有给孩子们孝亲的机会。

(四)教学方式方面

班会时间有限,为了增加信息量,多以讲解为主。这种单一的授课方式,缺乏趣味性,难以激发学生兴趣,影响教学效果。在习惯了应试和灌输的孩子们面前,指望"不愤不启,不悱不发"、指望"蒙童求我,非我求蒙童"、指望点到为止,暂时还是有困难的,传统文化应以融入和渗透的形式进入学生心灵,需要时间和实践支撑。

三、应对策略

(一)教师方面

既立志弘扬传统文化,就要调整心态,不能急于求成。平时注意积累,踏实提

升学问修养，多读原著，一遍不懂，再读一遍，正所谓“书读百遍，其义自见”。笔者在读《春秋繁露》时，边读边录音，为了保证录下来的一字不差，需要反复录，从第一遍读不顺甚至有些字都不认识，到后来不出差错，读着读着就把作者的原意读出来了。另外，还要多向能者会者学习，向万事万物学习，修德正己，做好表率。

（二）学生方面

对学生要包容尊重。不管他们的基础怎样，态度如何，都要以接纳包容的心理对待。一要引导学生用“空杯心态”来学习传统文化；二是要允许学生有不同的声音，潜移默化地对他们进行教育，决不放弃。

（三）教学内容方面

精选教学内容，与现实接轨。一方面，可以把传统文化当知识讲解，因为没有知识的传授，就谈不上精神的传承；另一方面，把传统文化融入大学生学习生活中，与他们的人生探索和现实思考相结合，引导学生养成良好的行为习惯、质朴的道德操守和高雅的审美情趣，使其受用终生。

另外，找好切入点是从理论走向实践，让内容与学生发生联系的关键。比如，可以从生活起居入手，四时调神大论、子午流注是很好的抓手；从心身健康方面，可以进行情志养生、食物养生教育；谈到人际关系，可以讲儒家的孝、悌、忠、信、礼、义、廉、耻；谈到修己正人，可以参阅《弟子规》《孝经》。

（四）教学方式方面

丰富教学方式，激发学生参与互动的积极性。除老师授课外，也可以让学生就感受较深的内容讲课，他们自己做课件、找视频，讲解，都是加深理解的过程。另外建立讨论群，或现场讨论，题目可以是教师根据时事或班级存在的问题指定的，也可以由学生自拟，比如：孝道在今天有何现实意义？悌道在同学舍友关系中如何体现？诚信的意义和价值……学生还可通过手机软件诵读经典，在班级群里互相欣赏和监督。

不可否认，传统文化与时代相隔较远，学习起来有一定难度，如果硬生生搬到班会上让学生接受，可能会引起学生们的反感。弘扬传统文化要因时因地因人制宜,巧妙设计,春风化雨,润物细无声。传统文化的学习也不能仅限于班会课堂,要延伸到目之所及、足之所踏的地方,比如文明宿舍、文明校园、文明城市……

四、讨论

新时代,在高校弘扬中华优秀传统文化,目的是回归本真、深耕经典,领悟文化真谛,涵养学生品格。从这个意义上来讲,还有些值得探讨的事情需要进一步研究:

(一)课时有限,难擎厚重

大学里,学生的课业负担很重,每周一次的班会时间太有限了,理想的状态是把传统文化浸润到各学科各领域,让学生随时有机会得到文化的滋养,但会受各任课教师对传统文化的接受程度、学生自身的修养以及学科性质的制约。

(二)氛围不浓,重疾难返

班会上理解认同的古圣先贤的一些观念,换个环境可能没有实践的土壤,只好又回到原点。

(三)百年树人,长效徐现

立德树人,不是一朝一夕的事情,不一定立竿见影。一个人的成长可能会用一生的时间。

其　他

荀子思想的两点启示

魏彦红

一、荀子概况

荀子为先秦思想之集大成者,在中国思想史上占有重要地位。荀子名况,字卿,又称孙卿。战国末期赵国人。约生于公元前313年(一说前298年),卒于前238年。其早年经历不详,司马迁为其写传时说:“年五十始来游学于齐”(《史记·孟轲荀卿列传》),而应劭在《风俗通义·穷通》中则说:“齐威宣王之时,孙卿有秀才,年十五来游学。”但无论怎样,当时齐国的稷下学宫曾广揽各国不同学派的学者到此讲学著述,进行学术交流活动,不治而议。稷下学宫为当时最具影响力的学术中心,荀子来此讲学并进行交流,他的学问在当时影响极大,在诸多学者中“最为老师”,而且受到当时齐国国君的尊崇,被授予有“列大夫”头衔的宅第。齐襄王时,荀子“三为祭酒”(稷下学宫的祭酒)。荀子思想中吸收了各派学说,强调隆礼重法,对当时社会的影响很大。因为,荀子生活的时代为战国后期,国家之间出现了大一统的发展趋势,荀子的思想言行反映了时代的要求,为大一统奠定了理论基础。他的国家赵国当时为小国,邻近的齐国是大国,他寄望于齐国实现大一统,“调一天下,制秦楚”(《荀子·王霸》),结果,齐国政治形势发生变化,加之有人诬陷荀子,“齐人或谗荀卿”,他不得不离开齐国到了楚国,拜见了春申君,被任命为兰陵县令。可不久荀子又遭到楚人的诬陷,被春申君辞退,他被迫回到了赵国。刘向在《叙录》中说:“人或谓春申君曰:‘汤以七十里,文王以百里,孙卿贤者也,今与之百里地,楚其危乎!’春申君谢之,孙卿去之赵。”荀卿回到赵国后仍寄望于“一天下”的实现,并违反“儒者不入秦”的常规来到秦国游说秦昭王和宰相范雎,建议秦国采用仁义王道的国策,但秦国倾向武功而轻德教,不愿“节威反文”,采用礼法,所以他的建议并没有被秦国采纳。后来,孙卿又受到楚国春申君的邀请,回到楚国,继续任兰陵县令。前238年,春申君死,荀子也被免职,但仍居于兰陵,著述讲学,同年去世。司马迁在《史记·孟轲荀卿列传》中记载:荀卿"推儒、墨、道德之行事兴坏,序列著数万言而卒"。今传《荀子》三十二篇,据唐杨倞考证,多为荀子所写,而《大略》以下六篇,多为其弟子所记述。他的学生众多,儒法分流现象比较明显。浮邱伯是传《春秋谷梁传》《鲁诗》的大儒,大毛公(毛亨)传其《毛诗》,张苍传其《春秋左传》,这些人均为名儒。而李斯、韩非也为荀子入室弟子,都为法家人物之代表。

二、荀子"明于天人之分"的自然观及其启示

(一)荀子的自然观

荀子把天看作独立于人之外的自然界,这是具有重要意义的思想。荀子认为,"列星随旋,日月递照,四时代御,阴阳大化,风雨博施,万物各得其和以生,各得其养以成,不见其事而见其功,夫是之谓神;皆知其所以成,莫知其无形,是之谓天"(《荀子·天论》)。在荀子看来,"天"就是自然界,是客观存在的,客观存在的世界有其自己运行的规律,斗转星移、阴阳互化、四季交替、风霜雨雪等都是自然存在的现象。这种现象的存在不以人的意志为转移,即具有规律性,是否遵循自然的规律会带来不同的结果:"天行有常,不为尧存,不为桀亡,应之以治则吉,应之以乱则凶。"(《荀子·天论》)遵循规律的结果是"应之以治则吉",不遵循的结果是"应之以乱则凶"。由此看来,荀子已经吸收了孔孟"天人合一"的思想,这是其自然观的基础。荀子一方面强调大自然存在的客观性与规律的不可抗拒,同时也强调人不能被动适应自然现象,对自然应具有主观能动性,即在一定程度上利用、征服、改造自然为我所用。此即荀子的"明于天人之分""制天命而用之"的观点。那么人应该如何适应自然界,如何发挥对自然界的能动性呢?

荀子曰:

> 强本而节用,则天不能贫;养备而动时,则天不能病;修道而不贰,则天不能祸。故,水旱不能使之饥渴,寒暑不能使之疾,妖怪不能使之凶。本荒而用侈,则天不能使之富;养略而动罕,则天不能使之全;倍道而妄行,则天不能使

之吉。故,水旱未至而饥,寒暑未薄而疾,妖怪未至而凶。受时与治世同,而殃祸与治世异,不可以怨天,其道然也。故明于天人之分,则可谓至人矣。(《荀子·天论》)

国家发展之本是农业生产,重视农业并强调节俭,国家、百姓就不会贫穷;储备好生产生活资料以备不时之需,自然界就不会给人类带来病痛;遵循自然规律,不违规操作,自然界就不会给人类带来祸害。所以,即便发生了水灾旱灾也不会产生饥渴现象,寒暑更替也不会造成疾病,异常现象即便发生也不会使世间遭受灾难。相反,如果农业荒废了而且人们还奢侈,大自然就不会带来富裕;储备困乏而又不辛勤劳作,自然界就不会赋予人健康。如果违背自然规律而妄自行动,那么自然界就不会带来吉祥。所以,水灾旱灾没有发生却发生了饥荒,寒暑没有交替就产生了疾病,自然界没有发生反常现象却产生了灾祸,灾祸产生的时间与社会安定时期相同,而产生的灾祸与安定时期却不同,不能埋怨自然界,这就是规律。所以,要明确并分清自然界运行的规律和人面对自然应做的事情,就是思想达到最高境界的人了。

由此,面对自然现象的存在,人的能动性应表现在:强本而节用、养备而动时、修道而不贰,而不应该本荒而用侈、养略而动罕、倍道而妄行。

综上,荀子的"明于天人之分"的自然观的形成受到了老子"道法自然"观的影响,在尊重客观规律的同时,又吸收了老庄思想及儒家、法家思想。对于荀子"明于天人之分"的道法自然观,很多人并不认可他是建立在"天人合一"思想上的,其实,"天人合一"思想恰恰是"明于天人之分"思想之基础,可以说是对"天人合一"思想基础的发展和创新。其思想中最重要的价值在于强调了主体(人)对于客体(环境)的积极改造作用,强调了人所具有的能动性和创造性,写下了中华文化史上光辉的一页。

(二)荀子自然观的启示

荀子"明于天人之分"的自然观对今天仍然具有现实指导意义。对于一个国家,对于整个世界,对于全人类,对于每个人,荀子的"明于天人之分"的思想都是有现实价值的。现在,环境污染带来灾难,带来不健康,带来意想不到的各种影响,是人类违反自然规律遭受到的惩罚。荀子在两千多年前都能认识到自然发展的规律性,我们今天的认识水平应该高于两千多年前,或者,事实上,我们也一直在强调尊重规律的重要性,可是为什么还会出现这种情况呢?是什么造成的呢?是管理体制还是个人素养?我想归根为:利益使然。我们在尊重规律存在的前提下,并不是被动而无所作为,还可以发挥能动性,"制天命而用之",在一定程度上将大自然的规律为我所用,可以利用、改造大自然。"大天而思之,孰与物畜而制之;从天而颂之,孰与制天命而用之;望时而待之,孰与应时而使之;因物而多之,孰与骋能而化之;思物而物之,孰与理物而勿失之也;愿于物之所以生,孰与有物之所以成。故错人而思天,则失万物之情。"(《荀子·天论》)不要只畏惧自然而无所适从,不要一味地顺从、赞美自然界,这是毫无用处的,不如掌握它的运行规律而加以利用它;期望某些时节来临而坐着等待,不如因时制宜为我所用;被动地等万物自己发展,不如施展才华和能力而使之因我所用而变化;思慕万物为我所用,不如管理好万物而抓住时机促使它更好地成长;想探究万物产生的原因,不如占有已经形成的万物。所以,人没有努力而只寄希望于天,那就违背了万物存在的规律。

规律有多种,规律是不以人的意志为转移的。自然发展有其规律,社会发展有其规律,人的发展也有其规律。对规律的掌握程度,是受多种因素影响和制约的,但外因通过内因而起作用,能否发挥人的主观能动性,是否采取主动行为是关键因素。无为而治是不可以的,过度改造也是不可以的。我们需借鉴的是,不仅要"明于天人之分",要"制天命而用之",更重要的在于,怎样在二者之间把握好度,如何使人和自然和谐共处。

三、荀子"隆礼重法"之礼法政治思想及其启示

在荀子思想中,礼法并重,在儒家派别中自成一体。

(一)荀子关于礼的阐释

为什么要制礼,荀子解释了礼的起源:"人生而有欲,欲而不得,则不能无求,求而无度量分界,则不能不争。争则乱,乱则穷。先王恶其乱也,故制礼义以分之,以养人之欲,给人之求。使欲必不穷乎物,物必不屈于欲,两者相持而长,是礼之所起

也。故礼者，养也。”

荀子重礼之观念体现了其思想的哲学基础，即性恶论。他认为，人性之恶首先表现在感官的自然本能上：“目好色，耳好声，口好味，心好利，骨体肤理好愉佚，是皆生于人之情性者也。”(《荀子·性恶》)其次表现为对权势的欲望：“夫贵为天子，富有天下，名为圣王，兼制人，人莫得而制也，是人情之所同欲也。”(《荀子·王霸》)对权势的欲望导致战争和侵掠，即“欲恶同物，欲多而物寡，寡则必争矣”(《荀子·富国》)。

人生来有各种欲望，为了欲望的实现会产生各种争斗、动乱。就人与人之间、社会个体与政治主体之间能否和谐相处来说，国家管理者要制止动乱之发生，使国家太平，人们和谐相处，必须有一定的约束机制来控制、改造人之恶性，礼便被制出来了。对于国家之间的相处来说，为了防止国家之间侵略和争斗行为的发生，也要以礼来约束不良行为。由此看来，礼是用来约束人的不良行为及理念的，用来制止作乱行为的。在一定程度上起到了法的作用。荀子强调用礼调节社会关系的思想是一种新生思想，反映了社会现实的需求，预示着社会新制度的诞生。

荀子之所以重视礼，是因为看重礼之重要的社会功能。在荀子看来礼的功能是多方面的。

对于国家的管理来说，礼起着纲领支撑的作用。“礼者，政之挽也。为政不以礼，政不行矣。”(《荀子·大略》)一个“挽”赋予了礼重大的责任，就是国家治理之根本、之纲领、之脊梁。如果国家不重视礼，则国无宁日。“人无礼则不生，事无礼则不成，国家无礼则不宁。”(《荀子·修身》)荀子对礼赋予了极高的地位：“礼者，治辨之极也，强国之本也，威行之道也，功名之总也，王公由之所以得天下也，不由所以陨社稷也。”礼是治理国家、分辨善恶的最高纲领，是强国之本，是威行天下的指导，是取得功名的总纲。国家管理者如果遵循礼，即可得天下；不遵循礼，国家则会灭亡。礼之重视与否，直接关系到国之命运。“人之命在天，国之命在礼。”(《荀子·强国》)礼何以具有如此之作用呢？因为礼是总纲、是标准、是方向。“国无礼则不正。礼之所以正国也，譬之犹衡之于轻重也，犹绳墨之于曲直也，犹规矩之于方圆也，正错之而人莫之能诬也。”(《荀子·王霸》

对于社会伦理秩序的维护，礼也起着重要作用。“礼者，贵贱有等，长幼有差，贫富轻重皆有称者也。”(《荀子·富国》)对于提升个人的修养,礼起着正身的作用。“礼者,所以正身也。”(《荀子·修身》)“人之所以为人者,非特以其二足而无毛也,以其有辨也。夫禽兽有父子而无父子之亲,有牝牡而无男女之别,故人道莫不有辨。”(《荀子·非相》)人只有有了礼,提升了修养,才跟动物有区别。

在荀子看来,礼在一定程度上已经起到法的作用了,有了调和礼法思想的倾向。“《礼》者,法之大分,群类之纲纪也,故学至乎《礼》而止矣。夫是之谓道德之极。”

(二)荀子关于法及礼法并重的阐释

荀子在重视礼的同时,非常强调法及法的作用。荀子主张礼法并用,孔子以“仁”为礼,孟子以“义”释礼,而荀子以礼法并称,以强调法的重要意义。这与当时社会发展的状况与趋势是紧密相连的。荀子曰:“君人者,隆礼尊贤而立,重法爱民而霸。”(《荀子·大略》)一个“霸”字,强调了国家发展的终极目标,“隆礼重法”即能帮助国君实现这个目标。荀子认为,重法,既要继承“王者之法”“三王之法”,又要重视国家政策法令,最为重要的还是以礼为法。“隆礼重法,则国有常,尚贤使能,则民知方。”(《荀子·君道》)“《礼》者,法之大分,群类之纲纪也。”(《荀子·劝学》)即礼是治国之根本大法。由此看来,荀子主张礼法并用,但礼法的地位和重要性是不同的。礼是大于法的。但无论怎样,相对于孔子和孟子来说,对法的重视是一种适应社会发展的表现,对统治者管理国家来说,实效性更强一些。

(三)荀子“隆礼重法”思想的启示

荀子在两千多年前,综收各家之长,结合社会现实,提出了“隆礼重法”的思想,这是具有进步意义的。当今社会,人们过多关注经济的发展,对于人们行为的约束基本以规章制度和法律、政策等为主。即使有社会力量倡导、呼吁礼的重要性,但只是停留在很小的范围。孔子曰:“道之以政,齐之以刑,民免而无耻;道之以德,齐之以礼,有耻且格。”这是最高境界。

“学”“习”之“说”的道体意蕴及其当代启示

白立强　马国站

“学而时习之，不亦说乎”内含着深刻的道体底蕴。这意味着：人之为人的生命价值取向乃在于求道、悟道和行道，从而体味生命之愉悦。其旨归，并非超脱世俗、出离尘世，而是以脚踏实地的务实品格，履行分内职责。由是，生命自身与宇宙之道产生脉动共振，从而自然而然地在内心深处生发起原初生命本具的悦感体验。一定意义上，从人文角度而言，“不忘初心”的价值就在于对人之生命原态的回味，从而重新认识生命之美。日前，重温“学而时习”之“说”，特别是体会其中包含的“诚者自成”的生命内在之悦的自足性，对于当下社会、人生具有启示意义。

一、学界关于“学而时习”的主要观点

“学而时习”作为生命活动过程，此中必然伴随丰富的生命体验。于此，代表性观点有：

一是为学乃苦说。梁清远《采荣录》有云：“《论语》一书，首言为学，即曰悦，曰乐，曰君子。此圣人最善诱人处，盖知人皆惮于学而畏其苦也。是以鼓之以心意之畅适，动之以至美之嘉名，令人有欣羡之意，而不得不勉力于此也。”“学”其实是苦的，“人皆惮于学而畏其苦”说得最为俗白，言“学”为“悦”不过是圣人“诱人”罢了。①

二是苦中有乐说。有观点认为，学习是苦差事，“学海无涯苦作舟”即明证。然孔子主张“悦”，概其原因为：第一，就孔子个人而言，孔子深知学习的极端重要性，孜孜不倦，“学而不厌”。忘我的学习，使他获得广博的知识，也使他收获了快乐。

① 程树德.论语集释[M].北京：中华书局，1990:9.

如孔子在齐国时,“闻《韶》,三月不知肉味”。足见其学中之“乐”。第二,从学习心理学的角度看。当学习者花了不少时间精力还无所得的时候,心中的确是很苦的。但当学习者对所有“学”的东西通过反复的“习”,即“温故”而终于将问题彻底弄明白进而达到“知新”的境界之后,自然而然地便会对“学习”产生一种“丰收”或者说“胜利”之后的喜悦感与自豪感。这正是学习者在学习中由“苦”而至于“乐”的心理变化过程。①

三是内在审美说。“学而时习之,不亦说乎”是人在审美活动之后形成的无须对象和想象参与的纯然性的内审美。它是一种内在的充满,自得于心,不外求对象和内求于想象的人生境界。这种愉悦,来源于内省、反思,源于对道的学习、追求,源于对人类文化承传的自信,是个体审美理想和道德理想的和谐统一,是内省、内求、自诉的情感体验。②

四是整体生命说。“学”所以能“乐”,乃在于“学”是表现整体生命的“学”,而不单纯以知识技艺为内容。生命要以“道(德、仁)”为人的分化了的现实存在奠基,并起到整合的作用。人通过道德修养之路,才能达到存在的真实。“学”,保持在它的生命整体的意义中,才能是“乐”。③

五是源初实情说。“学而时习”的首要意蕴在于强调了人自身源初行动与对此行动之主体性觉悟的统一:一方面是不间断的行动中的觉悟;一方面是觉悟着的不间断的行动之展开。这一源初状态及其后续展开,具有一种不可诘问的源初肯定性,所以为深沉而内在的“悦”;后文“有朋自远方来”之外在的乐,一般他者不知的无动于衷(不愠),就是在一种递减的意义上昭示“学而时习”的奠基意义。④

六是“乐感文化”论。李泽厚认为,“作为论语首章,并不具有深意”。“以儒学为骨干的中国文化的精神是‘乐感文化’。‘乐感文化’的关键在于它的‘一个世界’(即此世间)的设定,即不谈论、不构想超越此世间的形上世界(哲学)或天堂地狱(宗教)。它具体呈现为‘实用理性’(思维方式或理论习惯)和‘情感本体’(以此为生活真谛或人生归宿,或曰天地境界,即道德之上的准宗教体验)。‘乐感文化’‘实用理

① 李占德.《论语·学而时习之》新探[J].曲靖师专学报,1987(1):57-62.

② 谭容培,匡代军.《论语·学而第一》首章的美学解读[J].中国文学研究,2005(4):19-22.

③ 李景林.“学”何以能“乐”——《论语》“学而时习”章解义[J].齐鲁学刊,2005(5):10-12.

④ 郭美华.论“学而时习”对孔子哲学的奠基意义——对《论语》首章的尝试性解读[J].现代哲学,2009(6):101-107

性'乃华夏传统的精神核心。""作为儒学根本,首章揭示的'悦''乐',就是此世间的快乐:它不离人世、不离感性而又超出它们。学习'为人'以及学习知识技能而实践之,当有益于人、于世、于己,于是中心悦之,一种有所收获的成长快乐。"[①]

客观而言,上述阐释不无道理。各个观点或是立足某一角度,或是在某一层次形成的判断,正所谓"横看成岭侧成峰,远近高低各不同"是也。然而,一定程度上,诸如此类种种理解或是在"学而时习""场域"之外所做的类似于"子非鱼,焉知鱼之乐"的主观表达,或是尽管认可"学而时习"之"悦",但依然没有洞彻到其中之缘由。总之,二者均属于体认层面没有到位,从而难以对"学而时习之""悦"感体验做出合乎情实的客观判断。

二、"学而时习"的道体意蕴

概而言之,"学而时习"之"悦"作为情绪体验完成在精神层面,但其生发机制乃在于"学而时习"之过程。《说文解字注》云:"学,觉悟也。""学所以自觉,下之效也;教人所以觉人,上之施也。故古统谓之学也。"[②]"习,数飞也。"[③]由是,"悦"之源为"学"且"习","学""习"就是通过自身的生命实践活动体验生命真谛,即"悦"的过程。故"悦"与否,非"学""习"情形之外能够感同身受的情绪体验,而完全源于求"学"且"习"者的主体行为实践中获得的心理悦感。

"学""习"何以"悦"? 这需要到《论语》中寻找答案。孔夫子特别重视道之于人的价值和意义。如"君子忧道不忧贫"(《论语·卫灵公第十五》)、"君子学以致其道"(《论语·子张第十九》)、"志于道"(《论语·述而第七》)、"人能弘道"(《论语·卫灵公第十五》)、"君子食无求饱,居无求安,敏于事而慎于言,就有道而正焉,可谓好学也已"(《论语·学而第一》)等。可以说,道构成了人生追求的主要目的。[④]"学有所成"意味着"内圣外王""已登道岸",故生命的价值和意义就是"士志于道",一旦"朝闻道",人生状态则非同一般——"夕死可矣"——即使面对生死大事都可以淡然处

① 李泽厚.论语今读[M].南京:江苏文艺出版社,1998:28.

② 许慎,段玉裁.说文解字注[M].杭州:浙江古籍出版社,1998:127.

③ 许慎,段玉裁.说文解字注[M].杭州:浙江古籍出版社,1998:138.

④ 行道的过程是借助于现实的物质生命实践活动完成的,物质过程是外在形式,道则为寓于其中的实质内容。今人生命状态之所以疲惫、困惑,就在于过多地注重了形式——物质实体层面,而忽略了其中蕴含的道之内核——精神价值层面。

之,这是何等的从容与淡定。相反,“耻恶衣恶食者,未足与议也”——这永远是患得患失之“长戚戚”的“小人”困境。

一定意义上,“生而知之”“学而知之”“困而学之”是对道体体悟状态不同而形成的三种人生样式,而“困而不学”则是近乎“一阐提”的愚钝状态。如果说“生而知之”意味着源于先天生命自足性而彰显的对道体的通达体悟,那么,“学而知之”“困而学之”则是生命通过后天学习对宇宙道体或主动或被动的探求。

何谓“道”?《中庸》有言:“率性之谓道。”“人物各循其性之自然,则其日用事物之间,莫不各有当行之路,是则所谓道也。”①“道不远人。人之为道而远人,不可以为道。”“道者,率性而已,固众人之所能知能行者也,故常不远于人。若为道者,厌其卑近以为不足为,而反务为高远难行之事,则非所以为道矣。”②道本非玄妙莫测,人之日用行常之间,举手投足之际,以契合自身之本然性情、身份与地位行为处事,即为道。

生命就是小宇宙,宇宙之场势(道)就是真善美。故生命之本然状态就是愉悦与完美。一定程度上,学、习的过程就是后天生命回归原初生命的过程,以实现与宇宙场势(道)的契合与相应,进而体悟和感受人生的原初之美。“学”之投入程度不同,体悟与感受必然相异。由此,产生了“知之者不如好之者,好之者不如乐之者”(《论语·雍也第六》)三个层次的生命体验。显然,“知之”“好之”“乐之”成为“学而时习之”三个递进向度。

孔子之学就是“处事做人之学”③,其在塑造“中国民族性格和文化——心理结构”④方面发挥着奠基性的作用。此中之关键即文化的力量。今人所谓之文化,中国古人谓之“道体”。⑤故钱穆认为,中国文化的中心思想与其主要特质就是“性道合一”⑥。“性”指人的天性,“道”指天道——“宇宙的神圣秩序”⑦。性道合一即“天人合一”,即“夫大人者,与天地合其德,与日月合其明,与四时合其序,与鬼神合其吉

① [宋]朱熹.论语·大学·中庸[M].上海:上海古籍出版社,2013:269.
② [宋]朱熹.论语·大学·中庸[M].上海:上海古籍出版社,2013:276.
③ 南怀瑾.论语别裁(上)[M].上海:复旦大学出版社,2008:11.
④ 李泽厚.美学三书[M].合肥:安徽文艺出版社,1999:55.
⑤ 钱穆.中华文化十二讲[M].北京:九州出版社,2012:75.
⑥ 钱穆.中华文化十二讲[M].北京:九州出版社,2012:8.
⑦ 辜鸿铭.中国人的精神[M].陈高华,译.西安:陕西师范大学出版社,2011:43.

凶"(《易·乾·文言》)。实现"天人合一"的基本途径就是"学而时习之"。"学是明道，习是体道；学是认识理论，习是实践理论。""学人生的大道。"[①]

具体言之，"学"的内容包括大六艺、小六艺以及行为处事规范，即日常行持、生活技能与文化经典。这是人生进学的基本次序。如：

> 子曰："弟子入则孝，出则弟，谨而信，泛爱众，而亲仁。行有余力，则以学文。"
>
> （《论语·学而第一》）

"文，谓《诗》、《书》六艺之文。"[②]此大六艺也，即《诗》《书》《礼》《乐》《易》《春秋》等文化经典。"程子曰：'为弟子之职，力有余则学文，不修其职而先文，非为己之学也。'尹氏曰：'德行，本也。文艺，末也。穷其本末，知所先后，可以入德矣。'"[③]人之日常行持须合于职位，此乃人之为人的基本要义。故必力行。为此，学习行为处事规范自然成为人生首要之务。由是，"人生八岁，则自王公以下，至于庶人之子弟，皆入小学，而教之以洒扫、应对、进退之节，礼乐、射御、书数之文。"而"其所以为教，则又皆本之人君躬行心得之余，不待求之民生日用彝伦之外，是以当世之人无不学。其学焉者，无不有以知其性分之所固有，职分之所当为，而各俛焉以尽其力"[④]。

正是在此意义上，孔子弟子之子夏赞曰："贤贤易色，事父母能竭其力，事君能致其身，与朋友交言而有信。虽曰未学，吾必谓之学矣。"(《论语·学而第一》)其中，"四者皆人伦之大者，而行之必尽其诚，学求如是而已。故子夏言有能如是之人，苟非生质之美，必其务学之志，虽或以为未尝为学，我必谓之已学也"。"游氏曰：'三代之学，皆所以明人伦也。能是四者，则于人伦厚矣。学之为道，何以加此？'"[⑤]又：

> 子曰："志于道，据于德，依于仁，游于艺。"
>
> （《论语·述而第七》）

---

① 李里.论语讲义[M].桂林:广西师范大学出版社,2007:9.
② [宋]朱熹.论语·大学·中庸[M].上海:上海古籍出版社,2013:20.
③ [宋]朱熹.论语·大学·中庸[M].上海:上海古籍出版社,2013:20.
④ [宋]朱熹.论语·大学·中庸[M].上海:上海古籍出版社,2013:247.
⑤ [宋]朱熹.论语·大学·中庸[M].上海:上海古籍出版社,2013:20.

“游者,玩物适情之谓。艺,则礼乐之文,射御书数之法,皆至理所寓,而日用之不可阙者也。朝夕游焉,以博其义理之趣,则应务有余,而心亦无所放矣。”[①]其中,礼、乐、射、御、书、数乃小六艺之谓也。礼乐以致和,射、御、书、数乃技能。概而言之,“礼以恭敬辞逊为本,而有节文度数之详,可以固人肌肤之会、筋骸之束。故学者之中,所以能卓然自立,而不为事物之摇夺者,必于此而得之”。“乐……可以养人之情性,而荡涤其邪秽,消融其渣滓。故学者之终,所以至于义精仁熟而自和顺于道德者,必于此而得之,是学之成也。”[②]

礼、乐、射、御、书、数,六艺虽小,然“皆至理所寓”。故须“朝夕游焉,以博其义理之趣”,以达其至理。至理达则成。故朱子云:“此章言人之为学当如是也,盖学莫先于立志。志道,则心存于正而不他;据德,则道得于心而不失;依仁,则德性常用而物欲不行;游艺,则小物不遗而动息有养。学者于此,有以不失其先后之序、轻重之伦焉,则本末兼该,内外交养,日用之间,无少间隙,而涵泳从容,忽不自知其入于圣贤之域矣。”[③]

人之日常行持既守、生活技能娴熟,则“自天子之元子、众子,以至公、卿、大夫、元士之适子,与凡民之俊秀,皆入大学,而教之以穷理、正心、修己、治人之道”[④]。此即大六艺之教,以完善生命、实现人生价值。如《诗》之用,“有邪有正,其为言既易知,而吟咏之间,抑扬反复,其感人又易入。故学者之初,所以兴起其好善恶恶之心,而不能自已者,必于是而得之”[⑤]。再者,“凡《诗》之言,善者可以感发人之善心,恶者可以惩创人之逸志,其用归于使人得其情性之正而已”[⑥]。

一定意义上,行持、技能与文化乃人进学之三部曲。人生价值与意义就在于通过学、习进而不断趋近生命之道(至理),即“君子上达”(《论语·宪问第十四》)。明理而行,遵道而进,“是道则进,非道则退”,渐次实现着由“知之”到“好之”,进而“乐之”的生命跨越。故“学而时习”就是立身行道并为之坚守的过程,也正是体悟人生之道并体验生命至真纯美的过程,诚者自成,“自得其乐”“怡然自乐”才得以发

---

①[宋]朱熹.论语·大学·中庸[M].上海:上海古籍出版社,2013:84.
②[宋]朱熹.论语·大学·中庸[M].上海:上海古籍出版社,2013:99.
③[宋]朱熹.论语·大学·中庸[M].上海:上海古籍出版社,2013:84.
④[宋]朱熹.论语·大学·中庸[M].上海:上海古籍出版社,2013:247.
⑤[宋]朱熹.论语·大学·中庸[M].上海:上海古籍出版社,2013:99.
⑥[宋]朱熹.论语·大学·中庸[M].上海:上海古籍出版社,2013:26.

生。由此,方能领略"性本善"的完美至臻之境。

置言之,"学而时习"的目的和意义就是通过"学"与"习""尽己之性"[①],实现"合外内之道"(《中庸》),以圆满人之"天性",此即为道。[②]所以,习得天性的过程就是立身行道的过程。可以说,这作为中国文化基因,已经成为中华民族关于人生价值导向的最高标尺[③]。正所谓"极高明而道中庸"(《中庸》),此即《中庸》云:"天命之谓性,率性之谓道,修道之谓教。道也者,不可须臾离也,可离,非道也。""学而时习"就是通过体悟"天命",认识自身并时刻遵照其生命之内在律令而实现合道的过程——人因道而立,道因人而彰。

虽然"道不远人",但为了保证人循道而行,先人制礼作乐。无论"礼"抑或"乐",都是以规范的方式使人合乎宇宙秩序与法则,以求得在人与道之间产生感应道交。置言之,"礼"或"乐"作为折射"道体"的外在表现形式是通向"道体"的方法、原则与规范,构成了人、道之间的中介系统,借助于此,人与道之间实现沟通、对话与契合。正是在此意义上,李泽厚指出:"中国古代的'乐'主要并不在要求表现主观内在的个体情感,它所强调的恰恰是要求呈现外在世界(从天地阴阳到政治人事)的普遍规律,而与情感相交流相感应。"[④]

不仅礼乐为道之径由,诗文亦然。《文心雕龙·原道》:"言之文也,天地之心哉。""诗主言情,文主言道。"[⑤]故文化通道。这意味着,道并非道家独有的范畴。如李泽厚所言:"表面看来,儒、道是离异而对立的,一个入世,一个出世;一个乐观进取,一个消极退避;但实际上它们刚好相互补充而协调。"[⑥]一定意义上,源于文化的相通性,儒道互补构成为"两千多年来中国思想一条基本线索"[⑦]。二者交互统一,浑然天成。道学是儒学的深层底蕴,儒学乃道学的世俗化表达。

就内容而言,"学而时习"内含深刻的形而上之道体追求。正如李泽厚所言:孔子有对形上的反思和对超越的追求,但他没有采取概念思维的抽象方式,而出之以

---

① 钱穆.中华文化十二讲[M].北京:九州出版社,2012:15.

② 钱穆.中华文化十二讲[M].北京:九州出版社,2012:14.

② 人生"最高价值是据道依仁的生活"。(转引自李泽厚.美学三书[M].合肥:安徽文艺出版社,1999.229.)

④ 李泽厚.美学三书[M].合肥:安徽文艺出版社,1999:243.

⑤ [清]王夫之.清诗话(下卷)[M].上海:上海古籍出版社,1984:948.

⑥ 李泽厚.美学三书[M].合肥:安徽文艺出版社,1999:59.

⑦ 李泽厚.美学三书[M].合肥:安徽文艺出版社,1999:55.

诗意的审美。孔子所追求的超越,也并不是对感性世界和时空的超越,而恰恰就在此感性时空之中。它不是“在”(Being),而毋宁是“生成”(Becoming)。[①]这意味着,“学而时习”是以具象的过程探寻抽象世界的内在逻辑,通过表象理解抽象、透过物质世界探求根本规律,即在现实的生命活动中“追求‘再现’宇宙自然的普遍规律、逻辑和秩序”[②]。此中,自然生成“‘与天地同和’的普遍性的情感”[③],至此,如《中庸》所云,人之性回归到“自诚明”的天地境界,并以“诚则明矣,明则诚矣”之径抵达“与天地参”的高度。此中人的心理状态即为“悦”。李泽厚将这种内在心理情感和状态称之为“本体的人性”“人道的自觉意识”“人的最后实在和最高本体”[④]。“这也就是‘道’或‘天道’。”[⑤]钱穆先生认为,“孔门论学,范围虽广,然必兼心地修养与人格完成之两义”。如能学而时习之,“自始即可有逢源之妙,而终身率循,亦不能尽所蕴之深”[⑥]。此可谓“道体”之幽隐!

就形式而言,“学而时习”之道体追求体现在伦常日用之中。正如仲修徐曰:“所谓学者,非记问诵说之谓,非绨章绘句之谓,所以学圣人也。”[⑦]“既欲学圣人,自无作辍。出入起居之时,学也。饮食游观之时,学也。疾病死生之时,亦学也。人须是识得‘造次必于是,颠沛必于是’,‘立则见其参于前,在舆则见其倚于衡也’,方可以学圣人。”[⑧]故曰:“孔子之学,皆由真修实践来。无此真修实践,即无由明其义蕴。”[⑨]盖行住坐卧、吃喝拉撒,即该吃饭时吃饭,该睡觉时睡觉,无一不在道中。相反,状态错位、夙寐夜兴则为背道之举。

总而言之,“学而时习”之所以“不亦说乎”,就是通过行常日用之间、起居坐卧之时的常规活动,体味生命之本然而获得的自然天成的愉悦感受。正如《中庸》言:“君子素其位而行,不愿乎其外。素富贵,行乎富贵;素贫贱,行乎贫贱;素夷狄,行乎夷狄;素患难,行乎患难。君子无入而不自得焉。”君子之所以能够“无入而不自

① 李泽厚.美学三书[M].合肥:安徽文艺出版社,1999:266.
② 李泽厚.美学三书[M].合肥:安徽文艺出版社,1999:243.
③ 李泽厚.美学三书[M].合肥:安徽文艺出版社,1999:244.
④ 李泽厚.美学三书[M].合肥:安徽文艺出版社,1999:255-256.
⑤ 李泽厚.中国思想史论(上)[M].合肥:安徽文艺出版社,1999:44.
⑥ 钱穆.论语新解[M].北京:读书·生活·新知三联书店,2005:5.
⑦ 程树德.论语集释[M].北京:中华书局,1990:4.
⑧ 程树德.论语集释[M].北京:中华书局,1990:4-5.
⑨ 钱穆.论语新解[M].北京:读书·生活·新知三联书店,2005:5.

得",正是源于"在所居之位而为其所当为,无慕乎其外之心"[①],守其位、践其行、得其道。这是生命状态回归本然之时的"现场感",其中,不存在做作,也并非超脱,而是以安分守己之心对当下生命状态的积极体验。

孔颜乐处即为此境界。孔子、颜渊以自身生命践行人生之道,从而体验了行道之乐。正如子曰:"饭疏食,饮水,曲肱而枕之,乐亦在其中矣。"(《论语·述而第七》)孔子评价颜渊:"贤哉,回也! 一箪食,一瓢饮,在陋巷,人不堪其忧,回也不改其乐。贤哉,回也!"(《论语·雍也第六》)依道而论,生命本自足。"诚于中"则必然"形于外"。孔颜之乐正是以内守其道、不假外求的方式体验,展演着生命之悦乐。"学而时习"则是以诚者自成的方式获得了生命至臻完美的喜悦。这既是"诚意""正心"的妙用,也是"修身"的价值与归宿。

三、"学而时习"的当代启示

时下国人生活已经进入大众娱乐化阶段——无论娱乐还是被娱乐,尤其"被娱乐"带有鲜明的"找乐"味道,极具"外在性",故此"乐"非乐。这自然使人联想到当前国人的幸福感——尽管温饱不成问题但幸福依然是问题。在物质生活比较富足的今天,这足以说明,幸福与否不是由外在所决定,而是内在感受。正如有人指出,幸福是一种感觉。而其中要义则是内在之"悦"。鉴于此,重新审视当代人之生命价值取向尤为必要。

余秋雨感言:"包括佛学家在内的很多哲学家都认为,人之为人,在本性上潜藏着善的种子。灌溉它们,使它们发育长大,然后集合成一种看似天然的森林,这就是文化的使命。"[②]当下,文化自信的必然要求就是弘扬中华优秀传统文化。为此,温习经典、领略文化成为实现完美人生乃至美丽中国的必然要求。

钱穆指出:"孔子之所启示,乃属一种通义,不受时限,通于古今,而义无不然,故为可贵。"[③]"学而时习之,不亦说乎?"展现的就是体道、行道之时内心生成的喜悦——简单、内在、真切之情。为此,"学而时习"内在道体意蕴对今天国人生活具有启示意义。

---

① [宋]朱熹.论语·大学·中庸[M].上海:上海古籍出版社,2013:277.

② 余秋雨.何谓文化[M].武汉:长江文艺出版社,2012:12.

③ 钱穆.论语新解[M].北京:读书·生活·新知三联书店,2005:5.

第一,参学优秀传统文化,体悟人生之大道,守护生命之初心。优秀传统文化即人之为人的文化,正如有学者所言,《论语》就是人生的使用说明书。学习传统文化经典,其意义和价值就在于通过领略先哲之智慧,体悟人之为人的思想理念与行为规范,从而学有所得、完善自我。正如朱子云:“学之为言效也。人性皆善,而觉有先后,后觉者必效先觉之所为,乃可以明善而复其初也。”[①]传统文化乃先哲以其自身的生命历程与体验总结而成的经典之作,作为后学不断参学,自然成德。“德之为言得也,得于心而不失也。”[②]一旦有所得,则德进过少,从而不断趋近于人之本然,即生命之初心、本然之状态。一定意义上,“不忘初心”即有此意。

传统文化虽然形成于过去,但依然有助于现实。为此,学习传统文化,须走进现实生活。“学而时习”之“习”意味着践行、实践。时时处处,身、心、境三者合一,身临其境、心安其中。当下,社会整体环境急功近利的氛围烘托着世间民众的浮躁心态,“骑马找马”“这山看着那山高”“身在曹营心在汉”成为诸多生命个体的心理共识,由是,他们不惜以“我用青春赌明天”的方式与命运抗争,实现人生利益价值无休止的最大化。一定意义上,其结果无论于人、于己都是某种伤害。

《大学》云:“知止而后有定,定而后能静,静而后能安,安而后能虑,虑而后能得。”就表层而言,知止的内在要求就是安分守己、乐天知命。正如《中庸》所言:“践其位,行其礼”,即立足当下,做好分内事。所以,无论借着想象的翅膀飞得多么高远,必须立足于现实的大地上。这既是实现生命自由的根本[③],也是“学而时习”的内在要求。唯此,方能体悟人生之大道,明了“道在伦常日用之中”[④]的内蕴,从而获得愉悦、幸福的生活审美体验。“道不远人。”诚哉,斯言也。于此,李泽厚认为,这正体现了“以孔子为代表的中国文化精神”之“世俗中有高远,平凡中见伟大”的品格。[⑤]

第二,生命需有形而上的价值追求。“学而时习”的内在深蕴就是立足现实对形上世界的潜心追求。以习证学、以学导习、学习并重。正所谓“不力行,但学文,长

---

① [宋]朱熹.论语·大学·中庸[M].上海:上海古籍出版社,2013:17.

② [宋]朱熹.论语·大学·中庸[M].上海:上海古籍出版社,2013:26.

③ 辜鸿铭认为人获得真正自由的唯一方法就是循规蹈矩。循规蹈矩的意思是按照既定规则、关系行事。参见辜鸿铭.中国人的精神[M].陈高华,译.西安:陕西师范大学出版社,2011:5.

④ 李泽厚.中国思想史论(上)[M].合肥:安徽文艺出版社,1999:44.

⑤ 李泽厚.论语今读[M].南京:江苏文艺出版社,1998:29.

浮夸,成何人;但力行,不学文,任己见,昧理真”。通过学、习找寻生命依托,抵达“此心安处是故乡”的生命夙愿。

人之生命区别于其他生命的鲜明之处就是基于生理(物质世界)之上存在着心理(精神世界),与其说人是身与心的统一,不如说身是人之形式,心是人之内容。也就是说,人的独特之处就在于其精神、思维。为此,笛卡尔说,“我思故我在”。同理,钱穆认为,人的心逐渐演变成了“生的本体”①,这正是中国文化注重“人文”精神的内在动因。②鉴于此,由侧重身世界到重视心世界的转换,是“人格完善”③的体现和需要。

生命价值层次决不应仅仅锁定在物质层面。这样说来,发展是硬道理,以经济建设为中心、解决温饱等只是特定历史阶段满足人之生命基本需要或者说低端需要的必要途径。一旦跨过“温饱”阶段,实现小康之后,追求生命之形而上层次成为必需。否则,生命是残缺的,甚至是病态的——诸多负面事实就是鲜明例证。

如果说市场经济的建立唤醒并张扬了人的主体意识,从而使人们按照个人的意愿、设想规划人生——这当然是一种进步,但依然没有摆脱“对物的依赖性”,这意味着,人们对自我的认识与定位还停留在“身我”之中,尚未达到“心我”层次。而真正意义上的主体意识乃对宇宙人生内在规律深刻洞察基础上形成的“文化自觉”——积淀为理性、提升为品位、熔铸成格调。颇类似于冯友兰先生说的“玄心、妙赏、洞见、深情”。这在更大程度上体现为基于“身我”之上的“心我”向度。在余秋雨看来,孔子个人的人生价值和意义随着岁月流转、历史品鉴已成为社会仰视的文化磁场,其作为“精神坐标”“统一符号”④以潜在方式向置身其中的人们昭示着生命价值取向。孔颜之乐即为此意。

因此,人不是物质消费者,而是精神追求者。乔布斯感言,他愿意倾其所有科技而换取与苏格拉底的半天相处。周国平同样坦言,无论物质世界具有多大诱惑,回归精神世界乃人生终极选择的不二法门。

人生不是衣食住行、吃喝玩乐。置言之,人之物质需求决不应仰仗科技日新月异而无限膨胀——如果说物质短缺是一种贫乏,那么不断放逐的物质欲何尝不是

---

① 钱穆.中华文化十二讲[M].北京:九州出版社,2012:44.

② 钱穆.中华文化十二讲[M].北京:九州出版社,2012:74.

③ 李泽厚.中国思想史论(上)[M].合肥:安徽文艺出版社,1999:32.

④ 余秋雨.中华文化四十七堂课:从北大到台大[M].长沙:岳麓书社,2011:101.

极端贫困。其结果:于人是病态,于社会是危害,于自然是灾害。

因为生命的本然是某种有限的平衡状态。言其有限,意指维持生命的基本物质需求并不高;言其平衡,意指生命存在是物质需求与精神需求的统一。平衡状态才是健康状态。值得注意的是,有的人几乎将全部身心投入物质追逐(偶尔的精神生活也仅仅限于娱乐,类似精神放纵——距离精神追求尚有距离)之时,则必然遭受人之存在三重关系(身与心、人与人以及人与自然)的全面围剿。一定程度上,经济社会乃至科学发展正是解决问题的良药,而这剂良药是否发挥药效的关键则是人自身——能否从失衡回归到平衡状态。

这是一个需要精神回归的年代。唤回灵魂、找回自己,为心安家,是时候了。

第三,践习人生之道,享受生命之愉悦。"学而时习之,不亦说乎"展现的是"志于道,据于德,依于仁,游于艺"的生活,其中,"因熟练掌握礼、乐、射、御、书、数即六艺,有如鱼之在水,十分自由,即通过技艺之熟练掌握,获得自由,从而愉快也"[①]。其必然体现就是身心和谐的生命妙境,即"诗意地栖居"。一定意义上,"学而时习之,不亦说乎"就是孔子自身的人生写意。正如余秋雨所言,孔子的"人生就是诗",因而其言谈举止、行住坐卧处处呈现着独特的"诗学态度""美学态度"[②]。为此,孔子的人生最高境界将是审美。[③]这种人生美学渐次演变为中华民族的文化基因,积淀成中国的民族气质与精神,其直接表现就是"一种宁静祥和的心态"[④]。这种状态可以理解为辜鸿铭所说的,真正的中国人具有成人的头脑和孩子的心灵。[⑤]如果说"成人的头脑"意味着健全的心智,那么,其完善程度即为"孩子的心灵"——至纯至真、原初的完美。

目前,诸多国人生活状态处于忙忙碌碌、紧紧张张的节奏之中,即身忙心亡,一己之心流离失所,从而使"内心""不由自主"。内心世界的荒芜、苍凉之状态于己不可能有爱,于人不可能有仁,于社会不可能感恩,于自然不可能呵护……诸如此类,何谈幸福生活、诗意人生?

在东方文化看来,人类自身存在境况在相当大的程度上源于内心的力量,正所

① 李泽厚.论语今读[M].南京:江苏文艺出版社,2010:56.
② 余秋雨.中华文化四十七堂课:从北大到台大[M].长沙:岳麓书社,2011:83.
③ 李泽厚.美学三书[M].合肥:安徽文艺出版社,1999:254.
④ 辜鸿铭.中国人的精神[M].陈高华,译.西安:陕西师范大学出版社,2011:56.
⑤ 辜鸿铭.中国人的精神[M].陈高华,译.西安:陕西师范大学出版社,2011:26.

谓"相由心生、境随心转"是也。正是在此意义上,钱穆认为,人的心就成了"生的本体"。[①]鉴于此,践习人生之大道,使之回复到生命之初的心理原态,体验本心之简单与醇美,即使身处困顿,也同样能够体验别样人生。故"贫而不困,富而不骄"将不是问题,进而言之,"贫而乐,富而好礼"完全能够成为现实。

"心生活是主,是目的;身生活是仆,是手段。没有了身生活,就不能有心生活。但没有了心生活,身生活便失去了意义与价值。"[②]和谐身心、享受生命之愉悦从当下开始。

可以说,《学而》章作为《论语》"提纲"[③]构筑了民族的"文化—心理结构"[④],逐渐成为强大的文化思维模式,其基调就是"由强调人的内在自然(情、感、欲)的陶冶塑造到追求人与自然、宇宙的动态同构"[⑤],它催生着生命个体"意识到他的个体的位置、价值和意义,就存在于与他人的一般交往之中即现实世间生活之中;在这种日常现实世间生活的人群关系之中,便可以达到社会理想的实现,个体人格的完成,心灵的满足或慰安"[⑥]。

① 钱穆.中华文化十二讲[M].北京:九州出版社,2012:44.
② 钱穆.中华文化十二讲[M].北京:九州出版社,2012:41.
③ 李里.论语讲义[M].桂林:广西师范大学出版社,2007:9.
④ 李泽厚.中国思想史论(上)[M].合肥:安徽文艺出版社,1999:43.
⑤ 李泽厚.美学三书[M].合肥:安徽文艺出版社,1999:282.
⑥ 李泽厚.中国思想史论(上)[M].合肥:安徽文艺出版社,1999:43-44.

《传习录》对人自由全面发展的当代启示

白立强

中华文化是关于人的学问，虽然其中不存在“人的自由全面发展”的概念，但无疑包含了丰富的“人自由而全面发展”的思想。无论是《论语》中的“君子不器”“七十而从心所欲，不逾矩”，还是《大学》中的“诚意”“正心”，抑或《中庸》之中的君子“素其位而行，不愿乎其外”等等，都是其鲜明体现。《传习录》作为儒学经典，同样蕴含着人的自由全面发展的价值追求。

一、《传习录》身、心、性之内涵及其相互关系

《传习录》中包含诸多命题，如心即理、知行合一、致良知等，这都与身、心、性联系在一起。阳明心学正是通过身心内外的道德审思探究人之为人的生命初心与意义。

人之生命都是物质与精神、身与心的统一，即“形与神俱”。何谓身？《康熙字典》引《九经韵览》曰：躯也。总括百骸曰身。《说文解字今释》曰：身，躬也。像人之身。由此可见，身就是指人的物质层面。何谓心？《康熙字典》中引《荀子·解蔽》之释：心者，形之君也，而神明之主也。《礼·大学疏》曰：总包万虑谓之心。《说文解字今释》：“金文家说火藏者，五行火空则明，举五藏之运用言也。”显然，心属于火藏，其功能为“神明之主”“总包万虑”。故心之价值在于精神层面。从身与心的关系看，心乃“形之君”“身之主宰”[①]。为此，身是人之生命存在形式，而心则是其内容。何谓性？《康熙字典》中引《陈淳》曰：“性字，从生从心，是人生来具是理于心，方名曰性。《说文解字今释》：《庄子·庚桑楚》，“性者，生之质（天生的本质）也”。

---

① [明]王阳明．传习录[M]．萧无陂，注译．武汉：长江文艺出版社，2015：11.

物质之身,是与多彩丰富的物质世界最为直接的接触者,然而,正是物质世界之丰富与多彩,往往导致了"五色令人目盲,五音令人耳聋,五味令人口爽,驰骋畋猎令人心发狂"(《道德经》)的迷失之境。为此,需要心之省察,回归初心,走进生命之本,即心之本体。"心之本体原自不动。心之本体即是性。性即是理。性元不动。理元不动。"①

《三字经》云:人之初,性本善。这意味着,人之本性、初心(先天之心、道心)是完美、完善的。而儒家一再强调的诚意、正心,恰恰是通过学习与历练,使后天之心、人心回归先天之心、道心的过程。正是通过这种反复历练的精神之旅,生命方得以成长、发展与完善,从而达到自由而全面发展的状态。由是,子曰:"七十而从心所欲,不逾矩"(《论语·为政第二》)。此即孔子生命存在的自由之境②。置言之,孔子在学习的基础上,通过50年的生命成长从而达到了自由全面发展阶段。③

马克思在谈到人的自由发展时指出:"自由王国只是在由必需和外在目的规定要做的劳动终止的地方才开始;因而按照事物的本性来说,它存在于真正物质生产领域的彼岸。"鉴于物质生产领域"始终是一个必然王国",为此,自由王国的实现只能是"在这个必然王国的彼岸",只有在此境况下,"作为目的本身的人类能力的发展,真正的自由王国,就开始了。但是,这个自由王国只有建立在必然王国的基础上,才能繁荣起来"④。

显而易见,人的自由全面发展基于物质层面而完成于精神层面。这正是中国

---

①[明]王阳明.传习录[M].萧无陂,注译.武汉:长江文艺出版社,2015:54.

②正如辜鸿铭所指出的,获得自由——真正的自由的唯一方法就是循规蹈矩。(参见辜鸿铭.中国人的精神[M].陈高华,译.西安:陕西师范大学出版社,2011,序言)由此可见,自由与规矩既是对立的,更是统一的。确切而言,二者是同一个事物的两个方面。二者的对立意味着,规矩是外在于我的限制,由是,我的生命状态则是被动的、无奈的展现(这是大部分人的思维方式与生命状态);二者的统一性意味着,规矩是内化于我的本性自觉,为此,我的思维与行为完全与规矩不谋而合、尊道而行,即我的生命展现是自由的。

③人的自由发展与全面发展也是同一事物的两个方面。一定意义上,自由发展是人发展的质的规定性,这体现着人的活动状态;而全面发展是人发展的量的规定性,这体现着人的活动范围。二者互为条件、互为前提。(参见白立强.从"君子不器"看孔子人的自由全面发展观[J].泰山学院学报,2012(4):50-56.)

④中共中央马克思恩格斯列宁斯大林著作编译局.马克思恩格斯全集(第25卷)[M].北京:人民出版社,1974:926-927.

文化的传统要义。“自由”初始含义就是指灵魂的自由。[①]为此,人的自由全面发展就是在基于现实的基础上,通过思想(心)建构从而达成的超然物外的淡然境界[②],即回归人之本性之体,也就是“致良知”之境。“良知者,心之本体”[③],而“性无不善,故知无不良。良知即是未发之中,即是廓然大公,寂然不动之本体,人人之所同具者也”[④]。

此种心态不为外境所动,即此心不与任何人、事、物绑定在一起,保持着初心的空灵与超脱。《传习录》中“心”“性”“良知”思想体现了鲜明的“人生实践的唯心论”。此与西方哲学家由纯粹思辨而形成的唯心论不同。这种人生实践的唯心论即入世的人文教的精神。[⑤]

“身之主宰便是心”,“性是心之体”[⑥],“良知者,心之本体”[⑦]。故在身、心、性、良知四者中,心为身之主,性为心之本,良知与性乃同一范畴。《传习录》通过身、心、性以及良知之阐发,折射出了人的自由全面发展之境况。如,“仁、义、礼、智也是表德。性一而已:自其形体也谓之天,主宰也谓之帝,流行也谓之命,赋于人也谓之性,主于身也谓之心。心之发也,遇父便谓之孝,遇君便谓之忠,自此以往,名至于无穷,只一性而已”。“人只要在性上用功,看得一‘性’字分明,即万里灿然”[⑧]。这就是说,只要把握住“性”之体(内在),如果不动,则外在一切于己均无影响,“宇宙吾心,吾心宇宙”,内外廓然无碍、风轻云淡。

究其原因,“其良知之体,皦如明镜,略无纤翳。妍媸之来,随物见形,而明镜曾无留染,所谓‘情顺万事而无情’也”[⑨]。“良知本来自明。”[⑩]良知犹如先天之心,人人皆有,只是以潜在的形式存在着,这是生命与生俱来的正能量;而后天之心则以显意识的方式呈现,其由于外在性故而往往遭受染浊。“‘潜意识’与‘显意识’之不断

---

① 辜鸿铭.中国人的精神[M].陈高华,译.西安:陕西师范大学出版社,2011:136.
② 白立强.从“君子不器”看孔子人的自由全面发展观[J].泰山学院学报,2012(4):50-56.
③ [明]王阳明.传习录[M].萧无陂,注译.武汉:长江文艺出版社,2015:129.
④ [明]王阳明.传习录[M].萧无陂,注译.武汉:长江文艺出版社,2015:131.
⑤ 钱穆.中国思想史[M].北京:九州出版社,2011:223-224.
⑥ [明]王阳明.传习录[M].萧无陂,注译.武汉:长江文艺出版社,2015:11.
⑦ [明]王阳明.传习录[M].萧无陂,注译.武汉:长江文艺出版社,2015:129.
⑧ [明]王阳明.传习录[M].萧无陂,注译.武汉:长江文艺出版社,2015:34.
⑨ [明]王阳明.传习录[M].萧无陂,注译.武汉:长江文艺出版社,2015:44.
⑩ [明]王阳明.传习录[M].萧无陂,注译.武汉:长江文艺出版社,2015:140.

冲突。此即先秦儒家之所谓天人交战，亦即宋明儒之所谓渣滓、障碍、夹杂。宋明儒所理想之‘纯乎天理’，乃指一种最单纯、最调和的心理境界。人心到此境界，其潜意识已全部融化，直从心坎深处到达外面行为，表里如一，全人格充实光明，更无丝毫掩饰伪装，或丝毫隐藏躲闪。即其全部的潜意识发展成全部的显意识，显、潜全体融合。此种理想的人格精神之圆满一致，即阳明所谓‘良知之诚一’。”[①]至此，“从目所视，妍丑自别，不作一念，谓之明。从耳所听，清浊自别，不作一念，谓之聪。从心所思，是非自别，不作一念，谓之睿”[②]。即达致“聪明睿智达天德者”(《中庸》)之潇洒境遇。

人于现实之中，常常“入戏”太深。于此，人是不自由的——为情左右、为物所累。然“喜怒哀乐，本体自是中和的。才自家着些意思，便过不及，便是私”[③]。而人之为人在于求得自身的全面发展，理事无碍、事事无碍，事过心空、自由自在。这须达致至善状态。“至善者性也。性元无一毫之恶，故曰至善。止之，是复其本然而已。”[④]本然至则心体定，“定者心之本体，天理也，动静所遇之时也”[⑤]。“阳明所谓天理，主要是指人生界之事理，不在泛指天地自然。”[⑥]“天理亦自有个中和处，过即是私意。人于此处多认作天理当忧，则一向忧苦，不知已是‘有所忧患，不得其正’。大抵七情所感，多只是过，少不及者。才过便非心之本体，必须调停适中始得。”“人但要识得心体，自然增减分毫不得。”[⑦]

心体乃良知。“良知即是天植灵根，自生生不息；但着了私累，把此根戕贼蔽塞，不得发生耳。”[⑧]“只要去人欲、存天理，方是功夫。静时念念去人欲、存天理，动时念念去人欲、存天理，不管宁静不宁静。”[⑨]一旦于良知“复得他完完全全，无少亏欠”[⑩]，

① 钱穆.中国思想史[M].北京:九州出版社,2011:216.
② [明]王阳明.传习录[M].萧无陂,注译.武汉:长江文艺出版社,2015:265.
③ [明]王阳明.传习录[M].萧无陂,注译.武汉:长江文艺出版社,2015:44.
④ [明]王阳明.传习录[M].萧无陂,注译.武汉:长江文艺出版社,2015:57.
⑤ [明]王阳明.传习录[M].萧无陂,注译.武汉:长江文艺出版社,2015:36.
⑥ 钱穆.中国思想史[M].北京:九州出版社,2011:211.
⑦ [明]王阳明.传习录[M].萧无陂,注译.武汉:长江文艺出版社,2015:38.
⑧ [明]王阳明.传习录[M].萧无陂,注译.武汉:长江文艺出版社,2015:206.
⑨ [明]王阳明.传习录[M].萧无陂,注译.武汉:长江文艺出版社,2015:30.
⑩ [明]王阳明.传习录[M].萧无陂,注译.武汉:长江文艺出版社,2015:213.

则自然“鉴空衡平”[①],“自不觉手舞足蹈,不知天地间更有何乐可代”[②]。

二、《传习录》超越现实的价值及其特征

冯友兰曾言:“人不满足于现实世界而追求超越现实世界,这是人类内心深处的一种渴望”,中国人“在哲学里找到了超越现实世界的那个存在,也在哲学里表达和欣赏那个超越伦理道德的价值;在哲学生活中,他们体验了这些超越伦理道德的价值”。“根据中国哲学的传统,哲学的功能不是为了增进正面的知识(我所说的正面知识是指对客观事物的信息),而是为了提高人的心灵,超越现实世界,体验高于道德的价值”[③]。于《传习录》而言,“超越现实世界”的“价值”就是人的自由全面发展。其包括四个方面特征:

其一,主体性。在身与心关系方面,身乃心之形,心乃身之体。“这心之本体,原只是个天理。原无非礼。这个便是汝之真己。这个真己,是躯壳的主宰。若无真己,便无躯壳。真是有之即生,无之即死。汝若真为那个躯壳的己,必须用着这个真己。便须常常保守着这个真己的本体。戒慎不睹,恐惧不闻。唯恐亏损了他一些。”[④]就人的自由全面发展而言,这意味着,只有充分“成就心体”,才能实现人之为人的主体性价值,才能真正地达到“我的地盘我做主”的自由人生。即“人只要成就自家心体,则用在其中。如养得心体,果有未发之中,自然有发而中节之和,自然无施不可”[⑤]。

日前,市场机制的利益导向使诸多人的就业选择以利为上,人沦为追逐利益的工具,从而丧失其主体性地位。古人云:“正其谊不谋其利。”义利之间,以义为上。唯合宜才能培固人的主体性价值,从而实现全面发展的状态。即“人要随才成就,才是其所能为,如夔之乐,稷之种,是他资性合下便如此。成就之者,亦只是要他心体纯乎天理。其运用处,皆从天理上发来,然后谓之才。到得纯乎天理处,亦能不器。使夔、稷易艺而为,当亦能之”。“如‘素富贵,行乎富贵,素患难,行乎患难’,皆

---

① [明]王阳明.传习录[M].萧无陂,注译.武汉:长江文艺出版社,2015:76.
② [明]王阳明.传习录[M].萧无陂,注译.武汉:长江文艺出版社,2015:213.
③ 冯友兰.中国哲学简史[M].北京:生活·读书·新知三联书店,2009:5.
④ [明]王阳明.传习录[M].萧无陂,注译.武汉:长江文艺出版社,2015:79.
⑤ [明]王阳明.传习录[M].萧无陂,注译.武汉:长江文艺出版社,2015:47.

是不器,此惟养得心体正者能之。"[①]

其二,自觉性。人的自由全面发展作为完善的生命存在状态体现为"心"之自足、"理之灵处"[②],即"众理具而万事出。心外无理,心外无事"[③]。然常人受世事所累,心体往往受到"戕贼蔽塞"[④],而心体"未尝不在""未尝不明"[⑤]。唯有通过"格物以致其知",才能"不为私欲遮隔,充拓得尽,便完全是他本体,便与天地合德"[⑥]。

人的自由全面发展的自觉性不是外在性的行为,而是内在性发现。于七情而言,"乐是心之本体,……但常人有之而不自知","而此乐又未尝不存,但一念开明,反身而诚,则即此而在矣"[⑦]。一旦内心省察,至诚无息,方知生命自足的妙境:"良知是造化的精灵。这些精灵,生天生地,成鬼成帝,皆从此出,真是与物无对。人若复得他完完全全,无少亏欠,自不觉手舞足蹈,不知天地间更有何乐可代。"[⑧]可见,外在由内在而生,事相乃心相而成。

其三,身心和谐。所谓身心和谐即正心,"心本易动,惟止至善之久,而性定则心亦不动。凡非礼之来,见如不见,闻如未闻。不必却之,自不能入。……非屏聪黜明、强制其心也"[⑨]。此为"尽心、知性、知天,是生知安行事"之情状[⑩],亦如阳明先生"居夷三载,处困养静,精一之功,固已超入圣域,粹然大中至正之归矣"[⑪]。此心"如明镜然,全体莹彻,略无纤尘染着","全体廓然,纯是天理。方可谓之喜怒哀乐未发之中,方是天下之大本"。[⑫]鉴于此,即使"于凡忿懥等件,只是个物来顺应,不要着一分意思,便心体廓然大公,得其本体之正了。且如出外见人相斗,其不是的,我心亦怒。然虽怒,却此心廓然,不曾动些子气"[⑬]。

---

① [明]王阳明.传习录[M].萧无陂,注译.武汉:长江文艺出版社,2015:47-48.
② [明]王阳明.传习录[M].萧无陂,注译.武汉:长江文艺出版社,2015:75.
③ [明]王阳明.传习录[M].萧无陂,注译.武汉:长江文艺出版社,2015:33.
④ [明]王阳明.传习录[M].萧无陂,注译.武汉:长江文艺出版社,2015:206.
⑤ [明]王阳明.传习录[M].萧无陂,注译.武汉:长江文艺出版社,2015:129.
⑥ [明]王阳明.传习录[M].萧无陂,注译.武汉:长江文艺出版社,2015:75.
⑦ [明]王阳明.传习录[M].萧无陂,注译.武汉:长江文艺出版社,2015:143.
⑧ [明]王阳明.传习录[M].萧无陂,注译.武汉:长江文艺出版社,2015:11.
⑨ [清]刘沅.槐轩全书(第1卷)[M].成都:巴蜀书社,2006:34.
⑩ [明]王阳明.传习录[M].萧无陂,注译.武汉:长江文艺出版社,2015:10.
⑪ [明]王阳明.传习录[M].萧无陂,注译.武汉:长江文艺出版社,2015:1.
⑫ [明]王阳明.传习录[M].萧无陂,注译.武汉:长江文艺出版社,2015:52.
⑬ [明]王阳明.传习录[M].萧无陂,注译.武汉:长江文艺出版社,2015:200-201.

《论语》中曾点气象乃身心和谐之体状。曾点不同于其他三子(子路、冉有、公西华),于此,王阳明认为:“三子是有意必,有意必便偏着一边,能此未必能彼;曾点这意思却无意必,便是‘素其位而行,不愿乎其外’‘素夷狄,行乎夷狄;素患难,行乎患难;无入而不自得’矣。三子所谓‘汝器也’,曾点便有不器意。”[①]此正体现了曾点心安理得、怡然自乐的身心和谐之境。

其四,天人一体。在中国传统哲学中,人与天地是不可分割的一个整体。就人与天地宇宙的关系而言,人的自由全面发展意味着二者的存在与发展互为条件,并呈现为相互共生的良性关系状态。《传习录》正是在此环节为人的自由全面发展点明了关键:良知将人与天地万物贯通。“人的良知,就是草木瓦石的良知。若草木瓦石无人的良知,不可以为草木瓦石矣。岂惟草木瓦石为然?天地无人的良知,亦不可为天地矣。盖天地万物,与人原是一体,其发窍之最精处,是人心一点灵明,风雨露雷,日月星辰,禽兽草木,山川土石,与人原只一体。故五谷禽兽之类,皆可以养人;药石之类,皆可以疗疾:只为同此一气,故能相通耳。”[②]

由此,天人之间搭建起了息息相通之即时性的“灵明”脉动。天人同心、万物同理,“道通天地有形外,思入风云变态中”。一定程度上,道之所以通,思之所以入,正是鉴于人天风雨、日月山川之共同本具的“良知”“灵明”。荀子之“人最为天下贵”,并非将人置于其他物相之上,而是主要强调了人之于其他物相的价值与意义——己立立人、己达达人,推己及人、推人及物,即由成己到成人,再到成物之相互共生共荣的和谐胜景。故“夫人者,天地之心,天地万物,本吾一体者也”[③]。

三、《传习录》有关阳明本体的实现路径

《传习录》以心的体认与建构,奠基了实现人的生命大美之路。故有学者将阳明心本立场称之为“阳明心学美学‘本体论’”[④],心体洞明乃人自由全面发展的基点。为此,阳明本体的建构过程也是通向人的自由全面发展之路。

其一,制心一处,反躬自省。“心即道,道即天,知心则知道、知天。……诸君要

① [明]王阳明.传习录[M].萧无陂,注译.武汉:长江文艺出版社,2015:30.
② [明]王阳明.传习录[M].萧无陂,注译.武汉:长江文艺出版社,2015:218.
③ [明]王阳明.传习录[M].萧无陂,注译.武汉:长江文艺出版社,2015:162.
④ 潘立勇.阳明心学美学的心本立场及其再评价[J].中原文化研究,2016(2):33-39.

实见此道，须从自己心上体认，不假外求始得。”[①]万物皆良知，而人心为其要。唯人心体空灵明澈，方与万物心心相印，进而相通。“心即理也。天下又有心外之事、心外之理乎？”[②]“须于心体上用功，凡明不得，行不去，须反在自心上体当，即可通。盖《四书》《五经》，不过说这心体，这心体即所谓道，心体明即是道明，更无二：此是为学头脑处。”[③]

先天之心时常被后天之心遮蔽。做人之功夫须时刻以克己之功扫除廓清后天之障蔽，“格者，正也。正其不正，以归于正也”[④]。格物之功，就是“去其心之不正，以全其本体之正”[⑤]。日复一日，年复一年，念兹在兹。“此心无私欲之蔽，即是天理，不须外面添一分。”“只在此心去人欲、存天理上用功便是。”[⑥]所以，“吾辈今日用功，只是要为善之心真切。此心真切，见善即迁，有过即改，方是真切工夫。如此则人欲日消，天理日明”[⑦]。

其二，致其良知，修道复性。人之成长就是不断走向自由全面发展的过程，也就是不断回归生命之初心的过程。子曰：“人能弘道，非道弘人。”“人能修道，然后能不违于道，以复其性之本体。……戒慎恐惧便是修道的工夫。中和便是复其性之本体。如易所谓‘穷理尽性，以至于命’。中和位育，便是尽性至命。”[⑧]修道之功，即于日用行常之间、意识萌动之际，戒慎省察，以渐次趋近“喜怒哀乐之未发谓之中，发而皆中节谓之和”之境况，进而实现此心安处即为天地之状，“天地位焉，万物育焉”终将成为人之心体之注脚，是心是天。当然，“必欲此心纯乎天理，而无一毫人欲之私，非防于未萌之先而克于方萌之际不能也。防于未萌之先而克于方萌之际，此正《中庸》‘戒慎恐惧’、《大学》‘致知格物’之功，舍此之外，无别功矣”[⑨]。

修道复性即守护良知。《易经·系辞》：“言行，君子之枢机；枢机之发，荣辱之主也。”知行本一，一念发动处便是行。“尔那一点良知，是尔自家底准则。尔意念着

---

① [明]王阳明．传习录[M]．萧无陂，注译．武汉：长江文艺出版社，2015:47.
② [明]王阳明．传习录[M]．萧无陂，注译．武汉：长江文艺出版社，2015:5.
③ [明]王阳明．传习录[M]．萧无陂，注译．武汉：长江文艺出版社，2015:32.
④ [明]王阳明．传习录[M]．萧无陂，注译．武汉：长江文艺出版社，2015:55.
⑤ [明]王阳明．传习录[M]．萧无陂，注译．武汉：长江文艺出版社，2015:13.
⑥ [明]王阳明．传习录[M]．萧无陂，注译．武汉：长江文艺出版社，2015:5.
⑦ [明]王阳明．传习录[M]．萧无陂，注译．武汉：长江文艺出版社，2015:60.
⑧ [明]王阳明．传习录[M]．萧无陂，注译．武汉：长江文艺出版社，2015:83.
⑨ [明]王阳明．传习录[M]．萧无陂，注译．武汉：长江文艺出版社，2015:136.

处,他是便知是,非便知非,更瞒他一些不得。尔只不要欺他,实实落落依着他做去,善便存,恶便去。他这里何等稳当快乐！此便是'格物'的真诀,'致知'的实功。"①

其三,素位而行,即为实修。"君子之学终身只是'集义'一事。义者,宜也,心得其宜之谓义。……君子之酬酢万变,当行则行,当止则止,当生则生,当死则死,斟酌调停,无非是致其良知,以求自慊而已。故'君子素其位而行','思不出其位'。"②不离日用行常内,直到先天未画前。素位而行即历事练心,于行住坐卧中体悟大道,格其非心,以求得本初之良知。

故"人须在事上磨炼做功夫,乃有益"③。持灵明之心,为当为之事。"诸君只要常常怀个'遁世无闷,不见是而无闷'之心,依此良知忍耐做去,不管人非笑,不管人毁谤,不管人荣辱,任他功夫有进有退,我只是这致良知的主宰不息,久久自然有得力处,一切外事亦自能不动。"④

四、《传习录》于人自由全面发展的启示

阳明心学是"实践哲学"⑤,为此,寓于其中的人的自由全面发展思想具有现实价值与意义。"夫心之本体,即天理也,天理之昭明灵觉,所谓良知也。"⑥阳明心学以心为本体,并将之上升为天理的高度,从而完成了对人我一己之心的扩充与超越,由小到大,由私到公。"天地万物,俱在我良知的发用流行中"⑦,"心者,天地万物之主也。"⑧为此,心之本体、天理、良知成为贯通天地万物的"主体精神""公共的主体"⑨。在此,心之本体意义,并非意味着心乃万物之本源、原发之点,也并非万物离开心即不存在,而是通过建立心与外物之关联强调了人之于万事、万物、众理的价

① [明]王阳明.传习录[M].萧无陂,注译.武汉:长江文艺出版社,2015:188.
② [明]王阳明.传习录[M].萧无陂,注译.武汉:长江文艺出版社,2015:149.
③ [明]王阳明.传习录[M].萧无陂,注译.武汉:长江文艺出版社,2015:187.
④ [明]王阳明.传习录[M].萧无陂,注译.武汉:长江文艺出版社,2015:205.
⑤ 董平.澄清阳明心学研究中的三个问题[J].山东省社会主义学院学报,2017(5):4-10.
⑥ [明]王守仁.王阳明全集(上)[M].吴光等,编校.上海:上海古籍出版社,1992:190.
⑦ [明]王守仁.王阳明全集(上)[M].吴光等,编校.上海:上海古籍出版社,1992:106.
⑧ [明]王守仁.王阳明全集(上)[M].吴光等,编校.上海:上海古籍出版社,1992:214.
⑨ 李承贵.阳明心学的精神[J].哲学动态,2017(4):51-57.

值与意义[①]，即人须“为天地立心，为生民立命”，人作为天地宇宙之主体必须承担起与生俱来、符合天地之道的义务与责任。这于时下尤为重要。

首先，回归人之为人的完美状态。《大学问》有言：“天命之性，粹然至善，其灵昭不昧者，此其至善之发见，是乃明德之本体，而所谓良知也。”[②]人之为人，其本体之性至善至美、灵昭不昧。就中华文化而言，人之生存的价值和意义乃在于“求其放心”（《孟子·告子上》）、回复本性。如此，方得以体会生命之美。子曰：“学而时习之，不亦说乎？”（《论语·学而》）朱子释之曰：“人性皆善，而觉有先后，后觉者必效先觉之所为，乃可以明善而复其初也。”程子曰：“时复思绎，浃洽于中，则说也。”又曰：“学者，将以行之也。时习之，则所学者在我，故说。”[③]此正道出了人之明道、行道、乐道的生命审美体验。为此，有学者认为，中华文化精神是“乐感文化”[④]。王阳明在《为善最乐文》说：“若夫君子之为善，则仰不愧，俯不怍，明无人非，幽无鬼责，优优荡荡，心逸日休，宗族称其孝，乡党称其弟，言而人莫不信，行而人莫不悦。所谓无入而不自得也，亦何乐如之！”[⑤]

阳明心学以追求道德人生的审美体验为基本意蕴，“无入而不自得”之“乐”是其人生理想境界的“最高范畴”。[⑥]由是，阳明以自身的生命体验亲证了人的本然之美。这于当下社会具有借鉴意义。

故先贤如是曰：“天之生人也，使之生义与利。利以养其体，义以养其心。心不得义，不能乐；体不得利，不能安。义者，心之养也；利者，体之养也。体莫贵于心，故养莫重于义。义之养生人大于利矣。”“夫人有义者，虽贫能自乐也。而大无义者，虽富莫能自存。”[⑦]先人之音，犹在耳畔，今当省察。

其次，实现我材有用的积极势态。《中庸》：“天命之谓性，率性之谓道，修道之谓教。”“人物各循其性之自然，则其日用事物之间，莫不各有当行之路，是则所谓道

---

① 杨国荣.心学之思：王阳明哲学的阐释[M].北京：生活·读书·新知三联书店，1997:97.

② 张祥浩.王守仁评传[M].南京：南京大学出版社，2006:348.

③［宋］朱熹.论语·大学·中庸[M].上海：上海古籍出版社，2013:17.

④ 李泽厚.论语今读[M].南京：江苏文艺出版社，2010:28.

⑤ 张祥浩.王守仁评传[M].南京：南京大学出版社，2006:113.

⑥ 潘立勇.如何从本体工夫论切入阳明心学美学研究[J].吉林大学社会科学学报，2015(6):76-81+173.

⑦［汉］董仲舒.春秋繁露[M].张世亮，钟肇鹏，周桂钿，译注.北京：中华书局，2012:330-331.

也。”[①]人、物与生俱来自然承载着天地所赋予的独一无二的先天本质、内在本性，其生命展示过程则是应“天命”而发、为“天性”而作。就人之为人的价值而言，这不仅仅是人的义务与责任，有利于发挥自身的优势与特长，更是天命使然。这要求：不违天、不逆命、不悖性，从而上达天道，下契地道，中合人道。

《传习录》一再强调“复其心之本体”“致良知”“至善之性”等，这既预示了个体之超越于个体之上以回归天理，进而达致“灵昭不昧”“廓然大公”集体人格的美好壮丽的人生图式，而且以此逻辑，也必然开启了生命个体全新审视自身的最佳途径。这意味着，一旦个体生命与天理、良知联系在一起，那么，生命个体的价值、意义势必“喻于义”(《论语·里仁》)。

天生我材必有用。就理论而言，市场机制以其趋利导向客观上形成了“人尽其才，物尽其用”的人力、物力资源配置方式。如果说时代为每个个体的发展提供了良好的机会与平台(此为客观条件)，那么，心智洞明的生命个体将以理性的选择走上实现自身价值的正途(此为主观条件)。

最后，构建和合共生的良性生态。天地人物，与我一体。“人者，天地之心也；民者，对己之称也；曰民焉，则三才之道举矣。是故亲吾之父，而天下之父子莫不亲矣；亲吾之兄以及人之兄，而天下之兄弟莫不亲矣。君臣也，夫妇也，朋友也，推而至于鸟兽草木也，而皆有以亲之，无非求尽吾心焉以自明其明德也。是之谓明明德于天下，是之谓家齐国治天下平。”[②]显然，在价值与意义世界，人是主体。人的主体价值乃在于通过完善自身而使其他人、物等客观存在呈现完美状态，也就是在成己的基础上成人以及成物。即“功夫不离本体，本体原无内外”[③]。

人处于天地万有之伦理关系中。[④]“世之君子惟务致其良知，则自能公是非，同好恶，视人犹己，视国犹家，而以天地万物为一体，求天下无冶，不可得矣。”[⑤]由是，各得其所、各乐其性的和合生态将自成。

---

①[宋]朱熹.论语·大学·中庸[M].上海:上海古籍出版社,2013:269.

②[明]王守仁.王阳明全集(上)[M].吴光等编校.上海:上海古籍出版社,1992:251.

③[明]王阳明.传习录[M].萧无陂,注译.武汉:长江文艺出版社,2015:187.

④廖春明,于盼盼.论道家道教对阳明哲学的影响[J].扬州教育学院学报,2018(3):1-6.

⑤[明]王阳明.传习录[M].萧无陂,注译.武汉:长江文艺出版社,2015:162.